DOZE HOMENS, UMA MISSÃO

DOZE
HOMENS,
UMA
MISSÃO

Aramis C. DeBarros

DOZE HOMENS, UMA MISSÃO

A vida dos líderes que caminharam com Jesus, o homem mais amado da história

© 2006 por Aramis C. DeBarros

Revisão
Regina Aranha
João Guimarães

Capa
Douglas Lucas

Diagramação
Atis Design

1ª edição - agosto de 2006
Reimpressão - outubro de 2007
Reimpressão - setembro de 2010
Reimpressão - setembro de 2012
Reimpressão - setembro de 2013
Reimpressão - julho de 2015
Reimpressão - outubro de 2017
Reimpressão - janeiro de 2020

Gerente editorial
Juan Carlos Martinez

Coordenador de produção
Mauro W. Terrengui

Impressão e acabamento
Imprensa da Fé

Todos os direitos reservados para:
Editora Hagnos
Av. Jacinto Júlio, 27
04815-160 - São Paulo - SP - Tel (11)5668-5668
hagnos@hagnos.com.br - www.hagnos.com.br

Dados Internacionais de Catalogação na Publicação (CIP)
(Câmara Brasileira do Livro, SP, Brasil)

DeBarros, Aramis C.
Doze homens, uma missão / Aramis C. DeBarros. - rev. atual. São Paulo, Hagnos, 2006.

ISBN 978-85-7742-290-6

1. Apóstolos 2. Igreja - História - Igreja primitiva 3. Missão da Igreja I. Título

06.2260   CDD-225.92

Índices para catálogo sistemático:
1. Doze Apóstolos de Jesus: Missão: Cristianismo: História   225.92

DEDICO ESTA OBRA...

Ao meu pai Claudino,
Uma personalidade marcante,
uma mente brilhante e um pai
sempre presente.

À minha mãe Nelita,
Pelo amor, carinho e dedicação
acima de qualquer medida.

Ao meu irmão D'Artagnan,
Exemplo que conservo de um
viver laborioso, triunfante e
generoso.

À minha irmã Cláudia,
Cuja perseverança e docilidade,
as vicissitudes da vida não puderam furtar.

E à minha Vó Izolina,
Que ao partir levou para o porvir
um pouco da minha história.

SUMÁRIO

Prefácio...11

UMA INTRODUÇÃO AO MUNDO
APOSTÓLICO...15

Os aspectos facilitadores da difusão da fé
cristã no mundo greco-romano.................21

1. A enorme exclusão social romana e a
   expectativa de uma nova era................23

2. O senso de unidade e universalidade
   política do Império Romano................33

3. A segurança e a facilidade
   de trânsito terrestre e marítimo...........38

4. A facilidade de comunicação com a
   universalidade da língua grega e a
   expansão do latim 40

5. O amplo desenvolvimento do comércio
   internacional promovido pela riqueza do
   império 44

6. A expansão do judaísmo da diáspora ...47

7. A decadência religiosa dos povos
   conquistados por Roma......................53

8. A contribuição da filosofia grega.........55

DOZE HOMENS, UMA MISSÃO

Os fatores inibidores da historicidade apostólica 61
1. A modéstia e a simplicidade dos apóstolos não os tornavam objetos de análise biográfica para os primeiros cristãos 61
2. A ausência de uma perspectiva histórica duradoura, por parte da Igreja primitiva 63
3. O desinteresse da história secular pelo cristianismo primitivo 64
4. O advento da sucessão apostólica 67
5. A crescente rivalidade entre a Igreja oriental e ocidental e a corrida pelas relíquias apostólicas 69
A visão estratégica dos apóstolos 74

BARTOLOMEU 83
A vocação de Bartolomeu 86
Bartolomeu na Ásia Menor 90
Bartolomeu rumo ao Oriente 94
Bartolomeu, o iluminador da Armênia 101
Um retrato de Bartolomeu 105
Os restos mortais de Bartolomeu 106

MATEUS 109
Uma profissão indigna 112
Sua capacitação e relação íntima com o dinheiro 117
Mateus visto pelas lendas da tradição medieval 120
A morte de Mateus 125
A tradição e as novas descobertas sobre os restos mortais de Mateus ... 127

SIMÃO ZELOTE 131
A obscura origem de Simão Zelote 132
Obstinação, violência e morte na saga dos zelotes 135
A tradicional missão às ilhas Britânicas 147
As contradições acerca de sua morte 166
Os restos mortais de Simão Zelote 169

JUDAS ISCARIOTES 173
As especulações sobre sua origem 175
Judas, um tesoureiro pouco confiável 178

O breve apostolado de Judas...181
A traição...183
O suicídio de Judas..187
Reconciliando as narrativas sobre sua morte...................189
Judas, exaltado pelos textos apócrifos............................193
As especulações filosóficas sobre os feitos e o destino de Judas......194
Uma vaga a ser preenchida...196
Matias, o décimo terceiro apóstolo.................................200

Tomé...203
Uma personalidade marcante..204
A rica tradição sobre as missões de Tomé........................212
Como se deu o martírio de Tomé?...................................222
As relíquias e o túmulo de Tomé.....................................224

André..229
Seguindo os passos de João Batista.................................230
As missões no leste europeu e o martírio em Patras, na Grécia......237
André realmente estabeleceu a igreja de Bizâncio?.........246
Os restos mortais de André...249

Filipe..255
O outro apóstolo, Filipe..256
O apóstolo Filipe, um dos doze do Senhor......................260
O apostolado de Filipe na Frígia.....................................262
O embate teológico em Atenas..267
Filipe evangelizou a Gália?...271
Filipe, sepultado em Hierápolis ou em Roma?.................273

Judas Tadeu..275
A conexão com a Igreja da Armênia................................280
Outras possíveis missões de Tadeu pelo mundo antigo....287
A morte de Judas Tadeu..288

João..293
A influência de João Batista..295
João, discípulo de Cristo...296

O discípulo a quem Jesus amava..301
João e a ressurreição de Cristo..308
O ministério de João no livro de Atos...312
O ministério de João em Éfeso..316
João ministrou na capital imperial?..335
O exílio em Patmos e o retorno a Éfeso..336
O local do descanso de João 349

Os dois Tiagos..355
Quem foi Tiago, o Justo?...356
O obscuro Tiago, filho de Alfeu..359
A lendária semelhança física com Jesus...360
Tiago Menor seria também um zelote?..362
A semelhança entre o martírio de Tiago Menor e o de Tiago, o Justo. 363
Os restos mortais de Tiago Menor seriam de Tiago, irmão de Jesus?.. 365
Tiago Maior, o filho de Zebedeu..367
Como se explica a ausência de Tiago Maior em Atos?....................369
A missão de Tiago à Espanha realmente ocorreu?..........................371
Tiago Maior, o primeiro mártir dos doze..379
O lendário traslado dos restos mortais de Tiago para a Hispânia....385
As alternativas ao achado das relíquias de Tiago na Espanha.........387

Simão Pedro...393
O chamado de Pedro...395
As peripécias de um discípulo tempestuoso 399
Pedro nega a Jesus 407
A ressurreição de Cristo: um recomeço para Pedro.........................411
A ousadia de Pedro em Atos dos Apóstolos 417
As missões de Pedro no mundo gentílico 436
O ministério e a execução de Pedro em Roma..................................451
Petronila, a lendária filha de Pedro...472
Os restos mortais de Pedro..476
A controvertida primazia de Pedro e sua suposta relação com o papado ..481
O bispo de Roma e o título de "Pontífice Máximo" 489
Pedro, o príncipe dos apóstolos..501

Bibliografia 507
Apêndice à edição ampliada 511

PREFÁCIO

Todos os que verdadeiramente amam ao Senhor Jesus gostariam de conhecer, de modo mais aprofundado, as biografias de seus discípulos, para além das informações disponíveis nos evangelhos e no livro de Atos. Quando, há algum tempo, meu amigo Aramis DeBarros me procurou para solicitar um prefácio para o livro que estava escrevendo sobre a vida dos apóstolos, cuidei que se tratava de uma obra simples e superficial. Não imaginava que este nobre autor teria a capacidade e a determinação necessárias para produzir um tomo de semelhante qualidade e magnitude.

Doze Homens, Uma Missão é uma obra séria sobre os discípulos

12 DOZE HOMENS, UMA MISSÃO

de Cristo e dotada de uma envergadura – creio eu – nunca antes alcançada por qualquer autor evangélico ou católico no Brasil. Pelo menos, que eu conheça.

Lendo este livro, surpreendi-me com o alcance e a profundidade da pesquisa aqui conduzida. Uma vasta gama de informação inédita e muito interessante é oferecida. O autor teve muito cuidado em recriar o ambiente histórico da época apostólica, necessário para uma melhor compreensão da vida dos santos em questão.

Com efeito, informações as mais diversas tiveram de ser devidamente avaliadas na produção deste livro. Afinal, como saber se o escritor antigo ou medieval reproduziu em sua obra um fato verídico ou uma fantasia? Sabemos que, infelizmente, dados seguros acerca da vida dos apóstolos, fora do Novo Testamento, são muito escassos. Imagino que não tenha sido fácil ao nosso autor avaliar com precisão todas essas informações. Mas, quem teria sido mais equilibrado e cuidadoso ao apresentá-las?

Os leitores que se interessam por biografias apostólicas certamente sentirão que têm uma enorme dívida para com o autor, em função deste extraordinário trabalho de pesquisa. Aramis não mediu esforços para garimpar informações apostólicas de fontes onde não se pensava encontrá-las. Uma rápida olhada nas páginas desta obra evidenciará seus esforços na busca de fatos e escritos sobre a vida daqueles que – excetuados Jesus e Paulo – foram os personagens mais famosos do primeiro século. Quem poderia imaginar que semelhante obra procederia da pena de um leigo e não de um acadêmico, de um seminarista ou de um teólogo de gabinete?

Doze Homens, Uma Missão é muito bem escrito. Não é uma leitura monótona ou cansativa e seu valor sobressai pelos vários assuntos edificantes que permeiam a investigação do autor sobre a vida dos discípulos de Cristo.

Aramis DeBarros não é um evangélico que deseja reputar como fruto de lendas desprezíveis a exaltação que a Igreja Católica faz dos apóstolos. Ele não escreve motivado por tendências sectárias ou iconoclastas. Acredito que ninguém poderá acusá-lo de favorecer algum segmento religioso em particular, mesmo sendo ele um autor de persuasão evangélica.

A extensão desta obra, *per se,* faz-nos concluir que o autor não omitiu os elementos essenciais de uma genuína pesquisa biográfica sobre os doze de Cristo. Antes, fez o máximo para iluminar o leitor sobre tudo o que, de modo relevante, diz respeito ao tema tratado. Creio, igualmente, que o leitor ficará satisfeito e esclarecido com a maneira pela qual o livro revela o panorama do mundo neotestamentário. Muita informação relevante, como alguns costumes típicos dos judeus e gentios de então, o episódio da destruição de Jerusalém, a penetração do evangelho no mundo romano, além de outros temas e acontecimentos que certamente interessam ao pesquisador bíblico, estão encerrados entre as capas deste livro.

Enfim, parabenizo ao amigo Aramis DeBarros e recomendo a leitura atenta de seu trabalho. Não encontrei praticamente nenhum motivo para discordar de suas posições aqui representadas. Penso que esta obra literária será recebida com muito sucesso, tanto dentro como fora dos meios evangélicos. Isso deve, inclusive, encorajar o autor a escolher outro tema interessante para dirigir suas futuras pesquisas. Baseado neste primeiro livro, acredito que seus leitores aguardarão ansiosamente outras obras neste estilo.

A Deus toda a glória!
Russell P. Shedd, Ph.D.

> "...e ser-me-eis testemunhas, tanto em Jerusalém, como em toda a Judéia e Samária, e até os confins da terra".
>
> *Atos 1.8*

UMA INTRODUÇÃO AO MUNDO APOSTÓLICO

Para compreender melhor o ministério apostólico dos doze discípulos de Jesus, é interessante que, primeiro, dediquemos algum tempo analisando as condições culturais, políticas e religiosas vigentes no século 1 da era cristã, cenário em que se desenrolaram as atividades missionárias dos apóstolos, cujas vidas serão objeto de nossa investigação posterior.

Uma vez incumbidos de anunciar as boas-novas do evangelho a toda criatura (Mt 28.19; At 1.8), os apóstolos passaram por um processo gradativo e, por vezes, penoso de ruptura com a típica xenofobia judaica, produto do entranhado sentimento de exclusividade que, via de regra, seus conterrâneos nutriam em relação ao Todo-Poderoso. A desafiadora perspectiva de evangelizar os gentios impulsionou suas numerosas campanhas missionárias, orientadas para um mundo que, embora ostentasse uma atmosfera relativamente pacífica, apresentava muitas situações de conflitos sociais localizados, características de uma sociedade que experimentava o impacto de profundas transformações culturais como as vividas no século 1. Essa conjuntura social ofereceu às missões apostólicas horizontes tão atraentes quanto perigosos, como veremos detalhadamente mais adiante.

As primeiras experiências de oposição enfrentadas pelos doze apóstolos, no exercício da propagação de sua fé, não vieram do estrangeiro, mas de seu ambiente, de casa, na época, chamada província romana da Judéia. Ali, a tenaz resistência das instituições judaicas sedimentou, aos poucos, a realidade de que aqueles por quem o Messias viera não o receberiam (Mt 20.16; Jo 1.11).

Embora a mensagem apostólica tenha encontrado solo fértil em muitos corações em Israel, tornava-se cada vez mais clara que a direção divina os impelia ao encontro dos gentios e judeus de além-fronteira, chamados de judeus da diáspora, para um ministério em que o limite seria o próprio mundo conhecido na época.

Essa direção pode ser inferida, por exemplo, pelo teor dessa oposição que os primeiros cristãos sofreram de seus conterrâneos judeus, particularmente dos líderes religiosos da cidade de Jerusalém, onde a Igreja se concentrava em seus primórdios, existindo, sobretudo, como fruto de uma experiência comunitária profundamente fraternal e espontânea.

O fulminante crescimento da nova fé causou, a princípio, a forte reação dos saduceus que eram os sacerdotes que compunham a moralmente suspeita elite religiosa judaica, com a qual os dominadores romanos mantinham estreitas e promíscuas relações. Duas razões básicas explicam a hostilidade dos saduceus contra a recém-formada Igreja. A primeira delas foi a ênfase apostólica na ressurreição dos mortos, que os saduceus, por razões escatológicas, julgavam politicamente perigosa. Para o judeu da época, a ressurreição dos mortos significava muito mais que um distante evento espiritual. Era a própria consumação dos tempos, a chegada do juízo divino

UMA INTRODUÇÃO AO MUNDO APOSTÓLICO 17

inaugurando uma nova ordem mundial em que os potentados humanos seriam subvertidos e os ímpios seriam, enfim, punidos. Cientes de que os magistrados romanos locais estavam a par dessa crença em toda sua suposta acepção revolucionária, os sacerdotes temiam que mensagens enfáticas sobre a ressurreição pudessem agitá-los, causando uma indesejável instabilidade política e social. Outro fator preponderante para essa oposição dos líderes de Israel à Igreja foi a insistente presença evangelizadora dos apóstolos e seus discípulos na área do templo, considerada de jurisdição sacerdotal. Os cristãos não apenas aproveitavam as concorridas dependências do santuário para anunciar o evangelho às massas, mas ali também operavam prodígios e milagres, conquistando definitivamente muitos adeptos para a nova fé (At 2.43, 46; 3.1-10; 4.1-4; 5.42). Diante dessa conjuntura, os saduceus, com o apoio do sinédrio – a assembléia judaica da qual faziam parte –, detonaram a primeira perseguição à Igreja, motivados não apenas pela tentativa de refrear sua rápida multiplicação entre o povo (At 2.41; 4.4), mas também pelo esforço de manter isento desse contágio seus colegas de sacerdócio (6.7).

Por volta de 34 d.C., a resistência judaica aos seguidores de Cristo é adotada também pelos fariseus, considerados os maiores guardiões da Lei Mosaica e dos ensinos rabínicos. O sábio Gamaliel, um de seus supremos expoentes, havia aconselhado ao sinédrio, pouco tempo antes, que se evitassem expedientes violentos contra os cristãos como os inicialmente praticados pelos saduceus, sugerindo que a nova "seita" não tinha procedência divina e, naturalmente, estava fadada ao insucesso (At 5.17-42). Entretanto, alguns fariseus não tardaram em desobedecer seu diplomático conselho. Quando Estêvão, um judeu-cristão da diáspora e membro do recém-formado diaconato da igreja de Jerusalém, destacou-se diante do povo com sinais miraculosos e com sabedoria bíblica irresistível, logo a ira farisaica levantou-se novamente, instigando, de forma inapelável, sua lapidação pública (6.8–8.2).

Apesar dessas e de outras dificuldades que marcaram os anos inaugurais da igreja jerosolimita, os primeiros capítulos de Atos nos permitem também constatar que as perseguições contra o evangelho nos limites da cidade sagrada, por mais severas que parecessem, não

18 DOZE HOMENS, UMA MISSÃO

foram suficientes para, em um primeiro momento, provocar uma mudança substancial nos planos evangelísticos dos apóstolos. A prioridade máxima dos apóstolos ainda era permanecer, a todo custo, em Jerusalém para fortalecer a igreja local e convencer a nação judaica acerca do messianismo de Cristo e de seu iminente retorno, embora, como registra Lucas, em Atos 8.1,4, já não fosse mais a prioridade de alguns de seus discípulos:

> Naquele dia levantou-se grande perseguição contra a igreja que estava em Jerusalém; e todos **exceto os apóstolos**, foram dispersos pelas regiões da Judéia e Samária...

> No entanto os que foram dispersos **iam por toda parte,** anunciando a palavra.

A despeito de toda essa relutância, devemos reconhecer que o caráter essencialmente universal do evangelho não esteve oculto dos apóstolos nem mesmo no desabrochar da Igreja, durante o episódio do Pentecostes. Essa experiência, magnífica em toda sua transcendência, ganhara um caráter cosmopolita pela presença e pelo testemunho de judeus e prosélitos procedentes das mais diversas nações do mundo antigo, milhares deles creram e foram batizados naquele mesmo dia (At 2.41).

Mais adiante, missionários como Paulo, Silas, Barnabé e Timóteo, embora não pertencessem ao seleto rol dos doze apóstolos, influenciaram definitivamente a mudança de curso na ministração apostólica em função de seu grande êxito na evangelização das populações greco-romanas. O dr. William Steuart McBirnie, em sua importante obra *The Search for The Twelve Apostles* [*Em busca dos doze apóstolos*] (p. 41), comenta a repercussão positiva do ministério gentílico de Paulo entre os demais apóstolos, especialmente entre aqueles ainda decididos em dar as costas às missões internacionais:

> É possível que as experiências de Paulo tenham se transformado em um desafio direto para muitos cristãos primitivos, e mesmo para alguns dos apóstolos, em relação ao seu alinhamento com

a tarefa que desde o princípio lhes pertencia, a saber, abrir o caminho do evangelho para as nações do mundo...

Posteriormente, pode-se ter usado o livro de Atos como um manual histórico de métodos evangelísticos bem-sucedidos de que Paulo se valeu, como também uma prova clara de como o Espírito Santo abençoava – embora não sem tantos obstáculos – a missão aos gentios. Contudo, mesmo sem sugerir aqui que os apóstolos foram constrangidos à sua tarefa de evangelização mundial pelo livro de Atos – uma vez que a própria data de sua escrita impediria essa conclusão – cremos, ainda assim, na possibilidade de que algumas de suas mais antigas porções, como também as experiências de Paulo relatadas, acabaram por surtir esse efeito...

De fato, o próprio Paulo constatou a relutância dos apóstolos em se dirigirem aos gentios ao apontar sua estratégia evangelística, como vemos em Gálatas 2.9: "E quando conheceram a graça que me fora dada, Tiago, Cefas e João, que pareciam ser as colunas, deram a mim e a Barnabé as destras de comunhão, para que nós fôssemos aos gentios, e eles à circuncisão".

Se o registro das experiências de Paulo, naquilo que mais tarde se tornou o livro de Atos, teve como um de seus maiores propósitos encorajar e instruir os apóstolos e outros obreiros cristãos em relação a sua missão aos gentios, de fato, foi isso que aconteceu. Em algum lugar e em algum momento, os apóstolos, formal ou naturalmente, decidiram pela estratégia da evangelização mundial, cada qual seguindo o destino estabelecido para ele.

Essa tendência da expansão missionária aos gentios acabou reclamando para si um tratado que lhe oferecesse a devida apologia. Tal obra, conhecida como *Atos dos Apóstolos*, foi preparada com esmero pelo médico, historiador e também evangelista Lucas e passou para a posteridade não, como querem alguns, como uma narrativa fragmentada da história eclesiástica do século 1, mas como um forte argumento de que o próprio Deus, por Seu Espírito, impeliu o cristianismo para além dos limites da tradição judaica, tornando-o irreversivelmente universal.

Os estudiosos de biografias apostólicas são incomodados com a questão – ainda não satisfatoriamente respondida – ligada ao tempo de permanência dos discípulos em Jerusalém após a experiência do Pentecostes. Embora as Escrituras, tanto quanto a história eclesiástica, não tenham deixado dados precisos que nos permitam elucidar essa dúvida, é bem provável que a maior parte deles permaneceu ligada ao templo de Jerusalém e às demais tradições do judaísmo por cerca de vinte anos, a despeito da clara ordenança do Mestre para ir e *ensinar todas as nações*. Talvez a perspectiva do rompimento com o judaísmo tradicional ou o simples afastamento da terra natal representou para aqueles devotos algo muito mais indesejável do que podemos hoje imaginar, resultando, destarte, em uma postergação da tarefa missionária, de glória ímpar, que os aguardava nas searas estrangeiras.

Enfim, em momentos específicos e distintos, os apóstolos romperam gradativamente com as amarras tradicionais que os retinham na cidade sagrada. O que os esperava além das fronteiras de Israel era um mundo regido por valores muito distintos dos seus, um universo de homens, às vezes, ferozmente resistentes à mensagem do evangelho, às vezes, surpreendentemente receptivos a ela. Essas e outras ambigüidades tornaram-se ingredientes marcantes do desafio apostólico de evangelizar as nações; desafio ao qual eles, ao seu tempo, corajosamente atenderam, inspirando a Igreja das eras posteriores a manter sempre acesa a chama da evangelização mundial.

As circunstâncias políticas, sociais e religiosas que esperavam os apóstolos nesse campo missionário cosmopolita serão objeto de nossa análise a seguir. Ela nos ajudará a compreender como esses humildes e, ao mesmo tempo, heróicos galileus conseguiram, em menos de meio século, fazer a obra da cruz ressoar por boa parte do mundo ocidental conhecido na época.

OS ASPECTOS FACILITADORES DA DIFUSÃO DA FÉ CRISTÃ NO MUNDO GRECO-ROMANO

Paulo de Tarso, um dos maiores eruditos do cristianismo e autor de grande parte do Novo Testamento, foi o que alguns intelectuais modernos chamariam "um homem à frente de seu tempo". Ele, divinamente inspirado, classificou como *plenitude dos tempos* o momento histórico no qual Cristo encarnou e de maneira transformadora entrou na história humana. Talvez o próprio apóstolo, com toda sua erudição e revelação divina, não tenha tido a noção exata da abrangência dessa afirmação registrada em Gálatas 4.4. Hoje, contudo, compreendendo as circunstâncias vigentes nos dias de Paulo, podemos atestar sua acuidade histórica.

O Império Romano, ao qual os judeus e os primeiros cristãos estavam submetidos, representou um dos mais contundentes avanços no desenvolvimento da civilização humana até aquele momento. Ainda no período republicano, que antecedeu a era cristã, Roma construiu boa parte de seu magnífico território. Estendia-se por cerca de 5.000 quilômetros, desde os rincões gélidos da Escócia até o calor desértico da Síria, desde a costa atlântica de Portugal até as regiões balcânicas do Oriente europeu, abrangendo o equivalente a mais de 40 nações atuais. Para Edward Gibbon, autoridade em Roma Antiga, sente-se a prosperidade do Império Romano pelo impressionante número de cidades que floresceram durante seu domínio. De acordo com o autor britânico, somente a península itálica ostentava nada menos que 1.197 cidades, número levemente inferior ao apresentado pelas províncias da Gália e da Hispânia. Na Ásia Menor, onde hoje está a Turquia, havia cerca de 500 cidades, muitas das quais famosas por sua opulência e riqueza. África Proconsular e Numídia, províncias do noroeste africano, reuniam trezentas cidades, das quais Cartago era a grande expoente. Pode-se ainda sentir a prosperidade e a pujança das metrópoles romanas em suas ruínas espalhadas por várias regiões da Europa, África e Oriente Médio, conforme T. R. Reid sentiu pessoalmente e, em função disso, afirma que é impossível ao homem moderno "passear por essas cidades antigas sem sentir uma sensação de assombro diante da energia prodigiosa que os romanos dedicaram ao seu império".

Os romanos, graças a sua genialidade administrativa, às vezes humana e tolerante, às vezes atroz e implacável, lograram amalgamar uma grande diversidade cultural, formando a partir dela uma poderosa nação que deixaram para a posteridade – como nós mesmos testemunhamos – preciosos legados científicos nas áreas da jurisprudência, da língua, da literatura, da arquitetura, da engenharia e da estratégia.

De fato, como Paulo vislumbrou, a conjuntura característica dos primeiros séculos da nossa era foi muito positiva para a difusão da fé cristã, mesmo considerando-se as severas perseguições do Estado romano contra ela, perpetradas por imperadores, às vezes, tirânicos como Nero e Domitianus (Domiciano), às vezes, probos e piedosos como Trajanus (Trajano) e Marcus Aurelius (Marco Aurélio). Paradoxalmente, a mesma supremacia romana que, em dados momentos, levantou sua temida espada contra o cristianismo, acabou, por outro lado, legando-lhe uma contribuição de suma relevância para seu crescimento triunfante. Essa contribuição político-econômica associada à influência cultural grega e à participação religiosa dos judeus da diáspora transformou os dois primeiros séculos da nossa era em um fertilíssimo campo missionário transcultural. McBirnie resumiu desta maneira as circunstâncias que caracterizaram o mundo da época (*ibidem*, p. 31):

> Ainda surgiam de tempos em tempos sinais de algumas rebeliões localizadas, contudo, não pairava qualquer dúvida sobre o fato de que Roma era a sela sobre a qual se assentavam as regiões da Europa, do Norte da África e da Ásia Menor. Augusto e seu sucessor, Tibério, cavalgaram firmemente e por longo tempo sobre essa sela. Qualquer soberano que questionasse essa posição ou qualquer província que ousasse desafiar a César rapidamente se convencia – não sem sanguinolência – de quem realmente regia o mundo. [...]
>
> O desenvolvimento da *Pax Romana* trouxe prosperidade, comércio, educação e homogeneidade cultural e lingüística, além de segurança para as viagens, ou seja, uma preparação ideal para a chegada dos apóstolos e missionários cristãos.

Conhecer mais profundamente esse momento da história romana é, portanto, compreender muito daquilo que determinou os rumos do cristianismo primitivo, em especial, daquele vivido na era apostólica. Consideremos, portanto, de forma mais atenta as circunstâncias sociais citadas por McBirnie, e de que modo cada qual afetou o progresso da mensagem apostólica naquele instante da História, proporcionando-lhe a atmosfera adequada para seu rápido avanço, em especial, nos limites do império.

1. A ENORME EXCLUSÃO SOCIAL ROMANA E A EXPECTATIVA DE UMA NOVA ERA

Embora sinônimo inquestionável de avanço social e político da civilização ocidental, assim como de prosperidade econômica raramente vista na história antiga, o Império Romano estava longe de representar uma sociedade justa e democrática. A concentração de renda era um retrato nítido da iniqüidade vigente com o crescente distanciamento entre pobres e ricos. Poucos milhares de privilegiados detinham a maior parte da riqueza imperial, arduamente gerada por cerca de 50 milhões de habitantes. Os patrícios, nobres descendentes (ou pretensamente descendentes) dos *pater familias* – ancestrais agraciados com largas extensões de terra recebidas durante o antigo período monárquico (753-509 a.C.) –, compunham a faixa social mais abastada e politicamente mais influente da sociedade romana. Formavam a chamada classe senatorial, cujos membros eram respeitosamente tratados como *illustres, clarissimi* ou *spectabiles*. Sua renda nunca era inferior a um milhão de sestércios, e só a esses cabia o direito ao uso distintivo da faixa púrpura na toga.

Algumas décadas antes de Cristo, o estertor da república testemunhara a ascensão de um estrato social que poderíamos, grosso modo, comparar a uma classe média alta moderna. Referimo-nos à parte da pirâmide social composta por aqueles mais afortunados dentre os plebeus. Os quinhentos anos de período republicano, findados em 27 a.C., foram marcados pela longa luta dos plebeus (indivíduos sem origem patrística) em busca de seus direitos civis.

Com a profissionalização do exército e o crescente desenvolvimento do comércio, ambos alavancados pelo expansionismo romano, muitos plebeus enriqueceram, formando a famosa classe eqüestre. Os cidadãos que compunham essa classe social, cuja renda oscilava entre 400.000 e 1.000.000 de sestércios, eram chamados *perfectissimi* ou *egregii* e – como não poderia deixar de acontecer em uma sociedade rigidamente estratificada – também ostentavam na vestimenta sua condição social privilegiada, só que, nesse caso, com uma pomposa faixa azul na toga.

Contudo, é bom que se tenha em mente que tanto patrícios quanto plebeus bem-sucedidos não representavam senão uma porção ínfima do povo romano. Uma grande camada da população compunha-se do chamado *proletarium*, um grande contingente de miseráveis cujo número, contraditoriamente, crescia à medida que o império se agigantava em poder e em riqueza. Calcula-se que na cidade de Roma, no último século da república, o número de proletários urbanos fosse superior a 320 mil, enquanto as classes abastadas da cidade não tinham mais que 2.000 indivíduos!

A razão de tanta discrepância social era simples. Roma, com suas conquistas militares, absorvia não apenas os despojos de guerra, mas também grandes levas de prisioneiros que eram comercializados como escravos. Quem geralmente os adquiria eram os nobres e os grandes proprietários de terra. Com a facilidade da mão-de-obra barata proporcionada pelos escravos, esses latifundiários inevitavelmente provocavam a falência de seus concorrentes, os pequenos agricultores que representavam quase 90% da população imperial. Além disso, os produtos importados dos territórios anexados pelo Império também causavam, pela concorrência, a falência de inúmeros artesãos romanos. O resultado desse novo desenho econômico foi não só o surgimento, mas o crescimento explosivo da classe proletária, cuja indizível pobreza fazia jus ao nome, ou seja, designava aqueles cujo único bem no mundo era sua prole. Como já foi dito, a maior parte do *proletarium* vivia nas regiões urbanas, apinhando-se em bairros miseráveis e insalubres, ao redor do centro das cidades, em que grassavam a baderna, a criminalidade e a prostituição.

Emanuel de Moraes, em sua volumosa obra *A origem e as transformações do Estado* (Vol. II, p. 149), acrescenta sobre a sina desses desvalidos de Roma:

> Não foram apenas os homens livres, cultivadores dos campos a soldo dos antigos proprietários, ou os remanescentes da antiga clientela, que se viram obrigados a emigrar para Roma. Também os próprios donos das terras. Todos desalojados pela abundante mão-de-obra escrava. Inadaptados à nova situação, pois inábeis para os trabalhos industriais ou simplesmente artesanais, onde, de resto, igualmente sofriam a concorrência servil, sem dinheiro e incapazes para o comércio, cujos ramos mais lucrativos eram monopólio dos poderosos e, pelo mesmo motivo, sem acesso aos cargos públicos, esses cidadãos deslocados dos campos foram acrescer à população dos miseráveis de Roma, desempregados ou trabalhando para os ricos em condições de baixíssimo nível.

Desde 123 a.C., com a promulgação das leis frumentárias, o Estado romano procurava amainar a perigosa insatisfação desses desafortunados com a distribuição gratuita e periódica de trigo, a *anona*, para minimizar a fome deles. Além disso, as elites descobriram também que o entretenimento gratuito era uma válvula de escape muito eficaz para aliviar a pressão da exclusão econômica sobre as massas. Assim, surgia a política do *Panem et Circensis*, ou seja, pão e circo gratuitos para o povo. Enquanto no período republicano o governo romano promovia lutas de gladiadores durante três ou, no máximo, quatro semanas por ano, no período imperial, principalmente nos três primeiros séculos da era cristã, esses espetáculos sanguinolentos podiam se estender por meses seguidos. O imperador Titus (Tito), por exemplo, celebrizou a tão esperada inauguração do Coliseu, em 80 d.C., divertindo seus mais de 50 mil espectadores com cem dias seguidos de festividades, marcadas não apenas pelas intrigantes encenações de batalhas navais no centro da arena, mas também por violentos embates de gladiadores e a abundante trucidação de criminosos – ou supostos criminosos

– pelas presas de animais ferozes. Diz o historiador Caius Suetonius (Suetônio) que, na ocasião, 5.000 dessas feras foram apresentadas ao público em um só dia de espetáculo! Um pouco depois, no governo de Trajanus (Trajano) (98-117 d.C.), nada menos a distração popular em combates de glória duvidosa, ao longo de 123 dias de competição, para distrair o povo. Emanuel de Moraes relembra o intento das elites romanas que havia por trás desse abundante e gratuito entretenimento público (*ibdem*, p. 166):

> Com as massas, o único cuidado era o de mantê-las mais ou menos tranqüilas, proporcionando-lhes grandes jogos, festas rituais e paradas militares, distribuindo-lhes dinheiro e alimentos – o famoso *pão e circo* –, recrutando-as para servirem nas forças armadas, ou, quando se excediam em distúrbios, lançando sobre elas, com o fito de atemorizá-las, a guarda pretoriana.

A miséria do proletariado romano, que já era desumana na República, agravou-se nos dias do império. Contudo, infelizmente, esse não era o único segmento social a sofrer com a opressão do Estado. Igualmente, os habitantes das províncias conquistadas pelo império viam-se empobrecer a cada dia em função de assoladoras cargas tributárias que incidia sobre eles. Afinal, Roma tornara-se um Estado militar complexo e caro, do qual as legiões não apenas eram um dos símbolos maiores, mas também constituíam a própria base do poder dos governantes. Era imprescindível, portanto, mantê-las satisfeitas, aumentando-lhes freqüentemente o soldo e demais benefícios, mesmo que tal operação implicasse – como de fato implicava – em aumento de impostos e em maior opressão sobre as populações dominadas. Ademais, era raro encontrar magistrados romanos, nas capitais provincianas, realmente comedidos na administração da fazenda pública. Antes, cediam freqüentemente à tentação de dissolver o erário no embelezamento das cidades em que viviam, vaidade que, via de regra, impunha mais tributos sobre os dominados. Um cronista romano do período imperial observou, com certa ironia, que as capitais romanas das províncias só "estavam preocupadas com uma coisa: tornarem-se umas mais belas e atraentes que as outras".

A nação judaica é um bom exemplo de como a presença dominante dos romanos era odiada pela população conquistada em geral. Os procuradores romanos locais se excediam na corrupção e em desnecessários e imprudentes atos de provocação contra o povo. Teudas, um pseudomessias citado em Atos 5.36, capturado pelos romanos, foi decapitado e teve sua cabeça exposta em uma praça pública de Jerusalém, para o deleite dos soldados romanos e fúria dos circunstantes. Cuspius Fadus, execrável procurador na Judéia, entre 44-46 d.C., inventou a custódia das vestes sacerdotais, uma medida que de tão estúpida insultava o mais íntimo sentimento religioso dos judeus. Lucius Albinus (Lúcio Albino), que exerceu o governo romano da Judéia, entre 62 e 64 d.C., ampliou ainda mais a já insuportável corrupção dos magistrados romanos ao adotar a venda de proteção e de impunidade. Com ela, diz o historiador Tacitus (Tácito): "As prisões ficaram vazias e as cidades repletas de ladrões". Os judeus, tanto da diáspora quanto da Judéia, cansados de serem economicamente explorados e culturalmente violentados, promoveram, em menos de um século, três grandes revoltas armadas contra Roma, com um custo total de cerca de um milhão e meio de vidas entre judeus e romanos.

Contudo, nem os esquálidos proletários urbanos nem os desprezados habitantes das províncias podiam sequer comparar sua penúria àquela experimentada, cotidianamente, por uma classe que compunha grande parte da população imperial: os escravos. A escravidão talvez seja a face mais cruel, desumana e aterradora do sistema social romano. A escravidão, conquanto comum na maior parte das civilizações antigas, nunca alcançou números tão alarmantes quanto nos tempos romanos. No período republicano, entre 300 e 100 a.C., auge do expansionismo, cerca de 2,5 milhões de escravos foram trazidos para a nação latina. Para alguns especialistas no assunto, Júlio César sozinho foi responsável pela introdução de um milhão de escravos na península itálica. Calcula-se que, por volta de 30 a.C., na aurora do império, esse número já ultrapassava a casa de 1.500.000 indivíduos. John Madden, autor irlandês, em seu artigo *Slavery in the Roman Empire – Numbers and Origens* [*Escravidão no Império Romano — números e origens*], estima que foram contabilizados apenas os números da capital imperial na época de Augustus (Augusto), algo entre 300 e 350 mil escravos para uma população total de 950 mil habitantes. Se esses dados estiverem corretos, praticamente um em cada três habitantes da grande capital romana era escravo.

Diga-se de passagem, possuí-los em grande quantidade era determinado não tanto pela necessidade de trabalho quanto pela mera ostentação a que se entregavam as pedantes elites romanas. Sabe-se com certeza disso por intermédio do testemunho irrefutável de alguns documentos da época. Por exemplo, registrou-se que certo Pedanius Secundulus, *praefectus* de Roma, em 61 d.C., gabava-se de ter sob seu comando nada menos que 400 deles. Contudo, o caso mais impressionante é mesmo o de Gaius Caecilius Isidorus, um liberto que deixou como legado a incrível soma de 4.116 serviçais!

Considerado nada mais que um objeto ou um animal de carga, o escravo romano, desprezado e privado de toda esperança de futuro, trabalhava à exaustão e sem misericórdia nos latifúndios, nas galés, nas feiras, nas minas e, ainda, sob as mais insalubres condições, por exemplo, nas tinturarias romanas em que pisoteava, em grandes tanques arredondados, fardos de roupas, imerso em urina até os joelhos. Reservavam-lhes não apenas os árduos labores, mas também as obrigações mais sórdidas, como satisfazer sexualmente seu amo qualquer que fosse a orientação sexual dele. A expectativa de vida deles, em função das condições inumanas a que estavam entregues, raramente ultrapassava os 20 anos de idade. Isso significava, para o império, a necessidade de repor mais de 500.000 novos servos por ano.

Reservavam os mais cruéis castigos para eles. Marcação com ferro em brasa no corpo ou mesmo no rosto, bastonadas e chicoteamentos eram expedientes comuns no trato com esses desafortunados. Os que ousavam fugir, quando capturados passavam a usar obrigatoriamente uma vergonhosa coleira de bronze, na qual se gravava o nome de seu proprietário. Quando, por qualquer razão, o proprietário julgava o escravo pouco produtivo ou dispendioso, a solução mais comum era desfazer-se dele, vendendo-o a um preço módico ou simplesmente deixando-o perecer. Os fisicamente mais afortunados podiam, quem sabe, vislumbrar uma vida mais cômoda, quando, após várias vitórias, caíam na graça popular como gladiadores famosos. Bem nutridos e treinados como bestas ferozes em academias profissionais, esses se aperfeiçoavam nas técnicas da trucidação mútua para o reles deleite do público, em geral sedento de violência, que fielmente comparecia às arenas. Dependendo da ocasião, uma única vitória poderia render ao gladiador, de origem escrava, o equivalente a um ano inteiro de salário de um legionário. Essa sedutora perspectiva financeira obviamente aguçava ainda mais a violência que esses lutadores combatiam entre si.

O valor dessa menosprezada vida humana nos mercados de Roma variava de 2.000 sestércios, para um escravo destinado ao serviço pesado, a 10.000 sestércios, por um bem instruído ou com aptidões culinárias.

A sina desses escravos era tal que nem mesmo os poucos que obtinham sua liberdade, comprando-a ou sendo agraciados com ela, se viam facilmente livres do jugo dominador, uma vez que sua primeira geração, independente da origem da mãe, carregava a mancha da servidão.

Obviamente, o clamor desesperado por justiça e dignidade humana trouxe algumas reações sociais nas classes desprivilegiadas. Entre elas, as revoltas armadas dos escravos. A partir de 198 a.C., elas começaram a eclodir em diversas regiões do império como se fossem um movimento combinado. A mais famosa e de conseqüências mais violentas foi, sem dúvida, aquela incitada e liderada por Spartacus, em 73 a.C. Esse notório gladiador da escola de Cápua, no comando de 60.000 homens, dominou, durante três anos, os setores rurais da Itália, prevalecendo sobre os exércitos enviados contra ele. Para extirpá-la, foi necessária a intervenção do general Marcus Licinius Crassus que, organizando várias legiões, ordenou uma verdadeira caçada humana contra os rebeldes. Os últimos 6.000 revoltosos foram, enfim, crucificados na *Via Appia* e expostos ao olhar público em um horrendo espetáculo que se estendeu por 150 quilômetros. Para celebrar essa vitória tão custosa, o riquíssimo Crassus organizou um banquete público no fórum, em que colocaram nada menos que 10.000 mesas!

Observe que os movimentos servis armados, como o de Spartacus, eram, em geral, dedicados ao deus Sol, que para o romano comum significava *um deus justo e bondoso, cuja luz e calor se distribuía, sem distinção, sobre ricos e pobres, sobre homens livres e escravos.*

30 DOZE HOMENS, UMA MISSÃO

Entretanto, não eram apenas as revoltas armadas – geralmente produto da insatisfação servil – que mostravam a sede dos excluídos romanos por justiça e por equidade. Talvez o resultado mais significativo – conquanto aparentemente silencioso e pacífico – dessa exclusão social foi a expectativa messiânica e redentorista que gerou nas massas empobrecidas. Hans Borger, autor de *Uma história do povo judeu*, descreve um pouco do sentimento que pairava no coração dos oprimidos da época (p. 197):

> Não só na Judéia, mas, também, em muitas outras partes do Império Romano – especialmente em torno do litoral leste do Mediterrâneo – ardia uma extraordinária impaciência e uma enorme angústia. Miséria e exploração romanas atingiam cada vez mais profundamente os povos oprimidos. As províncias subjugadas arcavam pesadamente sob as sucessivas exações de Sula, Pompeu, Gabínio, César, Crasso, Antônio e Otaviano. A Grécia estava arruinada; o Oriente, que alimentara dezenas de exércitos e subornara centenas de generais, odiava Roma, que pilhara suas riquezas e destruíra sua liberdade. Muitos milhões de homens e mulheres estavam contagiados pelo anseio messiânico dos judeus e seus prosélitos, e crescia vertiginosamente a adesão aos cultos orientais de mistério e misticismo.

Podia-se sentir a expectativa redentorista e o anseio por um mundo mais justo e humano não apenas entre essas castas de empobrecidos ou *humiliores*, como eram conhecidos, mas mesmo entre alguns membros das próprias elites. Um bom exemplo disso é o incomparável poeta latino Publius Virgilius Maro. Virgílio, como nós o conhecemos, celebrizou-se principalmente por sua obra épica *Eneida*, em que narra a gênese lendária de Roma. Mas foi em uma de suas poesias pastoris, a *Quarta bucólica*, composta cerca de quarenta anos antes da era cristã, que o poeta exprime mais precisamente o clamor que os excluídos da época já não podiam conter, ou seja, o anseio pelo advento de um novo tempo, uma nova era de justiça e paz. Lembrando curiosamente um pouco o estilo de profetas veterotestamentários como Isaías, Virgílio prediz o surgimento de um deus *menino cujo nascimento porá fim à raça de ferro e [que], no mundo inteiro, fará surgir a raça de ouro.* Segundo o poeta, *este menino receberá a vida divina, ele verá os heróis junto aos deuses, e estes o verão entre eles, e ele governará o universo pacificado pelas virtudes de seu pai.*

O advento da "era de ouro", no dizer virgiliano, era o grande anelo dessas multidões subjugadas, famintas e alienadas de Roma, compostas majoritariamente por proletários urbanos, miseráveis provincianos e escravos barbarizados. Eles ansiavam pelo dia em que, enfim, se ouviria a voz de seu sofrimento, clamavam por alguém que os compreendesse e os defendesse – ainda que apenas moralmente – de tantas e repetidas injustiças sociais. Esse anelo, perfeitamente maduro no começo da era apostólica, foi preenchido pela chegada da fé cristã. O cristianismo apregoando a excelsa mensagem do amor divino pela humanidade – sobretudo pelos oprimidos desse século –, introduzida no império pelo cajado apostólico e por tantos crentes anônimos, não poderia causar uma atração mais do que irresistível nessas populações desfavorecidas.

Podemos facilmente pintar em nossa imaginação essa cena comum nas assembléias cristãs romanas do século 1: alguns escravos, proletários urbanos e pequenos artesãos, maioria absoluta entre os crentes primitivos, se entreolhando com um sorriso discreto nos lábios e uma satisfação incontida no peito, ao ouvirem, de algum pregador, o eco das alentadoras palavras de Cristo (Mt 11.28-30):

> Vinde a mim, todos os que estais cansados e oprimidos, e eu vos aliviarei. Tomai sobre vós o meu jugo, e aprendei de mim, que sou manso e humilde de coração; e achareis descanso para as vossas almas. Porque o meu jugo é suave, e o meu fardo é leve.

Nesse quadro imaginário, ainda podemos conceber o júbilo discreto desses oprimidos se modificar em verdadeiro entusiasmo, quando o arauto apostólico trouxe-lhes à luz as palavras do profeta Isaías (9.4):

32 DOZE HOMENS, UMA MISSÃO

[...] tu quebraste o jugo da sua carga e o bordão do seu ombro, que é o cetro do seu opressor...

Por fim, imaginemos todos esses desvalidos sociais agora cheios de forte esperança no advento da justiça divina, ratificada pela duríssima admoestação profética citada pelo pregador (Tg 5.1-5):

> Eia agora, vós ricos, chorai e pranteai, por causa das desgraças que vos sobrevirão. As vossas riquezas estão apodrecidas, e as vossas vestes estão roídas pela traça. O vosso ouro e a vossa prata estão enferrujados; e a sua ferrugem dará testemunho contra vós, e devorará as vossas carnes como fogo. Entesourastes para os últimos dias. Eis que o salário que fraudulentamente retivestes aos trabalhadores que ceifaram os vossos campos clama, e os clamores dos ceifeiros têm chegado aos ouvidos do Senhor dos exércitos.

Portanto, não é de admirar que no princípio do cristianismo a maioria dos que compunham as fileiras eclesiais, atendendo ao chamado do Mestre, era formada por indivíduos oriundos das classes mais baixas e empobrecidas do mundo romano, como oportunamente Paulo registra em 1Coríntios 1.26-28:

> Ora, vede, irmãos, a vossa vocação, que não são muitos os sábios segundo a carne, nem muitos os poderosos, nem muitos os nobres que são chamados. Pelo contrário, Deus escolheu as coisas loucas do mundo para confundir os sábios; e Deus escolheu as coisas fracas do mundo para confundir as fortes; e Deus escolheu as coisas ignóbeis do mundo, e as desprezadas, e as que não são, para reduzir a nada as que são; para que nenhum mortal se glorie na presença de Deus.

Destarte, vemos que, em um primeiro momento, a exclusão social vigente no império e herdada dos tempos republicanos acabou, gerando uma condição extremamente proveitosa para o crescimento da Igreja, uma vez que foi no seio da comunidade cristã que as miríades de pobres e desprezados de Roma encontraram não apenas salvação para a alma, mas também amparo, reconhecimento e solidariedade humana, benefícios que a sociedade romana, embora rica e poderosa, lhes havia peremptoriamente negado. T. R. Reid, em seu artigo, *O poder e a glória do Império Romano*, observa, analisando a questão sob um prisma secular:

> Em um império no qual a vida humana era tão pouco valiosa, talvez não seja surpreendente a rápida expansão de um novo culto religioso em torno de um jovem executado como criminoso em uma remota província. Quando Jesus de Nazaré e um procurador romano subalterno, chamado Pôncio Pilatos, encontram-se frente a frente na basílica de Jerusalém – por volta do ano 30 – toda a força estava do lado de Pilatos. Mas Jesus disseminava uma idéia igualmente poderosa. Sua mensagem, a de que toda vida era preciosa, ia ao encontro de uma necessidade humana que não podia ser atendida pelos césares.

2. O SENSO DE UNIDADE E UNIVERSALIDADE POLÍTICA DO IMPÉRIO ROMANO

Os romanos eram, por excelência, grandes dominadores. A arte de governar, conquistar e subjugar conheceu neles seu ponto histórico culminante até a época. O memorável poeta Virgílio, acostumado a decantar as proezas de seu povo, não deixou de registrar em versos essa inquestionável qualidade latina (*Eneida*, Livro VI):

> Outros saberão, com mais habilidade, abrir e animar o bronze, creio de boa mente, e tirar do mármore figuras vivas, melhor defenderão as causas e melhor descreverão com o compasso o movimento dos céus e marcarão o curso das constelações: tu, romano, lembra-te de governar os povos sob teu império. Estas serão as tuas artes, impor condições de paz, poupar os vencidos e dominar os soberbos.

Foi com esse espírito impávido que Roma subjugou várias nações e reinos da antiguidade, incorporando-os ao seu universo e impondo-lhes suas leis, mas também absorvendo seus diversificados costumes. Mesmo a tão almejada (e controvertida) moeda única que a União Européia levou décadas para implantar, os romanos, dois mil anos atrás, lograram tornar realidade. Qualquer habitante do reino, de posse do *denarium*, podia comercializar livremente onde hoje estão situadas cidades como, Túnis, Lisboa, Paris, Londres, Trier, Budapeste ou Jerusalém. T. R. Reid acrescenta (*ibdem*):

> Houve uma época – que remonta a muitos séculos – em que uma moeda única, um único código de leis, um único exército e um único imperador eram respeitados em um imenso trecho do mundo ocidental, incluindo a região central da Europa, boa parte do oeste da Ásia e a área setentrional da África, indo desde o oceano Atlântico até o mar Morto. Isso aconteceu durante a existência do Império Romano, que pacificou e unificou toda a orla do mar Mediterrâneo – uma façanha extraordinária em termos de governo.

Esse novo desenho político do mundo ocidental que visava à universalidade romana e sua sustentabilidade só foi possível graças à administração de cunho pacificador implementada por César Augusto, conhecida como *Pax Romana* ou *Pax Augusta*. A *Pax Romana*, que perdurou 250 anos e presenteou o mundo antigo com tranqüilidade e riqueza nunca vistas antes, possibilitou aos césares eliminarem a instabilidade política e as diferenças que, com freqüência, levavam as cidades-Estados gregas e as demais nações da Antiguidade à luta umas contra as outras. Além disso, mesmo na própria península itálica, essa nova concepção política desestimulou as antigas rivalidades partidárias que no período republicano levaram Roma a se envolver em sangrentas e prolongadas guerras civis. Com o advento da *Pax Romana*, as legiões imperiais, desde Augustus (27 a.C.–14 d.C.) até o notável Marcus Aurelius (Marco Aurélio) (161 d.C.-180 d.C.), se preocupavam – salvo em alguns momentos isolados – apenas em guarnecer as fronteiras nacionais contra as ameaças de invasão dos bárbaros.

Portanto, onde antes havia uma diversidade de reinos, leis, línguas e povos; agora, com o poder dos césares, existia apenas uma única e poderosa nação: Roma. Observe que essa hegemonia política também colaborou para o sucesso da causa apostólica. Isso porque a disseminação da fé cristã que em função desse *status quo* foi tão facilitada teria sido seriamente comprometida caso tivesse ocorrido no mundo anterior ao da *Pax Romana* quando os conflitos políticos, as várias distinções culturais e as constantes guerras entre as cidades-Estados e os pequenos reinos, isolados em si mesmos, tornavam a rápida propagação de idéias ou de doutrinas uma tarefa muito mais lenta e difícil.

Embora, em outras épocas, a humanidade já tivesse presenciado a ascensão de impérios que, pelo poderio de seus exércitos, estenderam suas fronteiras para muito além de suas origens, nunca antes fora verificada a conquista de tal unidade social sob uma mesma bandeira como a que se seguiu ao advento de Roma. Nem mesmo Alexandre Magno, com seu vasto Império Macedônio – cujos limites atingiram as longínquas regiões da Índia – conseguiu imprimir no coração de seus contemporâneos semelhante senso de unidade política.

Como dissemos, Roma com sua ênfase sobre a justiça e a dignidade do cidadão (mesmo que essa dignidade, de fato, estivesse acessível apenas a uma minoria) construiu uma sociedade que reunia diferentes raças e credos sob uma mesma nação, uma mesma lei e um mesmo soberano. A universalidade resultante desse regime político acabou colaborando para uma melhor percepção do evangelho e do Reino de Deus. Isso porque a mensagem cristã ressaltava a igualdade de condição dos homens, como pecadores, diante do Criador e, portanto, sob a mesma lei espiritual. Com o evangelho, abria-se também a oportunidade, mediante a fé na obra redentora da Cruz, de qualquer homem, servo, nobre ou de qualquer origem, tornar-se cidadão de um único reino, o Reino de Deus, um organismo cosmopolita e universal também conhecido como Igreja. Diversas referências neotestamentárias como a de Paulo, em Efésios 2.19, ou a de Pedro, em 1Pedro 2.9a, estão impregnadas desse raciocínio:

Assim, pois, não sois mais estrangeiros, nem forasteiros; antes, sois concidadãos dos santos e membros da família de Deus.

Mas vós sois a geração eleita, o sacerdócio real, a nação santa, o povo adquirido...

Tibério César: líder do Império Romano durante o período do ministério palestino de Cristo.

Do mesmo modo, a idéia romana de um soberano absoluto, levada com o poder dos césares a limites nunca antes alcançados, contribuiu positivamente para a clara compreensão do Deus anunciado pelos apóstolos, já que o Ungido, o Messias, era também apresentado sob a figura do rei supremo e universal (se bem que, ao contrário dos imperadores, de caráter essencialmente misericordioso e benigno). Parece que esse conceito foi impresso com tal profundidade na mente dos cristãos primitivos que acabaram por sedimentar, em relação à dignidade do Filho de Deus, a expressão *Pantocrator* (aquele que governa sobre todo o universo), um dos termos gregos que mais evidencia a íntima relação da Igreja primitiva com o seu Senhor e Salvador.

O exército romano, com suas formidáveis legiões incumbidas da missão de manter viva essa unidade e universalidade política, também desempenhou um papel relevante na difusão do cristianismo nos primeiros séculos da nossa era. É bem verdade que nem todo cristão concordava em ingressar no serviço militar por causa dos juramentos pagãos aos quais deveria se submeter se realmente almejasse prosperar como soldado. Embora a questão fosse tema de acalorados debates entre teólogos primitivos, muitos crentes se aventuravam nessa profícua carreira (ou se converteram enquanto soldados), servindo nas cerca de trinta legiões espalhadas por toda a nação. Esses crentes tinham no ambiente militar um vasto campo missionário e podiam conquistar para Cristo não apenas seus companheiros de caserna, mas eventualmente os habitantes das terras estrangeiras, ao submetê-los pela força. Da mesma maneira, foi a serviço do exército que muitos bárbaros, oriundos dessas províncias conquistadas, seduzidos tanto pelo *status* da cidadania romana automática quanto pelos proventos que a carreira militar oferecia, conheceram a fé ao serem evangelizados por soldados cristãos ou por fiéis civis de outras regiões com quem mantinham contato. Ao cabo dos vinte anos estabelecidos para o serviço legionário, esses provincianos convertidos, por sua vez, retornavam à terra natal atuando como missionários e, assim, contribuíam para multiplicar o cristianismo nesses rincões mais distantes do império. A influência da cultura legionária na Igreja primitiva foi tão intensa, que termos tipicamente militares como *paganus* (pagão, originalmente "paisano" ou "campesino") e *sacramentum* (sacramento, i.é., o juramento idolátrico da soldadesca) adaptaram-se ao vocabulário eclesiástico. Aliás, muitos fiéis da época passaram a tratar a própria Igreja como *Militia Christi*, ou seja, o exército de Cristo.

Há que se registrar, infelizmente, que esse mesmo pendor romano para a supremacia mundial sob o estandarte de uma autoridade universal acabou, séculos mais tarde, influenciando negativamente os rumos da Igreja, estimulando-a a uma rápida e danosa secularização, conquanto a fizesse crescer ainda mais numericamente. Essa influência encontrou na pessoa do perspicaz imperador Constantino (que, no século 4, ousou se proclamar *Pontificex Maximus* da Igreja) o ingrediente necessário para transformar grande parte da chamada igreja católica primitiva na versão cristã do poderio político romano. Foi, portanto, dessa semente que germinou a Igreja Católica Apostólica Romana.

38 DOZE HOMENS, UMA MISSÃO

3. A SEGURANÇA E A FACILIDADE DE TRÂNSITO TERRESTRE E MARÍTIMO

A enorme extensão territorial do Império Romano tornou necessário o desenvolvimento e a construção de uma malha viária que permitisse um fluxo comercial e militar compatível com suas riquezas. Como já dissemos, o romano dos primeiros séculos, dada a extensão do império, habitava regiões muito distantes entre si, por exemplo, a Britânia (hoje Inglaterra), a Panônia (atual Hungria) ou a Judéia (hoje Israel). O governo romano, ao longo de séculos, investiu pesadas somas na construção de um sistema viário que fosse seguro e confortável e que abrangesse as longínquas regiões que compunham o império. T. R. Reid acrescenta detalhes interessantes sobre a condição de trânsito das estradas romanas (*ibidem*):

> Pela lógica [...] era evidente que um império tão extenso necessitava de comunicações eficientes. Por isso, os romanos implantaram o mais amplo sistema de estradas que o mundo havia visto até aquele momento. E não eram apenas caminhos que acompanhavam o curso dos rios: as estradas romanas eram meticulosamente construídas. Sob o calçamento havia nada menos que três níveis estruturais. O centro da pista erguia-se em um ângulo específico, permitindo o escoamento da água das chuvas; nos trechos mais íngremes, o pavimento apresentava ranhuras a fim de facilitar a passagem de animais e homens; a cada milha romana (cerca de 1.500 m) havia placas, numeradas seqüencialmente, com diversas informações como a distância até o vilarejo mais próximo e o nome do batalhão de engenharia que havia trabalhado naquele trecho. Com trocas regulares de montaria, os mensageiros conseguiam percorrer sem problemas cerca de 300 km por dia – velocidade bem maior que a que é possível hoje em muitas regiões do antigo império.

Na verdade, essas técnicas romanas de pavimentação e engenharia viária a que Reid se refere já existiam, pelo menos, desde o século 4 a.C. Em 312 a.C., começou a construção dos 580 km da *Via*

Appia, obra-prima da operosidade romana erigida com o intuito de ligar a capital latina a suas primeiras colônias na costa do Adriático. Mas a *Via Appia* com toda sua extensão não impressionou tanto quanto outras estradas romanas que surgiram mais tarde. No fim da República, assegurou-se o trânsito na região ocidental da Europa com a construção da *Via Domitila*, que interligava as penínsulas Ibérica e Itálica. Surgira ainda a extensa *Via Egnatia*, o elo viário entre Roma e o Oriente, que se prolongava até os limites da Síria, atravessando toda a atual Turquia. Foi em uma parte desse caminho, vulgarmente chamada de "estrada de Damasco", que Paulo, conforme Atos 9.1-8, teve sua experiência de conversão.

Como já vimos, o emprego sistemático da mão-de-obra escrava, abundante em Roma, tornou economicamente possível a construção de um sistema viário que atingiu, ainda nos tempos apostólicos, a marca extraordinária de 100 mil km de extensão, 85 mil dos quais inteiramente pavimentados. Para se ter uma idéia mais precisa da magnitude desse feito basta dizer que, até 1980, o Brasil, com sua proporção continental e dispondo de recursos tecnológicos modernos, possuía menos de 190 mil km de rodovias, entre federais e estaduais – ou seja, nem o dobro daquilo que os romanos edificaram dois mil anos atrás!

Esse magnífico sistema viário do século 1 era composto por estradas dispostas de modo estratégico, cruzando vales e montes e atingindo não apenas as regiões mais distantes do império, como também as fronteiras das nações não dominadas por Roma. Por esses caminhos – tornados seguros pela presença do exército – pisaram, em missão evangelizadora, não apenas os célebres apóstolos, mas muitos cristãos incógnitos que trabalhando como mercadores, escravos, soldados ou simples viajantes contribuíram de maneira preponderante para a disseminação da mensagem cristã no mundo da época.

Mas não eram só as vias terrestres que satisfaziam a necessidade de rápido deslocamento dos romanos. As rotas marítimas ofereciam, de igual modo, boas condições para os viajantes. Aliás, as viagens marítimas, por sua segurança e rapidez, tornaram-se assaz convidativas para aqueles que transitavam pelo império com intenção missionária. Com efeito, algumas décadas antes do advento de Cristo garantiu-se a paz e a tranqüilidade de navegação no *mare Nostrum* (mar Mediterrâneo) com as incursões da frota romana sob o comando de Pompeu, diante de cujo poderio foram varridos os perigosos piratas mediterrâneos. Acerca dessa conjuntura, Justo Gonzaléz, em seu livro *Uma história ilustrada do cristianismo* (Vol. I, p. 24-5), comenta:

> De fato, ao ler acerca das viagens de Paulo vemos que o grande perigo da navegação nessa época era o mau tempo. Uns séculos antes, os piratas que infestavam o Mediterrâneo eram muito mais terríveis do que qualquer tempestade.

Em função dessa segurança e rapidez, conforme o livro de Atos, uma parte significativa dos cerca de 15.000 km percorridos pelo incansável Paulo em suas campanhas evangelizadoras foi feita por via marítima.

Embora não tivessem topografia favorável à construção de portos seguros, os romanos, da península itálica, mostraram pela eficiência de sua engenharia como esse tipo de transporte era relevante para a saúde do império ao construírem, nos dias do imperador Claudius (Cláudio), o grande porto de Óstia, na foz do rio Tibre, a 20 km da capital. A partir dele, os navegadores podiam alcançar as colunas de Hércules (estreito de Gibraltar) em sete dias ou Alexandria, no Egito, em apenas nove ou dez dias.

4. A facilidade de comunicação com a universalidade da língua grega e a expansão do latim

Assim como um indivíduo que domina o inglês comunica-se fluentemente em quase todo o mundo moderno, na Antiguidade quem falasse o grego popular desfrutava esse mesmo conforto. Na verdade, já no século 4 a.C., a língua grega começou seu processo de expansão com a proposta ideológica de Alexandre Magno de exportar a cultura grega por intermédio das conquistas militares que formaram o vasto Império Macedônio. Seus soldados falavam uma variante do grego clássico, conhecida como *koinê* (ou grego comum), que se disseminou por toda a bacia do Mediterrâneo e pelo Oriente não só por intermédio deles, mas também de comerciantes e transeuntes de origem helênica.

Embora avessos a todo tipo de cultura estrangeira considerada uma ameaça a suas tradições sagradas, os judeus acabaram igualmente influenciados pelo uso da língua grega, uma vez que, no século 4 a.C., a Palestina também foi submetida pelas falanges macedônicas de Alexandre Magno.

Assim, em Israel, onde o aramaico disseminara-se alguns séculos antes do período apostólico, a popularização da língua helênica tornou-se realidade muito antes do advento da era cristã. De maneira semelhante, cerca de dois séculos antes de Cristo, os judeus que viviam fora da Terra Santa, chamados de *judeus da dispersão* – sobre os quais falaremos mais adiante – já haviam adotado o grego como língua natural. No Egito, por exemplo, onde existia uma grande colônia judaica, perdeu-se de tal modo o contato com o idioma hebraico que foi necessário fazer uma tradução das Escrituras para o grego, conhecida como *Septuaginta* ou *Versão dos Setenta*. Como lembra Justo González (*ibidem,* p. 21), esse trabalho literário teve papel de suma relevância para o cristianismo apostólico:

> [...] a importância da Septuaginta foi enorme para a Igreja primitiva. Esta é a Bíblia que a maioria dos autores do Novo Testamento cita, e exerceu uma influência indubitável sobre a formação do vocabulário cristão dos primeiros séculos. Ademais, quando aqueles primeiros crentes se derramaram por todo o império com a mensagem do evangelho, encontraram na Septuaginta um instrumento útil para sua propaganda. De fato, o uso que os cristãos fizeram da Septuaginta foi tal e tão efetivo que os judeus se viram obrigados a produzir novas versões – como a de Áquila – e a deixar os cristãos na posse da Septuaginta.

Embora militarmente dominados pelos romanos, os gregos deixaram claro por meio de expressões culturais como a língua, as artes e o pensamento filosófico que haviam logrado um incontestável triunfo sobre seus conquistadores no campo intelectual. Ou, pelo menos, deixado para eles um legado cultural extremamente frutífero e de valor incalculável. Muitos intelectuais romanos da época tinham consciência disso. O poeta latino Quintus Horatius Flaccus (Quinto Horácio Flaco), por exemplo, ironizava o êxito romano sobre os gregos dizendo: *A Grécia vencida venceu seu vencedor*. De fato, a influência helênica sofrida pelos conquistadores romanos foi de tal porte que se tornou inevitável a incorporação da língua grega por boa parte da população imperial. Portanto, a expansão do poderio de Roma trouxe consigo a disseminação ainda mais contundente da língua grega, o que se tornaria uma contribuição de valor inestimável para a pregação do evangelho, em especial, no princípio da era cristã.

De modo geral, é aceitável que os apóstolos falassem grego fluente, em especial, pelo fato de quase todos serem oriundos da Galiléia, região caracterizada por considerável influência cultural helênica dada sua proximidade com a província da Síria, assim como das cidades gregas de Decápolis.

Por outro lado, é importante lembrar que os romanos também possuíam língua própria, o latim, do que muito se orgulhavam. E não sem razão. Afinal, o idioma com o qual nos comunicamos neste texto, assim como o italiano, o espanhol, o francês, o reto-romano e o romeno são frutos da língua que boa parte desses cidadãos imperiais falava. Ao mesmo tempo em que os romanos que freqüentavam os ambientes acadêmicos e científicos preferiam o grego, o latim era invariavelmente usado nos meios administrativos e militares de Roma. Os mercadores e outros homens de negócio eram, via de regra, fluentes em ambas as línguas. Aliás, o historiador Edward Gibbon lembra que, em qualquer província, essa era também a condição usual de qualquer cidadão com acesso aos estudos.

Nos tempos apostólicos, o latim já se difundira em larga escala facilitando a comunicação especialmente nas partes ocidentais do império, como a península itálica, as Gálias, a Lusitânia, a Hispânia, a Britânia, a Germânia, a Numídia, a Mauritânia e a África Proconsular, em que se encontrava a próspera e populosa Cartago. Os romanos, para registrar textualmente sua língua, desenvolveram um alfabeto próprio, que na atualidade tornou-se o mais utilizado em todo o mundo. As letras maiúsculas que usamos hoje são idênticas àquelas utilizadas, seis séculos antes de Cristo, pelos romanos, e as minúsculas já, por volta de 300 d.C., faziam parte da escrita deles. O historiador T. R. Reid registra um pouco da genialidade romana presente na língua latina (*ibidem*):

> Com base nesse alfabeto, os romanos aperfeiçoaram uma língua tão lógica e vigorosa quanto as muralhas interconectadas que permaneceram em pé ao longo dos séculos. Como muitas outras coisas na vida romana, o latim era uma língua inteiramente racional e pragmática, outra esmerada obra de engenharia. Por esse mesmo motivo, há 2.000 anos educadores de todo o mundo ocidental insistem no ensino do latim como um excelente instrumento para o aprendizado dos mecanismos fundamentais de qualquer outra língua.

> Os romanos amavam seu idioma, escreviam tudo e se preocupavam em difundir o ensino do latim por todo o império. Como observa Peter Salway, historiador inglês, a Inglaterra, sob o domínio romano, alcançou uma taxa de alfabetização mais elevada do que o governo britânico conseguiu alcançar nos quatorze séculos seguintes. A abundância de documentos escritos, associada à longevidade do latim, é um dos motivos pelos quais sabemos muito mais sobre Roma que sobre a maioria de outras sociedades extintas, tanto da Antiguidade quanto mais recentes. Hoje dispomos de mais informação sobre a região central da península itálica de vinte séculos atrás que, por exemplo, sobre a região central da América do Norte há três ou quatro séculos.

Esse idioma prático e racional foi, além do grego, o instrumento usado pelos cristãos da metade ocidental do império para comunicar oral e textualmente a mensagem apostólica. Aliás, isso não se deu exclusivamente no Ocidente em que era popular, mas também nas regiões orientais em que o grego predominava; afinal, muitos soldados romanos que compunham as legiões estavam espalhados por todas as partes do império e eram fluentes apenas no latim. Observe, por exemplo, que, como vemos em João 19.19,20, a cruz na qual Jesus foi pendurado ostentava seu título também em latim *(Iesus Nazarenus Rex Iudeorum)*. Verifica-se a familiaridade dos apóstolos com esse idioma pelo emprego de algumas palavras de origem latina nas narrativas neotestamentárias, por exemplo, *denarium* (Mt 18.28; 20.2; 22.19; Mc 6.37; 12.15; Lc 20.24; Jo 6.7; 12.5 e Ap 6.6) e *praetorium* (Mt 27.27; Mc 15.16; Jo 18.28, 33; 19.9; At 23.35 e Fp 1.13). Reid complementa (*ibidem*):

> Para que missionários como Pedro, João, Filipe, Simão Zelote, Paulo e José de Arimatéia pregassem a Palavra nas regiões ocidentais do império, como reza a tradição apostólica, era necessário que possuíssem algum conhecimento da língua latina.

Assim, pois, o mundo romano, com a predominância dos idiomas grego e latino, ofereceu um panorama lingüístico muito favorável à veloz difusão do evangelho, tanto nas grandes concentrações urbanas, quanto nas regiões mais afastadas do império.

5. O AMPLO DESENVOLVIMENTO DO COMÉRCIO INTERNACIONAL PROMOVIDO PELA RIQUEZA DO IMPÉRIO

Como vimos anteriormente, os romanos construíram uma nação de poderio econômico nunca antes igualado. Muito embora a distribuição de renda fosse extremamente desigual e iníqua em que pouquíssimos milhares de cidadãos detinham grande parcela das riquezas, enquanto outros tantos milhões sobreviviam com as espórtulas estatais, o império gerava pela pressão de seu gigantismo somada à irrefreável concupiscência e superfluidade de suas elites uma crescente demanda por bens, tanto duráveis quanto perecíveis. Tal necessidade econômica pôs romanos e bárbaros, até mesmo aqueles das mais distantes regiões do mundo, direta ou indiretamente, em freqüente intercurso comercial, em uma escala de negócios jamais vista anteriormente. Esse intercâmbio também traria novos horizontes evangelísticos para a Igreja.

Dos citas, povos nômades que habitavam as vastas planícies entre o mar Cáspio e o mar Negro, os romanos compravam as preciosas peles de animais, com as quais faziam suas finas vestimentas de inverno. O âmbar, resina fóssil usada no fabrico de diversos utensílios, era adquirido dos habitantes da costa do mar Báltico e de regiões escandinavas por excelente preço, para a grata surpresa destes que o consideravam quase inútil. Da antiga Babilônia, os romanos importavam os cobiçados tapetes ornamentados, assim como muitos outros produtos manufaturados, considerados finíssimos. Supria-se a demanda por chumbo, prata e estanho com o intenso comércio com os celtas das ilhas britânicas. O rigoroso paladar romano, por sua vez, era atendido com a importação de azeite de oliva, vinho e da famosa pasta de peixe, o *garum*, todos oriundos da Espanha, mesma região que fornecia ao império algumas das melhores ânforas produzidas na época.

Em uma nação em que boa parte de seus 55.000.000 de habitantes expressava diariamente a devoção aos deuses queimando incenso, podemos imaginar a dimensão da procura por esse produto. O ingrediente básico para as ofertas aromáticas era o olíbano, seiva de uma árvore nativa do Sul da Arábia. Para comprá-lo, os romanos estreitaram o comércio com os nabateus, povo árabe que dominava as principais rotas do incenso e que de tão ricos que ficaram com essa empresa deixaram para a posteridade as marcas indeléveis de sua opulência nas ruínas da cidade de Petra, erguida de modo impressionante em uma fissura entre os penhascos, no deserto da atual Jordânia.

Mas a perspectiva de enriquecimento que o negócio com Roma trazia estendia-se para bem mais além do Oriente Próximo. Um típico exemplo é o empenho comercial a que se entregavam os egípcios. Todo ano, no mês de junho, uma frota de 120 navios mercantes deixava o porto de Myoshormos, no mar Vermelho, para cortar, ao sabor das monções, o oceano Índico em uma jornada de 40 dias em direção à costa indiana de Malabar e à ilha do Ceilão. Naqueles pululantes mercados indianos, os comerciantes das mais longínquas regiões orientais esperavam ansiosos pelos intrépidos atravessadores, oferecendo-lhes matérias-primas e produtos que de tão exóticos e raros eram, a despeito de seu preço, sempre irresistíveis aos cobiçosos olhos romanos. Tão logo retornavam, no mês de dezembro, em seus navios abarrotados de seda, pedras preciosas, prata, ouro e produtos aromáticos, os mercadores egípcios transportavam a carga em lombo de camelo e atravessavam o deserto em extensas caravanas do mar Vermelho até o Nilo, em cujas águas desciam, então, até Alexandria. Ali, naquela pujante cidade mediterrânea, os produtos eram distribuídos por todo o império. O enorme risco da empreitada valia a pena tamanho era o lucro que obtinham no final.

Há que se lembrar, outrossim, o fato de que muitos judeus da diáspora, alvos primordiais da mensagem apostólica, estavam envolvidos nesse pujante mecanismo comercial romano. Atentos ao lucro advindo do comércio da seda, muitos judeus estabeleceram colônias nos entrepostos comerciais sírios e partos, à margem da chamada Rota da Seda que ligava a China ao Oriente Médio. Muitos dos primeiros missionários cristãos em regiões do Oriente distante foram, na verdade, judeus conversos envolvidos com atividades comerciais.

Para especialistas em história romana como Edward Gibbons, nem mesmo o declínio econômico e político do império, iniciado em fins do século 2, arrefeceu a avidez latina por produtos dalém fronteira. Segundo o autor britânico, Roma gastava com artigos luxuosos destinados, sobretudo, a satisfazer a vaidade de suas mulheres o equivalente a mais de cinco milhões de reais por ano, valor que, obviamente, tinha como destino final as mãos de povos estrangeiros e, não raro, inimigos.

Mas a despeito de todo o consumismo frívolo de que se possa acusar os romanos, deve-se reconhecer que a magnitude do comércio transnacional gerado por eles criou um contexto de relações interpessoais nunca antes visto no mundo antigo, contexto esse que acabou favorecendo também a disseminação da mensagem apostólica. Milhares de mercadores romanos – ou estrangeiros que habitavam o império – iam e vinham diariamente, contatando vendedores e atravessadores das regiões mais remotas do mundo. Muitos desses viajantes haviam se tornado cristãos e imbuídos de fervor missionário aproveitavam suas jornadas de negócio não apenas para garantir o sustento diário, mas também para compartilhar a semente do evangelho com seus colegas de comércio. Lembremos que, como já vimos, existiam as condições básicas para isso, como duas línguas comuns, moeda única, rotas terrestres e marítimas seguras.

Ademais, muitas das cidades romanas em que os apóstolos preconizaram a salvação em Cristo eram importantes centros ou entrepostos comerciais. Não é de duvidar, portanto, que vários de seus primeiros conversos fossem indivíduos ligados, direta ou indiretamente, ao comércio local, regional ou internacional.

Paulo, um dos mais destacados apóstolos da Igreja, é um exemplo interessante de como os cristãos primitivos viam nos intercâmbios comerciais uma oportunidade ímpar de expandir o Reino de Deus. Embora oriundo de um ambiente extremamente erudito, o ex-fariseu, ao se converter, passou a sobreviver de um rústico trabalho artesanal, típico da região da Cilícia, onde ficava Tarso, sua cidade natal. Os panos feitos com fios de cabra daquele lugar eram os preferidos para a confecção de tendas. Ciente dessa oportunidade de negócio, Paulo percorreu boa parte do império como um autêntico fazedor de tendas (At 18.3), valendo-se desse ofício, sobretudo, para cumprir o projeto ao qual devotara sua vida: difundir o evangelho de Cristo.

6. A EXPANSÃO DO JUDAÍSMO DA DIÁSPORA

A palavra de origem grega *diáspora* designa, para o estudioso da história de Israel ou da história da Igreja, o conjunto de judeus que viviam fora da Palestina. É também conhecido como judaísmo da dispersão. A partir dos tempos do exílio babilônico (século 6 a.C.), começou a existir uma população cada vez mais numerosa de judeus habitando terras estrangeiras.

Obviamente, não é possível precisar a população judaica total que viveu durante o primeiro século da era cristã. Mas o número mais comumente aceito é algo em torno de oito milhões de indivíduos. É interessante, entretanto, observar que – como hoje – a maior parte desse enorme contingente vivia principalmente fora da Terra Santa.

Strabo, geógrafo grego que viveu no século 1 a.C., registrou que era muito difícil encontrar um lugar no mundo em que não houvesse judeus. Primeiramente, as maiores colônias judaicas concentraram-se na Mesopotâmia como resultado direto da presença dos filhos de Israel deportados para aquele lugar. No século 1 d.C., a diáspora já concentrara nessa região cerca de um milhão de judeus.

Dois séculos antes de Cristo, numerosas comunidades judaicas se encontravam devidamente estabelecidas na Síria e na Ásia Menor, com um total de um milhão de indivíduos cada. Na Cirenaica, região do Norte da África, habitavam nada menos que 250 mil judeus, número semelhante ao da colônia fixada na ilha de Chipre. Na península itálica, os israelitas eram mais de 150 mil e, pelo menos, outros 100 mil estavam radicados na Grécia.

Contudo, na Antiguidade, nenhuma terra gentílica abrigou tantos judeus quanto o Egito. Calcula-se que cerca de 1,5 milhão de judeus habitou aquele país durante o século 1 d.C. A descoberta dos papiros de Elefantina revelou que já no século 5 a.C. eles estavam presentes em grande número na região de Assuã. Essa comunidade – que alcançou notória prosperidade na prática do comércio – ousou edificar para si um templo, fato repetido pelos judeus, do século 2 a.C., que habitavam o delta do Nilo.

Contudo, a localidade egípcia mais famosa pela presença judaica foi, sem dúvida, a bela cidade de Alexandria, um dos mais notáveis centros culturais da Antiguidade. Habitada por judeus desde sua fundação, em 331 a.C., sob o potentado de Alexandre Magno, essa metrópole da Antiguidade registrou uma população próxima a um milhão de judeus entre 30 a.C. e 50 d.C., ou seja, nada menos que o dobro da colônia israelita de Nova York, no século 20.

A capital do império, na qual os judeus estavam estabelecidos há muito tempo e de onde foram expulsos, primeiro no século 2 a.C., depois em 19 d.C., por Tibério e em 50 d.C., por Claudius (Cláudio) (At 18.2), ainda ostentava, nos dias apostólicos, uma expressiva e, sob alguns aspectos, influente colônia judaica com seus 60 mil indivíduos. Hans Borger descreve, assim, a presença de seus conterrâneos na antiga Roma (*ibidem*, p. 236):

A comunidade judaica de Roma datava do tempo dos macabeus. Foi reforçada pelos prisioneiros feitos por Pompeu na campanha de 63 a.C. e cresceu a ponto de Cícero aconselhar, em um de seus discursos, a não afrontar a sua importância social. Não eram muito apreciados pela nobreza, mas os imperadores e a massa popular geralmente lhes eram simpáticos. A política dos imperadores em relação aos judeus variava. César concedeu-lhes amplos direitos, sob Augusto seu número aumentou grandemente e construíram sinagogas em muitos bairros. Tibério, hostil a todas as religiões estrangeiras, arregimentou 4.000 para servir em uma campanha suicida na Sardenha e expulsou os demais da capital (19 d.C.). Reconheceu, pouco depois, que tinha sido mal aconselhado por seu secretário – notoriamente antijudaico – e readmitiu-os, decretando que não fossem molestados no exercício de sua religião. Calígula teve problemas com os judeus – especialmente na Judéia –, mas protegeu-os na capital. Cláudio exilou alguns por motivos não bem esclarecidos, mas em 42 interveio a seu favor nos conflitos com os gregos de Alexandria, decretando o direito dos judeus de viverem conforme suas próprias leis em todo o império:

> Era tão grande o prestígio dos judeus de Roma que quando havia distribuição de pão aos pobres e acontecia cair em um sábado, eles podiam buscar sua parte no dia seguinte; e, havendo distribuição de azeite, os judeus recebiam uma compensação monetária, já que a pureza do azeite não correspondia às leis judaicas. Tudo isso era de grande importância social, porque a maioria dos judeus era muito pobre. Havia apenas alguns poucos abastados ou mesmo ricos. Eles assumiam a construção de sinagogas e escolas e dirigiam um conselho de anciãos encarregado da administração comunitária. Até mesmo durante a grande guerra de 66, os judeus de Roma não sofreram restrições. E, paradoxalmente, sua força de proselitismo até aumentou depois da queda de Jerusalém e da destruição do templo, inclusive entre a alta aristocracia.

Além da capital, Roma, outras cidades de grande relevância política e econômica dentro do império, como Atenas, Corinto, Antioquia,

Éfeso e Tessalônica também possuíam significativa presença de judeus da diáspora. Hans Borger acrescenta (*ibidem*, p. 236):

> Calculando a população do Império Romano entre 50 e 55.000.000, e considerando-se que os judeus da dispersão eram essencialmente urbanos, concentrados ao sul e leste do litoral mediterrâneo, é possível que, nessas regiões, tenham representado algo em torno de 20% a 30% da população. Na Síria, por exemplo – a província mais rica do Império Romano –, Josefo relata que havia cidades em que os judeus constituíam metade ou mais do total de habitantes.

Naquele momento histórico, a distribuição populacional promovida pela diáspora cumpriu um papel altamente relevante para a rápida difusão do cristianismo através do mundo romano.

Marcadamente distinto do judaísmo palestino pela adoção da língua grega, assim como pela influência dos costumes gentílicos, o judaísmo da diáspora procurou manter fortes seus vínculos com a sagrada tradição judaica por intermédio do implemento de uma instituição que se tornaria proeminente na difusão do cristianismo durante o período apostólico: a sinagoga.

Originada nos tempos de cativeiro babilônico em função do afastamento do templo e visando a manter viva a chama da fidelidade aos ensinamentos de Jeová, a sinagoga transformou-se, a partir de mais ou menos 200 a.C. em uma organização desenvolvida, estruturada e solidamente infiltrada na cultura dos judeus, tanto dos que habitavam a Palestina quanto dos dispersos pela imensidão do mundo romano. Na sinagoga não apenas se cultuava ao Deus de Israel, mas também se instruía o povo na lei e nos profetas por meio da leitura assídua e devocional dos manuscritos sagrados cuidadosamente conservados ali. A sinagoga era também o baluarte da preservação da língua hebraica – na época, em franco processo de extinção – e da análise das traduções escriturais para o aramaico e para o grego. Servia tanto de escola básica para a criança judia quanto de tribunal para os transgressores, que ali recebiam não apenas sua sentença, mas também sua execução.

Essa instituição espalhou-se pelos mais variados lugares em que havia a presença judaica e tornou-se fonte de notável influência sobre o mundo gentílico – envolto na mais crassa idolatria – aproximando muitos de seus habitantes da mensagem monoteísta dos judeus, a qual trazia em seu bojo um sistema ético e moral muito superior ao conhecido e apregoado pela cultura pagã. Nas sinagogas, os judeus da dispersão, assim como os prosélitos e simpatizantes dentre os gentios, disseminavam com grande ardor a esperança messiânica, colaborando para a familiarização do mundo greco-romano com a mensagem apostólica que anunciava na pessoa de Jesus o *prometido das nações*. Emanuel de Moraes complementa (*ibidem*, p. 198):

O movimento monoteístico [no império] começou séculos antes [da chegada dos cristãos] pela diáspora dos judeus que, em significativos grupos, se instalaram por quase todo o litoral do Mediterrâneo, mantendo-se religiosamente coesos como nação sem domínio territorial, em torno da sinagoga. Mais do que um templo, era ela um centro de identificação e de conservação dos costumes nacionais e dos liames raciais. Acrescente-se, conforme bem assinala Mário Curtis Giordani, que "os judeus da diáspora em contato com os gentios não se limitavam somente a uma atitude passiva de assimilação de elementos da civilização helenística; possuidores de uma milenar tradição religiosa monoteística, incomparavelmente superior às aberrações politeísticas, detentores de uma doutrina elevada que sobrepujava, por seu conteúdo ético, a todos os preceitos religiosos e filosóficos da antiguidade, os judeus da diáspora tinham presentes as palavras do velho Tobias: *Se Deus vos dispersou entre as nações que O ignoram, é a fim de que vós lhes canteis sua glória, que vós lhes façais reconhecer que só Ele é o Deus Todo-Poderoso.* Assim é que os judeus não descuravam do proselitismo e conseguiram êxitos notáveis entre os gentios". E se, de fato, os não converteram em massa, deixaram plantada a idéia monoteística.

Essa forte influência da sinagoga não foi sentida apenas pelos pagãos que a circundavam e que, eventualmente, nela se tornavam

52 DOZE HOMENS, UMA MISSÃO

prosélitos. Atingiu também o seio da própria Igreja primitiva para a qual exportou alguns de seus elementos, perceptíveis tanto na estrutura organizacional quanto na liturgia daquele período.

Como verificamos nas viagens missionárias de Paulo, narradas ao longo do livro de Atos, a sinagoga transformou-se em uma parada obrigatória para os muitos cristãos primitivos de ascendência judaica, os quais, em suas missões evangelizadoras, se valeram dessa instituição para praticar a regra de ir primeiro aos judeus e, depois, aos gentios (At 13.46).

O judaísmo da diáspora colaborou, da mesma maneira, com a mensagem dos apóstolos ao estimular a produção das primeiras traduções das Escrituras para o grego, uma vez que grande parte dessa população havia perdido a familiaridade com o hebraico. Essas traduções viabilizaram a utilização do Antigo Testamento em um mundo de língua grega, dinamizando e enriquecendo a transmissão da mensagem evangélica. A Septuaginta, por exemplo, a mais antiga tradução bíblica de que se tem notícia, foi organizada em Alexandria, entre 200 e 100 a.C., vindo a consagrar-se como uma espécie de "versão autorizada" do cristianismo primitivo. A ela pertence a maior parte das citações veterotestamentárias encontradas nos escritos apostólicos. Seu reconhecimento por parte da Igreja pode ser medido pelo fato de a Igreja Ortodoxa Grega adotá-la até hoje como sua versão oficial do Antigo Testamento.

Muitos estudiosos das traduções bíblicas acreditam que as colônias judaicas a leste da Palestina, especialmente as do Norte da Mesopotâmia, traduziram o Antigo Testamento – parcial ou integralmente – para o siríaco, uma variante do aramaico falada naquela região. Crê-se que tal tradução teria, posteriormente, prestado grande auxílio na evangelização daquela região que se transformou, no período pós-apostólico, em um distinto centro do cristianismo primitivo. Mais tarde, os cristãos daqueles termos, em especial os de origem judaica, agregaram ao seu Antigo Testamento siríaco uma tradução do Novo Testamento na mesma língua, cuja composição transformou-se na famosa versão siríaca da Bíblia conhecida como *Peshitta*. Embora as cópias remanescentes dessa versão remontem ao século 5, é provável que outras versões incompletas tenham surgido ainda no fim do período apostólico. Sabe-se, atualmente, que essas comunidades cristãs de língua siríaca dispunham de grande ardor missionário, sendo responsáveis por parte das correntes evangelizadoras voltadas para o Oriente, especialmente para a Armênia, a Índia e regiões da Ásia Central, como a China. Diz-se que nessas campanhas, esses missionários traduziram diversas porções das Escrituras Sagradas – hoje perdidas – para os dialetos de muitas das tribos em que estiveram a partir de originais siríacos. É possível, portanto, que apóstolos como Tomé, Judas Tadeu e Bartolomeu, cuja missão evangelística orientou-se nessa direção, tenham se beneficiado com a contribuição das colônias judaicas de língua siríaca.

7. A DECADÊNCIA RELIGIOSA DOS POVOS CONQUISTADOS POR ROMA

O Império Romano passou como um rolo compressor sobre muitos povos da Antiguidade. Cada uma dessas nações possuía variadas divindades às quais confiavam devotadamente seu destino. O triunfo romano sobre esses povos desencadeou, nesses conquistados, certa descrença em seus respectivos deuses, muitos dos quais acabaram engolfados pela política de sincretismo religioso estimulada por Roma e em vigor desde o século 3 a.C. Essa fusão indiscriminada de religiões visava, em última análise, imprimir nos povos dominados a idéia de que seus deuses, embora possuidores de nomes diferentes, eram, na realidade, os mesmos adorados pelos romanos. Essa iniciativa contribuía para a diminuição dos focos de tensão social ligados às diferenças religiosas e produzia um senso de homogeneidade ainda maior ao império, especialmente com a introdução, no século 1, do culto oficial a César.

Embora tenha se tornado absolutamente trivial no princípio da era cristã, o sincretismo religioso – à parte seus méritos como estratégia política dos romanos – não abrandou o grande vácuo espiritual deixado no coração de muitos dos habitantes do império, em especial no do estrangeiro conquistado que testemunhara a impotência de suas divindades ante a fúria conquistadora de Roma. Além disso, para o cidadão romano comum, o culto oficial a César, a religião do Estado mais se assemelhava a um dever cívico que propriamente uma manifestação espiritual e, portanto, não respondia aos anseios mais íntimos da alma deles, como bem observa Emanuel de Moraes (*ibidem*, p. 172):

> Atendo-se o exame principalmente a Roma imperial, dada a culminância, nesse período, de todos os males sociais com raízes na república, reassinale-se que se haviam acentuado os contrastes entre a miséria da maioria da população e o bem-estar e a vida luxuosa de pouquíssimas famílias privilegiadas, em nível talvez jamais existente em qualquer época anterior. Desprovidas, ou quase, de autêntico sentimento religioso, as classes dominantes usavam o culto oficial como instrumento de disciplina pública, colocando, ao lado do panteão tradicional, o culto imperial do Estado romano, encarnado na deusa Roma e na divindade atribuída ao imperador. A elas se opunham as classes dominadas, cada vez mais pobres, as quais procuravam algo que lhes satisfizesse ao espírito e que fosse contrário às idéias que lhes eram impostas, imprestáveis para resolverem as suas ansiedades. Alheias à irreligiosidade das doutrinas filosóficas, como o epicurismo e o estoicismo, que apenas tinham curso entre as elites afortunadas e entre os intelectuais, nelas o sofrimento consolidava, cada vez mais, um sentimento religioso muito diverso e dia a dia mais distante do culto das divindades patrocinado pelos governantes por intermédio dos seus colégios sacerdotais ocupados pelo novo patriciado que Augusto inventara, e nos templos que mandara construir em toda a Itália.

A desilusão com a multiplicidade de deuses do panteão romano e com a frieza ritual do culto estatal a César somada a uma crescente busca por espiritualidade mais intimista estimulou o surgimento e o crescimento de muitas das chamadas religiões de mistério, originárias de regiões orientais como a Pérsia, o Egito e a Ásia Menor, as quais eram marcadas pela devoção a deuses de caráter mais pessoal, sem consideração alguma em relação à posição social do indivíduo que neles cria. Eram, portanto, divindades com as quais o homem comum facilmente se identificava, cujo culto, ao contrário da frieza em que gravitava o rito imperial a César, propunha celebrações purificadoras, explicações cosmológicas, sensações extáticas e conforto espiritual.

Algumas dessas religiões, como o culto a Cibele, a Ísis e ao deus Mitra, ainda que representantes do mais vil paganismo, acabaram curiosamente aproximando o cidadão do século 1 de alguns conceitos espirituais importantes que seriam proclamados pelos apóstolos do cristianismo, como o sacrifício vicário (ou substitutivo), o derramamento de sangue para a purificação e a intervenção de um deus-salvador (Hb 9.22).

Portanto, o século 1 – com a decadência religiosa dos povos conquistados por Roma – apresentou uma atmosfera essencialmente favorável à pregação e à aceitação do evangelho em larga escala, embora devamos reconhecer que o mesmo sincretismo religioso, largamente estimulado na época, influenciou boa parte da sociedade da época a considerar os judeus e os cristãos como praticantes de um ateísmo que ameaçava a paz social, assim como a unidade do império, em vista de rejeitarem qualquer forma de união com o paganismo romano. Assim, aos poucos, estabeleceu-se o clima apropriado para as perseguições político-religiosas infligidas pelo império contra a Igreja primitiva, que apesar de resultarem no bárbaro massacre de milhares de cristãos, por outro lado, contribuíram para o fortalecimento do vínculo da fé e do amor entre aqueles que sofriam por amor a Cristo.

8. A CONTRIBUIÇÃO DA FILOSOFIA GREGA

Para os gregos e romanos bem letrados, a filosofia tornara-se mais que apenas um exercício intelectual. Era uma verdadeira religião. Assim, a devoção dos estudantes de Platão, Aristóteles, Diógenes, Epicteto, entre outros, era de tal sorte apaixonada que não hesitavam em criticar duramente a moral e a ética do paganismo, quando essas se chocavam – como freqüentemente acontecia – com seu sistema de valores. Portanto, não é exagero afirmar que o sistema filosófico greco-romano, embora posteriormente se mostre igualmente hostil ao cristianismo, também foi uma peça fundamental na preparação do mundo para o recebimento deste nessa conjuntura que chamamos "plenitude dos tempos". Isso porque o rigoroso e metódico exercício intelectual a que a filosofia expôs muitos cidadãos da época acabou por tornar incompatível a devoção destes aos deuses da antiga mitologia. Justo Gonzaléz comenta, desta maneira, esse fenômeno (*ibidem.*, p. 29):

> Ora, Sócrates, Platão e toda a tradição de que ambos eram parte havia criticado os deuses pagãos, dizendo que eram mais perversos do que os seres humanos. E, acima de tudo isto, Platão falava de um ser supremo, imutável, perfeito que era a suprema bondade e beleza. E ainda, tanto Sócrates quanto Platão acreditavam na imortalidade da alma, e portanto, na vida depois da morte. [...] Por estas razões, a filosofia platônica exerceu um influxo sobre o pensamento cristão que ainda hoje perdura.

Assim como o platonismo, o estoicismo também influenciou fortemente o pensamento da época, trazendo à luz a necessidade de uma vida permeada pela sabedoria e por valores morais indeléveis. O estoicismo preconizava também o uso da razão como único instrumento capaz de fazer o homem ver além das aparências enganosas e mutáveis deste mundo. Embora no período apostólico o estoicismo fosse apenas a sombra de sua passada glória grega, seus ensinamentos, agora adaptados à praticidade latina, continuavam a enfatizar aspectos morais distintos, como a lei divina e universal que agia sobre a consciência humana, a resignação diante dos fatos imutáveis da vida, a imperturbabilidade diante das tragédias e a sujeição das paixões à razão. Alguns comentaristas bíblicos vêem no estilo de escrita das epístolas paulinas marcas da diatribe, uma forma de crítica irônica freqüentemente usada por autores estóicos. Esse estilo seria reproduzido também por alguns autores cristãos da era patrística, como Jerônimo de Belém.

Os séculos 1 e 2 marcaram uma forte reação da intelectualidade pagã contra a Igreja. Autores como Tacitus (Tácito), Cornelius Fronton, Celso, Luciano de Samósata e o próprio imperador e filósofo Marcus Aurelius dedicaram parte de seus escritos para disseminar conceitos notadamente absurdos sobre os cristãos. Para esses e outros eruditos da época, os fiéis em Cristo nada mais eram que ateus, canibais, devotos de perniciosas superstições, criminosos e servos de um viver dissoluto e imoral. Em contrapartida, foi no amparo de algumas doutrinas filosóficas importadas do estoicismo e do platonismo que os chamados apologistas cristãos, crentes intelectuais do século 2, formularam a defesa racional da fé diante das persistentes calúnias que se propagavam contra a Igreja.

Contudo, não foi apenas questionando os valores éticos das religiões pagãs que a filosofia greco-romana contribuiu para o triunfo do cristianismo. Em última instância, a filosofia acabou despertando em muitos cidadãos daquela época uma sede pela verdade e por valores espirituais que ela própria não pôde saciar. A filosofia, em sua subjetividade e individualismo, permanecia apenas como um sistema de pensamento culturalmente importante, mas incapaz de responder aos anseios daqueles que buscavam um Deus com o qual fosse possível estabelecer um relacionamento íntimo e devocional. Earle Carins observa essa lacuna (*O cristianismo através dos séculos*, p. 33):

> Na maioria dos casos, a filosofia apenas aspirava por Deus, fazendo dEle uma abstração; jamais revelava um Deus pessoal de amor. Este fracasso da filosofia do tempo de Cristo tornou as mentes humanas prontas para atender a uma apresentação mais espiritual da vida. Só o cristianismo pôde preencher o vazio na vida espiritual de então.

A filosofia também contribuiu para o sucesso da mensagem apostólica, visto que, muitas vezes, enfatizava a realidade transcendental, em detrimento do mundo temporal. Valores abstratos como o Bem, a Verdade e a Perfeição eram, via de regra, apregoados por várias vertentes filosóficas como arquétipos pertencentes ao mundo espiritual. Dessa forma, a mensagem do evangelho satisfez aos anseios

58 DOZE HOMENS, UMA MISSÃO

de muitos acadêmicos platônicos ou aristotélicos, justamente por defender que o Bem, a Verdade e a Perfeição encarnaram (ou seja, deixaram a realidade transcendente e entraram na história humana) na Pessoa de Jesus Cristo, o Filho de Deus, permitindo ao homem não apenas a contemplação fria e racional dessas virtudes – coisa a que se limitava à filosofia – como também o relacionamento pessoal e devocional com elas.

Por fim, devemos reconhecer a contribuição da filosofia como fator facilitador do cristianismo primitivo ao observarmos que, eventualmente, até mesmo alguns apóstolos se valeram dela como parte de sua estratégia de propagação das boas-novas. Paulo de Tarso – ele próprio oriundo de um consagrado ambiente acadêmico da época –, em seu sermão na cidade de Atenas (At 17.22-34), soube usar do pensamento clássico em seu discurso no Areópago, a fim de trazer aos pés de Cristo muitos daqueles intelectuais pagãos que ali estavam. Nessa oratória, Paulo deixa evidente a fusão de, pelo menos, três pensadores clássicos da antiguidade: o cretense Epimêmides, ao citar um excerto da obra *Cretica*; do cilício Aratus, autor de *Phaenomena* e de *Cleanto* (331-233 a.C.), em seu *Hino a Zeus*. Frank Stagg, nos detalhes, nota como o apóstolo, em toda sua unção espiritual e erudição acadêmica, soube valer-se da lógica filosófica e a favor do cristianismo, diante dos céticos pensadores atenienses (*O Livro de Atos*, p. 178):

> Paulo impugnou a crença estóica do panteísmo e a prática da idolatria, fazendo referência a poetas deles, que disseram: 'Pois dele também somos geração' (v. 28). Deus é distinto de Suas criaturas, e, visto que somos geração Dele, segue-se que a natureza divina (*to theion*) é do nosso gênero (espécie), e não da espécie do ouro, da prata, ou da pedra. Paulo corrigiu a doutrina epicurista, que admitia que Deus (para eles, os deuses) é completamente transcendente e indiferente para com os homens, afirmando que Deus não só criou tudo quanto existe (v. 24), mas sustenta (v. 25) e dirige (v. 26) todos os homens no sentido de que O busquem, pois que não está longe de cada um de nós (v. 27).

O discurso em Atenas não foi a única vez em que Paulo recorreu à cultura filosófica como ferramenta na exposição de seu pensamento teológico. Em pelo menos duas outras ocasiões, as marcas da intelectualidade clássica estão presentes em suas epístolas. Em sua Primeira epístola aos Coríntios (15.33), Paulo exorta os fiéis para que não dêem ouvidos aos paroleiros e se mantenham constantes na esperança da ressurreição, citando um provérbio muito popular no mundo antigo, extraído da comédia *Taís*, de autoria do grego Menandro.

O sábio cretense Epimênides de Cnossos (c. 600 a.C), estimado por filósofos e oradores como Platão, Aristóteles e Cícero, o qual fora citado por Paulo no Areópago, é novamente lembrado pelo apóstolo em sua missiva pastoral ao jovem Tito, responsável pela organização da igreja na ilha de Creta (Tt 1.12). Como o ministério local enfrentava dissimulações e dissensões da parte de alguns cretenses judaizantes, Paulo recorre a um hexâmetro do citado autor, tido em altíssima estima por seus conterrâneos, para lembrar o jovem líder de que este teria de enfrentar, em seu ministério episcopal, alguns traços culturais notadamente inconvenientes dos cretenses, já muito conhecidos e propalados na época.

Além de Paulo, outro autor neotestamentário que evidencia a presença de elementos filosóficos em seus ensinos é João. Mesmo não tendo sido exposto a um contato mais profundo com o ambiente acadêmico, o "discípulo amado" descortinou seu evangelho com uma verdadeira cristianização da doutrina filosófica do *Logos*. O Logos (ou Razão) de Deus que fora, cinco séculos antes, foco de conjecturas platônicas, também inspirou, ao longo dos primeiros quatrocentos anos de nossa era, a teologia de muitos pensadores cristãos – especialmente aqueles pertencentes à controvertida escola alexandrina. Nós nos deteremos nesse tópico mais adiante, ao tratarmos da biografia de João.

Nessas reflexões iniciais, viu-se que o mundo apostólico, em toda sua complexidade, foi devidamente preparado pelo Criador para a fértil semeadura do evangelho. Mas se, por um lado, a conjuntura daquele período contribuiu, como atestamos, para a rápida difusão da mensagem apostólica, também, por outro lado, apresentou, em diversas ocasiões, algumas situações desafiadoras para a ainda jovem Igreja. Foi em meio a essas oportunidades e desafios que os seguidores de Cristo espalharam-se por grande parte do mundo de então, levando a mensagem que transformaria para sempre os rumos da História, como reconhece o dr. Justo González (*op. cit.*, vol. I, p. 30):

> A 'plenitude do tempo' não quer dizer que o mundo estivesse pronto para se tornar cristão, como uma fruta madura pronta para cair da árvore, mas quer dizer que, nos desígnios inescrutáveis de Deus, havia chegado o momento de enviar o Seu Filho ao mundo para sofrer morte de cruz, e de espalhar os discípulos por esse mesmo mundo, a fim de que eles também dessem um testemunho custoso de sua fé no crucificado.

Com efeito, os apóstolos, ao tomarem sobre si o desafio da *grande comissão*, não estavam completamente alheios a essa conjunção favorável reinante no século 1. Afinal, eles próprios faziam parte desse contexto. E foi justamente a percepção dessa realidade, aliada a uma obediência incondicional à vontade do Mestre, que resultou no investimento de suas vidas na evangelização tanto da Judéia, quanto da Samária – e até dos confins da terra!

Ao conhecermos um pouco da vida e da obra dos doze enviados e a forma como missionaram no mundo romano, mergulhamos na própria história da evangelização mundial nos dias da Igreja primitiva, com suas freqüentes lutas e suas promissoras perspectivas. Por outro lado, esse conhecimento desafia as mentes mais íntimas da história apostólica a encontrar as razões que porventura justifiquem o hiato de informação registrado na biografia desses memoráveis galileus. Algumas perguntas tornam-se, portanto, persistentes e incômodas. Como e por que a história, a secular e a eclesiástica, permitiu que boa parte da vida e da obra desses gigantes do cristianismo caísse no obscurantismo? Por que o registro escrito de suas façanhas não é proporcional à relevância que esses homens ostentavam na Igreja primitiva? Por que os relatos remanescentes sobre os apóstolos apresentam-se tão fragmentados, confusos e, freqüentemente, amalgamados com narrativas lendárias ou fantásticas? Responder a essas perguntas não é, obviamente, tarefa das mais fáceis. Quiçá algures a pá do arqueólogo encontre, em um futuro próximo, respostas que preencham os espaços hoje ocupados por tantas incertezas. A seguir, ao analisarmos alguns aspectos peculiares da Igreja primitiva, tentaremos decifrar algumas dessas indagações que perseguem a historicidade apostólica.

OS FATORES INIBIDORES DA HISTORICIDADE APOSTÓLICA

Após a contribuição de autores bíblicos como Lucas e Paulo, aos quais devemos grande parte da informação de que dispomos sobre a era apostólica, a história eclesiástica primitiva amargou longos períodos de silêncio. Nos 250 anos subseqüentes, a Igreja preocupou-se, antes de tudo, em continuar sobrevivendo, já que as ameaças que enfrentava no solo imperial, com as perseguições estatais, eram constantes e terríveis. Embora alguma informação apostólica fosse, eventualmente, revivida, a maior parte daquilo que os séculos posteriores produziram, foram narrativas cada vez mais divorciadas do cunho histórico. Essa tendência minou essencialmente a historicidade apostólica, causando uma diluição no conjunto de informações – orais ou escritas – que a compunham e, gradativamente, transformando-a em um verdadeiro coquetel de lendas e superstições, muitas das quais indignas de qualquer credibilidade. Vejamos, portanto, cinco razões básicas por que isso se sucedeu.

1. A MODÉSTIA E A SIMPLICIDADE DOS APÓSTOLOS NÃO OS TORNAVAM OBJETOS DE ANÁLISE BIOGRÁFICA PARA OS PRIMEIROS CRISTÃOS

Embora respeitados, amados e profundamente admirados por sua ação pastoral e evangelística, os doze apóstolos eram vistos pela

Igreja primitiva, sobretudo, como irmãos de fé e cooperadores na missão de espalhar as boas-novas. Sua origem humilde fez deles indivíduos perfeitamente identificados com o cidadão simples da época, ao qual dirigiam a mensagem salvífica. Além disso, a autoridade dos apóstolos repousava basicamente sobre a unção do Espírito Santo e não em qualquer formação acadêmica que os tornasse expoentes teólogos ou fundadores de complexas estruturas eclesiais.

O Concílio de Jerusalém (entre 49 e 50 d.C.), a maior assembléia de líderes cristãos realizada até então, foi, sem dúvida, um bom exemplo da autoridade dos apóstolos, enquanto colunas da Igreja (Gl 2.9). Entretanto, muito pouco ou quase nada se ouviu deles, coletivamente se falando, a partir dessa célebre reunião. A história posterior não registra qualquer outro pronunciamento conjunto dos doze com respeito a assuntos de interesse geral da Igreja, como questões ligadas às formas de governo eclesiástico, refutações às heresias, apologia da fé cristã ou questões de cunho social.

Com o passar dos séculos, a Igreja foi se transformando em uma organização eclesiástica burocratizada, teologicamente complexa e cada vez mais próxima – perigosamente próxima – do poder secular. Esse modelo, como se sabe, revelou-se inteiramente distinto daquele implantado pelos doze de Cristo. Vivendo uma espiritualidade simples e acessível, eles edificavam seu trabalho congregacional fundamentados essencialmente na poderosa, porém descomplicada, Palavra da cruz.

A história dos doze discípulos é, sobretudo, a história de humildes pregadores de Cristo, e não de célebres pensadores ou notáveis teólogos – embora tenham sim produzido teologia profunda e também transformado, pela reflexão que suscitaram, a cosmovisão do homem ocidental. A história dos apóstolos é a história de homens do povo, plenos de uma fé simples, mas audaciosa; e não de autoridades eclesiais austeras e, porque pomposas e poderosas, distantes do povo.

Talvez essa simplicidade, que os confundia com seus mais humildes condiscípulos, explique, em parte, por que sabemos tão pouco sobre seus empreendimentos, especialmente aqueles realizados a

UMA INTRODUÇÃO AO MUNDO APOSTÓLICO 63

partir da dispersão da igreja de Jerusalém, cerca de 68 d.C., quando muitos deles assumiram, de forma irrevogável, a missão de evangelizar os gentios, espalhando-se pelo mundo de então.

Os doze foram, sem dúvida, amados, seguidos e reverenciados pelos cristãos primitivos, como seus líderes naturais e homens dirigidos pelo Espírito de Deus. Seu testemunho de fidelidade absoluta a Cristo inspirou a Igreja a enfrentar e vencer cerca de 250 anos de severas perseguições, quando o martírio pela fé tornou-se uma possibilidade quase constante. Entretanto, a veneração e a adoração idolátrica desses homens só se tornou realidade a partir do momento em que o curso do cristianismo primitivo, por razões diversas, pervagou por conceitos e práticas estranhas a sua natureza teológica.

2. A AUSÊNCIA DE UMA PERSPECTIVA HISTÓRICA DURADOURA, POR PARTE DA IGREJA PRIMITIVA

É importante reconhecermos que tanto os apóstolos quanto grande parte de seus discípulos encontravam-se ocupados demais em *fazer história*, para porventura escrever sobre ela, visando a produzir um legado documental às futuras gerações. Os primeiros cristãos, portanto, não estavam muito preocupados com o registro de suas memórias para os séculos vindouros. E a razão que isso se sucedia é muito simples. Em sua perspectiva escatológica, o retorno de Cristo – tão enfaticamente pregado e aguardado naqueles dias – era algo que se daria ainda naquela geração. Essa ênfase exagerada acabou exigindo algumas posturas teológicas corretivas – por exemplo, a assumida por Paulo em sua segunda epístola aos Tessalonicenses. É notável que o apóstolo, se em sua primeira carta aos fiéis daquela igreja grega, descreve detalhes importantes relativos à segunda vinda de Cristo (1Ts 4.13-18; 5.1-4), mostra-se, em sua mensagem seguinte, claramente mais cauteloso no trato do assunto, lembrando a seus leitores que alguns eventos de grande magnitude necessariamente precederiam aquele dia desejado (2Ts 2.1-12).

64 DOZE HOMENS, UMA MISSÃO

Portanto, pouco se produziu de história eclesiástica, como a compreendemos, até a geração dos pais pré-nicenos, na segunda metade do século 3, quando a Igreja finalmente amadurecera a ponto de compreender que a expectativa profética da volta de Cristo exigia uma perspectiva mais equilibrada, tendo em vista principalmente a enorme tarefa da evangelização mundial, sem a qual ela não se cumpriria (Mt 24.14).

3. O DESINTERESSE DA HISTÓRIA SECULAR PELO CRISTIANISMO PRIMITIVO

A maioria esmagadora dos cristãos dos primeiros dois séculos pertencia, conforme já vimos, às classes sociais menos favorecidas. Eram, em grande parte, escravos, carpinteiros, ferreiros, pedreiros e artesãos. Homens e mulheres de nobre estirpe constituíam uma minoria nas primeiras congregações. A singularidade desse perfil eclesial é atestada, como já vimos, pelo próprio apóstolo Paulo, em sua primeira epístola aos Coríntios (1.26-29). Assim, o cristianismo, como movimento sócio-religioso, não atraiu – senão para eventuais e injustas críticas – a atenção dos mais conceituados escritores seculares da época, visto que, para estes, os crentes em Cristo não passavam de pessoas insignificantes, abjetas e merecedoras de todo desprezo; e a doutrina que propalavam era uma combinação de superstições daninhas, incompreensíveis e ameaçadoras à paz imperial. Portanto, qual intelectual, filho de uma sociedade fortemente estratificada e hierarquizada como aquela, se aventuraria a desperdiçar seu tempo escrevendo detalhes sobre a saga desses malfadados ignorantes?

Cornelius Tacitus (Tácito), historiador romano e membro da classe senatorial, que viveu entre 55 e 117 d.C., foi um dos raros autores do século 1 que se aventurou a citar os cristãos em seu texto. Na verdade, viu-se obrigado a tanto, visto que se propôs a descrever os acontecimentos relativos ao incêndio de Roma, em 64 d.C., após o qual os cristãos foram duramente perseguidos pelo ignóbil Nero. Mesmo assim, ao mencioná-los, Tacitus (Tácito) evidencia a pouca informação que dispunha sobre o assunto, acusando os seguidores de Cristo de "ódio à raça humana" (gr. *misanthropia*) e reputando-os como "uma gente odiada por todos por suas abominações" (*Anais* 15.44). É importante lembrarmos que Tacitus (Tácito), aqui, usa o termo "raça humana" referindo-se ao universo de pessoas que compõem a nação romana. Não é difícil, pois, entender por que um pagão devoto como Tacitus (Tácito) via os humildes cristãos como inimigos de Roma. Para a mente pagã, o bem-estar da nação dependia exclusivamente das ofertas que seus filhos sistematicamente traziam aos deuses. Se fossem omissos ou se abandonassem o culto dos antepassados para servirem a deuses alienígenas, a ira das divindades tradicionais se acenderia contra a nação, podendo sobrevir a ela males repentinos e catastróficos. Para Tacitus (Tácito) e milhares de outros romanos, portanto, os cristãos eram inimigos da nação porque desviavam seus concidadãos da reverência aos deuses tradicionais, deixando Roma à mercê de castigos implacáveis.

Outro destacado intelectual da época e dedicado pesquisador dos costumes de sua gente, mas que quase nenhuma atenção concedeu aos cristãos, foi Caius Suetonius Tranquilus (Suetônio) (69-114? d.C.). Autor da famosa – e freqüentemente mordaz – obra biográfica *De Vita Cesarum* [*A vida dos doze césares*], Suetonius (Suetônio) expôs, com riqueza de detalhes, a intimidade dos primeiros imperadores, exaltando suas obras meritórias, tanto quanto pormenorizando seus vícios e usanças escandalosas. Ao descrever os abusos do jovem Nero, pioneiro dentre os césares a martirizar os fiéis, Suetonius (Suetônio) limita-se a dizer: "Aos cristãos, espécie de homens afeitos a uma superstição nova e maligna, inflingiram-se suplícios" (*op. cit.*, p. 353).

Deve-se, contudo, a um amigo íntimo de Suetonius (Suetônio), o jovem Plinius (Plínio), a menção secular mais atenta de que dispomos sobre os cristãos, proximamente ao período apostólico. Plinius (Plínio) era sobrinho do famoso naturalista e comandante romano Plinius (Plínio), o Velho, que pereceu ao percorrer estultamente as cercanias do Vesúvio, durante a erupção que destruiu Pompéia e Herculanum, em 79 d.C. Plinius (Plínio), o Jovem, como ficou conhecido, era um respeitado aristocrata e jurista competente, a quem o imperador Ulpius Trajanus (Trajano) delegou as províncias coligadas da Bitínia e do Ponto, na costa do mar Negro. Não muito depois de sua chegada à região, entre 111 e 112 d.C., Plinius (Plínio) viu-se no mister de averiguar as crenças e costumes dos cristãos, porquanto nem mesmo as sórdidas acusações de que eram freqüentes vítimas detinham seu rápido crescimento nas cidades e nos campos. Dispondo de escasso conhecimento sobre eles, Plinius (Plínio) passou a examiná-los, torturando alguns fiéis a fim de extrair deles algo de insólito ou condenável. Sem saber exatamente por qual crime os culparia, visto não ter encontrado neles, nem mesmo sob suplício, nada digno de punição, Plinius (Plínio) escreve a Trajanus (Trajano), visando a equacionar essa nova e difícil questão de jurisprudência. Essa carta detalhada de Plinius (Plínio) ao imperador é um dos raros documentos seculares daquele período em que os cristãos são, enfim, retratados com alguma profundidade. Contudo, deve-se reconhecer que tal registro veio a existir em razão da urgência que o impasse jurídico provocara, e não por algum interesse ou curiosidade que os cristãos pudessem gerar nas classes mais elevadas.

Outro notável autor do século 1 que bem personifica o desinteresse das classes intelectuais pelos cristãos foi o famigerado desertor judeu Flavius Josefo (37-100? d.C.). Autor de obras de grande autoridade sobre o cenário político e religioso da época, como *Antiguidades Judaicas* e *A Guerra dos Judeus*, Josefo quase nenhuma atenção dá aos nazarenos, exceto pela fugaz alusão que faz à condenação do apóstolo Tiago, o Justo, pelo sumo sacerdote Ananus (*Antiguidades*, 20.9.1). Sua suposta descrição de Jesus, batizada pelos medievais como *Testemonium Flavianum*, encontrada em *Antiguidades* 18.3.3, vem sendo alvo de controvérsias acirradas desde o século 17. Nesse excerto, o escritor exalta Jesus de forma anômala para um judeu tradicional, chamando-o de Messias e atribuindo a Ele diversas obras miraculosas. O que se afirma hoje em dia, com mais coerência, é que tal passagem nada mais é que o resultado da interpolação de algum escriba cristão medieval.

Contudo, se, por um lado, a história secular calou a respeito dos apóstolos e do cristianismo em geral, por outro lado, a intelectualidade cristã passaria, em dois ou três séculos, a vê-los como importante objeto de estudo. Devemos a esforços de cristãos como Hegésipo, na segunda metade do século 2, e Eusébio de Cesaréia, em fins do século 3, as primeiras investigações que rastrearam as origens apostólicas do cristianismo primitivo.

Como fruto de seus empreendimentos na busca de documentos primordiais da Igreja, Eusébio escreveu sua obra-prima, *A história eclesiástica*, que, até o presente, mantém-se como uma das mais importantes referências de pesquisa sobre o cristianismo da era apostólica e imediatamente posterior.

4. O ADVENTO DA SUCESSÃO APOSTÓLICA

Em fins do século 1 e princípio do século 2, a Igreja presenciou o surgimento e a expansão do inimigo que, por suas sutilezas morais e sincretismo teológico, mais perto esteve de vencê-la. Trata-se do movimento místico que passou a ser chamado de *gnosticismo cristão*. Mais adiante em nossa análise, trataremos, com as devidas pormenorizações, dessa terrível ameaça ao cristianismo primitivo. No momento, entretanto, basta dizer que os gnósticos cristãos arrebanhavam inúmeros fiéis nas fileiras da Igreja ao se apresentarem como detentores exclusivos de uma teologia secreta, a verdadeira *gnosis* ou conhecimento espiritual, herdado diretamente de algum apóstolo em particular, o qual, por sua vez, o teria recebido de Cristo. O apóstolo em questão, ao qual se atribuía o conhecimento místico ou *gnosis*, variava conforme a escola gnóstica, podendo ser Tomé, Pedro ou qualquer outro dos doze.

Como reação a essa corrente herética, a Igreja suscitou a chamada sucessão apostólica, um mecanismo de defesa da ortodoxia cristã que visava a resgatar o elo histórico entre aquela geração de líderes, cuja autoridade estava sendo questionada pelos gnósticos, e a geração apostólica. Por intermédio do conceito da sucessão apostólica, afirmava-se que Jesus, se Ele realmente passara algum ensino espiritual a alguém, teria ensinado, necessariamente, a Seus discípulos em geral, e não a este ou aquele em particular. Afinal, foi aos doze, conjuntamente, que Cristo confiara a direção de Sua Igreja. Estes, por sua vez, só poderiam ter perpetuado tal ensinamento passando-o abertamente aos líderes das comunidades que iam fundando, e assim sucessivamente (cf. 2Tm 2.2). Não havia, portanto, no discipulado cristão, espaço para ensinos esotéricos, obscuros e secretos que privilegiassem esse ou aquele líder em especial. A sucessão apostólica foi a forma como a Igreja da época – oprimida pela impostura dos gnósticos e pelo sucesso que granjeavam seguidores no seio das congregações cristãs – tentou desmascará-los em sua heresia e intentos obscuros, com o objetivo de mostrar ao rebanho sobre qual liderança verdadeiramente repousava a linhagem apostólica e o genuíno preceito de Cristo.

A sucessão apostólica, enquanto dispositivo teológico, teve, portanto, seu mérito no que diz respeito à estratégia de defesa da fé cristã naqueles dias, quando era grande a ameaça do gnosticismo. De fato, para algumas comunidades cristãs como as de Roma, Éfeso, Antioquia e Corinto, não foi tarefa difícil rastrear suas origens apostólicas. Muitas delas possuíam seus próprios registros episcopais, os quais documentavam a ligação do presente com seu passado apostólico. Por outro lado, como diversas igrejas de localidades menores não podiam reclamar para si qualquer raiz apostólica sustentável em suas origens – já que o cristianismo havia chegado a várias cidades do império por vias desconhecidas – muitas delas trataram de inventar suas próprias tradições acerca de suas pretensas matrizes apostólicas. Essa tentativa desmedida de gerar credenciais episcopais às sés de algumas cidades do império acabou misturando fatos com lendas, produzindo um conjunto de informações que comprometeria a rastreabilidade biográfica dos primeiros líderes cristãos.

O dr. Justo González (*op. cit.*, vol. I, p. 42) atesta a contribuição negativa da sucessão apostólica para a historicidade das missões primitivas, citando o exemplo de dois personagens apostólicos:

> Pelos finais do século 2, começa a aparecer um fenômeno que dificulta sobremaneira todo intento para descobrir o paradeiro dos apóstolos. Esse fenômeno consistiu em que todas as principais igrejas tratavam de reclamar para si uma origem diretamente apostólica. Já que a igreja de Alexandria rivalizava com as de Antioquia e de Roma, ela também tinha de reclamar para si a autoridade e o prestígio de algum apóstolo, e isso, por sua vez, deu origem à tradição segundo a qual Marcos havia fundado a igreja nessa cidade. De igual modo, quando

Constantinopla chegou a ser capital do império, a nova cidade não podia tolerar o fato de que tantas outras igrejas tenham reclamado para si uma origem apostólica e ela não pudesse fazer o mesmo. Daí surgiu a tradição que dizia que o apóstolo Filipe havia fundado a Igreja de Bizâncio, a cidade que se encontrava no lugar onde Constantinopla foi edificada mais tarde.

Diante disso, é plausível imaginar que, em um curto período de tempo, o volume de informação fidedigna sobre as missões apostólicas – presumivelmente oral, em sua maior parte – acabou sendo penetrado de modo comprometedor pela avalanche de superstições que, progressivamente, formaram-se em função dessa urgente necessidade de se comprovar a apostolicidade de algumas congregações primitivas.

5. A CRESCENTE RIVALIDADE ENTRE A IGREJA ORIENTAL E OCIDENTAL E A CORRIDA PELAS RELÍQUIAS APOSTÓLICAS

No século 4, a divisão do Império Romano em duas partes, uma ocidental, com sede em Roma, e outra oriental, com sede em Constantinopla, causou considerável impacto na Igreja, já marcada por relações cada vez mais íntimas com o Estado. O fortalecimento político dos bispos dessas cidades, sedentos pela primazia no Corpo de Cristo, somado à crescente rivalidade entre a Igreja ocidental, de fala latina, e a oriental, de fala grega, motivou uma busca desenfreada por provas históricas que sustentassem suas pretensões de hegemonia. Desenvolveu-se, pouco a pouco, a idéia de que a superioridade episcopal de uma sé sobre as demais se devia, entre outras coisas, à presença de relíquias sagradas em seu seio. Desencadeou-se, então, uma onda frenética de descobertas supostamente ligadas aos restos apostólicos.

A crença de que ossos ou objetos pertencentes a outros cristãos famosos possuíam alguma propriedade miraculosa é antiquíssima. Em meados do século 2, muitos fiéis já haviam estabelecido o costume de comemorar o aniversário da morte de algum mártir celebrando cultos ou tomando a ceia no lugar onde ele fora enterrado. Contudo, o que, no princípio, era um hábito ingênuo e despretensioso, tornou-se, pouco a pouco, uma tradição que degenerou em práticas estranhas ao culto cristão original. Menos de um século mais tarde, igrejas foram construídas sobre esses locais e não tardou para que, a seguir, muitos pensassem que os cultos ali celebrados infundiam uma graça especial nos circunstantes, em virtude do poder das relíquias ali preservadas. Isso fez que ossos e outros objetos ditos sagrados que ali subjaziam fossem, a seguir, desenterrados e trazidos para o altar, em local de destaque, a fim de que pudessem ser contemplados ou tocados pelos fiéis. Não demorou, obviamente, para que alguns passassem a atribuir curas ou outros milagres recebidos ao contato com esses objetos. Em pouco tempo, esse processo de veneração acabou descambando na mais crassa idolatria.

É bem verdade que muitos líderes da época tentaram, porém inutilmente, exortar seus ouvintes acerca dos perigos de tais exageros. Mas, o número explosivo daqueles que buscavam ingressar na Igreja, em especial após a liberdade de culto advinda com o século 4, e o pouco tempo que sobrava para instruí-los na fé tornaram o discipulado cristão cada vez mais superficial e sua teologia tanto menos contundente no combate a essas e outras distorções herdadas do paganismo.

Em 326 d.C., com a corte imperial romana já de mãos dadas com a Igreja, a prática pseudocristã de veneração das relíquias assume um certo ar de oficialidade. A septuagenária Helena, mãe do imperador Constantino e notória por sua dedicação à fé, empreende viagem devocional à Terra Santa. Ali, após erigir várias basílicas nos locais considerados sagrados, celebra ter encontrado a cruz original que Cristo fora supliciado, conhecida como Vera Cruz. Com a crença de que o achado emanava poderes milagrosos, pedaços de madeira dele extraídos – ou mesmo de espúria procedência – foram espalhados por toda a Europa, consolidando ainda mais esse costume que tantas trevas lançaria sobre o cristianismo medieval.

A edificação da Nova Roma, a exuberante capital oriental do império, chamada Constantinopla em honra ao seu idealizador, teve também um papel preponderante na corrida pelos restos mortais dos apóstolos e de outros mártires. Constantinopla (atual Istambul, Turquia) fora erigida, entre 324 e 330 d.C., onde antes havia Bizâncio, um pequeno porto grego no estreito de Bósforo, até então um local sem relevância política no cenário romano. Percebendo a localização privilegiada da cidade, cercada por mar e colinas, e considerando a urgência estratégica de estabelecer-se no Oriente, para melhor vigiar os sobranceiros inimigos de Roma, Constantino decidiu erigir ali sua nova capital, uma metrópole cujo esplendor exaltasse não os deuses tradicionais romanos, que andavam meio decadentes na preferência popular; mas o Deus dos cristãos, Aquele cuja memória o imperador dizia honrar e em nome de Quem conquistara o poder.

Desde a inauguração, a febre pelas relíquias sagradas tomara conta da nova cidade e apontava para uma rápida degeneração doutrinária na igreja daqueles dias. Próximo ao fórum, Constantino mandara enterrar um objeto reputado como o machado que o patriarca Noé construíra a arca. Ao lado deste, jazia o frasco que dizia ter contido o precioso ungüento de nardo puro usado por Maria, irmã de Lázaro, na unção de Jesus, conforme João 12.3. Contudo, Constantino sabia que essas relíquias não eram suficientemente importantes para emprestar à nova capital os ares de centro da cristandade, conforme ele planejara. Preocupado, pois, em sobrepujar a tradição cristã da antiga Roma, que remontava aos primeiros anos da igreja e reclamava para si nada menos que os túmulos de Pedro e de Paulo, o imperador instigou uma grande diligência pela prospecção e importação dos restos apostólicos, onde quer que as lendas alegassem estarem enterrados. A partir daí, túmulos foram sistematicamente saqueados em diversos lugares, e suas ossadas coletadas e trazidas para Constantinopla, sob a alegação de pertencerem a algum apóstolo ou cristão ilustre do passado. Dentre os primeiros "achados", figuram os supostos restos do apóstolo André, em que a tradição – como veremos mais adiante – atribuía-lhe a fundação da igreja de Bizâncio, assim como diversas operações missionárias na circunvizinha região do mar Negro. Seguiram-se, pouco depois, as relíquias atribuídas a Timóteo e a Lucas.

Para celebrar essas e outras "fantásticas descobertas" que ainda viriam, Constantino, já autoproclamado *Pontificex Maximus* dos cristãos, decidiu adornar a nova capital com uma basílica cuja magnificência fizesse jus às relíquias sagradas que ela passaria a reunir. Erigiu-se, assim, a chamada igreja dos Santos Apóstolos, um riquíssimo santuário levantado sobre a fundação do antigo templo de Afrodite. Dedicada em 337 d.C., sete anos após a inauguração oficial da cidade, a igreja dos Santos Apóstolos abrigava doze tumbas apostólicas dispostas em semicírculo, e no centro estava o jazigo que o imperador construíra para si. Nesse ousado arranjo arquitetônico, Constantino deixava claro para a posteridade sua pretensão de se perpetuar na história como o décimo terceiro dentre os apóstolos.

Aos olhos do crente lúcido, tão aborrecível tornou-se a exumação das supostas ossadas de mártires que o imperador Teodósio I proibiu, em 386 d.C., o desmembramento e transporte de quaisquer restos humanos. Contudo, para infortúnio da história apostólica, o cerceamento imperial chegou tarde demais. Esse infeliz costume já aprofundara suas raízes entre os cristãos da época, desfrutando inclusive grande suporte nos meios episcopais, visto que os achados garantiam grandes e permanentes fluxos de peregrinos às igrejas nas quais eram conservados. Isso talvez tenha sido determinante para estabelecer-se, no II Concílio de Nicéia, em 787 d.C., que nenhuma nova igreja poderia ser consagrada a não ser que ostentasse em seu altar alguma relíquia sacrossanta. Ademais, à medida que se adensaram as trevas medievais, indivíduos inescrupulosos, de origem tanto leiga quanto clerical, descobriram nas relíquias uma promissora fonte de lucro, em nome do que forjaram e expuseram à adoração pública incabíveis descobertas, que fariam rir qualquer cidadão moderno, por exemplo, uma pena extraída da asa do anjo Gabriel ou, ainda, uma porção láctea da sagrada teta mariana.

Como era de esperar, o presunçoso Constantino não obteve êxito na coleta dos restos mortais dos doze, não apenas por se tratar de uma tarefa quase inviável, mas também porque ele mesmo veio a morrer pouco após a inauguração da igreja dos Santos Apóstolos. Logrou, contudo, por sua obstinação e egocentrismo, popularizar entre os cristãos da época esse costume que tanto prejuízo trouxe ao rastreamento da história apostólica. À medida que a prática era disseminada entre o povo e acolhida nos meios teológicos, construiu-se um conjunto de lendas, relatos e superstições que, a todo custo, visavam a legitimar cada relíquia alegadamente genuína em sua origem. Com o passar dos anos e dos séculos, a tradição popular acabou sedimentando essas narrativas de obscura procedência e, pouco a pouco, mesclou-as às escassas informações seguras relativas aos doze, maculando-as em sua historicidade. O resultado dessa combinação foi, portanto, a progressiva diluição e perda daquilo que se poderia considerar legitimamente aceitável sobre a biografia dos apóstolos.

Mesmo tendo comprometido, em grande parte, a genuinidade dos relatos sobre os apóstolos, os fatores que acabamos de considerar não enterraram, de todo, os rastros de suas ações e de seu episcopado. Muito ao contrário, mesmo em meio à difusão de tantas lendas e relatos fantasiosos, é possível ao estudioso moderno reconstruir parte do trajeto ministerial percorrido pela maioria dos discípulos.

O fato evidente acerca desses pioneiros da causa cristã é que, a despeito de toda mistura lendária que a tradição nos tenha legado, em algum momento de seu apostolado, cada qual compreendeu a necessidade urgente de difundir as boas-novas no mundo gentílico que os cercava, tomando sobre si esse grande desafio, com todas as implicações a ele inerentes. Apesar de humildes em sua origem e, salvo raras exceções, desprovidos de qualquer bagagem acadêmica, os enviados de Cristo foram desenvolvendo, ao sabor da direção divina, uma visão estratégica de evangelização que se demonstrou eficaz no cumprimento da ordem, até havia pouco negligenciada, de *ir por todas as nações e fazer discípulos.*

Decerto que a conjuntura favorável do século 1, sobre a qual refletimos anteriormente, não explicará, por si só, o súbito alastramento da fé, como aquele verificado, em especial, no período apostólico. Sabe-se que, em poucas décadas de operação junto aos gentios, os esforços apostólicos contribuíram para que a mensagem de Jesus ecoasse, com sucesso, desde as ilhas britânicas até o Norte da África e da Península Ibérica ao Golfo Pérsico. Fortes são, ainda, as evidências de que tenha alcançado, na mesma época, regiões do Oriente distante como a costa ocidental da Índia. O êxito que os apóstolos conduziram suas campanhas de evangelização tem, até hoje, deixado perplexos os mais capacitados estudiosos da moderna missiologia. Muitas perguntas relativas aos princípios adotados pelos doze na catequização do mundo ainda aguardam maior esclarecimento. Por exemplo: de que forma, esses homens conseguiram maximizar seu ministério em tão curto intervalo de tempo, suplantando, entre outras barreiras, a ausência de recursos financeiros, a freqüente hostilidade do paganismo e sua própria inexperiência missionária? Obviamente, respostas satisfatórias a questionamentos como esses demandariam uma obra específica sobre o tema. Todavia, antes de tudo, importa ressaltar que qualquer análise das campanhas apostólicas estaria incompleta se não levasse em conta, atentamente, os componentes espirituais ou sobrenaturais que permearam o ministério apostólico. Afinal, a própria Bíblia relata que o Senhor cooperava com eles nessa ação, *confirmando a palavra com os sinais que os acompanhavam* (Mc 16.20b). Porém, isso não explica tudo. Claro está que os doze, ademais da unção celestial que foram agraciados, desenvolveram, em algum nível não definido de complexidade, uma visão estratégica específica para alcançar seus objetivos missionários, estabelecendo como provável meta a disseminação do evangelho pelas mais distantes regiões do mundo antigo, no mínimo intervalo de tempo. Podemos presumir esse senso de urgência no ministério apostólico pela própria expectativa escatológica que regia o coração deles. O retorno de Cristo era para eles – como já vimos – um evento iminente; portanto, qualquer ação missionária bem-sucedida deveria necessariamente contemplar essa escassez temporal.

Uma reflexão sobre as prováveis vias pelas quais esses homens transformaram em realidade essa estratégia evangelística e a urgência que o fizeram, será nosso objetivo a seguir.

A VISÃO ESTRATÉGICA DOS APÓSTOLOS

Embora o Império Romano tenha se demonstrado, sob certos aspectos, ainda mais hostil que Israel no que tange à comunicação da fé, essa oposição não pôde refrear a expansão da mensagem apostólica, que velozmente atingia corações e mentes tanto de judeus quanto de gentios por todo o império. Conforme mencionamos, ainda no período de vida da maior parte dos doze apóstolos, o evangelho de Cristo tomou o rumo das extensas estradas romanas, assim como dos mares, e alcançou com êxito regiões como as Gálias, a Hispânia e a Britânia, no oeste e Norte da Europa, o Egito, a Cirenaica, a Abissínia, a África Proconsularis e a Numídia, ao longo de todo o norte africano. Concomitantemente, os esforços missionários voltados para o Oriente não deixaram regiões como a Cítia, a Pérsia, a Armênia, a Arábia, a Mesopotâmia e até mesmo a Índia desprovidas da mensagem salvadora.

Constantino, o Grande. Sua ascensão ao trono romano mudou os rumos da igreja.

O surgimento e o desenvolvimento de algum tipo de estratagema por parte dos discípulos, visando a uma evangelização mundial, parecem muito prováveis, especialmente se atentarmos para alguns vestígios deixados pela tradição eclesiástica, como esclarece Steuart McBirnie (*op. cit.*, p. 42-3).

Em algum lugar, em algum momento, formal ou naturalmente, os apóstolos decidiram por uma estratégia de evangelização

76 DOZE HOMENS, UMA MISSÃO

mundial, seguindo cada qual seu próprio destino. Eusébio nos conta que os apóstolos 'dividiram o mundo' entre si, considerando todos os pontos cardeais:

> Eusébio, no princípio do Livro III de sua *História eclesiástica* – após descrever a queda de Jerusalém – declara que 'o mundo habitado' fora dividido pelos apóstolos em zonas de influência. A Tomé, coube a região da Pártia; João incumbiu-se da Ásia, Pedro cuidou da região do Ponto e de Roma e André da Cítia. Essa afirmação contém certa porção de verdade histórica, como podemos verificar no caso de João. Quanto aos demais, no entanto, torna-se muito difícil essa constatação.

A opinião de McBirnie é confirmada por boa parte da literatura apócrifa do Novo Testamento que não apenas reconhece a existência dessa estratégia, como também define as regiões de atuação de alguns dos apóstolos: a Mesopotâmia, por exemplo, estaria ligada a Tomé e a Tiago; a próspera e populosa Ásia Menor a cargo de João e de Filipe e as regiões da Fenícia, Ponto, Acaia e Roma, sob atuação de Pedro. A divisão de algumas regiões do mundo antigo em jurisdições apostólicas, como componente de uma ampla estratégia que tinha como objetivo alcançar tanto judeus quanto gentios, pode estar conectada à citação de Paulo em sua epístola aos Romanos (15.20):

> "... esforçando-me por anunciar o evangelho, não onde Cristo já houvera sido nomeado, para não edificar sobre fundamento alheio".

Com efeito, essa suposta partilha de regiões citada por Eusébio de Cesaréia, conquanto possa ter se mostrado proveitosa na disseminação do evangelho, equacionando os esforços apostólicos, ainda não é suficiente para explicar a rapidez e a eficiência que foram difundidas a mensagem cristã nesse período. Há, ainda, outro detalhe interessante e digno de ser considerado na abordagem da visão missionária dos doze.

A biografia de alguns dos discípulos, assim como a de Paulo, sugere-nos um conceito de atuação missionária delineado por uma estratégia que excedeu a simples divisão do mundo antigo em áreas de influência. Pelo que podemos deduzir de alguns relatos, tanto bíblicos quanto tradicionais, esses homens caracterizaram suas missões especialmente por uma eficiente formação de liderança (cf. 2Tm 2.2) e uma criteriosa delegação de responsabilidades (cf. At 6.1,7). Temperando esses valores estava a consciência geopolítica dos apóstolos, uma vez que muitas das cidades atingidas por suas campanhas eram localidades não apenas populosas, mas econômica e politicamente influentes. Muitas delas desfrutavam uma localização privilegiada, às margens das movimentadas rotas comerciais romanas, como já comentamos. Dali, os líderes por eles treinados e transformados em verdadeiros multiplicadores da fé cristã eram enviados às cidades circunvizinhas, estabelecendo então pequenas congregações (que, à época, eram simples igrejas domésticas) e fazendo ecoar o evangelho na região, em um curto intervalo de tempo e por um custo razoavelmente baixo. Citando o exemplo de Paulo, Earle Cairns, acrescenta alguns detalhes sobre a mecânica da evangelização apostólica (*op. cit.*, p. 52).

> "Paulo pensava também em termos de áreas que poderiam ser alcançadas a partir de centros estratégicos. Ele sempre começava seu trabalho em uma nova área na cidade mais estrategicamente localizada e usava os convertidos para levar a mensagem às cidades e regiões adjacentes...
>
> Ele iniciava seu trabalho nos centros romanos estratégicos indo primeiro às sinagogas, onde pregava sua mensagem enquanto fosse bem recebido. Quando surgia a oposição, ele partia para uma proclamação direta do evangelho aos gentios em qualquer lugar que julgasse adequado...
>
> Depois de fundar uma nova igreja, Paulo a organizava com presbíteros e diáconos, a fim de que o trabalho continuasse após sua partida. Ele procurava colocar fundamentos sólidos".

Para compreendermos de maneira bem simples esse princípio de crescimento eclesiástico, baseado na evangelização de áreas de influência e na formação de líderes multiplicadores, basta tomarmos emprestado da aviação comercial o conceito de tráfego aéreo conhecido como *hub and spoke*. Compreendendo esse princípio, poderemos visualizar um pouco da forma como se deu a rápida e progressiva expansão do trabalho realizado pelos doze.

Imaginemos uma roda de bicicleta. O *hub* é equivalente ao seu eixo central e os *spokes*, aos seus raios. Nas rotas aéreas comerciais mais importantes, os vôos entre grandes metrópoles, por exemplo, São Paulo e Dallas, são denominados ligações entre *hubs*, enquanto as conexões a partir delas para cidades menores como Ribeirão Preto (no caso de São Paulo) e Brownwood (no caso de Dallas), os *spokes*.

Voltando nossa atenção aos fluxos missionários dos apóstolos, consideremos atentamente o quadro a seguir:

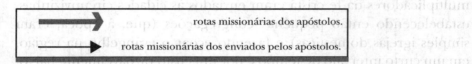

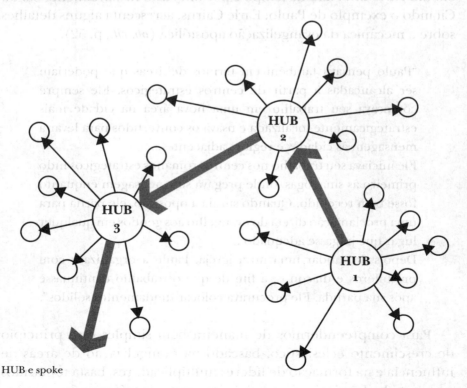

HUB e spoke

Apliquemos o princípio do *hub and spoke* ao teatro das operações apostólicas, ou seja, o mundo do século 1. A seguir, supomos – a partir da ilustração citada – que o *hub 1* seja, por exemplo, a grande cidade de Antioquia, na Síria, enquanto o *hub 2*, Éfeso, na Ásia Menor, e o *hub 3*, Corinto, na Grécia. Os pontos menores, por sua vez, seriam as pequenas localidades adjacentes a esses importantes centros urbanos. Desta forma, *hubs* como os mencionados seriam exemplos de eixos sobre os quais fluíram as principais rotas missionárias dos discípulos, enquanto os pontos menores ou *spokes*, as áreas de atuação dos multiplicadores, ou seja, dos líderes por eles treinados.

Um exemplo clássico dessa estratégia de multiplicação da Palavra pode ser atestado no ministério de Paulo em Éfeso, descrito em Atos 19. Naquela influente cidade da Ásia Menor, o apóstolo, após sofrer radical oposição da comunidade judaica local, passou a ministrar seus sermões na escola de Tirano, onde, por um espaço de quase dois anos, pôde não apenas exercer um eficiente evangelismo, como também treinar uma liderança cristã que fizesse o evangelho de Cristo se espalhar rapidamente por toda província da Ásia Menor, conforme vemos em Atos 19.9,10.

Esse princípio, agregado às demais virtudes apostólicas, assim como a um panorama culturalmente favorável à difusão do evangelho propiciado por Roma, lança alguma luz sobre a mecânica das primeiras evangelizações transculturais vividas pela Igreja primitiva. Fato é, contudo, que, acima de qualquer análise cartesiana que se faça sobre o êxito das campanhas apostólicas, elas ainda hoje se constituem um verdadeiro desafio às instituições missionárias, particularmente quando lembramos que muitas das regiões alcançadas por aqueles homens de fé e coragem encontram-se hoje obscurecidas na chamada *Janela 10/40*, a porção geográfica de maior silêncio do evangelho em todo mundo!

Com essa exaustiva introdução ao mundo dos apóstolos, analisamos não apenas as circunstâncias sociais, políticas e econômicas que permearam seu ministério, em uma época dominada pelo maior

80 DOZE HOMENS, UMA MISSÃO

poder imperial até então, mas também reunimos alguns elementos essenciais para a investigação da biografia de cada um deles, coisa que nos propomos fazer a seguir.

Essa reflexão inicial, embora possa ter elucidado algumas dúvidas do leitor sobre a atmosfera que envolvia a vida dos doze, não deve nos distanciar do fato de que a historicidade apostólica permanece, até o presente momento, como um campo repleto de tesouros a serem ainda garimpados. Isso porque, esses humildes galileus, cujas vidas serão objeto de nossa atenção a seguir, embora cônscios da relevância da mensagem que portavam e da vocação divina que ostentavam, parecem não ter tido uma exata noção do papel histórico que estavam por cumprir no curso da humanidade. Talvez por isso, tenham se limitado a registrar para a posteridade pouco daquilo que realizaram. Muitos dos registros que dispomos sobre eles – excetuados os textos bíblicos – demonstram consideráveis lacunas em sua rastreabilidade histórica e freqüentes acréscimos da tradição cristã posterior. Isso torna muitas dessas obras narrativas sempre contagiadas de significativo teor imaginário e, portanto, comprometidas em sua confiabilidade.

O leitor atento perceberá, nas análises biográficas subseqüentes, que a metodologia de nossa investigação foi orientada, primeiramente, pelo levantamento das informações bíblicas disponíveis acerca de cada um dos apóstolos. É verdade que isso, por si só, representa pouco diante de uma análise mais acurada desses personagens, já que as Escrituras mencionam muitos deles apenas nominalmente por intermédio das listas apostólicas de Mateus 10.2-4, Marcos 3.16-19, Lucas 6.14-16, Atos 1.13,14.

Após a extração do conteúdo bíblico sobre cada um dos discípulos, voltamo-nos para a parte mais delicada e tênue de nossa pesquisa: o desafio de selecionar, a partir das fontes apócrifas e históricas, o procedente do fantasioso. Trata-se, como bem pode imaginar o leitor, de uma tarefa de particular dificuldade, especialmente se considerarmos o fato de que a noção de fantasioso ou de histórico, de real ou de imaginário, pode variar conforme a ótica de quem aborda a narrativa. Ou seja, muitas fontes textuais que para nós, cristãos protestantes e secularizados do século 21, não são senão

UMA INTRODUÇÃO AO MUNDO APOSTÓLICO   81

mera superstição ou crendice, podem ter soado, por exemplo, ao monge ortodoxo ou ao peregrino católico do passado, a mais pura expressão da verdade.

Por fim, devemos ter em mente que vários dos textos não-canônicos citados adiante, embora apresentem, em muitas passagens, uma descrição aparentemente pouco confiável, mostraram-se importantes na reflexão sobre o contexto biográfico de cada apóstolo, à medida que acrescentaram a nossa investigação detalhes dignos de nota. Essas descrições, fantasiosas em alguns pontos, uma vez combinadas a narrativas consideradas historicamente factíveis, ajudam-nos a propor algumas alternativas à reconstrução do curso ministerial de alguns dos discípulos, particularmente daqueles sobre os quais as Escrituras não deixaram qualquer rastro.

Separar o fantasioso do real não significa, de forma alguma, desprezar as lendas apócrifas, como se fossem mera imaginação do autor medieval, mas apenas considerar que por trás de cada evento extraordinário ali descrito pode haver algum indício de veracidade que necessita ser considerado com toda atenção. Vejamos um exemplo hipotético. Mais adiante, o leitor vai deparar com episódios que se desenrolam mais ou menos assim: o apóstolo fulano de tal, obedecendo à divina vocação, segue em uma missão a uma terra distante e pouco conhecida onde após ministrar o evangelho de Cristo aos locais, com o auxílio de sinais e prodígios, enfrenta feroz oposição do sacerdócio pagão que mantinha o povo e seu soberano sob densas trevas espirituais. Tal oposição, a seguir, atinge seu ápice no ataque de um enorme dragão flamejante e, por fim, de miríades de demônios oriundos do interior de um poste-ídolo. Porém, submetendo as forças malignas pelo poder de Deus, o apóstolo fulano de tal conquista, pois, o coração do rei local para Cristo, tornando o evangelho, enfim, aceito por quase toda a população daquele longínquo país. Tomando como referência essa citação imaginária, tenha em mente o leitor que a abordagem que nos propomos a fazer de semelhante narrativa tende a não invalidar o episódio como um todo, a despeito de quão fantasiosos nos pareçam, no caso, o ataque do dragão e a forma como os demônios se apresentam. Pelo que não seria producente para a pesquisa aqui proposta descartar integralmente narrativas desse tipo, visto que por vezes constata-se, por meio de fontes arqueológicas, que reis, como o citado nesse texto imaginário, foram personagens históricos e que, ainda, outras fontes antigas apontam para a presença missionária do apóstolo fulano de tal naquele país ou em regiões próximas dali.

Dada, portanto, a imprecisão das fontes de informação sobre grande parte dos apóstolos e outras dificuldades peculiares a esse trabalho, esgotar a biografia desses homens, elucidando todas as dúvidas relativas ao seu ministério pós-bíblico, não poderia jamais ser o escopo dessa pesquisa. Mesmo porque, como muitos esperam, da pá do laborioso arqueólogo ou do sombrio interior de algum distante mosteiro ortodoxo é possível, a qualquer momento, emergir importantes novidades que estendam nosso horizonte de conhecimento sobre a vida dos doze discípulos e de seus cooperadores, descortinando para nós, seus entusiásticos admiradores, outros episódios espetaculares de sua jornada a serviço do Rei dos reis.

> "Perguntou-lhe
> Natanael: Pode
> haver coisa boa
> vinda de Nazaré?
> Disse-lhe Filipe:
> Vem e vê."
>
> *João 1.46*

BARTOLOMEU

A memória do apóstolo Bartolomeu parece, de certa forma, mais íntima dos cristãos orientais, como os armênios, por exemplo, que de nossa tradição ocidental. Isso se explica, como se verá a seguir, pelo volume de lendas que associam seu ministério itinerante às regiões orientais, como a Pártia, a Armênia, a Pérsia, a Mesopotâmia e a Índia.

Desse discípulo, cujo nome significa literalmente *Filho de Talmai*, segundo o que podemos colher das páginas bíblicas, pouco se sabe. Ademais, nenhuma menção sobre seu apostolado pós-bíblico, anterior àquela feita por Eusébio de Cesaréia no século 4, parece ter existido ou, pelo menos, sobrevivido ao tempo.

Natural de Caná da Galiléia (Jo 21.2), *Bartholomaios* ou Bartolomeu é citado por alguns escritores cristãos primitivos como um judeu descendente da casa de Naftali, embora outros autores, em uma alusão ao historiador Jerônimo de Belém, defendam um paralelo entre seu nome e a linhagem de *Talmai*, rei de Gesur (2 Sm 3.3), que fora pai de Maaca, esposa de Davi e mãe de Absalão.

Outra tradição, menos provável e não menos curiosa, conecta as origens do apóstolo à casa real egípcia dos *Ptolomeu*. Sabe-se da significativa presença da diáspora judaica no Egito, especialmente na portentosa cidade de Alexandria. Mas vincular as raízes do apóstolo à casa régia daquela nação seria comprometer suas origens judaicas, plenamente atestadas, ao que parece, em João 1.47. Assim, infelizmente, nenhuma das três alternativas de que dispomos sobre as origens de Bartolomeu é totalmente confiável.

Elias de Damasco, escritor cristão do século 9, parece ter sido o primeiro autor a identificar o apóstolo Bartolomeu com Natanael, personagem levado a Cristo por Filipe, como vemos em João 1.45,46. A partir desse momento, tornaram-se cada vez mais freqüente as alusões a ambos discípulos como se fossem a mesma pessoa. Sobre essa questão, o saudoso escritor britânico John D. Jones, em seu livro *The Apostles of Jesus* [*O apóstolo de Jesus*] (p. 75), esclarece:

> Nada havia de incomum no fato de um apóstolo possuir dois nomes. Simão era também chamado Pedro; Levi era conhecido na igreja como Mateus e outro dentre os doze se regozijava em ser conhecido por três nomes: Lebeu, Tadeu e Judas! Não há, portanto, *a priori*, qualquer improbabilidade quanto à sugestão de que o sexto apóstolo, de igual modo, possuísse dois nomes, especialmente quando lembramos que Bartolomeu (*Bar-Tholmai*), assim como Bar-Jonas, tratava-se apenas de um nome patronímico ou, ainda, de um sobrenome.

Haveria, pois, outra razão bíblica para se associar o quase desconhecido Natanael ao discípulo de nome Bartolomeu? Natanael é um nome que aparece exclusivamente no evangelho de João e, assim mesmo, em apenas duas ocasiões: no primeiro capítulo (Jo 1.45-51)

– em que se vê sua vocação – e, timidamente, no último (Jo 21.2). Ora, se todos os vocacionados no capítulo inicial desse evangelho (André, João, Pedro e Filipe) tornaram-se, pouco depois, discípulos de Jesus, tem-se na chamada de Natanael uma forte sugestão de que ele também veio a se tornar um dos doze, provavelmente conhecido por outro nome apostólico. Se assim não fosse, seria difícil compreender porque João – no início de seu evangelho – dedicaria tanta atenção a alguém sem profunda ligação com a vida e com o ministério de Jesus e de Seus seguidores. Os que argumentam em contrário costumam lembrar o nome de Nicodemos, distinto membro da ordem farisaica com quem Jesus travou contato. De igual modo, Nicodemos, que não fora parte dos doze, é citado com exclusividade pelo quarto evangelho, em que também recebe farta atenção de João, talvez em função de sua importância político-religiosa ou da profundidade do ensino espiritual que recebera durante sua audiência noturna com Jesus. Entretanto, esses que assim pensam devem lembrar que, segundo indícios do mesmo evangelho de João (7.50,51; 19.39) e da tradição cristã primitiva, Nicodemos também se tornou, mais tarde, um seguidor de Cristo, ao lado de José de Arimatéia. Isso, por si mesmo, justificaria a atenção do evangelista João ao personagem, embora não explique o silêncio dos sinóticos sobre ele.

Se o primeiro capítulo de João torna provável o discipulado de Natanael, o último faz disso um fato acima de qualquer dúvida. Ali, acompanhando Pedro, João, Tiago e Tomé em seu antigo ofício, Natanael é citado pelo evangelista como um dos *discípulos* (Jo 21.2), ao lado dos quais testemunhara as gloriosas aparições do Cristo ressurreto na Galiléia. Observe que o termo "apóstolo" não é utilizado no quarto evangelho para classificar os seguidores de Jesus, sendo preterido pelo termo "discípulo".

Contudo, se Natanael foi de fato um dos doze, como o evangelho de João parece propor, com qual deles seria mais razoável identificá-lo? De fato, não se dispõe de nada que vincule objetivamente o nome de Natanael ao de qualquer outro dos doze. Entretanto, alguns pequenos detalhes bíblicos merecem ser observados com muito cuidado. Segundo João, Natanael era também nativo da Galiléia, região de onde procederam todos os discípulos de Cristo, à exceção

– segundo sustentam alguns – de Judas Iscariotes. Considere-se ainda o fato de que o nome Bartolomeu, embora pertencente a um dos doze, nunca é mencionado no quarto evangelho, enquanto Natanael, como já dissemos, jamais aparece nos sinóticos. Nas listas apostólicas de Mateus (10.2-4) e Lucas (6.14-16), Bartolomeu é citado ao lado de Filipe e, no evangelho de Marcos (3.16-19), próximo deste. Por sua vez, João, mesmo sem apresentar um rol completo dos apóstolos, descreve Natanael como um velho amigo de Filipe, discípulo que o apresentara a Cristo (Jo 1.45,46).

Ademais, argumenta-se que Natanael possa ter sido íntimo do próprio evangelista, o que justificaria sua menção pelo primeiro nome na obra de João, em vez de por seu suposto nome patronímico, Bartolomeu. Por outro lado, deve-se lembrar que os judeus da época preferiam nomes patronímicos como um distintivo de respeito ao se referirem aos seus conterrâneos mais idosos. Ainda assim, aceitar esse argumento seria supor que Bartolomeu era significativamente mais velho que os demais discípulos, o que não parece muito provável.

Embora um tanto frágeis, são esses os únicos argumentos disponíveis para justificar a fusão dos personagens citados, conforme apregoada pela tradição cristã há mais de um milênio. A despeito de sua fragilidade, essa conclusão norteará, a seguir, o perfil do apóstolo enfocado neste capítulo, que será chamado, portanto, de Natanael, filho de Talmai ou, apenas, Natanael Bartolomeu.

A vocação de Bartolomeu

Nos dias apostólicos, costumava-se dizer em Israel que alguém que se dava ao luxo de descansar sob a sombra de uma figueira era, decerto, uma pessoa de posses. Embora tenha sido exatamente essa a situação em que Natanael Bartolomeu se encontrava, momentos antes de ser abordado por Filipe (Jo 1.48), atribuir ao apóstolo tal condição financeira tendo por base apenas essa passagem bíblica seria, no mínimo, uma especulação grosseira. Ao contrário, é muito mais provável que Bartolomeu – assim como a maior parte de seus condiscípulos – tenha desfrutado uma vida típica dos galileus habitantes das regiões próximas ao lago de Genesaré, marcada sobretudo pela simplicidade e pelo trabalho árduo.

Natanael Bartolomeu, como a maior parte dos discípulos, parece ter sido um homem profundamente sintonizado com as expectativas messiânicas de sua época. O notável testemunho de Jesus a seu respeito (Jo 1.47) deixa transparecer o perfil de alguém que serviu-se da Lei e dos profetas não apenas para orientar suas esperanças na gloriosa redenção de Israel, mas também para desenvolver em seu íntimo uma espiritualidade sólida e frutífera.

Sua irônica resposta a Filipe (Jo 1.46), consoante a possibilidade de o Messias ser proveniente da diminuta e pobre Nazaré, não deve ser interpretada como uma atitude discriminatória de Natanael Bartolomeu contra essa vila galiléia. Caná, a cidade natal de Bartolomeu – identificada atualmente com a localidade de *Kefr Kenna* – distava apenas seis quilômetros de Nazaré, e não devia diferir muito desta em termos econômicos. O amigo de Filipe, portanto, bem conhecendo a simplicidade e a pequenez da aldeia vizinha, teria, certamente, grande dificuldade para imaginá-la como palco de atuação do poderoso Messias. De fato, tal era a insignificância de Nazaré, que o famoso historiador judeu Flavius Josefo, contemporâneo dos apóstolos, ao preparar sua lista de 45 cidades galiléias, sequer a mencionou, corroborando, aliás, o silêncio que o próprio Antigo Testamento ostenta sobre ela.

Assim, por mais modestas que pudessem eventualmente ser as expectativas messiânicas de alguém como Natanael Bartolomeu, elas jamais colocariam uma aldeia como Nazaré, ou mesmo uma região como a Galiléia, no vértice ministerial do Redentor de Israel. E esse, ao que parece, era um sentimento compartilhado por muitos, como vemos na afirmação farisaica de João 7.52b: "Examina e vê que da Galiléia não surge profeta".

Talvez tenha fugido à memória de Natanael, tanto quanto dos soberbos autores da afirmação mencionada, que do solo galileu germinaram, sim, profetas de grande expressão na história de Israel. Jonas, Naum e Elias, entre outros, são exemplos contundentes da impropriedade desse dito popular. Assim, por que permanecia, então, o ceticismo – como o de Bartolomeu – sobre uma possível ligação do

Messias com a Galiléia? Talvez haja outras explicações complementares para essa postura incrédula; mas, certo é que a concepção messiânica da época ganhara um perfil fortemente político, de tal sorte que tornara a imagem do Redentor de Israel compatível unicamente com as esferas do poder. Assim, o que alguém, destinado aos palácios e aos núcleos decisórios de Israel teria em comum com localidades desprezíveis e politicamente marginais, como a maior parte das aldeias galiléias? O comentarista bíblico John D. Jones traduz um pouco do que pode ter sido o sentimento de Bartolomeu sobre o assunto (*op. cit.*, p. 80):

> Natanael, embora grande estudante das Escrituras, as enxergava, eu diria, através das 'lentes' rabínicas. Ele aguardava o Messias, porém aquele por quem esperava certamente não era o Messias descrito como Servo Sofredor em Isaías 53, um homem de dores e que sabia o que era padecer; Aquele para quem Natanael dirigia suas expectativas era apregoado pelos 'rabbis' como um grande príncipe, vestido de púrpura e circundado por toda pompa e esplendor da realeza.

O que se pode afirmar sobre o perfil de Natanael Bartolomeu, antes de sua vocação apostólica, é que se tratava de um homem veraz em seu coração. No caso do apóstolo, essa virtuosidade pressupõe não apenas a ausência de hipocrisia, mas uma profunda devoção e integridade religiosa. Isso é o que e pode concluir a partir da observação feita por Aquele que o separou para o discipulado (Jo 1.47):

> "Jesus, vendo Natanael aproximar-se dele, disse a seu respeito:
> Eis um verdadeiro israelita, em quem não há dolo!"

Mais provável é que Jesus, ao se valer da expressão "verdadeiro israelita", estivesse tentando avultar não o zelo de Bartolomeu quanto à observância exterior da Lei, mas sua fidelidade íntima para com os mandamentos divinos, um apego de alma aos preceitos do Senhor. Essa expressão traz à memória a Epístola aos Romanos, em que o ex-fariseu Paulo complementa (Rm 2.28,29):

Porque não é judeu o que é exteriormente, nem é circuncisão a que é exteriormente na carne.

Mas é judeu aquele que o é interiormente, e circuncisão é a do coração, no espírito, e não na letra; cujo louvor não provém dos homens, mas de Deus.

O louvor do qual Natanael Bartolomeu foi alvo completa-se com a significativa observação *em quem não há dolo*. No ensinamento contido em Mateus 7.21-23, Jesus refere-Se ao dolo como um dos males originários do coração, responsáveis pela contaminação do ser humano. O termo grego *dolos* corresponde, em significado, ao seu descendente em português, isto é, fraude, astúcia, engano, maquinação. Jesus, ao referir-se à índole de Bartolomeu, emprega seu equivalente negativo, *adolos*. Essa expressão, ocorre também em 1Pedro 2.22, em que descreve a condição de pureza e de perfeição de caráter do Senhor.

Inspirado nas palavras de apreço do Mestre em relação a Seu futuro discípulo – mas certamente cruzando as fronteiras da conjectura – John D. Jones concebeu assim o perfil do apóstolo (*op. cit.*, p. 77, 82):

A primeira coisa que eu diria acerca de Natanael é que era um homem entregue ao estudo, à meditação e à oração. Julgando pelo fato de seu nome ocorrer na lista daqueles que decidiram retornar, ao lado de Pedro, à pescaria, deduzo que Natanael, assim como seus irmãos e apóstolos, era pescador. Contudo, nunca se permitiu absorver por seus negócios. Praticava a pesca apenas como meio de subsistência, porém seu coração estava voltado para as coisas lá do alto. Cada momento que podia arrebatar de seus afazeres diários, ele os devotava à meditação e à oração silenciosa.

Havia, naqueles tempos, um círculo de israelitas cujas almas estavam voltadas à oração. Homens como Simeão, que ansiava pela consolação de Israel, e mulheres como Ana, que jamais deixava o templo, onde adorava com súplicas e jejuns, dia e noite. Natanael era um dos que compunham esse seleto e consagrado círculo.

No jardim que possuía, junto a sua humilde casa, havia uma figueira sob a sombra de cujas folhas Natanael passava horas a fio, em clamor a Deus ou absorvido em estudos sobre os legados de Moisés e dos profetas.

[...] Ele era qual o patriarca Jacó, um príncipe diante de Deus, no poder de suas orações. Contudo, ao contrário daquele, não tinha em sua natureza qualquer traço de engano ou sagacidade.

Newman, no segundo volume de seus "Sermões", mostra-nos como o 'homem em quem não há dolo' é descrito no décimo quinto salmo, em que Davi pergunta: "Senhor, quem habitará na tua tenda? Quem morará no teu santo monte? Aquele que anda irrepreensivelmente e pratica a justiça, e do coração fala a verdade; que não difama com a sua língua, nem faz o mal ao seu próximo, nem contra ele aceita nenhuma afronta; [...] aquele que, embora jure com dano seu, não muda". Esse é o perfil de Natanael.

Conquanto fantasiosas em alguns aspectos, as diversas descrições do ministério pós-bíblico de Bartolomeu, sobre o que se tratará adiante, sugerem que o jovem discípulo derramou sua vida na proclamação do evangelho por regiões por vezes hostis, freqüentemente longínquas e quase sempre estranhas a sua terra e sua cultura. Em um desses lugares, Bartolomeu, como muitos de seus condiscípulos, parece ter selado com seu próprio sangue o testemunho de Cristo.

Os vestígios deixados por suas jornadas, ainda que raros, podem ser mais uma evidência de que as missões apostólicas atingiram, antes do final do século 1, o distante país que hoje se chama Índia, nação que, pela dimensão de sua população e de suas trevas espirituais, constitui ainda hoje um dos maiores desafios missionários transculturais.

Bartolomeu na Ásia Menor

A região da Ásia Menor, atual Turquia, é apontada pela tradição, de forma enfática, como um dos palcos de maior atuação do apóstolo Bartolomeu em suas lidas missionárias.

A obra apócrifa *Atos de Felipe*, por exemplo, registra a incursão de Bartolomeu nessa região onde, ao lado de Filipe (provavelmente o apóstolo, e não o evangelista homônimo citado em Atos), ministrou a Palavra em Hierápolis, cidade sagrada para os pagãos, tanto dos que adoravam a deusa síria Atargatis, cujo suntuoso templo fora ali construído, quanto dos fiéis de Apolo, a quem se atribuía a própria fundação da cidade. Hierápolis, Colossos e Laodicéia formavam uma tríade de cidades de significativa relevância na província romana da Ásia Menor. Após recuperar-se da devastação trazida pelo terremoto de 17 d.C., Hierápolis tornara-se economicamente pujante, não apenas por ser um dos principais entrepostos para as caravanas comerciais com destino a Babilônia, mas por abrigar fontes termais de afamada propriedade terapêutica, sendo, por essas razões, um notório ponto de influxo na região. Como foi mostrado no capítulo introdutório, cidades com esse perfil eram vistas com olhos estratégicos pelos após-tolos e demais envolvidos na difusão da mensagem de Cristo.

Enquanto passavam por Hierápolis, Bartolomeu, Filipe e sua irmã Mariane ministraram a Palavra à esposa do procônsul Anfípatos, curando-a de certa enfermidade e, a seguir, logrando sua conversão ao cristianismo. Tal desfecho despertou a fúria do magistrado romano que os teria condenado à tradicional morte por crucificação. Filipe, segundo conta a lenda, parece ter realmente sofrido o martírio naquela ocasião, como se verificará no capítulo sobre sua biografia; mas Natanael Bartolomeu, por alguma razão desconhecida, obteve a suspensão da pena quando já se encontrava nos estertores daquele cruel suplício.

Dorman Newman, historiador cristão do século 17, comenta, em sua obra *The Lifes and Deaths of the Holy Apostles* [*A vida e morte dos santos apóstolos*], esse momento extraordinário de Bartolomeu na Ásia Menor:

> Em Hierápolis, na Frígia, o encontramos em companhia do apóstolo Filipe (como já fora antes observado em sua vida), diante de cujo martírio por crucificação, Bartolomeu acabou preso e também condenado à mesma pena capital. Entretanto, em razão de algo que desconhecemos, os magistrados

interromperam seu suplício e o despediram. Dali, Bartolomeu dirigiu-se a Licaônia, onde João Crisóstomo afirma ter o apóstolo iniciado muitos na fé cristã.

A tradição ortodoxa propõe alguns detalhes adicionais para o desfecho. Segundo uma lenda em particular, Bartolomeu e Filipe foram condenados não apenas por atrair a Cristo a mulher de Anfípatos. Em Hierápolis, ambos apóstolos haviam repreendido, pelo poder divino, uma grande serpente adorada como divindade local. O sacerdócio desse culto bizarro, enfurecido que estava com os arautos de Cristo, constrangera Anfípatos a os crucificar sem demora e sem piedade. Presos, ambos os apóstolos foram destinados à execução pública, como era costume dos romanos. Contudo, o local da sentença, próximo ao templo da serpente, teria sido sacudido por um súbito terremoto, provocando grande desespero nos circunstantes. Movido por compaixão, Filipe intercedia pelos que os condenaram, de tal sorte que nenhum mal lhes causou o abalo sísmico. Instava também com eles acerca de Cristo, trazendo muitos ali mesmo ao arrependimento. Compungida, a turba passou a clamar por misericórdia, pressionando as autoridades para que Filipe e Bartolomeu fossem removidos da cruz, antes que perecessem. O desfecho da lenda ortodoxa, quando menciona que o apelo popular chegou a tempo de salvar a vida de Bartolomeu, mas não a de Filipe, concorda com outras similares. Antes de deixar a cidade, rumo a outra jornada missionária, Bartolomeu teria confirmado a todos que ali creram, batizando-os, discipulando-os e estabelecendo, a seguir, uma liderança cristã local.

A despeito dessa narrativa tradicional, deve-se reconhecer que seria quase um milagre a sobrevida de um condenado ao suplício da cruz. Fixado pelos pulsos e pés ao madeiro com os terríveis *cravi trabales* – pregos sujos ou enferrujados de quase vinte centímetros de comprimento –, o crucificado tinha como destino quase inevitável o tétano; isso, sem considerar o agravante da enorme perda sangüínea, pelos ferimentos nos pulsos e tornozelo. É bem verdade que, embora essa tenha sido a maneira mais usual de se perpetrar a crucificação, houve ocasiões em que se objetivou prolongar ainda mais o sofrimento dos crucificados. Nesse caso, um dos expedientes utilizados era a fixação dos sentenciados à cruz com cordas, em vez de cravos. Embora, nesse caso, a dor fosse incomparavelmente inferior, o tempo de agonia dos condenados costumava superar o período médio de dois a nove dias estimados para a expiração pelo método mais violento. Aplicando-se essa possibilidade à pretensa crucificação de Bartolomeu em Hierápolis, pode-se atribuir o milagre não a sua sobrevida após a já iniciada execução, mas sim à inaudita reversão da sentença por parte das autoridades romanas.

Após a misteriosa libertação, algumas lendas localizam Natanael Bartolomeu na vizinha Licaônia, importante distrito da Ásia Menor ao noroeste da Cilícia, onde estavam as cidades de Derbe, Icônio e Listra, entre outras. Diz-se, baseado em Atos 14.11, que ali se falava uma língua notadamente díspar do grego comum – predominante em todo Oriente do império. Talvez uma variante deste ou algum desconhecido dialeto sírio já extinto. De qualquer forma, a tradição reconhece a passagem de Bartolomeu pela região, onde também teria anunciado a salvação aos pagãos, bem como ministrado às congregações cristãs já existentes naquela região. Uma vez tendo, de fato, evangelizado a Licaônia, não se pode dizer com certeza se a jornada de Natanael deu-se antes das três registradas por Paulo na região, em meio a elas ou após elas, como vemos em Atos 14.6-23; 16.1-5 e 2Timóteo 3.11. Tendo a tradição citado que Natanael Bartolomeu ministrara às congregações já existentes ali, é mais razoável crer que o apóstolo tenha passado por aqueles termos após as incursões de Paulo.

A longa tradição da igreja ortodoxa sobre o apóstolo Natanael Bartolomeu tem alguns pontos em comum com as demais, especialmente no que tange à interrupção de seu martírio ao lado de Filipe, em Hierápolis. Para ela, assim como para lendas de outras origens, ambos os apóstolos operaram sinais poderosos, descontinuaram antigos e estranhos cultos pagãos, curaram muitos enfermos e foram frutíferos nas conversões não só de cidadãos comuns, mas também de autoridades civis e religiosas ou de pessoas intimamente ligadas a elas.

Bartolomeu rumo ao Oriente

Vários escritos tradicionais da Igreja, como o apócrifo *Evangelho de Bartolomeu*, apresentam o apóstolo como tendo sido enviado ao Oriente, mais especificamente à Índia, onde teria deixado uma cópia do evangelho de Mateus, escrito em hebraico. Acerca dessa possibilidade, o antigo historiador Rufino acrescenta importante informação:

> Panteno, filósofo de formação estóica, segundo tradições alexandrinas [...] era de tão notória erudição, tanto bíblica quanto secular que, atendendo às solicitações das autoridades, foi enviado como missionário à Índia, por Demétrio, bispo de Alexandria.
>
> Naquele lugar, descobriu que Bartolomeu, um dos doze Apóstolos, já havia anunciado o Senhor Jesus e difundido o Evangelho de Mateus. Ao retornar a Alexandria, Panteno trouxe consigo essa obra, escrita em caracteres hebraicos.

Testemunhos, ainda mais remotos que o de Rufino, concordam com a presença de Bartolomeu na distante Índia. Eusébio de Cesaréia, autor cristão do século 4, afirma:

> Relata-se que em meio aos que creram [na Índia], Panteno encontrou um Evangelho segundo São Mateus que lá estava havia mais de cem anos, porquanto Bartolomeu, um dos apóstolos, pregara naquele lugar, deixando com eles os escritos de Mateus em língua hebraica, os quais eles preservaram.

O respeitado dr. Edgard Goodspeed, em seu livro *The Twelve* [*Os doze*] (p. 97-98), sustenta a tradição cristã antiga, corroborando a viagem de Bartolomeu à Índia:

> Ainda que tenhamos em mente que o termo 'Índia' era empregado de uma forma razoavelmente ampla naqueles tempos, a afirmação de que Bartolomeu lá esteve como missionário, levando consigo um 'Evangelho de Mateus em

hebraico', faz algum sentido. Eusébio declara, em sua *História eclesiástica* (v. 10,12) que, ao tempo da ascensão do imperador Cômodo, em 180 d.C., Panteno, mestre e expoente da igreja de Alexandria, foi enviado como missionário à longínqua Índia, onde Bartolomeu já havia pregado e deixado uma cópia do Evangelho de Mateus em língua hebraica...

Em termos de capacitação pessoal, faz sentido imaginar Demétrio, o líder do bispado de Alexandria, escolhendo Panteno, em fins do século 2, para servir como arauto do evangelho nas terras distantes do Oriente, quem sabe em algumas regiões do que hoje chamamos Índia. Mais que um simples mestre cristão de ascendência judaica, Panteno dirigia, com a genialidade típica dos grandes pensadores egípcios, a Escola Catequética de Alexandria, uma academia teológica de notoriedade ímpar e cujas dependências – supõe-se – situavam-se em sua própria casa ou eram contíguas a ela. A seus pés estudaram celebridades do pensamento eclesiástico como Orígenes e Clemente de Alexandria. Este, testemunhando sobre sua longa jornada em busca de um mestre espiritual, ressaltou: "o último com o qual me deparei foi também o primeiro em excelência. Encontrei-o escondido no Egito, e, ao encontrá-lo, deixei de procurar mais além, pois não havia quem tivesse mais capacidade".

A viagem missionária do professor Panteno à Índia em fins do século 2 d.C. – um dos mais fortes indícios da presença de Bartolomeu naquela região – era plenamente possível de ser empreendida nos dias apostólicos, como reza a tradição, uma vez que, na época, já eram muitas as rotas comerciais marítimas ligando a costa ocidental da Índia a várias regiões do Oriente Médio, como o Golfo Pérsico e o mar Vermelho. As relações diplomáticas entre Roma e Malabar, na costa indiana, já existiam antes mesmo da era cristã. Os autores Plinius (Plínio), o Velho (27-79 d.C.), e Ptolomeu (100-160 d.C.) fazem, em suas obras, relatos detalhados sobre os importantes centros de comércio de Malabar.

A propósito da missão de Panteno ao Oriente, os ortodoxos também sustentam as lendas de que Natanael Bartolomeu esteve realmente na Índia, fazendo-se acompanhar de um exemplar do

Evangelho segundo Mateus em hebraico, manuscrito este que teria sido encontrado, mais de cem anos depois, pelo distinto mestre egípcio que, por sua vez, o trouxe consigo para Alexandria.

Desde os dias do famoso humanista e erudito bíblico Erasmo de Roterdã (sécs. 15-16), deveras tem-se questionado a existência de um Evangelho de Mateus originalmente produzido em língua hebraica, conforme citado nas lendas de Bartolomeu à Índia. Esse ceticismo deve-se principalmente à dificuldade dos críticos em aceitar que o Evangelho de Mateus em grego seja uma obra traduzida de um original semítico. Apesar dessa oposição, há vozes ancestrais que sustentam a existência desse escrito original em língua hebraica, afirmando ser ele uma obra independente do Evangelho de Mateus em grego. Além do já cit bado historiador Eusébio, outros autores patrísticos concordam que o apóstolo Mateus, de fato, produziu um relato em hebraico (ou aramaico, como sugerem alguns), de cuja cópia Bartolomeu teria se valido em sua jornada ao Oriente. Eis o que dizem:

"Mateus compôs a Palavra na língua hebraica, e cada um a traduziu como pode".

Papias de Hierápolis, c.170 d.C. (citado por Eusébio em *História eclesiástica*, 3:39)

"Mateus também produziu um evangelho escrito entre os judeus, em seu próprio dialeto..."

Irineu de Lyon, c.150 d.C. (*Contra heresias*, 3:1)

"Panteno verificou que Bartolomeu, um dos doze apóstolos, havia pregado ali [na Índia] acerca da vinda de nosso Senhor Jesus Cristo, segundo o Evangelho de Mateus, que estava escrito em letras hebraicas e o qual ele trouxe consigo, ao volver a Alexandria."

Jerônimo de Belém, c.380 d.C. (De Viris, III:36)

Somem-se a estes, ainda, os importantes testemunhos de Cirilo de Jerusalém, Epifânio, Gregório Nazianzo, João Crisóstomo e, sobretudo, o de Agostinho de Hipona. A existência de um Evangelho de Mateus original em hebraico parece tanto mais provável se for considerado o relato histórico de Shem Tov Ben Shaprut, um médico judeu sefardita do século 14, que viveu entre as regiões de Castela e Aragão, na Espanha. Em 1385, Shem Tov escreveu *Even Bohan*, um tratado teológico no qual procura, apelando a textos cristãos, combater as doutrinas do cristianismo, especialmente as formulações do apóstolo Paulo. *Even Bohan* contém, na íntegra, o texto do controvertido Evangelho de Mateus escrito em hebraico. Eruditos em o Novo Testamento como o dr. John D. Tabor são categóricos ao afirmar que o texto de Mateus contido no *Even Bohan*, conquanto evidencie ter sofrido, ao longo do tempo, aparentes revisões para aproximá-lo das formas grega e latina, "apresenta, entretanto, reflexos de uma composição hebraica original". Para o dr. Tabor, o Evangelho de Mateus transcrito por Shem Tov é uma obra independente do texto grego que foi preservada pelos judeus ao longo da Idade Média, e que se perdeu da comunidade cristã gentílica.

Com efeito, a presença missionária do apóstolo em uma região outrora conhecida como Índia, parece estar claramente assertada pela tradição primitiva. Mas, ainda assim, não podemos nos furtar a alguns questionamentos importantes sobre esse relato. Essa crença antiga traz consigo um problema intrínseco: quando os escritores ancestrais mencionavam o termo "Índia", a que região do mundo antigo realmente se referiam? Teria o termo qualquer relação geográfica com o país asiático hoje conhecido por esse nome?

Na antiguidade, *Índia* era um termo muito abrangente, usado por geógrafos e demais autores para descrever regiões distintas e longínquas, especialmente aquelas ao Oriente da Palestina. Os escritores de língua grega e latina, com freqüência, valiam-se do termo para descrever lugares diversos e distantes uns dos outros, como a Arábia, Etiópia, Líbia, Pártia, Pérsia e Média, mas, provavelmente, nunca à nação homônima de hoje. No caso específico da viagem missionária do mestre Panteno, há quem sugira que o nome "Índia" descreva, na verdade, regiões variadas da Etiópia. Outros apontam a faixa litorânea ocidental da Península Arábica, chamada Arábia Felix ou, ainda, regiões circunvizinhas ao Egito. Se estiverem certos, deve-se incluir, por conseguinte, mais essas localidades no rol das prováveis rotas missionárias de Natanael Bartolomeu.

Chamando "Índia" a uma região que abrangia desde a Etiópia até a Média, o texto apócrifo *O martírio do santo e glorioso apóstolo Bartolomeu* acrescenta alguns detalhes que, embora pareçam imaginários em alguns momentos, podem constituir a forma exagerada que antigos escritores cristãos perpetuaram uma possível missão do apóstolo na região:

> São Bartolomeu, o apóstolo de Cristo, partiu para a Índia, alojou-se no templo de Astarote e ali viveu entre os pobres e peregrinos. Havia, pois, nesse templo, um ídolo de nome Astarote que, supostamente, curava os enfermos do povo. Porém, na verdade, os enfermava ainda mais. O povo jazia na total ignorância do Deus verdadeiro. Em sua busca de conhecimento, sem contudo ter a quem recorrer, todos se refugiavam no falso deus que lhes trazia problemas, enfermidades, danos, violência e muita aflição. Quando a ele sacrificavam, o demônio, retirando-se dos enfermos, parecia curá-los. Vendo essas coisas a população, engodada, continuava a crer nele.

A lenda continua afirmando que a simples presença de Bartolomeu naqueles termos acabou suprimindo a atuação demoníaca sobre a população. Indignados com o silêncio do ídolo ao qual serviam, aqueles homens evocaram certo demônio de nome Becher, na tentativa de descobrir a razão da impotência de Astarote.

> O demônio Becher respondeu-lhes dizendo: Desde o dia e a hora em que o verdadeiro Deus, que habita nos céus, enviou seu apóstolo Bartolomeu a essa região, vosso deus Astarote está aprisionado em cadeias de fogo, não podendo falar nem mesmo respirar.

De tal sorte a presença de Bartolomeu provocou os fiéis de Astarote que estes, após as referências dadas pelo demônio, saíram ao encalço do apóstolo por dois dias inteiros, procurando-o entre os pobres e peregrinos da cidade, sem contudo encontrá-lo.

Mesmo perseguido pelos adoradores de Astarote, conta a lenda que Bartolomeu prosseguiu sua missão naquele lugar, curando os enfermos e libertando os endemoninhados. Essas operações chegaram aos ouvidos de Polímio, o soberano local, que, afligido pela situação espiritual de sua filha, ordenou a imediata busca pelo apóstolo. Ao ser trazido diante do rei, Bartolomeu comoveu-se com as súplicas do soberano para que libertasse sua filha da opressão maligna que a mantinha acorrentada por longos anos. Conta a lenda que Bartolomeu, orando poderosamente, trouxe completa libertação para a jovem, muito embora os servos do rei, ainda tomados de pavor, não ousassem aproximar-se da ex-possessa para soltá-la. O apóstolo, portanto, ordenou-lhes:

> Eis que mantenho preso o inimigo dessa alma; estais vós ainda amedrontados com essa pequena? Ide, soltai-a e, após dardes a ela de comer, deixai-a descansar.

Polímio, profundamente agradecido pelo que lhe fizera Bartolomeu, carrega alguns de seus camelos com ouro, prata e pedras preciosas e, a seguir, ordena que seus servos encontrem e presenteiem o apóstolo com aquela inestimável fortuna. Entretanto, na manhã seguinte, enquanto ainda lamentava não ter encontrado o santo de Deus para poder gratificá-lo com sua riqueza, o rei é surpreendido em sua câmara pela presença do apóstolo.

> Por que te esforçaste em me buscar ontem por todo o dia com ouro, prata, pedras preciosas, pérolas e vestimentas? Pois os que anseiam por essas coisas são aqueles que buscam o que é da terra; mas eis que eu nada busco de terreno ou carnal.

Recusando a oferta real, Bartolomeu pede a atenção do soberano por alguns instantes, a fim de revelar-lhe seu verdadeiro tesouro.

Tendo lhe exposto a obra redentora da cruz, o apóstolo dirigiu-lhe o convite para que recebesse Jesus em seu coração:

Assim, se desejas ser batizado e anelas pela iluminação, far-te-ei contemplá-Lo e poderás, desse modo, compreender de quão grandes males foste redimido.

O rei, relutante em seu coração quanto àquela novidade, desafia Bartolomeu a estar presente, na manhã seguinte, no templo de Astarote, onde o soberano se juntaria aos demais nas costumeiras oferendas ao ídolo.

Diz a lenda que Bartolomeu, ao aceitar o convite e comparecer ao santuário pagão, impede, pelo poder de Deus, a manifestação dos demônios e os desmascara diante de grande multidão de fiéis. Fustigada pela santa intercessão do apóstolo, uma criatura infernal teria clamado:

Cessai de ofertar-me, ó vós miseráveis, para que não sofrais ainda mais por minha causa, porquanto estou aprisionado em cadeias de chamas e sou mantido em sujeição pelo anjo do Senhor Jesus Cristo, o Filho de Deus, aquele a quem os judeus crucificaram.

Desejoso de que todos os presentes fossem definitivamente esclarecidos, Bartolomeu conjura o demônio a que fale a verdade acerca do ídolo venerado por todos naquele lugar:

Confessa, ó demônio imundo, quem é que fere todos os que aqui jazem pesadamente enfermos! O demônio, a seguir, respondeu: O diabo, nosso guia, que está aprisionado; ele nos manda para que venhamos contra os homens para, primeiramente, ferir o corpo deles e, depois, quando sacrificam a nós, tomar de assalto a alma deles. Assim, ao crerem em nós e nos trazerem ofertas, temos poder sobre eles.

Tendo apresentado a verdade à multidão, Bartolomeu, com grande autoridade, conclama os presentes a crerem no nome de Jesus e a serem batizados nessa fé. Narra a lenda que, por toda a região, fizeram-se sentir os efeitos da mensagem e do testemunho do apóstolo naqueles dias:

> Eis que o rei, a rainha, seus dois filhos e toda sua gente, bem como toda a multidão da cidade e das cidades e terras vizinhas e das demais regiões sobre as quais reinavam creram, foram salvos e batizados em nome do Pai, do Filho e do Espírito Santo. O rei, tendo deixado sua coroa, seguiu os passos de Bartolomeu, o apóstolo de Cristo.

BARTOLOMEU, O ILUMINADOR DA ARMÊNIA

Considerando-se a já discutida abrangência do termo "Índia" na antiguidade e, sobretudo, o fato dele incluir em suas proximidades a atual Armênia, parece muito plausível a tradição que afirma ser Natanael Bartolomeu um dos iniciadores da fé cristã nesse país.

Apoiados em diversas lendas – algumas das quais atribuídas a Jerônimo – alguns autores, como William Barclay, sugerem que Bartolomeu, após certo período na Ásia Menor e, a seguir, na incógnita região denominada Índia, teria viajado às terras da Armênia, onde aliou-se ao apóstolo Judas Tadeu em meados de 60 d.C. Ali, no decorrer de um ministério de mais de dezesseis anos e em meio a uma abominável idolatria, Bartolomeu operou a cura miraculosa da filha de certo rei, expondo a inoperância do poste-ídolo adorado pelo soberano e seus súditos. Conta ainda a tradição que, durante a ministração do apóstolo, um anjo teria expulsado o demônio flamejante que habitava o interior do ídolo, diante dos olhos atônitos da população. O rei e muitos de seus súditos foram, conseqüentemente, batizados, suscitando a ira do irmão do soberano, Astiages, e de toda a classe sacerdotal pagã. Após definirem como o matariam, Astiages e aqueles líderes religiosos arrebataram Bartolomeu e, escalpelando-o vivo, o crucificaram de cabeça para baixo.

Lendas semelhantes, conservadas pelos ortodoxos, afirmam que Bartolomeu não escapou à ira de certo rei armênio, nem mesmo após ter curado a loucura de sua irmã. Enfurecido com a presença do apóstolo, o rei teria ordenado sua crucificação e sua posterior decapitação.

Como se verá adiante, as tradições mais fortes apontam a cidade de Albana como o cenário do martírio de Bartolomeu.

Mesmo que os escritos tradicionais tenham, com o passar dos anos, romanceado ou acrescentado fábulas ao ministério do jovem discípulo, é fato que tanto Bartolomeu quanto Judas Tadeu são reputados popularmente, desde há muito, como os fundadores da igreja armênia. Tal tradição, por ser milenar, merece olhar cuidadoso. O patriarcado armênio de Jerusalém, em um tratado sobre o assunto, resume:

> O indestrutível e duradouro amor dos armênios e sua devoção pela Terra Santa têm seu início no século 1 da era cristã, quando o cristianismo foi trazido, diretamente daquele lugar, pelos apóstolos São Tadeu e São Bartolomeu. A igreja que fundaram tornou-se responsável pela conversão de grande parte da população ao longo dos séculos 2 e 3. No começo do século 4, em 301 d.C., por intermédio dos esforços de São Gregório, o Iluminador, o rei armênio Tiridates, o Grande, e todos os membros da realeza converteram-se e foram batizados.

Sobre o ministério apostólico de Bartolomeu na Armênia, Aziz Atiya afirma, em seu livro *A History of Eastern Christianity* [*A história do cristianismo oriental*] (p. 316).

> Os primeiros iluminadores da Armênia foram São Tadeu e São Bartolomeu, cujos santuários ainda permanecem em pé em Artaz (Macoo) e Alpac (Bashlake), no sudeste da Armênia, sendo há muito tempo venerados pelos armênios.
>
> Uma tradição popular entre eles atribui a primeira evangelização da Armênia ao apóstolo Judas Tadeu que, segundo sua

cronologia, lá permaneceu entre os anos 43 e 66 d.C., sendo, a partir de 60 d.C., acompanhado por Bartolomeu, cujo suplício deu-se em 68 d.C. na localidade de Albanus (Derbent).

Atualmente, a antiga Albanópolis (também chamada Albana ou Albanus), apontada pela tradição como local do suplício de Bartolomeu, recebe o nome de Derbent. Localizada ao Sul da Federação Russa, na República do Daguestão, Derbent está situada junto à fronteira com o Azerbaijão, na costa oeste do mar Cáspio. No passado, graças a sua posição estratégica, próxima às montanhas Tabasaran e ao rio Rubas, a região transformou-se em um corredor geográfico assaz cobiçado, sendo sucessivamente dominado por persas, árabes, mongóis e turcos. Porém, antes que muitas dessas hordas violentas ali chegassem, aquele lugar – na época chamado de Albânia Caucasiana – tornara-se um conhecido centro de difusão do cristianismo no Oriente, entre os séculos 4 e 5. Isso reitera as suspeitas de uma atuação missionária muito antiga naquelas terras, talvez até mesmo uma investida apostólica, como querem os defensores das lendas de Natanael Bartolomeu na Armênia.

De fato, a milenar tradição apostólica, embora passível de distorções, não se equivocou ao afirmar que o evangelho atingiu as terras armênias no princípio da era cristã. Em fins do século 3, Gregório, o Iluminador, figura preponderante na evangelização daquele país, pode ter encontrado ali resquícios do trabalho realizado por Bartolomeu e Judas Tadeu, tal a facilidade que difundiu a fé por toda a região. Sobre a forte presença cristã na Armênia antes do século 3, a *Enciclopédia católica* registra:

> É certo que havia muitos cristãos, inclusive bispos, na Armênia antes da chegada de São Gregório. [...] Certo Dionísio de Alexandria dirigiu-lhes uma carta 'Sobre Penitência' (Eusébio, *História eclesiástica*, VI). Essa igreja ancestral foi, a seguir, destruída pelos persas.

Gregório, o Iluminador, nasceu por volta de 240 d.C., de uma família ilustre executada por acusação de envolvimento no golpe que assassinou o rei Khosrov I, da Armênia. Levado ainda cedo para Cesaréia, na Capadócia (atual Turquia), cresceu entre cristãos. Ali, Gregório assimilou a fé e a devoção, vindo a casar-se com uma jovem crente que lhe deu dois filhos, Aristaques e Bardanes. Retornando mais tarde à Armênia, Gregório acabou servindo na corte do rei Tiridates III. Conta uma lenda em particular que, ao recusar-se a sacrificar a uma deusa local, o rei mandou que torturassem o teimoso cristão e, finalmente, o despejassem no Khor Virap, um poço profundo cheio de cadáveres putrefatos, de onde exalava um odor insuportável e pestilento. Gregório, contra todas as expectativas, teria sobrevivido ali por cerca de treze anos, alimentado por uma piedosa viúva que lhe lançava porções diárias de pão e água.

Ao fim desse tempo, Tiridates III encontrava-se desesperado com sua própria vida, em razão de grave enfermidade e opressão demoníaca. À irmã de Tiridates fora dito, em sonho, que o restabelecimento do rei dependia unicamente da intercessão do malfadado Gregório. A revelação foi tratada com óbvio desprezo pela corte, visto que se julgava Gregório morto havia muito tempo. Para a surpresa de todos, entretanto, Gregório foi encontrado vivo nas profundezas nauseabundas do Khor Virap e trazido para interceder pelo rei moribundo. Curando-o, conseguiu que toda a corte armênia, enfim, desse ouvidos à mensagem de salvação.

A conversão que logrou do soberano e de toda a corte armênia escancarou as portas daquele país para um processo de cristianização sem par na história. Dezenas de templos pagãos foram rapidamente transformados em igrejas. Conta-se, com certo teor fantasioso, que Gregório batizou quatro milhões de armênios em sete dias, além de ter enviado para o campo missionário doze apóstolos (todos descendentes de antigos sacerdodes pagãos) e de ter dirigido uma organização eclesiástica formada por quatrocentos bispos e um sem-número de pastores. Com efeito, os cultos pagãos foram tão profundamente desarraigados da Armênia que, atualmente, não se sabe quase nada sobre sua religião ancestral, exceto o nome de alguns poucos deuses.

Essa ampla aceitação do cristianismo na Armênia ocorreu, segundo a maior parte das tradições, por volta do ano 301 d.C., o que faz dessa nação – com toda justiça aos seus orgulhosos filhos – a pioneira no mundo a proclamar-se oficialmente cristã. Isso, quando se considera que, na mesma época, a Igreja ocidental apenas começava a viver os longos e sofridos anos da grande perseguição de Diocleciano, é ainda mais relevante. Tanto que, anos mais tarde, ao tomar ciência da conversão do imperador Constantino, Tiridates III enviou a Roma um exército de 70.000 armênios para render homenagens ao comandante que colocara fim às perseguições à Igreja romana.

O patriarcado armênio de Jerusalém orgulha-se ao citar o caso de Macário, bispo de Jerusalém (séc. 4), que teria mantido uma estreita comunhão com aquela comunidade cristã oriental. Entre 325 e 335 d.C., Macário, em uma de suas cartas ao bispo armênio Vertanes, além de tratar de vários assuntos de interesse eclesiástico, saúda o ministério pastoral, assim como todos os crentes daquele lugar, confirmando a existência de uma igreja muito bem disseminada entre a população local. No princípio do século seguinte, cerca de cem anos após a missão de Gregório, tal era o número de armênios que aderiram à fé que o país transformou-se em um dos principais centros do cristianismo do mundo antigo.

Um retrato de Bartolomeu

Assim como seu ministério, as características físicas de Bartolomeu também foram alvo de especulações tradicionais. A curiosa descrição do apóstolo encontrada no livro *A história apostólica* de Abdias apresenta alguns detalhes fantasiosos; embora possa conter traços daquilo que realmente constituiu o retrato do jovem missionário:

> [Bartolomeu] Tinha os cabelos encaracolados e negros, que cobriam as orelhas. Sua pele era clara, seus olhos grandes e seu nariz reto e comprido. A barba era longa e grisalha, e sua estatura, mediana.
>
> Vestia roupas brancas e cingia-se com uma cinta púrpura, tendo sobre si um manto branco com quatro pedras preciosas de cor

106 DOZE HOMENS, UMA MISSÃO

púrpura em seus cantos. Durante 26 anos, vestiu-as sem que sequer ficassem velhas. Assim, também, suas alparcas duraram 26 anos.

Orava cem vezes ao dia e cem vezes à noite. Sua voz era como uma trombeta, e anjos velavam sobre ele. Era sempre jovial e conhecia todas as línguas.

OS RESTOS MORTAIS DE BARTOLOMEU

Se os relatos tradicionais não se mostraram precisos quanto ao ministério de Bartolomeu, pode-se afirmar o mesmo acerca do verdadeiro local de seu descanso, também alvo de inúmeras narrativas divergentes, dentre as quais poucas transmitem alguma credibilidade.

Otto Hophan, em seu livro *The Apostles* [*Os apóstolos*] (p. 167), apóia as lendas armênias acerca do paradeiro dos restos de Bartolomeu:

> A tradição armênia sustenta que o corpo do apóstolo foi enterrado em Albanópolis (ou Urbanópolis), cidade da Armênia onde se acredita ter sido martirizado. Dali, seus restos mortais foram levados a Nefergerd-Mijafardin e, posteriormente, a Duras, na Mesopotâmia.

A condução dos restos mortais do apóstolo para a Mesopotâmia surge como um ponto comum entre muitos escritos antigos sobre as relíquias de Bartolomeu. Não obstante, a autora católico romana Mary Sharp, em seu *A Traveller's Guide to Saints in Europe* [*Guia de viagem dos santos na Europa*] (p. 29), propõe que essa região não tenha sido o paradeiro final das relíquias de Natanael Bartolomeu:

> Um relato nos diz que, após o imperador Anastácio construir a cidade de Duras, na Mesopotâmia, em 508 d.C., para lá foram levados os restos mortais de Bartolomeu. Entretanto, São Gregógio de Tours afirma que, antes do fim do século 6, o que restou do apóstolo teria sido levado às ilhas Lipari, próximas

da Sicília. Já Anastácio, o Bibliotecário, conta que, no ano 809 d.C., os restos mortais de Bartolomeu foram levados até Benevento e de lá para Roma, em 983 d.C., pelo imperador Otto III. Atualmente, repousam na igreja de São Bartolomeu-Sobre-o-Tibre em um santuário pórfiro sobre o altar. Um dos braços foi enviado pelo bispo de Benevento a Eduardo, o Confessor, que o doou à Catedral da Cantuária.

Não se sabe com certeza se os restos de Bartolomeu foram realmente trasladados desde a Mesopotâmia até seu destino final em Roma, como afirmam alguns autores católicos. Mas a presença do apóstolo na Armênia parece muitíssimo provável, não apenas pela quantidade de tradições distintas que a confirmam, como também pela possibilidade dessa região ser a real tradução do antigo termo "Índia". O posterior transporte de seus restos para os vizinhos termos da Mesopotâmia também encontra eco em muitos relatos antigos. Todavia, quanto ao mais, deve-se ter em mente que, ao longo de toda a Idade Média, a supremacia absoluta da Igreja romana tratou de estimular o surgimento de lendas ligando o paradeiro das relíquias apostólicas à antiga capital do império. Tal tendência, por si só, obriga o estudioso a abordar com desconfiança as tradições que sustentam o envio indiscriminado de restos apostólicos para Roma.

Ainda sobre os restos de Bartolomeu, o cristão de origem ortodoxa, por certo, se identificaria muito mais com o relato de John Julius Norwich, em seu livro *Mount Athos* [*Monte Atos*] (p. 142). Na obra, Norwich descreve sua saga ao *Hagion Oros* [Monte Santo], como os gregos o chamam, uma montanha de quase dois mil metros, onde muitos de seus vinte mosteiros ortodoxos da ordem de São Basílio conservam silenciosamente um raro exemplo da beleza arquitetônica bizantina. Ali, em meio a uma atmosfera que remete aos dias medievais, o autor afirma ter sido conduzido por um monge aos restos mortais do apóstolo Bartolomeu, assim como aos de Dionísio, o Areopagita, o personagem convertido por Paulo em Atenas (At 17.34).

> "Partindo Jesus dali, viu sentado na coletoria um homem chamado Mateus, e disse-lhe: Segue-me. E ele, levantando-se, o seguiu."
>
> *Mateus 9.9*

MATEUS

Embora o autor patrístico Eusébio de Cesaréia aponte uma origem síria para Mateus, é mais seguro crer que a importante Cafarnaum – também residência de Simão Pedro e André –, na costa setentrional do mar da Galiléia, seja o berço do famoso coletor de impostos que se tornou discípulo de Cristo. Mateus (heb. *Mattithyahu*, ou *Dom de Jeová*) é um dos apóstolos mais celebrizados pela cristandade, seja pela inegável pecaminosidade do ofício do qual fora resgatado, seja pela riqueza das lendas que narram seu trabalho missionário.

Curiosamente, ao descreverem o episódio da vocação de Mateus, os evangelistas Marcos e Lucas preferem denominá-lo Levi (Mc 2.14;Lc5.27),masaoapresentarem a lista com a menção dos doze, chamam-no Mateus (Mc 3.18; Lc 6.15), não estabelecendo, entretanto, qualquer relação direta entre ambos os nomes. Algumas propostas surgiram para tentar elucidar essa evidente discrepância. A primeira delas, e talvez a menos recomendável, sugere que, ao focalizarem a convocação cristã de Mateus, tanto Marcos quanto Lucas tinham em mente dar a primazia à tribo de origem do ex-coletor de impostos, em detrimento de seu primeiro nome. Outros autores preferem a idéia de que Levi era, na verdade, seu nome original e Mateus apenas uma alcunha apostólica dada a ele possivelmente pelo próprio Cristo. Assim, Marcos e Lucas teriam citado o primeiro nome do discípulo quando de sua vocação e o segundo ao apresentarem o rol já definido dos futuros apóstolos. Alegam, com razão, os que defendem essa hipótese que outros discípulos também eram conhecidos por mais de um nome. Uma proposta interessante, porém, procede de R.V.G. Tasker, perito na biografia do apóstolo e autor de *Mateus, introdução e comentário*. Tasker sugere que a troca – pelos evangelistas Marcos e Lucas – do nome Mateus por Levi no episódio da coletoria e a menção do primeiro na lista dos doze é uma tentativa de ambos autores dissociarem o nome do apóstolo de sua antiga e tão estigmatizada profissão. Observe que, ao contrário daqueles, o próprio evangelista Mateus apresenta-se com o mesmo nome nessas duas situações bíblicas (Mt 9.9; 10.3). A opinião de Tasker é reforçada ainda pelo fato de que as listas apostólicas de Marcos e Lucas, ao contrário da redigida por Mateus, suprimem a descrição do apóstolo como "o cobrador de impostos" (cf. Mt 10.3; Mc 3.18; Lc 6.15).

Mateus, ou Levi, é apresentado na Bíblia como "filho de Alfeu" (Mc 2.14), nome que descreve, de forma semelhante, o pai do apóstolo Tiago Menor (Mt 10.3; Mc 3.18; Lc 6.15; At 1.13). Em função disso, alguns eruditos sugerem uma relação de consangüinidade entre ambos os discípulos, como ocorre com os filhos de Zebedeu, Tiago Maior e João, e com aqueles de Jonas, Simão Pedro e André. Essa idéia, entretanto, carece de maior fundamentação bíblica, visto especialmente o silêncio de todos os evangelistas a esse respeito. Alfeu (gr. *Alphaios*) é um dos muitos e típicos nomes helênicos adotados por judeus durante o século 1. Autoridades no assunto, como Westcott e

Hort, sugerem que o termo pode ser derivado de um nome original aramaico. Entretanto, o termo não aparece nas páginas do Antigo Testamento, o que, sem dúvida, enfraquece a hipótese.

Sendo ou não o pai de ambos os apóstolos, o incógnito Alfeu é também identificado, por biblicistas mais ousados, com o oficial Clôpas, esposo de Maria, mãe de Tiago Menor (Mc 16.1) e uma das mulheres piedosas que seguiam e serviam a Jesus (Jo 19.25). Que não se confunda esse Clôpas com o discípulo Cleópas, que desponta no episódio do caminho de Emaús (Lc 24.18). Basta lembrar que o nome Clôpas ou *Klopas* é uma designação de origem aramaica, ao contrário de Cleópas ou *Kleopas*, sabidamente a contração do grego *Kleopatros*. Cruzando-se versículos correlatos dos evangelhos, pode-se pensar que Alfeu e certa Maria – possivelmente uma discípula íntima da mãe de Jesus – eram, de fato, os genitores de Tiago Menor; e, em razão de João citar alguém de nome Clôpas como marido dessa mesma Maria (19.25), pode-se imaginar que os personagens Clôpas e Alfeu são, enfim, o mesmo homem. Mas daí a sustentar que esse Alfeu ou Clôpas representa o mesmo genitor de Mateus, fazendo que este seja irmão de Tiago Menor, é um longo e arenoso caminho, desprovido de maior apoio das Escrituras.

Como grande parte dos moradores de Cafarnaum, Mateus teve repetidas oportunidades de testemunhar os sinais que Jesus operou durante o tempo em que ministrou naquele lugar. Na verdade, o Mestre, por algum tempo, fizera daquela aldeia sua própria residência (Mt 9.1; Mc 2.1), operando ali variados milagres, como a cura do criado de um centurião (Mt 8.5; Lc 7.1), da sogra de Pedro (Mt 8.14; Mc 1.30; Lc 4.38) e de um paralítico (Mt 9.6; Mc 2.9; Lc 5.24), bem como a libertação espiritual de um homem subjugado por espíritos malignos (Mc 1.32; Lc 4.33). Procedia também de Cafarnaum o oficial cujo filho fora maravilhosamente curado a distância, desde a vizinha Caná, de onde Jesus atendera a seus rogos de desespero (Jo 4.46-54). É muito provável que o impacto desses e tantos outros testemunhos, ocorridos dentro do contexto imediato de Mateus, em Cafarnaum, tenha influenciado sua decisão de abandonar tudo – especialmente sua vantajosa profissão – e seguir a Cristo, quando foi assim desafiado (Mt 9.9-15).

Ao contrário de alguns outros discípulos, Mateus não havia sido seguidor de João Batista antes de sua vocação cristã e, como é de supor pela natureza da carreira profissional que exercia, deve ter vivido uma vida nada piedosa até aquela época.

UMA PROFISSÃO INDIGNA

Mateus, como coletor de impostos, estava incumbido de tributar tanto os comerciantes e pescadores que cruzavam o mar da Galiléia (daí o contato dele com os demais discípulos) quanto os demais transeuntes da importante estrada de Damasco, como a *Via Maris* era chamada naquela altura. A cidade de Cafarnaum, onde estava seu posto alfandegário, situava-se à margem desse caminho romano, justo na fronteira entre os domínios do tetrarca Herodes Antipas e seu irmão Filipe. Essa situação limítrofe entre os dois territórios perdurou até 39 d.C., com o banimento de Antipas. A partir desse período, o desenho político da região foi alterado, fazendo desaparecer a fronteira e, portanto, a necessidade de uma coletoria.

Como se sabe, nos tempos apostólicos, a Palestina encontrava-se, em algumas regiões, submetida diretamente ao domínio imperial romano, e em outras, indiretamente. Após a deposição do irresponsável Arquelau, em 6 d.C., tanto a Judéia quanto a Samária passaram ao controle político-administrativo de Roma. A mesma situação acometeria a Galiléia em 44 d.C., após a morte de Herodes Agripa I. Mas os impostos incidentes, quer fossem entregues diretamente às mãos romanas quer às de seus comparsas – os herodianos – significavam sempre um pesado jugo a curvar ainda mais a já exaurida população judaica. Tão crítica e contagiante se tornara, entre os judeus, a questão fiscal que suas mais contundentes revoltas contra Roma orbitaram essa matéria. William Smith, em seu *Smith's Bible Dictionary* [*Dicionário bíblico Smith*], relembra a polêmica do tema (p. 676):

> A pressão imposta pela tributação romana, ainda que não absolutamente mais pesada [que a dos demais conquistadores], foi provavelmente a mais irritante, visto ser tanto mais meticulosa quanto sistemática, ou seja, uma marca distintiva de servidão.
>
> A conquista de Jerusalém por Pompeu foi imediatamente

seguida de uma imposição tributária que, em pouco tempo, arrecadou dos recursos do Estado a soma de 10.000 talentos. Quando a Judéia formalmente se tornou uma província romana, todo o sistema financeiro do império incidiu sobre ela como uma conseqüência natural. Os impostos começaram a ser sistematicamente arrecadados e seus coletores surgiram como uma nova maldição sobre o país.

É mister, entretanto, que se faça uma breve discriminação entre os impostos vigentes à época, a fim de que não se cometa equívocos. Nem todos os impostos provinham do invasor romano e de seus aliados, assim também nem todos eram necessariamente esconjurados pelos judeus. Havia, a exemplo disso, a taxa anual destinada ao serviço do templo de Jerusalém, um tributo que remontava aos distantes tempos mosaicos, quando se tornara a base de sustento do antigo tabernáculo (Êx 30.11-16; 2Cr 24.9). Nos dias de Neemias, esse imposto fora reinstituído sob o valor de um terço de siclo (cf. Ne 10.32). No período neotestamentário, todo judeu ou prosélito do sexo masculino, a partir de 20 anos de idade, era convidado a contribuir. O valor, entretanto, fora elevado para o equivalente a meio siclo, isto é, duas dracmas ou uma didracma, moeda grega de prata pesando cerca de oito gramas. Chama a atenção o fato de apenas Mateus ter registrado o episódio do pagamento desse imposto por Jesus e Pedro (Mt 17.24-27), momento aliás que encerrou mais uma ação miraculosa do Mestre (observe aqui a tecnicalidade de Mateus ao mencionar o estáter, moeda equivalente a duas didracmas). Visto que de base voluntária, esse pagamento era, acima de tudo, bem acolhido pela população, inclusive pelos habitantes da diáspora. Um bom reflexo disso é o mote dos revolucionários zelotes, maiores representantes da oposição aos tributos trazidos pelos dominadores: "Nenhum outro rei senão o Messias, **nenhum outro imposto senão o destinado ao templo**, nenhum outro amigo senão um zelote".

Mas havia o outro lado da questão tributária, um lado mais obscuro e indesejável aos judeus. Muitos anos antes de Cristo, Roma deixara de ser uma sociedade austera e frugal para viver sob a pompa e o luxo de tesouros inimagináveis, produtos de suas conquistas militares e de sua

114 DOZE HOMENS, UMA MISSÃO

expansão territorial. Além dos resgates e das multas, os conquistados – entre eles os judeus – pagavam tal monta de tributos que chegavam a isentar os próprios cidadãos romanos desse encargo. Ademais, para garantir o sustento dos milhões de habitantes da península itálica, eram necessárias quantidades incalculáveis de cereais e outros gêneros básicos. Por isso, os romanos também cobravam impostos de algumas de suas províncias em espécie, como no caso do Egito, na época o maior exportador mundial de trigo, cuja população lamentava ver todo excedente ser destinado ao benefício exclusivo de seus dominadores.

No que tange, porém, à tributação em dinheiro, os impostos arrecadados pelos romanos dividiam-se, basicamente, em dois tipos: aqueles que recaíam sobre propriedades (*tributum agri*) ou sobre pessoas (*tributum capitis*) e as cobranças que abrangiam todos os demais ingressos do Estado (*vectgalia*). O *tributum capitis*, um dos emblemas maiores da servidão ao conquistador, aparece na discussão de Mateus 22.15-22, quando Jesus é provocado pelos fariseus com esta pergunta:

"Dize-nos, pois, que te parece? É lícito pagar tributo a César, ou não?".

Dentre as taxas que compunham os *vectigalia*, destaca-se aquela associada a Mateus, o *portorium*, um gênero de imposto incidente sobre o trânsito de mercadorias pelo território romano. O *portorium* corresponde a três tipos de imposto moderno: o *alfandegário*, que se recebe na fronteira de uma província ou Estado; o *de consumo*, recebido à entrada ou saída de uma cidade, e o *pedágio* que, por sua vez, é pago no trânsito por determinados lugares, por exemplo, algumas rodovias. Essas situações se encaixam perfeitamente ao posto fiscal de Mateus em Cafarnaum, que – como já foi frisado – localizava-se em uma região fronteiriça e à beira tanto de uma importante estrada quanto de um movimentado porto do mar da Galiléia. Naturalmente, em função dessa posição estratégica, muitas riquezas transitavam por Cafarnaum e, por conseguinte, grandes somas eram ali arrecadadas em tributos.

À essa altura, vale lembrar que o termo neotestamentário traduzido por *publicano*, via de regra, aplica-se aos *portitores*, ou seja, aos cobradores do imposto romano de trânsito e de fronteira chamado *portorium*. Os verdadeiros publicanos (lat. *publicanus*) eram – no final do período republicano e começo do império – membros de uma reduzida e insaciável elite financeira que habitava a capital romana. Formando sociedades anônimas com pomposos dividendos, esses magnatas não se limitavam à tarefa de fixar impostos. Desfrutavam amplamente o cobiçado direito de explorar – por meio da administração tributária – as conquistas territoriais do Estado, em troca do abastecimento de suas numerosas legiões. Acabaram, pois, concentrando tamanho poder financeiro que atuavam como verdadeiros banqueiros, especulando à revelia do Estado, estabelecendo taxas cambiais ao seu bel-prazer, transferindo fundos e, como não poderia deixar de ser, praticando a usura. Misturavam negócios públicos e privados em uma promiscuidade só possível pela ausência quase absoluta de controle financeiro estatal. Observe que os publicanos, mesmo nos círculos palacianos de Roma – a despeito de sua posição privilegiada –, eram sempre vistos com olhos de desconfiança, sendo constantemente comparados a gatunos, espertalhões e oportunistas. Escritores latinos de grande monta, como Cícero, Terêncio, Tito Lívio, Suetônio e Quintiliano não deixaram de registrar juízos severos sobre eles. Em suma, os publicanos administraram o *publicum*, isto é, os negócios do Estado, até o raiar do período imperial. A partir de 27 a.C., deve-se notar, o controle tributário e financeiro deles foi gradativamente sendo absorvido pelos imperadores, ávidos pela centralização do poder militar, como também do econômico.

Sob o prisma hierárquico, os publicanos constituíam uma sociedade financeira encabeçada pelo *magister societatis*, um executivo residente em Roma. Este, por sua vez, fazia-se representar em cada província por um vice-diretor, o *pro magistro* o qual, sob seu controle, dispunha de um razoável número de empregados. Dentre os que lhes estavam sujeitos, destacam-se os *submagistri* (gr. *architelontes*), encarregados de gerenciar o trabalho dos coletores de impostos dispersos pela província. Zaqueu, o próspero habitante de Jericó em cuja casa Jesus se hospedou (Lc 19.1-10), provavelmente, pertencia a essa categoria de agentes tributários. Finalmente, subordinados aos *submagistri*, estavam os *portitores* (gr. *telontes*) que, como foi dito, encarregavam-se da cobrança do *portorium*. Os *portitores* representavam a ponta final do processo e sobre eles recaía a tarefa sempre antipática e embaraçosa

116 DOZE HOMENS, UMA MISSÃO

do contato com a população na coleta fiscal, encargo que lhes rendia naturalmente os estigmas mais detestáveis. Isso se justifica pelo fato de que tanto os *submagistri* quanto seus delegados, os *portitores*, aproveitavam-se da ausência de uma fiscalização oficial e de normas sistêmicas mais claras da parte dos romanos, para sobrevalorizar e expandir os impostos coletados, fazendo crescer concomitantemente tanto o lucro quanto o sofrimento dos tributados. Normalmente, a avidez desses agentes levava-os a exigir o pagamento de imposto sobre tudo com o que se deparavam. Tributavam o barco de pesca, o pescado com ele adquirido e o uso do porto para descarregá-lo. Taxavam não apenas os produtos transportados nas carroças, mas também o veículo em si, tanto pelo número de eixos quanto de animais condutores. Abriam, aos olhos de todos e de forma obtusa, as bagagens dos viajantes, vasculhando-as em busca de qualquer pertence supostamente tributável. É curioso observar que a ilicitude profissional familiar aos coletores de impostos está evidente tanto na confissão do *submagistri* Zaqueu, ao ser tocado pela mensagem de Cristo em Jericó (cf. Lc 19.8), quanto na reprimenda dada por João Batista a eles, como se vê em Lucas 3.12,13: "Chegaram também uns publicanos [i.é., *portitores*] para serem batizados, e perguntaram-lhe: Mestre, que havemos nós de fazer? Respondeu-lhes ele: Não cobreis além daquilo que vos foi prescrito".

Diante de semelhante quadro de corrupção e de portas tão abertas ao dinheiro ilícito, não se deve pensar que algo muito diferente estivesse ocorrendo com o *portitor* Mateus, antes dele deparar-se com Jesus, no posto fiscal de Cafarnaum.

Não sem razão, portanto, a segregação imposta pelos judeus aos *submagistri* e, mais comumente, aos *portitores* chegava a duros extremos. Como funcionários nativos a serviço da dominação estrangeira, ambos eram considerados traidores nacionais, apóstatas, gentios e epítome de tudo que era aborrecível (Mt 18.17). A rapina insaciável que os caracterizava tornava-os afamados por toda Israel como uma espécie de "raça de criminosos". Nas linhas do Novo Testamento, sua estirpe aparece sempre conjugada à dos *pecadores* (Mt 9.10-13), das *meretrizes* (Mt 21.31,32) e dos odiados *pagãos* (Mt 18.15-17). O judeu comum, evocando seu mais contundente desprezo, referia-se a eles como *mokhsa*. Seus dízimos e ofertas não eram, sob qualquer hipótese, aceitos pelos oficiais do templo, e o israelita que lhe entregava o tributo jamais acolhia troco de suas mãos, por considerá-lo maldito. Os escritos rabínicos traçavam juízos severíssimos contra eles por reputá-los não apenas como traidores, mas como perigosos elementos que transmitiam impureza espiritual pelo mero contágio de sua presença, como ressalta o teólogo italiano Giovanni Canfora:

> Enquanto cobradores [de impostos], os publicanos eram os agentes da dominação estrangeira, isto é, dos pagãos; e por estes serem impuros, impuros eram também os publicanos.

Como já foi enfatizado, a questão do pagamento de impostos assumira proporções nacionais em Israel (cf. Mt 17.24-27). Era uma das evidências mais tangíveis da opressão estrangeira; uma ferida aberta no seio do sentimento cívico do povo judeu, a qual provocava recorrente indignação. O tema tornara-se a centelha de ignição de insurreições nacionalistas – geralmente assaz violentas – que culminaram na formação de movimentos radicais como o dos *zelotes* e *gaulanitas*. Teudas e Judas, o Galileu (At 5.36), são alguns exemplos do tipo de rancor que essa tributação fustigante provocava entre o povo.

Ante um panorama tão controverso e acalorado, não é difícil entender por que os fariseus e doutores da Lei se mostravam profundamente escandalizados com Jesus e seus discípulos, ao vê-los na companhia inominável de Mateus e seus camaradas (Lc 5.30):

> "Murmuravam, pois, os fariseus e seus escribas [...] perguntando: Por que comeis e bebeis com publicanos e pecadores?"

SUA CAPACITAÇÃO E RELAÇÃO ÍNTIMA COM O DINHEIRO

As rotineiras sobretaxas, propinas e extorsões coletadas diariamente no concorridíssimo porto de Cafarnaum, assim como na importante *Via Maris*, rota comercial romana que cruzava a cidade, devem ter feito de Mateus um homem relativamente abastado. O farto e improvisado banquete oferecido por ele a Jesus e seus companheiros (Mt 9.11,12) indicam alguém cuja vida era, no mínimo, bem mais confortável que a média de seus concidadãos galileus. Nesse episódio particular, vale observar o fato de Mateus ser o único dos evangelistas a omitir o nome do anfitrião, ao contrário do que fizeram Lucas e Marcos (cf. Lc 5.19; Mc 2.15), detalhe que avulta sua humildade cristã ou mesmo seu pesar pelo modo que obtinha seus antigos proventos.

Pelas implicações fraudulentas e métodos ilícitos de seu trabalho, não é grande especulação pensar que Mateus talvez tenha sido aquele dentre os doze cuja decisão pelo discipulado implicou maior perda financeira. Dentro dessa perspectiva financeira, as parábolas da *pérola de grande preço* e do *tesouro escondido* (Mt 13.44-46), só registradas por ele, podem ser o reflexo daquilo que foi a própria realidade de sua conversão. Afinal, como enfatiza Lucas, Mateus levantou-se da coletoria, "deixando tudo" – leia-se, portanto, o lucro fácil e a garantia de enriquecimento rápido – e seguiu a Jesus (5.27,28).

No que tange à capacitação pessoal, Mateus pode ter sido o mais instruído de todos os discípulos. Tem se sugerido que sua habilidade como escritor seja derivada de seu conhecimento prático de taquigrafia, recurso assaz comum aos que, naquela época, laboravam em atmosferas comerciais. Tal preparo – supõe-se – teria lhe permitido maior acuidade e rapidez no registro textual sobre a vida e a obra de seu Mestre. Ademais, como experiente coletor de impostos, Mateus ostentava também um bom conhecimento nas áreas de matemática e de contabilidade, traço que pode ser percebido no evangelho por meio de sua evidente intimidade com os números e com as grandes quantias financeiras (Mt 18.24; 25.15), além de sua inclinação às relações numéricas e estatísticas em geral (1.17). Nenhum outro evangelho associa, de forma tão contundente, ensinamentos morais a transações monetárias, como se vê, por exemplo, na parábola do *credor incompassivo* (18.23-35) – que devia a impensável soma de 10.000 talentos – e na parábola dos *trabalhadores*, contratados à razão de um denário por jornada diária (20.1,2).

Considerando-se a região onde morava e exercia seu ofício, a "Galiléia dos gentios", Mateus devia dominar o idioma grego, além de sua língua-mãe, o aramaico. Por ser um funcionário civil a serviço da ocupação romana (ainda que respondendo diretamente aos herodianos), não é de admirar que conhecesse bem o latim.

Para diversos autores patrísticos, entre os quais o notável Clemente de Alexandria (c.150-220 d.C.), Mateus não teria deixado a Palestina rumo às missões internacionais sem antes legar aos seus concidadãos o famoso texto que o celebrizou, o que – para alguns eruditos conservadores – deve ter ocorrido em uma data entre os anos 40 e 60 d.C. Eusébio de Cesáreia, em sua *História eclesiástica,* acrescenta:

> Mateus, tendo pregado primeiro aos hebreus, quando estava para ir a outras nações, colocou em forma escrita, em sua língua, o evangelho, tal como o tinha proclamado, suprindo a falta de sua presença entre eles por seus escritos.

A demorada permanência de Mateus na Judéia, com vistas à evangelização de seus compatriotas, pode ser compreendida à luz do teor de seu consagrado texto. Tanto Orígenes de Alexandria quanto Irineu de Lyon declaram que o ex-coletor escreveu seu evangelho especialmente para os judeus ou convertidos do judaísmo. Com 93 citações do Antigo Testamento, nenhum outro evangelho recorre tanto às escrituras judaicas para provar que Jesus era o Prometido de Israel. Em nenhum outro lugar do Novo Testamento encontra-se tantas vezes a frase "para que se cumprisse o que foi dito pelo profeta". Todavia, ainda sobre seu texto, a dúvida que permanece a incomodar muitos hermeneutas diz respeito à existência ou não de um evangelho original de Mateus escrito aos judeus, na língua deles. No capítulo dedicado ao apóstolo Bartolomeu, que é citado pela lenda como portador dessa obra em sua missão à Índia, essa possibilidade foi amplamente discutida e, de modo geral, acolhida. Acrescente-se ainda que a realidade do Evangelho de Mateus em aramaico é respaldada por cristãos consagrados da antiguidade, como Papias de Hierápolis e, em particular, Jerônimo de Belém, que afirma:

> Mateus, também chamado Levi, apóstolo e ex-publicano, compôs um evangelho de Cristo, a princípio escrito na Judéia, em hebraico

120 DOZE HOMENS, UMA MISSÃO

[aramaico], visando aos que creram, dentre os da circuncisão. Esta obra, no entanto, foi mais tarde traduzida para o grego, embora não nos seja conhecido seu autor. A versão em hebraico foi preservada até o dia de hoje na Biblioteca de Cesaréia, cuja coleção foi tão diligentemente reunida por Panfílio.

Para os mais céticos, entretanto, se o evangelho aramaico de Mateus realmente existiu, há que ter sido necessariamente uma obra literária de cunho independente, já que há poucas chances de seu texto grego ser fruto da tradução de um original semítico, seja por razões de estilo, seja por apresentar marcas indeléveis de uma composição helênica genuína. Contudo, como as asseverações ancestrais de Papias e de Jerônimo sobre o assunto não podem ser desprezadas, alguns moderados sugerem que a redação inicial em aramaico fosse, na verdade, o resultado das anotações provisórias de Mateus – talvez colhidas taquigraficamente – às quais ele recorrereu mais tarde, ao elaborar sua obra definitiva em idioma grego. Porém, naturalmente, propostas como essa são meras suposições. Como bem se vê, a questão ainda levanta acaloradas controvérsias entre os eruditos.

Enfim, Mateus, o antes odiado e segregado coletor de impostos tornara-se agora, para escândalo de alguns e surpresa de outros, o fiel anunciador de Cristo. Em vez do livro-caixa, sua pena se dedicaria a cunhar o precioso evangelho que levaria seu nome; e sua ganância pelo lucro desmedido seria suplantada, em definitivo, pelo acúmulo de um tesouro mais excelente nos céus. Mateus, sem dúvida, tornou-se um retrato vivo dessas palavras do Mestre que só ele soube registrar (13.52): "Por isso, todo escriba que se fez discípulo do reino dos céus é semelhante a um homem, proprietário, que tira do seu tesouro coisas novas e velhas".

MATEUS VISTO PELAS LENDAS
DA TRADIÇÃO MEDIEVAL

A última menção bíblica ao evangelista encontra-se em Atos 1.13, na qual se verifica que Mateus estava presente na vigília antecedente ao derramamento do Espírito no Pentecostes. Trilhando o testemunho de Eusébio de Cesaréia (*História eclesiástica*, iii, 24) e de Clemente de Alexandria, diz-se que Mateus – contrariamente aos demais apóstolos – teria permanecido na Judéia por cerca de quinze anos após a ascensão de Cristo, testemunhando do Senhor aos seus compatriotas que, à época, ainda compunham a maioria dos cristãos. O mesmo autor alexandrino acrescenta ainda alguns detalhes curiosos sobre o perfil do ex-coletor; por exemplo, revela-o como um dedicado vegetariano, que restringia suas refeições a nozes e sementes seletas. Citando Herácleon, Clemente é o único a enfatizar que o apóstolo, em contraste com os demais discípulos e com o que diz o restante da tradição antiga, não teria sofrido o glorioso martírio da fé.

Sobre suas missões, Irineu de Lyon (c.135-200 d.C.) confirma que Mateus dedicou-se principalmente ao ministério entre os judeus, conquanto não informe se tal apostolado se limitara aos termos da Judéia, como diz Clemente, ou se estendeu-se aos judeus habitantes da dispersão, espalhados por quase todo o mundo ocidental.

Dentre todos os antigos textos ligados ao apostolado de Mateus, talvez nenhum sobrepuje em fantasia e imaginação o encontrado no apócrifo *Atos de André e Mateus*, assim referido por William Barclay, em seu *The Master's Men* [*Os homens do Mestre*] (p. 66-68):

> O apócrifo *Atos de André e Mateus* que fora, mais tarde, traduzido para a língua anglo-saxã, descreve o envio de Mateus aos antropófagos que lhe teriam arrancado os olhos e lançado em uma prisão por trinta dias para, ao cabo deles, o devorarem. Todavia, sucedeu-se que, ao vigésimo sétimo dia, o apóstolo foi resgatado por André que ali chegara após escapar miraculosamente de uma tempestade marítima.
>
> Mateus, portanto, teria retornado aos antropófagos e operado milagres entre eles, suscitando o ciúme do rei local. Assim, tomaram-no novamente e, cobrindo-o com papiro embebido em óleo de golfinho, derramaram sobre ele betume e enxofre, cercando-o com estopa e madeira, em uma fogueira rodeada por doze imagens de deuses nativos. Contudo, o fogo ateado

122 DOZE HOMENS, UMA MISSÃO

transformou-se em orvalho, e as chamas que restaram voaram na direção dos ídolos metálicos, derretendo-os todos. Finalmente, o fogo tomou a forma de um dragão que perseguiu o rei até o interior de seu palácio, envolvendo-o de tal maneira que ele não podia se mover. Mateus, a seguir, repreendendo o fogo, orou, e as labaredas ali mesmo expiraram. O rei converteu-se, vindo a tornar-se sacerdote, e o apóstolo partiu para o céu em companhia de dois anjos.

Existem diversos relatos que vinculam o ministério de Mateus a lugares como Pérsia, Pártia, Macedônia, Síria, Egito e Etiópia. Conquanto não se possa precisar a localização da Etiópia referida nas lendas, é justamente essa região o ponto de convergência de grande parte das narrativas que tratam das missões de Mateus. Sócrates, em sua *História eclesiástica* (I, 19), afirma que a região foi o centro de seus esforços na difusão do evangelho. O tradicional *Perfetto Legendario* confirma essa tradição ao mencionar a incrível campanha missionária empreendida por Mateus no Egito e, posteriormente, na Etiópia. Ali, após ser honrosamente recebido na casa do eunuco batizado por Filipe (At 8.27-39), o apóstolo enfrentou feiticeiros etíopes que mantinham a população em temerosa submissão, afligindo-a com estranhas enfermidades deflagradas a partir de seus encantamentos. Desafiando-os para um confronto espiritual, Mateus os derrotou, libertando o povo da opressão e disseminando rapidamente a fé cristã naquela região.

A *Lenda dourada* confirma o teor confrontador da evangelização de Mateus na Etiópia. Segundo o texto, ele teria desmascarado, como agentes satânicos, vários magos locais que desvirtuavam tanto o rei quanto seus súditos. Granjeara com isso tal popularidade entre os locais que muitos deles insistiam em adorá-lo como deus, a exemplo do ocorrido com Barnabé e com Paulo em Listra (At 14.8-15). Antes, tendo repreendido a multidão pelo sacrilégio, o apóstolo usou o ouro e a prata trazidos em sua homenagem, para construir um santuário cristão na região. Segundo a mesma lenda, Mateus contou com a benevolência do rei, sob cujo amparo viveu e pregou por 33 anos. Efigênia, a jovem filha do soberano, aceitando a Cristo, teria se tornado a líder de uma comunidade de mais de duzentas virgens dedicadas ao serviço do Senhor.

Bem alicerçadas ou não, fato é que as lendas sobre a remota cristianização da Etiópia atravessaram toda a Idade Média. No século 12, o bispo Otto de Freising escreveu sobre a coragem do mitológico rei cristão da Etiópia, Presto João (ou presbítero João) e suas lutas vitoriosas contra os muçulmanos. Com o recrudescimento das cruzadas, as narrativas sobre esse personagem imaginário foram cada vez mais incrementadas e diversificadas. Na segunda metade do século 15, no raiar dos grandes descobrimentos marítimos, o navegador português Afonso de Paiva foi incumbido pelo rei de Portugal de penetrar no Norte da África à procura do lendário soberano, com quem os portugueses sonhavam se associar na reconquista de Jerusalém. Paiva morreu no Egito sem atingir seu objetivo; entretanto, seu amigo de aventuras Pero de Covilhã, ao voltar de sua epopéia marítima até a Índia, retomou a missão e aportou na Etiópia em 1493, encontrando ali um rei cristão de nome Alexandre, além de grande número de cristãos coptas. Embora a descoberta tenha incentivado as missões católicas portuguesas àquela nação ao longo do século seguinte, o estado miserável em que se encontravam os fiéis etíopes enterrou definitivamente a lenda sobre Presto João.

A tradição milenar que prega a presença do apóstolo na Etiópia resvala, entretanto, em algumas justas objeções. Umas delas é a questão da semelhança – no original hebraico – entre os nomes Mateus e Matias, problema que se repete na biografia de outros discípulos. Como se sabe, Matias foi eleito o substituto de Judas Iscariotes (At 1.23-26), sendo, portanto, contado entre os doze apóstolos. O historiador medieval Doroteu registra que "Matias pregou o evangelho aos bárbaros e canibais do interior da Etiópia", algo semelhante ao que se ouve falar do apóstolo Mateus. Registros como esse, para alguns eruditos, reforçam a suspeita de que, na verdade, quem andou pelas terras etíopes em missão evangelística no raiar do cristianismo (sendo ali também martirizado) foi Matias, e não o ex-coletor de impostos. Edgard Goodspeed, grande autoridade em biografia apostólica e autor de *Matthew, Apostle and Evangelist* [*Mateus, apóstolo e evangelista*], sustenta que, com o decorrer dos séculos, as tradições orais acabaram

– graças à semelhança dos nomes – mesclando os fatos relacionados a ambos os personagens, comprometendo assim parte da investigação sobre os rumos do apostolado de Mateus.

Outra questão a ser enfrentada, na defesa do ministério de Mateus na Etiópia, é a identificação geográfica da região assim chamada pelas lendas antigas. Chamava-se *Etiópia* a vários lugares da Antiguidade, consideravelmente distantes entre si. Havia a *Etiópia Africana*, termo geográfico que designava, grosso modo, o mesmo país que ainda hoje se chama por esse nome. Entretanto, sabe-se de certa *Etiópia Asiática*, localizada ao Sul do mar Cáspio, próxima ao reino dos partos e corredor de muitas rotas comerciais, vez por outra confundida com a antiga Colchis, na costa oriental do mar Negro. Levando-se em conta a lenda acerca do evangelho de Mateus em hebraico achado por Panteno na Índia, no século 2, e os registros – como o de Ambrósio de Milão – acerca do ministério de Mateus na Pérsia, é concebível que a Etiópia tratada nas missões de Mateus não seja o território ao nordeste da África, mas uma região próxima ou para além do mar Cáspio, envolvendo o que é hoje o Norte do Irã e parte das ex-repúblicas soviéticas do Turcomenistão, Uzbequistão, Tadjquistão, até os termos do Quirguistão.

Por outro lado, deve-se considerar também que a presença apostólica de Matias na Etiópia Africana não exclui, em si mesma, a plausibilidade de Mateus ter ali ministrado o evangelho, dada não apenas a proximidade dessa região com sua terra natal, mas especialmente a forte presença judaica naqueles termos.

Seja nas regiões vizinhas à Judéia, como a conhecida *Etiópia Africana*, seja nos termos muito ao Oriente da Palestina, com a ainda incerta *Etiópia Asiática*, chama a atenção do estudioso a freqüência que as lendas retratam um Mateus evangelizador de reis, príncipes e de outras dignidades políticas do mundo antigo. É possível que sua formação cultural, tanto quanto sua perspicácia e experiência burocrática, o tenham capacitado a anunciar a mensagem salvífica do evangelho nos meios palacianos e entre os cidadãos de proeminência daquela época.

A MORTE DE MATEUS

Heracleon, citado por Clemente de Alexandria, afirma que Mateus expirou em idade avançada e de morte natural. Contudo, como já foi dito, trata-se de um testemunho solitário e contra o qual pesam muitas outras narrativas antigas, para as quais o apóstolo teria tido um fim de carreira coroado pelo martírio. Anna Jamerson, em seu *Sacred and Legendary Art* [*Arte sacra e legendária*] (p. 142-3), resume assim o assunto:

> São Mateus permaneceu 23 anos no Egito e Etiópia. Diz-se que teria perecido no nonagésimo ano da era cristã, sob o reinado de Domiciano, não se sabendo ao certo quais as circunstâncias que envolveram sua morte. De acordo com lendas gregas, Mateus teria morrido pacificamente, embora a tradição da Igreja Oriental diga que o apóstolo sofreu martírio, por lança ou por espada.

A já citada *Lenda dourada* traz uma proposta adicional para a questão. De acordo com o texto, o rei etíope que tanto favorecera Mateus fora substituído, ao morrer, por Hirtacus, seu irascível irmão. O novo soberano, que buscava alguém para contrair núpcias, considerava a sobrinha, a devota Efigênia, a única suficientemente digna de compartilhar com ele o leito matrimonial. Sabendo, porém, da firmeza de seu voto religioso, Hirtacus apelava a Mateus – inclusive com pomposos ganhos materiais – para que a dissuadisse da vida monástica, de sorte que a donzela estivesse livre para abraçar, enfim, o proposto enlace. Deixando em suspenso o novo soberano, o apóstolo preferiu convidá-lo para o culto dominical, no qual – conforme afirmara – uma resposta segura lhe seria dada. Certo de que Mateus a convenceria de seu desejo, Hirtacus apresentou-se no templo, em meio a grande multidão, dividindo sua atenção com a homilia carismática do apóstolo e a atraente singeleza de Efigênia. Mateus, naquele momento, desviou sua prédica para a excelência do casamento e, virando-se subitamente para Hirtacus, enfatizou:

> Visto que o casamento é algo bom, enquanto a união for mantida imaculada, todos vós aqui presentes sabeis que um servo, se ousar usurpar a esposa do rei, merecerá não somente a fúria de seu soberano, mas a própria morte como pena. Assim é, pois, contigo, ó Hirtacus! Estais ciente de que Efigênia tornou-se esposa do Rei Eterno, tendo sido a Ele dedicada com o sagrado véu. Como podeis tomar para si a esposa daquele que é mais poderoso que vós, fazendo dela a vossa mulher?

Transbordando em fúria, Hirtacus abandonou a igreja e ordenou que um de seus servos lançasse mão do apóstolo para matá-lo tão logo o culto se encerrasse. Conta a lenda que o enviado de Hirtacus, a seguir, ao encontrar Mateus prostrado, como de costume, orando com as mãos levantadas ao céu, apunhalou-o pelas costas, fazendo-o expirar no mesmo lugar onde desafiara o rei.

Há, contudo, outros escritos, também muito antigos, que falam da morte de Mateus por ordem direta do sinédrio de Alexandria, no Egito. Assim como ocorria em Jerusalém, essa instituição era representada por um corpo de anciãos que julgava os interesses da classe judaica naquela próspera cidade mediterrânea. Porém, vale lembrar que os registros, quando o assunto é a lendária execução de Mateus por mãos oficiais judaicas, novamente se tornam confusos e pouco confiáveis, parecendo misturar seu nome com o de Matias e com o de um personagem homônimo, que fora bispo de Jerusalém, por volta de 120 d.C. Sabe-se que certo "Mathai" fora julgado e condenado à pena capital pelos judeus de Alexandria, durante a segunda metade do século 1, período em que o ex-coletor poderia, conforme as lendas, estar pregando no Egito. Mas um texto, também muito antigo, menciona outro "Mathai", bispo ierosolimita, que fora executado na capital judaica por ordens oficiais, na metade do século 2. Estudiosos discutem se a narrativa que retrata a morte desse líder cristão misturou-se àquelas sobre Mateus e, especialmente, sobre Matias, sobre quem também pairam lendas de que teria sido executado em Jerusalém.

A TRADIÇÃO E AS NOVAS DESCOBERTAS SOBRE OS RESTOS MORTAIS DE MATEUS

A tradição católico-romana refere-se a um monge de nome Atanasias como o verdadeiro descobridor das relíquias de Mateus. Ele, na época, as concedera a João, bispo de Paestum que, posteriormente, conduziu-as a Salerno, na Itália, em 1054 d.C. Nessa milenar cidade italiana erigiu-se, em fins do século 9, uma catedral com o propósito de abrigar os supostos restos mortais do apóstolo. A consagração do santuário foi realizada em 1084 d.C., mas, embora tenha sido construído a partir da tumba do apóstolo Mateus, o edifício acabou dedicado à virgem Maria.

Arturo Carucci, autor do guia do museu arqueológico da Catedral de Salerno dá detalhes sobre o que os católicos consideram o local de repouso de Mateus:

> Um afresco, ao lado do balcão central, mostra João, bispo de Paestum, recebendo Atanasias, o monge que encontrara os restos de Mateus. Em outro, vemos Gisolfo I ordenando ao abade João que busque o corpo do evangelista em Capaccio e o traga a Salerno. Acima das poltronas do coral há uma lembrança do traslado dos restos mortais de São Mateus. Nela podemos ver retratada a procissão que acompanhou o envio do corpo do apóstolo até a igreja.
>
> No centro da cripta está a tumba de São Mateus, com cerca de dois metros de profundidade, encimada por um rico altar de duas frentes, feito em mármore e coberto por uma ampla abóbada em forma de guarda-chuva, finamente adornada, a qual encerra duas estátuas de bronze representando o evangelista, uma para cada frente do altar. Ambas foram obra de Michelângelo Naccarino, datadas de 1606.

Porém, outra possibilidade surgiu, recentemente, na tentativa de elucidar o mistério sobre o local de descanso do apóstolo. Durante as filmagens submarinas para o documentário *As riquezas*

128 DOZE HOMENS, UMA MISSÃO

de Chingiz-Khan, no lago Issyk-Kul, na República do Quirguistão (parte da antiga União Soviética), a expedição de repórteres e de exploradores russo-americanos da IPV News USA deparou-se com aquilo que parecia ser as ruínas submersas de um antiqüíssimo mosteiro nestoriano, outrora situado às margens do lago. Em seu interior, segundo afirmam os pesquisadores, estava um fino relicário com os restos atribuídos ao apóstolo Mateus. Cristãos locais sustentam que Mateus empreendeu viagem missionária ao Oriente, conforme antigas lendas, vindo a estabelecer diversas congregações na região do atual Quirguistão. Contudo, o apóstolo, já em idade avançada, não teria suportado o rigor da jornada, vindo a morrer às margens do lago Issyk-Kul, onde – segundo dizem – fora enterrado. A surpreendente descoberta, embora ainda não tenha sido acolhida por outros especialistas, já provocou uma acirrada disputa entre a Academia de Ciências do Quirguistão e a equipe de TV americana, acusada de conduzir a exploração sem prévia autorização do governo quirguiz e de forjar achados arqueológicos.

O chamado de Mateus é, sem dúvida, um dos mais edificantes dentre o rol dos primeiros discípulos. Há grande teor didático nessa experiência espiritual, particularmente para o cidadão moderno, orgulhoso de sua sociedade de mercado, de seu materialismo consumista e de sua secularização. Mateus, duramente desprezado por seus compatriotas em função das falcatruas de seu ofício, tornou-se exemplo de rendição incondicional ao: "Segue-me", de Cristo, deixando para trás, como se viu, uma perspectiva de abastança raramente encontrada em outras profissões da época. Sua convivência harmoniosa ao lado do radical nacionalista Simão Zelote, seu provável inimigo de outrora, evidencia o amadurecimento relacional por que passou o coração do futuro evangelista. Não é de duvidar que a parábola do fariseu e do publicano, registrada em Lucas 18.9-14, tivera Mateus como inspiração, afinal, à semelhança do humilde "publicano" da história, que não se vangloriou de sua própria justiça, mas entregou-se de peito aberto à misericórdia divina, Mateus foi aquele "que desceu justificado para sua casa"(v. 14).

Por fim, são consistentes as perspectivas históricas de que o ex-coletor tenha, de fato, empreendido longas jornadas missionárias rumo ao Oriente distante. Os supostos achados do Quirguistão, as muitas lendas sobre suas jornadas a locais a leste da Palestina e o registro sobre o Evangelho de Mateus em aramaico trazido da Índia no final do século 2 são indícios de que seu ardor missionário não conheceu limites e pode tê-lo feito alcançar alguns dos lugares mais distantes visitados pelos apóstolos. Despojando-se de seus próprios interesses, Mateus lançou-se mundo afora, cruzando as fronteiras do Império Romano, para levar a mensagem de Cristo aos confins da terra, enfrentando situações ora favoráveis, ora mortalmente hostis. O texto canônico denominado *O evangelho segundo Mateus* constitui sua única obra literária preservada pelo tempo. Esse documento, embora tão precioso para a Igreja ao longo dos séculos, não representa senão uma fração dos feitos que o apóstolo empreendeu em prol Daquele que o resgatou das trevas para a Sua gloriosa luz.

O dr. McBirnie encerra de maneira honrosa sua biografia sobre o evangelista (*op. cit.*, p. 182):

> Mateus foi, por certo, um talentoso escritor e um ardoroso discípulo, dotado, provavelmente, do melhor preparo intelectual dentre os doze. Sua formação o equipou devidamente para testemunhar àqueles que ocupavam posições de autoridade e o tornou um vaso escolhido para escrever o evangelho que leva seu nome.

> "[Simão Zelote] pregou a Cristo ao longo da Mauritânia e da África Menor. Foi, por fim, crucificado, dilacerado e enterrado na Britânia."
>
> *Doroteu, bispo de Tiro (303 d.C.)*

SIMÃO ZELOTE

Simão Zelote figura entre os discípulos sobre cuja biografia pouco ou quase nada se sabe, ademais das especulações lendárias e das suposições traçadas pela tradição cristã dezenas, ou mesmo centenas, de anos após sua morte.

Não obstante o silêncio do Novo Testamento sobre seus feitos como apóstolo, os relatos subseqüentes deixaram alguns rastros que podem esclarecer – pelo menos em parte – suas jornadas missionárias no período pós-bíblico.

Existem, como veremos a seguir, outros aspectos enigmáticos a serem desvendados acerca desse discípulo, antes de nos ocuparmos com suas prováveis ações missionárias.

132 Doze homens, uma missão

Simão (*Shim'on*), ou a variante *Simeão,* significa, originalmente, "ouvindo" ou "aquele que ouve". O nome era muito comum entre os judeus da antiguidade, tanto quanto o é no presente. Prova disso são os diversos personagens com esse nome que encontramos nas páginas do Novo Testamento:

— Simão, meio irmão de Jesus (Mt 13.55; Mc 6.3)
— Simão Cireneu (Mt 27.32; Mc 15.21; Lc 23.26)
— Simão, o Leproso (Mt 26.6; Mc 14.3)
— Simão, o Mago (At 8.9)
— Simão, o Cananeu ou Pedro (Mt 10.4)
— Simão Barjonas ou Pedro (Mt 16.17)
— Simão, o Fariseu (Lc 7.40)
— Simeão, certo ancião piedoso (Lc 2.25)
— Simeão, um nome na genealogia de Jesus (Lc 3.30)
— Simeão, pai de Judas Iscariotes (Jo 6.71; 13.2)
— Simeão, chamado Níger, profeta de Antioquia (At 13.1)

A obscura origem de Simão Zelote

Nem mesmo as mais antigas lendas cristãs se aventuraram a perscrutar as origens de Simão Zelote. Uma delas, das mais curiosas, limitou-se a registrar que o apóstolo, em sua infância, constava entre os pastores aos quais foi dirigida a anunciação do nascimento de Jesus por um anjo, nos arrabaldes de Belém (Lc 2.8-20).

As Escrituras Sagradas, infelizmente, não foram fartas no que se refere aos detalhes biográficos de Simão. As citações de seu nome nas listas apostólicas dos evangelhos (Mt 10.2,3; Mc 3.16-19; Lc 6.13-16 e At 1.13) encerram tudo o que sabemos, biblicamente, acerca desse obscuro discípulo.

O texto bizantino do século 7, *Chronicon Paschale,* sugere, com base no antigo historiador Hegésipo, que Simão era filho de Clôpas e que teria sucedido a Tiago, o Justo, na importante direção da igreja de Jerusalém, proposta essa que não encontra eco nos documentos tradicionais mais antigos. Clôpas é um obscuro personagem neotestamentário cuja esposa, Maria, estava entre as mulheres que presenciaram a crucificação de Jesus (Jo 19.25). Para os exegetas do Novo Testamento, é mister não confundi-lo com o discípulo Cleópas de Lucas 24.18 – um dos dois aos quais Jesus apareceu ressurreto no caminho de Emaús – posto ser o nome deste a abreviação grega do original *Cleopatros*. Eusébio, por sua vez, citando o mesmo Hegésipo (*op.cit.*, I, 3, cap. 11) sustenta que Clôpas era, na verdade, irmão de José, marido de Maria, mãe de Jesus, sendo, por conseguinte, cunhado desta. Tal proposta, sem dúvida, faria de Simão Zelote alguém com liames familiares muito próximos a Jesus, intimidade essa que os evangelhos não ventilam em nenhum momento. Outros comentaristas, ao cruzarem os personagens de João 19.25 e Marcos 15.40, identificam Clôpas com o mesmo Alfeu, pai de Tiago Menor, também discípulo de Cristo. Como se vê, essa interpretação implicaria na irmandade entre Simão Zelote e Tiago Menor, suposição igualmente desprovida de fundamentação bíblica.

O teólogo e historiador Nicéforo, Patriarca de Constantinopla entre 806 e 815 d.C., apoiado no testemunho de Jerônimo de Belém, afirma que o apóstolo Simão era proveniente da pequena Caná da Galiléia, cidade que se tornou o marco inicial dos milagres de Jesus (Jo 2.11). De acordo com o relato joanino anterior ao evento das bodas de Caná (Jo 2.1-13), pode-se inferir que, até aquele momento, apenas João, André, Pedro, Filipe e Bartolomeu (ou Natanael) haviam se tornado discípulos de Cristo. Se Nicéforo e Jerônimo estiverem corretos, Simão Zelote, o morador do pequeno vilarejo, pode ter sido um dos convidados à festa nupcial, somando-se aos muitos que ali testemunharam o milagre da transformação da água em vinho, vindo, destarte, a somar-se aos que creram e seguiram a Jesus. Essa versão é compartilhada pelas mais antigas lendas gregas, coptas e etíopes sobre a vocação do apóstolo zelote.

Contrapondo-se a Nicéforo, o texto apócrifo do *Evangelho dos Ebionitas*, também conhecido como *O Evangelho dos doze apóstolos* (séc. 2), propõe que Simão Zelote recebera o chamamento do Senhor ao lado de Pedro, André, Tiago e João (Mt 4.18-22), junto às margens do mar da Galiléia. Se foi isso mesmo que ocorreu, pode-se imaginar Simão como mais um pescador no rol dos doze discípulos. De qualquer modo, e a despeito desses poucos registros antigos e medievais,

134 DOZE HOMENS, UMA MISSÃO

por razões desconhecidas, tanto a origem quanto o momento da vocação de Simão Zelote, não foram objeto de maior atenção por parte dos evangelistas.

Traduções bíblicas, como as célebres Almeida e *King James*, nas listas apostólicas de Mateus 10.4 e Marcos 3.18, referem-se a Simão como o *Cananeu*, do grego *kananaios*, termo derivado não de Caná da Galiléia – como parecem ter proposto Jerônimo e Nicéforo – mas do aramaico *Qannâ*, que significa *ciúmes, zelo excessivo*. O evangelista Lucas, ao contrário de Mateus e de Marcos, prefere identificá-lo pelo sinônimo grego *Zelote* (Lc 6.15), por meio do qual o apóstolo é mais comumente apresentado.

No que se refere à identificação do apóstolo Simão, o emprego do termo grego *zelote* (zeloso, ardoroso, fervoroso), ou mesmo de seu equivalente *kananaios*, implica pelo menos três possibilidades:

1. Seu zelo e devoção pela tradição judaica.
2. Seu ardor como aprendiz de Cristo.
3. Sua participação ativa no partido radical de resistência dos zelotes.

A conjugação da primeira e terceira hipóteses parece razoável uma vez que, via de regra, todo zelote – como se verá a seguir – era um judeu cujo ardor religioso beirava os limites da insensatez. A segunda hipótese se apresenta pouco provável, sobretudo pelo silêncio dedicado ao apóstolo no universo do Novo Testamento. Basta considerar, por exemplo, o destaque que semelhante devoção conferiu a apóstolos como Pedro e João.

Com efeito, boa parte dos estudiosos das biografias apostólicas crê que Simão fora, por algum tempo, militante do movimento reacionário dos zelotes. Em atenção a esses pesquisadores e à longa tradição cristã que assim reza, adotaremos também essa possibilidade em nossa análise subseqüente da carreira de Simão.

Porém, afinal, se Simão era um zelote, a que tipo de movimento político-religioso estava ligado? Quem eram esses revoltosos, que assim se chamavam, e o que pretendiam eles? Até que ponto teria uma passagem por esse segmento judaico influenciado o pensamento do futuro apóstolo de Cristo?

A carreira desses revolucionários, abrilhantada com elementos de bravura e fervor nacionalista raramente assemelhados na História, teve seus ideais conduzidos por homens que se dispunham a resgatar com o próprio sangue a liberdade e a dignidade de sua nação. Simão, como querem alguns biógrafos apostólicos, esteve entre eles.

Um breve olhar sobre o rastro que os zelotes imprimiram na história conferirá uma idéia aproximada do tipo de ideologia que, por algum tempo, pode ter marcado a vida desse discípulo de Cristo.

OBSTINAÇÃO, VIOLÊNCIA E MORTE NA SAGA DOS ZELOTES

Dentre todos os povos dominados pelos romanos, os judeus estavam entre os mais insurretos. Dia a dia se elevava a animosidade contra Roma e seus cúmplices, os herodianos, oligarquia que controlava politicamente boa parte da Palestina.

Graças à aversão ao politeísmo e às demais práticas típicas da cultura pagã, os judeus rejeitaram qualquer afinidade com a política da *Pax Romana* que incluía, entre outras coisas, o sincretismo com a religião dos povos dominados.

Na Israel dos dias neotestamentários, inspiração histórica para movimentos de revolta com viés messiânico era o que não faltava aos judeus. Duzentos anos antes, Judas Macabeu liderara o movimento de libertação de Israel, safando seu povo das ímpias mãos de Antíoco Epífanes. No raiar da era cristã, Simão, um ex-escravo de Herodes Magno, colocou o diadema sobre a cabeça e proclamou-se rei. O mesmo gesto ousado cometeu o carismático Athronges, um pastor que se intitulava o novo rei Davi. Entretanto, um nome se destacou dentre os muitos insurgentes: Judas, o Galileu, pseudomessias citado por Gamaliel em Atos 5.37 e, possivelmente, o mesmo personagem conhecido por Judas de Gamala, filho de Ezequias, iniciador da chamada Guerra dos Ladrões. Tendo como referência os escritos de Flávio Josefo (*A Guerra dos judeus, 2, VIII, e Antiguidades judaicas, XVIII*), é possível sugerir que a trajetória dos zelotes iniciou-se com suas ações insurgentes.

136 Doze homens, uma missão

Com a deposição do inconseqüente Arquelau, em 6 d.C., tanto a Judéia quanto a Samária passaram a ter suas coletas tributárias diretamente remetidas a Roma. A fim de estabelecer uma avaliação da carga tributária a ser arrecadada, Quirinus, governador romano da Síria, promoveu um recenseamento que, dado seu propósito subjacente, elevou as tensões locais. A fim de fazê-las eclodir em uma grande revolta armada, levantou-se Judas, primeiramente relembrando o povo do pressuposto teocrático de que nenhum soberano, senão Deus, deveria ser reconhecido e obedecido, o que simbolizava uma clara negativa às aspirações romanas. Depois, apelando ao sinergismo revolucionário defendido pelos fariseus – segundo o qual o homem coopera ativamente com Deus para a implantação de Seu reino – incitou, enfim, a miserável população a pegar em armas contra o dominador. A obstinação dos rebeldes por liberdade e justiça era demasiada, mas Judas e seus liderados enfrentavam o maior poder militar do mundo daquela época. A desvantagem bélica era, pois, abismal e não seria compensada pelo simples ardor revolucionário. Após um êxito inicial que lhe rendeu a tomada da guarnição romana em Séforis, na Galiléia, Judas e os seus foram contidos pelas tropas romanas sob Quintilius Varus (Públio Quintílio Varo), o qual feriu milhares de galileus com um ódio inexorável. Com uma pedra amarrada ao pescoço, o pretenso messias foi, enfim, lançado às águas. Com ele naufragava também a primeira grande iniciativa de resistência zelote, como relembra o sábio Gamaliel em seu discurso inflamado no sinédrio (At 5.36):

> ...levantou-se Judas, o Galileu, nos dias do recenseamento, e levou muitos consigo; também este pereceu, e todos quantos lhe obedeciam foram dispersos.

Em meio ao turbulento panorama social reinante na Palestina, os herdeiros de Judas, o Galileu, cresceram para se tornar um dos mais significativos movimentos de resistência judaico, embora jamais tenham consolidado uma unidade político-militar que pudesse viabilizar seus ousados objetivos. Todavia, mesmo a falta de homogeneidade e de organização militar não impediu que os zelotes, agrupados em células espalhadas por toda a Palestina, fizessem-se conhecer rapidamente, já nos dias de Herodes Magno e de seu filho ímpio, Arquelau, tamanha a ameaça que passaram a simbolizar para os romanos e seus aliados. Avultando-se, o movimento veio a se tornar o ponto de convergência de quase todo judeu desgostoso com a dominação estrangeira, cujo número se multiplicava naqueles dias. Mas a diversidade dos rebeldes zelotes produziu, inevitavelmente, distintas facções. Algumas delas, particularmente a dos sicários, notabilizaram-se pela extrema crueldade que perpetravam seus ideais. Surgidos durante o mandato do procurador Antonius Felix (Antônio Félix) (52-60 d.C.), os sicários formavam uma ala ainda mais radical de zelotes, tendo seu nome derivado de um punhal curvo (lat. *sicae*) que escondiam na túnica e com o qual, de modo furtivo, faziam tombar os romanos e, particularmente, os colaboracionistas judeus, durante as aglomerações nos dias de peregrinação a Jerusalém.

Um dos combustíveis que, vez por outra, reacendia as flamas zelotes era, de certo, a notória corrupção e a incompetência dos procuradores romanos da Judéia. Muitos deles pareciam se entreter com medidas desnecessárias e provocativas contra a já extenuada população judaica. A apropriação das vestes sacerdotais, a queima pública de rolos sagrados, a pilhagem de ofertas destinadas ao templo, os atentados diversos ao pudor, as repressões violentas contra a população civil, entre outras ações, só faziam aumentar o ódio dos reacionários zelotes, tornando seu discurso radical mais e mais aprazível aos ouvidos de seus compatriotas. Demissões ou punições administrativas oriundas de Roma não eram suficientes para diminuir a rapina dos magistrados, tampouco para atenuar o crescente ânimo dos zelotes, como propõe Hans Borger (*Uma história do povo judeu*, vol. I, p. 209):

> As punições castigavam, mas não preveniam a irresponsabilidade de um procurador após outro. Não surpreende, pois, o recrudescimento das ações de guerrilha dos zelotes. Silenciosos por algum tempo – após ter [o procurador] Tibério Alexandre executado seus comandantes –, adquiriram nova liderança. A ocupação da terra de Israel por pagãos era para eles uma

138 Doze homens, uma missão

profanação que tinha de ser resistida a qualquer custo. Desprezando a gigantesca superioridade do inimigo, esperavam compensá-la pela fé na ajuda divina.

A ocasião propícia para a deflagração da guerra total contra os romanos aconteceu no último ano de governo do procurador Gessius Florus (Gêssio Floro), em maio de 66 d.C. Hans Borger relembra algumas das circunstâncias que marcaram aquele momento (*op.cit.*, p. 215):

> Gêssio Floro (64-66) não foi apenas o último procurador; mas também, o pior. Sua administração autoritária, corrupta e inepta ficou sendo um dos mais importantes fatores no caminho que levou à deflagração da revolta dos judeus contra o Império Romano. Certamente havia outros fatores relevantes, como a profunda hostilidade entre judeus e greco-sírios nas cidades de população mista, uma hostilidade constantemente atiçada pelos procuradores de plantão. Havia um enorme ódio em todo o país contra as oligarquias judias em conluio com as autoridade romanas nas suas impiedosas exações fiscais. Havia uma crônica falta de representatividade dos dirigentes judeus, particularmente os sumo sacerdotes, que desde Herodes eram arbitrariamente nomeados e freqüentemente trocados por procuradores venais. E grassava nas estradas e nos vilarejos do interior do país um clima generalizado de insegurança, semeado por guerrilheiros patriotas e por bandidos comuns.

Gêssio Floro, ao reivindicar como tributo dezessete talentos de prata e dois de ouro do tesouro do templo de Jerusalém, fora ridicularizado pelos sacerdotes judeus. Alguns populares mais afeitos ao deboche, fazendo-se passar por mendigos, circulavam pelas ruas carregando cestinhas com os rogos de "esmolas para o mísero Gêssio Floro". A resposta, como não poderia deixar de ser, foi rápida e sangrenta. Soldados romanos estacionados na cidade se lançaram contra a população ferindo mortalmente – segundo Josefo – três mil ierosolimitas, entre homens, mulheres e crianças. As hostilidades cresceram, logo a seguir, com a chegada a Jerusalém de mais duas coortes romanas, as quais foram ordenadas a não responder, durante o desfile, à saudação popular exigida por Gêssio Floro. Após a inevitável troca de insultos, a situação ficou fora de controle, culminando com uma violenta luta entre populares e soldados. Cercados por uma turba enfurecida, os romanos foram obrigados a buscar refúgio na fortaleza Antônia, anexa ao templo. Seriam todos, mais tarde, vergonhosamente massacrados ao saírem de lá, apesar do salvo-conduto dos revoltosos.

Jerusalém, enfim, voltara às mãos judaicas. Sob a liderança do zelote Eleazar ben Ananias e, por breve período, do sicário Menahen ben Judá – cujos homens haviam acabado de tomar a fortaleza rochosa de Masada, no mar Morto – os judeus decidiram ousar pela descontinuidade do culto a César e pela cunhagem de moeda própria, decisões essas que Roma considerava uma verdadeira declaração de guerra.

Logo a seguir, Cestius Gallus (Céstio Galo), hesitante governador da Síria, tentou inultilmente reconquistar a cidade, sendo todavia banido pelos rebeldes. Diz-se que a inexplicável retirada das tropas de Cestius Gallus (Céstio Galo) sob o efetivo contra-ataque dos zelotes, que se lançaram ao seu encalço, propiciou a oportunidade ideal para os judeus cristãos – já profeticamente alertados em Lucas 21.20-22 – deixarem a cidade e se dirigirem para um lugar distante do palco das batalhas. A cidade de Pela, do outro lado do Jordão, na Peréia, foi um dos principais centros de convergência de cristãos retirantes, durante o cerco de Jerusalém. Por isso, supõe-se que nenhum cristão tenha morrido no sufocamento da revolta zelote e na conseqüente destruição da cidade santa pelos romanos, três anos depois, em 70 d.C.

Jerusalém, todavia, não sucumbiu sem que antes os zelotes escrevessem nas páginas da História seu testemunho de coragem e de determinação, frente a um inimigo muito mais poderoso e capacitado. Vejamos rapidamente como isso se sucedeu.

Nas mãos do mais famoso general romano, Flavius Vespasianus (Flávio Vespasiano) e de seu filho Titus (Tito), a contra-ofensiva romana aos zelotes começou quando a revolta ainda se concentrava na Galiléia. Com mais de 60.000 dos melhores homens do exército imperial, Flavius Vespasianus (Flávio Vespasiano) conduziu a devastação de mais de duzentos povoados galileus. Lideradas pelo controvertido Josefo – que, conforme se diz, não aprovava a revolta –, as forças rebeldes em Jotapata se rendem aos legionários após cinqüenta dias de cerco. Gamala, no alto das colinas de Golã, resiste sete meses, mas também sucumbe e, nesse confronto, presencia a morte de grande parte de seus cinco mil habitantes. Segundo Josefo, teriam se suicidado saltando dos penhascos ao verem a irremediável aproximação das tropas romanas.

Com a queda de Safede, Jotapata e Gamala entre os anos 66 e 67 d.C., os romanos retomam o controle da Galiléia e dirigem suas legiões para o Sul em direção a Jerusalém, ainda ocupada por forças zelotes.

Josefo, vendo-se sozinho e temendo por sua vida, rende-se aos romanos, em uma atitude absolutamente estranha ao viés zelote. Como a simples rendição não era garantia de que seria poupado, ele apresenta-se como possuidor de poderes sobrenaturais e prediz a subida de Flavius Vespasianus (Flávio Vespasiano) ao trono imperial, o que de fato se sucede pouco tempo depois. Atraindo, assim, a admiração e a confiança do futuro César, Josefo garante para si um porvir repleto de conforto e tranqüilidade, longe dos tumultos que habitualmente acometiam a Judéia. Na casa de Flavius Vespasianus (Flávio Vespasiano) em Roma, para onde se mudaria posteriormente, o historiador judeu, embora tenha prestado grande benefício à posteridade ao compor suas obras literárias, tornou-se um bajulador dos césares, em nada semelhante aos bravos judeus que um dia liderou.

Na primavera de 70 d.C., Titus (Tito), filho de Flavius Vespasianus (Flávio Vespasiano), ruma em direção a Jerusalém no comando de suas legiões – dentre as quais a temida *Legio X Fretensis* – acompanhadas de cavalaria, tropas de sapadores e tropas auxiliares, em um efetivo que somava cerca de oitenta mil homens.

Mesmo protegida por várias torres, fortalezas e muralhas – quase todas erigidas nos tempos de Herodes Magno –, a Jerusalém dos zelotes não se defenderia por muito tempo. Do lado de dentro das muralhas, a cidade, fervilhando com pessoas que ali estavam graças à peregrinação para a Páscoa, presenciava atônita as lutas entre os zelotes moderados e os extremistas, em uma evidência do estresse que dominava os insurretos nessa longa jornada pela liberdade. Mortos e feridos já se amontoavam pelas ruas.

Fora dos muros, os esforços de Titus (Tito) visando a convencer os zelotes a se entregarem foram recebidos com ironia e risos de escárnio. Nem mesmo o subseqüente ataque de artilharia dos *scorpiones* trouxe os rebeldes à consciência de que uma tragédia sem precedentes se aproximava. Apertados por sobre o velho muro, os sitiados, comandados pelo moderado Simão Bar-Giora e pelo extremista João de Giscala, não demonstravam pelos romanos senão hostilidade e flagrante desprezo.

Como derradeiro esforço diplomático, Titus (Tito) valeu-se da influência de Josefo, destacando-o como mediador entre seu exército e os zelotes. Conduzido até os portões da cidade, o ex-líder rebelde da Galiléia discursou inflamadamente, em um apelo ao segmento mais radical dos insurretos que o ouviam por sobre os muros da cidade santa. Embora contundentes e apaixonadas, suas palavras não lograram a rendição de uma única alma revoltosa.

Esgotadas as possibilidades diplomáticas, os combates recomeçaram, dessa vez ainda mais encarniçados. A fome, dentro das muralhas, atingiu patamares inumanos. Os judeus que arriscavam a fuga, ao tentarem escapar pelos muros, eram imediatamente presos e crucificados. O número desses desafortunados chegou a impressionante marca de *quinhentos em um só dia*!

A fim de interromper as furtivas evasões dos judeus faminstos em busca de alguma provisão, Titus (Tito) ordenou que a cidade fosse isolada por meio de um *circumvallatio*. Esse imenso fosso que rodeou Jerusalém, somado às lutas internas que minavam a força zelote, maximizou os horrores da fome, cujo espectro já assolava a cidade rebelde havia meses.

Notícias de canibalismo praticado pelos sitiados chegaram aos ouvidos dos romanos que, exasperados em seu furor, preparavam-se com maior afinco para o assalto final. Ademais, rumores de que desertores levavam consigo parte do riquíssimo tesouro do templo, engolindo pedras preciosas e ouro, fizeram que esses miseráveis fugitivos, uma vez capturados, fossem imediatamente mortos e

142 DOZE HOMENS, UMA MISSÃO

dilacerados por legionários ávidos de riquezas. A heróica resistência zelote estava se aproximando de seu limite final.

Os avanços romanos continuaram e a fortaleza Antônia, ao lado do templo, sucumbiu em meados de julho. Titus (Tito), em uma tentativa de salvar da destruição o magnífico santuário, propôs mais uma vez a rendição aos insurgentes. Diante de uma nova negativa, o comandante romano acena para a ofensiva final à cidade santa. Os zelotes, embora lutassem como possessos, não puderam deter o massacre de miríades de seus compatriotas, assim como o incêndio e a destruição do prédio que foi, durante séculos, o âmago da fé e do sentimento cívico de seu povo.

Em agosto de 70 d.C., as legiões romanas fixaram suas insígnias no que restou do templo sagrado, oferecendo sacrifícios pagãos em seu interior. Em setembro, caia o último foco de resistência, localizado na cidade alta e liderado pelo zelote João de Giscala. Jerusalém, outrora encantadora, achava-se agora reduzida a escombros e tingida com o sangue de centenas de milhares de mortos. De volta às mãos romanas, a cidade seria, nos anos seguintes, guarnecida por uma das mais temíveis máquinas de guerra da época, a décima legião *Fretensis*. Estava cumprido – pelo menos em uma primeira instância – o terrível vaticínio de Jesus registrado em Mateus 24.2.

Os números desse holocausto zelote não são precisos. Segundo o historiador Tacitus (Tácito), havia na cidade, durante o cerco, seiscentas mil pessoas, grande parte das quais teria perecido de fome ou ao fio da espada. Outros comentaristas elevam esse número para cerca do dobro. Ademais, no registro de Josefo, algo em torno de 97.000 homens teriam sido levados a Roma a fim de serem comercializados como escravos ou apenas para "abrilhantar" os sanguinolentos espetáculos do Circo Máximo. Entre os capturados, os troféus vivos, estavam duas das maiores expressões do movimento rebelde: João de Giscala e Simão Bar-Giora.

Tão grande cena de morticínio teria arrefecido os ânimos dos mais determinados insurretos ao longo da história humana, por mais prementes que fossem as razões de sua subversão. Todavia, essa lógica simplesmente não funcionava com os zelotes. Para eles, o Messias de Israel se manifestaria a qualquer momento, revertendo a situação e conduzindo-os à vitória final sobre os pagãos. A obstinação deles não se arrefeceu, nem mesmo diante da inominável devastação de Jerusalém. Um remanescente deles, compostos principalmente pelos violentos sicários liderados por Eliezer Ben Jair, refugiou-se na fortaleza rochosa de Masada, construída por Herodes Magno em 40 a.C., no cimo de um platô às margens do mar Morto, de onde novamente desafiaram o jugo romano.

Mesmo apresentando uma infra-estrutura notável, com armazéns de víveres e uma gigantesca cisterna, além de uma localização estratégica, Masada não foi suficiente para sustentar os sonhos de liberdade dos zelotes. Confrontados pelo general Flavius Silva, que os cercara com a décima legião, e assolados pela fome, os rebeldes – inflamados por Ben Jair – em abril de 73 d.C., ante a possibilidade de cair em mãos inimigas, decidiram pelo suicídio coletivo. Conta Josefo que, lançando sorte entre si, os zelotes escolheram dez varões cuja missão era a de *traspassar os outros quase novecentos compatriotas*. Duas mulheres e cinco crianças, escondidas nos armazéns, foram os únicos sobreviventes desse episódio que, por sua magnitude, despertou, mesmo nos romanos, um sentimento de admiração pela bravura que seus protagonistas encararam a luta pela liberdade.

Episódios trágicos como esses tornaram-se constantes na carreira revolucionária dos zelotes e permearam seus anseios pela restauração da independência de Israel. Eles se devotaram com tal afinco à causa nacional que seu nome acabou sinônimo de determinação e de resistência heróica.

De fato, a saga dos zelotes pertence muito mais à história secular do que às páginas das Escrituras Sagradas. Entretanto, é possível encontrar algum vestígio desses insurretos nas entrelinhas do Novo Testamento. No dia do julgamento e da crucificação de Cristo, jazia nas fétidas masmorras da fortaleza Antônia, em Jerusalém, um prisioneiro que aguardava execução. Mesmo não o apresentando explicitamente como um guerrilheiro zelote, as passagens de Mateus 27.16, Marcos 15.7, Lucas 23.18 e João 18.40 revelam que esse homem, cognominado Barrabás (*Bar-abbas*, lit. "filho do pai"), havia agido à semelhança do que faziam aqueles famosos insurretos. Observe que João 18.40 refere-se a ele como "salteador" ou "bandido" (gr. *lꞏstꞏs*) – como eram geralmente

144 Doze homens, uma missão

vistos os zelotes –, enquanto Marcos e Lucas complementam o retrato afirmando que ele havia se envolvido em um "motim" (Mc) ou "sedição" (Lc) (gr. *stasis*), ação típica desses rebeldes, cujo fim, se capturados, era justamente o tipo de morte que aguardava Barrabás. Suspeitando da ligação histórica entre esse condenado e a seita dos zelotes, o novelista sueco **Pär Lagerkvist** publicou, em 1950, um complexo romance psicológico – que lhe rendeu o Prêmio Nobel de Literatura – no qual retratava a busca espiritual desse revoltoso salvo pela condenação de Jesus. A despeito das longas especulações de **Lagerkvist** sobre Barrabás, é digno de nota o fato de que este, um representante do movimento zelote, possivelmente, tenha sido o primeiro homem beneficiado pela execução de Jesus.

Esse panorama histórico que resumiu a brutal trajetória dos zelotes foi proposto tendo em vista uma reflexão mais profunda sobre a herança ideológica que pode ter norteado o coração de um homem como Simão, antes de seu encontro transformador com Cristo. Conquanto nosso apóstolo não tenha participado dos episódios relativos à revolta que culminou na queda de Jerusalém, é possível que a intolerância política, o anseio pela liberdade nacional e o clamor pelo sangue do inimigo opressor – em maior ou menor escala e durante algum tempo – tenham, em seu período de militância rebelde, feito parte de seu cotidiano.

Um passado marcado pela violência, obstinação e brutalidade como se presume ter sido o do ex-zelote Simão, remete à seguinte indagação: como alguém afiliado a um partido de extremistas se vê imbuído pelo desejo de se tornar um seguidor de Jesus, dispondo-se a compartilhar sua vida com homens como o publicano Mateus, o qual personificava muito daquilo contra o que Simão cegamente lutava? De fato, a convivência entre Simão e o ex-coletor tributário, cuja ignóbil estirpe o transformara em sinônimo de traidor nacional, merece atenção especial no que diz respeito à ação conciliadora de Jesus. Atento a esse aspecto pastoral de Cristo, o autor britânico John D. Jones comenta, com alguns acréscimos imaginários (*op. cit.* p. 114-115):

> A presença de Simão Zelote, o feroz e indomável patriota, na
> lista dos apóstolos é uma bela ilustração do poder reconciliador

de Jesus Cristo. Uma das marcas do Reino de Cristo é exatamente a reconciliação. Isaías, antevendo esse Reino, revelou a solução de velhos antagonismos e a abolição das mais inveteradas inimizades. 'Morará o lobo com o cordeiro' – escreveu ele em sua belíssima e poética linguagem – 'e o leopardo com o cabrito se deitará; o bezerro, e o leão novo e o animal cevado viverão juntos; e um menino pequeno os conduzirá. A vaca e a ursa pastarão juntas, e as suas crias juntas se deitarão; e o leão comerá palha como o boi. A criança de peito brincará sobre a toca da áspide, e a desmamada meterá a sua mão na cova do basilisco. Não se fará mal nem dano algum em todo o meu santo monte...' (Is 11.6-9a). O vaticínio do profeta não constitui uma falsa visão. No Reino de Cristo todas as porfias hão de ser abolidas.

Na primeira companhia de discípulos reunidos ao redor do Mestre, no próprio círculo de seus apóstolos, pode-se perceber o cumprimento dessa profecia. Ali, vê-se o lobo habitando junto ao cordeiro, assim como o leopardo repousando junto à criança. Na lista dos doze, encontram-se os nomes de dois discípulos que outrora, sempre prontos para a luta, odiavam-se mutuamente com ódio feroz e amargo, até que Jesus, atraindo-os para Si, atraiu-os um ao outro. Esses dois homens eram Mateus, o publicano, e Simão, o zelote. O primeiro, agente pago pelo poder romano, e o segundo, seu devoto adversário. Mateus, o covarde judeu, instrumento do opressor, e Simão, o turbulento e selvagem patriota. Simão e Mateus cresceram juntos e foram amigos nos dias de sua juventude. É possível que fossem aparentados. Entretanto, quando Mateus se traveste de uniforme romano, interrompe-se aquela amizade. A união transforma-se em ódio amargo. Simão considera Mateus um traidor e [...] vê-se pronto a afundar sua adaga no coração falso e traiçoeiro de Mateus. Se algum dia houve uma inimizade incorrigível e irreconciliável, esta foi a de Simão Zelote e do publicano Mateus.

146 DOZE HOMENS, UMA MISSÃO

> Porém, aqui estão ambos, lado a lado, não mais estrangeiros, muito menos estranhos um ao outro, antes amigos e irmãos. Eis que Mateus e Simão foram, enfim, reconciliados em Jesus Cristo.

Não se pode ignorar a possibilidade de que, inicialmente, Simão tenha se aproximado de Jesus motivado pela crença de que Nele se daria a concretização do esperado "messias-herói", o libertador nacional que há muito se desenhara na mente de reacionários à moda dos zelotes. Na inflexibilidade de seu raciocínio, seria uma mera questão de tempo para que o manso Nazareno subitamente se transformasse naquele por quem Israel havia séculos suspirava. Simão ansiava pelo momento em que Jesus, empunhando com bravura a espada, se manifestaria como um estadista de hercúlea coragem, a favor de quem o próprio Deus, com sua irresistível intervenção, submeteria o Império Romano, restaurando aos judeus os esplendorosos tempos davídicos e salomônicos.

Se essa conjectura estiver correta, deve-se reconhecer que uma expectativa predominantemente política foi o fator crucial a aproximar Simão Zelote de Jesus, embora não se possa descartar a presença de valores eminentemente espirituais nessa decisão, visto que a luta de muitos zelotes estava focada não apenas na libertação de Israel, mas também na instauração ali de um Estado teocrático.

Embora, por algum tempo, as inquietações de cunho sócio-político tenham ditado – conforme se crê – os rumos da vida de Simão, poucos anos na entranhada companhia do Mestre, testemunhando sinais e prodígios sem precedentes, sempre permeados de ternura e de misericórdia, foram suficientes para alterar a escala de valores desse militante radical. De outro modo, não se poderia imaginar um zelote tolerando seu mestre atender aos rogos de um centurião romano para que sarasse seu servo, como se observa em Mateus 8.5-13 e Lucas 7.1-10.

De qualquer modo, se um entendimento mais amplo e espiritual acerca do Messias só se estabeleceu no coração do apóstolo após a ascensão de Cristo ou, ainda, durante o Pentecostes – como crêem alguns –, temos na figura de Simão um candidato à autoria da pergunta anônima de Atos 1.6, nos momentos que antecederam a subida de Jesus às alturas:

"...Senhor, é nesse o tempo que restauras o reino a Israel?".

A TRADICIONAL MISSÃO ÀS ILHAS BRITÂNICAS

Embora divergentes quanto à extensão de seus esforços missionários, as tradições parecem concordar com o fato de que Simão se dispôs a um longo e dedicado ministério, que incluiu viagens missionárias a distantes regiões da África e da Europa, que incluíram Egito, Cirenaica, Mauritânia, Líbia e, principalmente, as ilhas Britânicas, sobre as quais cabe mais cuidadosa atenção.

Não são poucas as lendas que vinculam o ministério de grandes vultos cristãos do século 1 às ilhas Britânicas, nem desprezíveis o número de autores que apregoam isso. De fato, algumas dessas tradições não passam de meras fantasias, resultado de um esforço maculado pela falta de historicidade e voltado para a tentativa de vincular o surgimento de algumas igrejas locais a nomes que lhe conferissem notoriedade episcopal. Outras, entretanto, são sustentadas por lampejos históricos que, embora tênues, não podem de todo ser ignorados. O notável autor latino *Quintus Septimus Florens Tertullianus*, mais conhecido como Tertuliano de Cartago (155-222 d.C.), foi o primeiro escritor patrístico a registrar a chegada precoce do evangelho à Inglaterra (ou Britânia, como preferiam os romanos daquela época). Em sua obra *Adversus Judaeos* (VII, Apologia 37), Tertuliano afirma:

> Em quem crêem todas as nações, senão no Cristo já manifestado? Em quem acreditam os partas, os medos, os elamitas e aqueles que habitam a Mesopotâmia, a Armênia, a Frígia e a Capadócia; tanto quanto os que povoam o Ponto, a Ásia, a Panfília, o Egito, a África e os termos mais além da Cirenaica; aqueles aqui nascidos e os provenientes de Roma; judeus de Jerusalém e grupos de outras nacionalidades, como

148 Doze homens, uma missão

se vê nas várias tribos dos getulianos, nas amplas regiões dos mouros e dos espanhóis até as suas mais remotas fronteiras, nas diversas nações dos gauleses **e nos distantes termos dos bretões**, inacessíveis aos romanos, nas terras dos samaritanos, dos dácios, dos germanos, dos citas e em tantas outras nações, províncias e ilhas que nos são desconhecidas e as quais não se pode enumerar?

Gildas, historiador bretão do século 6, afirma que a fé cristã atingiu a ilha em tempos apostólicos, mais precisamente no último ano do império de Tibério César, ou seja, em 37 d.C., presumivelmente como produto da dispersão de judeus cristãos resultante da violenta perseguição em Jerusalém, conforme Atos 8.1-4.

Nomes como os de Simão Pedro, Paulo de Tarso e, especialmente, José de Arimatéia são, com freqüência, encontrados em documentos medievais que relatam a chegada do evangelho apostólico à Inglaterra. Documentos ancestrais registram que José de Arimatéia, o rico fariseu convertido a Cristo (Jo 19.38), fugindo da opressão rabínica, navegou em direção ao Ocidente europeu, estabelecendo-se primeiramente na cidade portuária de Massília, na Gália (atual Marselha, na França). Ali, tornara-se mercador de estanho e, já conhecendo as antiqüíssimas rotas comerciais cartaginesas, empreendera muitas viagens de negócio às ilhas britânicas, onde este e outros metais abundavam. Conta-se que no ano 63 d.C., cerca de vinte anos após a anexação da Britânia pelos romanos, José de Arimatéia liderou outros cristãos – alguns dos quais discípulos de Cristo – àqueles termos úmidos e longínquos, com o firme propósito de semear ali a Palavra de Deus. Maurus Magnentius Rabanus (776?-856 d.C.), monge beneditino e arcebispo de Moguntiacum (atual Mainz, na Alemanha), um dos maiores eruditos de seu tempo, cita em sua obra *Penitentium Liber* o nome de alguns daqueles que supostamente acompanharam José de Arimatéia em suas excursões missionárias à Inglaterra: "...as duas irmãs da cidade de Betânia, Maria e Marta, Lázaro, São Eutrópio, Santa Salomé, São Cleo, São Saturnino, Santa Maria Madalena, Marcela (serva das irmãs de Betânia), São Maximino, São Marcial e São Trófimo ou Restituto".

Uma vez em solo britânico, José de Arimatéia e os seus estabeleceram relações frutíferas com a nobreza celta, da qual destacam-se os reis Beli, Lud, Llyr e, especialmente, Arviragus (ou Caratacus). Este, mostrando grande benevolência e simpatia para com a causa de Arimatéia (talvez por ter ele mesmo se tornado um cristão, como sugere o historiador grego Dius Cassius), cedeu-lhe 2.000 acres de terra, livres de impostos, em Ynis-Witrin (antiga ilha de Avalon, hoje Glastonbury, em Somerset). Ali, teria o soberano autorizado José de Arimatéia a construir aquela que é considerada pela tradição como a primeira igreja britânica. Tão solidamente teria o evangelho se firmado em Ynis-Witrin que, nos anos consecutivos, cristãos locais teriam partido dali em missão à inculta Hibérnia, ilha não alcançada pelos romanos, a que hoje chamamos de Irlanda. Esse legendário esforço em busca dos celtas irlandeses, se comprovado, atestaria o heroísmo desses discípulos de Arimatéia, porquanto semelhante iniciativa evangelística, até onde se sabe, só se repetiria cerca de 350 anos depois, com as arrojadas missões de São Patrício, a quem se reputa a definitiva cristianização da Irlanda.

A data da tradicional chegada de Arimatéia à Britânia é, contudo, incerta e pode ser bem anterior ao ano 63 d.C. Uma boa razão para essa suspeita é a conversão de uma nobre romana que lá viveu, ao lado de seu marido, Aulus Plautius, famoso general e primeiro governador romano na Britânia. Segundo conta o historiador Tacitus (Tácito) em seus *Anais* (XIII, 32), no ano 57 d.C., Pomponia Graecina, a matrona em questão, sofreu acusação de ser adepta de "superstições estranhas" (lat. *superstitia externa*), ou seja, de práticas religiosas não autorizadas pelo Estado. Essa era uma expressão típica para designar os primeiros convertidos ao evangelho no mundo romano, em um tempo em que a identidade cristã ainda era alvo das mais bizarras e infamantes suspeitas. Filha do distinto senador romano Pomponius Graecinus, a acusada fora – como rezava a lei – julgada pelo marido, diante de toda sua parentela. Apesar de sua absolvição, os achados arqueológicos das catacumbas de São Calixto reforçam a idéia de que não apenas Pomponia, mas vários outros parentes seus eram, de fato, cristãos devotos. Ora, se Pomponia converteu-se a Cristo ainda na Britânia – o que é perfeitamente possível –, isso deve ter ocorrido,

150 Doze homens, uma missão

por conseguinte, entre 43 e 47 d.C., período em que a ilha se encontrava sob o governo de seu marido. Pode-se ter aqui, portanto, outra evidência de que missionários cristãos atingiram a região em meados dos anos 40 d.C., ou mesmo antes disso, como afirma o historiador medieval Gildas.

Porém, conforme já foi lembrado, o foco das lendas sobre a cristianização primitiva da Inglaterra não se resume a José de Arimatéia. Paulo de Tarso é outro apóstolo cujo ministério pode também estar ligado àquela nação. Um dos mais antigos documentos que testifica esse fato é o controvertido *Manuscrito de Sonnini*, revelado ao Ocidente em fins do século 8. Viajando pela imensidão do Império Otomano sob os auspícios do rei de França, Luís XVI, o pesquisador C. S. Sonnini recebeu das mãos do sultão Abdoul Achmet um curioso texto extraído dos antiqüíssimos arquivos de Constantinopla. Seu conteúdo, traduzido diretamente do grego pelo próprio Sonnini, pretende encerrar a narrativa do livro de Atos, como se fosse seu vigésimo nono capítulo. Quanto à sua historicidade, o Manuscrito de Sonnini, após mais de duzentos anos de sua primeira publicação no Ocidente, ainda é objeto de severa controvérsia entre os eruditos. Ainda assim, seu olhar sobre a suposta passagem de Paulo pelas ilhas britânicas é digno de nota:

> Paulo, pleno das bênçãos de Cristo e abundando no Espírito, partiu de Roma determinado a atingir a Espanha, porquanto havia proposto em seu coração, desde havia muito, empreender jornada até aqueles termos, e de lá à Britânia. Pelo que Paulo ouvira dizer, de passagem pela Fenícia, que alguns dos filhos de Israel, dos tempos do cativeiro assírio, escaparam pelo mar em direção 'às ilhas distantes', das quais falou o profeta e às quais os romanos chamavam de Britânia. Pois o Senhor ordenara que o evangelho fosse pregado até os confins, aos gentios e às ovelhas perdidas da casa de Israel. E ninguém detinha a Paulo, pois testificava ousadamente de Jesus diante das autoridades e entre o povo. Tomando consigo alguns dos irmãos que com ele estavam em Roma, embarcou em um navio em Óstia e, tendo os ventos a favor, chegou com segurança a um porto da

Espanha. E eis que muitos, vindos das cidades, das aldeias e das regiões montanhosas, achegavam-se; pois ficaram sabendo da conversão do apóstolo e dos muitos milagres que realizara. Paulo, portanto, pregou poderosamente na Espanha, e grandes multidões creram e se converteram, pois sabiam que se tratava de um apóstolo enviado por Deus. Encontrando, depois, um barco em Armórica, Paulo e os seus partiram da Espanha rumo à Britânia e, uma vez naquele lugar, cruzaram a costa sul chegando ao porto de Rafino. E, quando se espalhou a notícia de que o apóstolo ali aportara, grandes multidões foram ao seu encontro, tratando-o com muita cordialidade. Paulo adentrou a cidade pelo portão oriental e hospedou-se na casa de um judeu, um varão de sua própria nação.

Outro personagem bíblico (ou supostamente bíblico) que as lendas antigas associam à evangelização da Britânia é o judeu cristão Aristóbulo. Alguns o identificam com o personagem mencionado por Paulo em Romanos 16.10, a cuja casa o apóstolo envia saudações. Outros dizem ser ele sogro de Pedro ou, ainda, um dos setenta discípulos de Cristo. Qualquer que seja o caso, fato é que algumas fontes antigas e importantes, como o texto de Hipólito de Roma (c.160 d.C.) e o martirológio da igreja Ortodoxa Grega, afirmam ter sido ele também um dos arautos de Cristo na Inglaterra antiga.

Embora não seja possível um rastreamento histórico mais preciso dessas lendas, grande parte dos testemunhos ancestrais da Igreja é, de resto, favorável à chegada da fé cristã à Britânia em plena era dos apóstolos. Há, contudo, algumas vozes em contrário que devem ser consideradas. Uma delas – e talvez a mais significativa – ecoa dos escritos de Beda, monge católico anglo-saxão que viveu entre os anos 672 e 735 d.C. Sua fama como hábil exegeta e historiador rendeu-lhe o título de *Venerabilis*, dignidade que passou a ser honrosamente associada ao seu nome apenas duas gerações após sua morte. Em sua maior obra, *Historia Ecclesiastica Gentis Anglorum* [*História da igreja e do povo inglês*], o Venerável tenta assegurar a primazia da evangelização da Britânia para a igreja de Roma, datando o início da catequese

152 Doze homens, uma missão

cristã na ilha a partir da carta formal do rei bretão Lucius ao bispo de Roma, em cujas linhas o soberano solicita o envio de missionários que o batizem (*The History of English Church and People* [*A história da igreja e do povo ingleses*], p. 42):

> No ano 156 da encarnação de Nosso Senhor, Marcus Antoninus Verus, o décimo quarto depois de Augustus (Augusto), tornou-se imperador compartilhando o trono com seu irmão Aurelius Commodus (Aurélio Cômodo). Foi durante seu reinado, enquanto santo Eleutério dirigia a igreja romana, que certo Lucius, rei bretão, enviou carta àquele pedindo auxílio a fim de tornar-se cristão. Essa piedosa solicitação foi prontamente atendida, e os bretões, enfim, receberam a fé e a mantiveram harmoniosa, em toda sua pureza e plenitude, até os dias do imperador Diocletianus (Diocleciano).

Ademais do equívoco, ao datar o mandato imperial de Marcus Aurelius (Marco Aurélio) (aqui chamado Marcus Antoninus Verus) – que governou Roma a partir de 161 d.C. – e o início do episcopado de Eleutério – cujo ano mais remoto não antecede a 171 d.C. –, há ainda outros pontos difíceis de serem reconciliados nessa decantada crônica de Beda. Em primeiro lugar, causa estranheza o fato de ter sido o Venerável – e isso tardiamente entre os séculos 7 e 8 – o primeiro autor inglês a registrar a existência de um tão memorável rei bretão que supostamente vivera no século 2. Se o pedido do rei Lucius, de fato, centelhou o evangelho na Britânia, como explicar o silêncio de mais de seis séculos da tradição local sobre sua tão importante biografia? A resposta talvez esteja na fonte usada por Beda para essa narrativa em particular. Alguns críticos sugerem que o Venerável não tomou a informação sobre Lucius das antigas lendas inglesas – que nada falavam dele até aquela época –, mas de uma das cópias do *Liber Pontificialis*, o Livro dos Papas, produzido séculos antes. Supõe-se, desse modo, que Beda equivocou-se ao colher ali a história de Lucius, transcrevendo o termo latino *Britio* (fortaleza) por *Britannio* (bretão). Se assim for, é mais provável que a fonte histórica original de Beda estivesse, ao contrário, tratando de Lucius Abgar IX, soberano que governara a fortaleza de Edessa, no reino de Osroene, na Mesopotâmia, em fins do século 2.

Mas ainda que Lucius tenha sido, de fato, um rei bretão do século 2 – conforme o texto de Beda – e haja enviado rogativa ao bispo romano, permanecem algumas dúvidas importantes. Como entender que um nobre celta, regente na distante Britânia, se interessasse pelo evangelho a ponto de solicitar a vinda de missionários que o batizassem, se a divina Palavra, de alguma forma, já não estivesse sendo anunciada na região? Antes, mais razoável é pensar que a pregação do evangelho fosse uma realidade na Britânia desde havia algum tempo, disseminando-se não apenas entre os habitantes romanos do sul da ilha, mas também entre as várias tribos celtas subjugadas ao império. Em algum momento, inevitavelmente, a fé teria atingido os escalões da nobreza local, despertando o interesse de dignitários como Lucius. Nesse ponto, porém, surge outro impasse. Se havia, como proposto, cristãos na Britânia antes de Lucius, como justificar que o rei – agora afeito à doutrina – tenha preferido ser instruído na fé por missionários vindos do exterior? Não seria muito mais simples, rápido e barato ser catequizado pelos próprios crentes locais? A resposta não é tão simples quanto parece. Havia diversas tribos celtas habitando a Britânia, algumas das quais ainda hostis entre si, em que pese a dominação romana que pacificou o sul da ilha. Para um rei celta como Lucius – em um tempo em que a fé de um soberano tinha implicações diretas sobre seus súditos –, receber a instrução cristã de indivíduos, nobres ou não, oriundos de outras tribos locais poderia soar publicamente como uma espécie de aliança entre elas, o que nem sempre era politicamente aconselhável. Ademais, na época, era mais comum a um soberano neófito solicitar instrução espiritual proveniente de líderes religiosos de altos escalões, e não de fiéis comuns. Para Lucius, mesmo tendo tomado ciência do evangelho por meio de homens do povo – como deve ter sido o caso –, solicitar o apoio espiritual de um dos mais relevantes líderes cristãos da época – o bispo de Roma – teria sido, sem dúvida, a opção a ser seguida.

Assim, a lenda medieval sobre a conversão do rei Lucius, ao contrário do que possa a princípio parecer, reforça a idéia de que o cristianismo aportou na Britânia muito antes do que se imagina, talvez pelas mãos de um ou mais apóstolos, como rezam os textos tradicionais assaz mais antigos que o testemunho do monge Beda.

Alguns historiadores crêem que, na Britânia da era apostólica, a presença dos soldados convertidos ao cristianismo, integrantes das legiões romanas ali estacionadas (II Augusta, IX Hispana, XIV Gemina e XX Valeria Victrix), pode ter cumprido um papel decisivo na difusão do evangelho de Cristo. Isso não apenas entre os militares ativos, mas também entre os que se aposentavam, visto ser a região um dos lugares de repouso preferidos dos que se retiravam das funções militares. Além dos legionários, os judeus cristãos também podem ter sido peças-chave nos primórdios da cristianização da Britânia. Diz-se que o edito do imperador Claudius Drusus (Cláudio Druso), promulgado entre 49 e 50 d.C. (At 18.2), expulsando os judeus da cidade de Roma, motivou muitos deles – entre os quais vários líderes cristãos – a se dirigirem às ilhas Britânicas em busca de refúgio.

Há fartos indícios da presença cristã na Britânia também nos séculos 2 e 3, além do já citado texto de Beda sobre o rei Lucius. A *Acta Martyrum,* de Santo Albano, relata a conversão e a execução desse nobre bretão, após hospedar um líder cristão foragido em sua casa durante a perseguição de Diocletianus (Diocleciano), que atingiu a Britânia em fins do século 3. Santo Albano é apresentado em alguns textos eclesiásticos como o primeiro mártir inglês.

No século seguinte, vemos registrada a presença de líderes da igreja bretã tanto no sínodo regional de Arles, na Gália, em 314 d.C., como no primeiro concílio ecumênico, realizado em Nicéia, na Ásia Menor, em 325 d.C. O mesmo pode-se dizer dos concílios realizados a seguir, em Sárdica (342-343 d.C.) e Ariminum (359 d.C.).

São poucas, portanto, as dúvidas de que a fé cristã atingiu aquelas ilhas dentro do período apostólico ou imediatamente pós-apostólico. O nome de Simão Zelote figura entre os cristãos que supostamente ali pregaram em meados do século 1, quer por uma ação evangelística de sua própria iniciativa, quer incluído entre aqueles para lá conduzidos por José de Arimatéia. Nicéforo, historiador bizantino e Patriarca de Constantinopla é uma das importantes vozes que sustentam a presença do apóstolo na ilha:

Simão, nascido em Caná da Galiléia e apelidado zelote, graças à fervorosa afeição que demonstrou para com seu Mestre e grande zelo pelo evangelho, sendo revestido do alto com o Espírito Santo, viajou pelo Egito e pela África, atravessando a Mauritânia e toda extensão da Líbia com a mensagem do evangelho. Essa mesma doutrina, ele ensinou no mar ocidental e nas ilhas Britânicas.

O reverendo Samuel Fallows, em sua extensa obra *The Popular and Critical Bible Encyclopaedia* [*A enciclopédia bíblica crítica e popular*] (p. 1590), corrobora o texto de Nicéforo: "Essas tradições, entretanto, sugerem diferentes destinos a Simão, alegando que ele havia pregado o evangelho através do norte africano, desde o Egito até a Mauritânia, prosseguindo ainda até as remotas ilhas Britânicas".

O biógrafo apostólico George Jowett, baseando-se em Hipólito de Roma e no cardeal Barônio, não apenas confirma a presença do apóstolo na Britânia, mas propõe que o período de sua campanha na região começou ainda cedo, nos anos 40 d.C., data que, segundo outros autores, coincide com a chegada de Arimatéia à região.

De qualquer forma, mesmo que Simão haja participado da campanha evangelizadora do ex-fariseu à Britânia, é plausível que o apóstolo tenha, uma vez ali, seguido seu próprio rumo, mais provavelmente a direção leste da ilha. O local tradicional de seu trabalho missionário – Caistor, em Linconshire – localiza-se no extremo oposto a Glastonbury, e nele não há qualquer pista que aponte para a presença de Arimatéia. Acrescente-se a isso a sugestão de McBirinie (*op. cit.*, p. 230):

> Ele deve ter se dirigido de Glastonbury a Londres que era, na época, a capital dessa nova conquista romana. Ali, Simão teria pregado em latim aos membros da comunidade romana, considerando-se que não estava capacitado a falar aos nativos na língua bretã. O idioma latino, contudo, já se tornara amplamente utilizado entre os bretões, tornando possível que também estes ouvissem o evangelho diretamente de São Simão.

Porém, se o apóstolo de fato atingiu a antiga Britânia – como sustentam alguns autores de peso –, que tipo de nação teria ele encontrado ali? Como eram os povos que a habitavam, que expressão religiosa cultivavam e, ainda, qual a sua situação cultural em relação à Europa continental e ao norte da África? Teria ele ou outros pioneiros do evangelho encontrado ali condições adequadas ou, no mínimo sustentáveis, para a disseminação da mensagem de Cristo? Uma cuidadosa reflexão sobre essas questões torna-se relevante, quando se tem em mente a Inglaterra ancestral como possível cenário das missões de Simão Zelote, Paulo, José de Arimatéia e quantos outros a tradição queira enumerar.

Ao mencionar, cerca de meio milênio antes de Cristo, o antigo porto de Társis (*Tarkish* ou *Tartesus*), o profeta veterotestamentário Ezequiel (38.13) destaca essa antiqüíssima cidade ibérica, já afamada à época como um importante entreposto comercial do Ocidente europeu. Dali, desde aqueles dias, navios mercantes fenícios rumavam em busca das terras setentrionais da Europa, vislumbrando o comércio lucrativo de diversos minerais. Indícios como esse levaram o historiador francês Olivier Launay – grande autoridade em cultura céltica – a reputar a descoberta da Grã-Bretanha aos ávidos mercadores fenícios, embora reconheça essa conquista como um feito imemoriável (*A Civilização dos celtas*, p. 22):

> Os fenícios foram os primeiros a freqüentar as ilhas Cassiterides – leia-se Britânicas – vários séculos antes dos gregos, para levar de lá o estanho, cujo comércio monopolizavam. Eles escreviam. Temos até o direito de pensar que o alfabeto deles está na origem de todos os alfabetos ocidentais. Entretanto, nada contaram sobre suas viagens nórdicas. Eles não eram tagarelas. Felizmente, os gregos, seus sucessores, o foram.

Os gregos, aos quais Launay se refere, podem muito bem ser resumidos ao gênio do navegador Píteas, que atingiu as ilhas Britânicas por volta de 325 a.C., ou seja, quase meio milênio antes de qualquer missionário de Cristo se imaginar pisando aquele solo. Píteas, sobejando da ousadia comum aos antigos velejadores fenícios, cartagineses e gregos, partiu de seu lar – a cidade-Estado grega de Massília – e, cruzando o lado ocidental do Mediterrâneo, velejou em direção aos Pilares de Hércules (atual Estreito de Gibraltar). Atravessando-os, Píteas lançou-se às águas atlânticas, que o imaginário popular da época povoava com imensos leviatãs e com outros monstros inomináveis. Dali, o grego velejou ao longo da costa da Espanha e de Portugal, singrando, enfim, as torrentes daquele que a moderna geografia chama de Canal da Mancha. Píteas deve ter sido previamente informado sobre a existência da grande ilha ao norte, fosse pela tradição dos antigos mercadores fenícios, fosse pelas palavras daqueles com os quais se encontrara algures na costa ibérica, onde deve ter feito uma ou mais escalas. Seguindo o mesmo caminho desses mercadores, o fascinante Píteas circunavegou, por fim, a costa sul da Britânia ou, mais precisamente, Albion, como era originalmente chamada pelos nativos. Inspirado, pois, pelo curioso costume dos locais – os combativos celtas – de ornarem seu corpo com tatuagens as mais diversas, o grego chamou as ilhas de Pretânicas (do grego *Pretanniké*, em alusão "àqueles que se pintam").

Foram necessários mais quatro séculos até que os romanos subjugassem as ilhas Pretânicas ou Albion, transformando-as em *Britanniae*, a colônia mais setentrional do império e aquela cuja paz era – fosse por suas circunstâncias geográficas, fosse pela natureza militante de seu povo – a mais custosa de ser mantida. À sua conquista entregou-se o notável Julius Caesar (Júlio César) meio século antes da era cristã, sem, contudo, consolidá-la, em razão dos obstáculos que os celtas lhe apresentaram, além do infortúnio de uma tempestade que afundara sua frota nas águas oceânicas. A glória definitiva dos latinos sobre a Britânia só viria mesmo nos dias de Claudius Drusus (Cláudio Druso), em plena era apostólica, segundo informa o historiador Suetonius (Suetônio) (*op. cit.*, p. 310):

> [Claudius (Cláudio)] realizou apenas uma única expedição e, assim mesmo, modesta. Foi quando o Senado lhe conferiu os ornamentos triunfais. Achando essa distinção inferior à majestade imperial e desejando a honra de um triunfo real, escolheu adquiri-lo na Bretanha, onde ninguém, desde o divino

Júlio, ainda colocara o pé, e que se sublevara. Embarcou em Óstia e, por duas vezes, esteve a ponto de naufragar, em virtude de um violento temporal, perto de Ligúria e ao longo das ilhas Stoechadas. Continuou o trajeto por terra, de Marselha até Gesoriáco, onde completou a travessia. E após ter recebido, em poucos dias, a submissão de uma parte da ilha, sem combate nem derramamento de sangue, retornou a Roma, seis meses depois da partida, e triunfou com extraordinária pompa.

Como não podia deixar de ser, Roma serviu-se fartamente das riquezas minerais de sua nova província, que incluíam, entre outras benesses, o chumbo, a prata e o estanho. Este último era, desde os idos dias dos fenícios, de particular importância, graças a sua essencialidade na obtenção do bronze, liga metálica deveras cobiçada na antiguidade.

Tal fora a conquista da Britânia pelos romanos, nos dias apostólicos. Estranhamente pacífica, considerando-se a índole de seu povo. Povo que, doravante, assimilaria pouco a pouco a cultura latina, integrando-se ao gigantesco império.

Sabe-se com pesar que a História, de modo geral, privilegia apenas o relato dos fortes e dos vencedores, impondo-a à posteridade sobre a realidade desvanecida dos fracos e dos vencidos. É com esse fato em mente que se deve avaliar as reais condições dos antigos habitantes da Britânia, os celtas. Tanto quanto essa distante ilha, muitas outras regiões chamadas "bárbaras" não eram assim tão primitivas quanto pretendiam os autores romanos em seus textos, geralmente inclinados à exaltação tanto das conquistas quanto da hegemonia do império. A propósito dessa tendência, Launay relembra (*op. cit.*, p. 20):

> Durante quase dois mil anos, o mundo civilizado não soube dos celtas senão aquilo que os escritores da Antiguidade escreveram sobre eles. É preciso manter boa dose de reserva acerca de tais autores, amiúde prevenidos, ou, como [Júlio] César, obedecendo a motivos de propaganda pessoal.

É bem verdade que os romanos, conquanto fossem conquistadores violentos, não digeriam o rude hábito celta de cortar a cabeça de seus oponentes abatidos para transformá-las em ornamentos domésticos. Porém, em que pese esse traço de repugnante selvageria, observe que os celtas gauleses, por exemplo, ao tempo da campanha levantada contra eles por Julius César (Júlio César), já ostentavam cidades relativamente desenvolvidas e dotadas de alguns conceitos urbanísticos. Essa mesma realidade devia ocorrer, embora em menor escala, nas cidades e aldeias celtas da Britânia. A arqueologia moderna incumbiu-se de provar que a Inglaterra do período pré-apostólico e apostólico estava muito mais próxima das condições culturais da Europa e do norte da África do que se supunha e do que os escritos romanos por séculos propalaram. Senão, o que dizer, por exemplo, dos pequenos artefatos egípcios encontrados nas cavernas de Wessex, ou da adaga desenhada em uma das pedras do monumento de Stonehenge, de aparência idêntica às usadas na Grécia antiga? E por falar em Stonehenge, como explicar a engenhosidade dessa construção megalítica de Wiltshire e a complexidade de suas detecções astronômicas? Como seus construtores, mais de dois mil anos antes de Cristo, puderam talhar, transportar e dispor aquelas imensas penhas, transformando-as no maior observatório astronômico da Europa neolítica?

Há ainda muito o que se desvendar acerca dos antigos celtas, inclusive sobre suas cerca de trinta diferentes tribos que povoavam a Britânia romana. Na verdade, emprega-se o termo "celta" para denominar uma vasta cultura mais do que um povo em particular. Os povos de cultura celta habitavam desde a península ibérica (os celtíberos) até o Sul da Escandinávia (os teutões), passando por toda Europa central e ilhas Britânicas. Detentores de uma cultura sobremodo criativa, os celtas foram responsáveis por algumas das mais belas obras artesanais do mundo antigo. Ademais, foram também os introdutores do ferro no Norte da Europa, com o que iniciaram a produção dos, até à época inéditos, aros sem emenda para carroças. Pertence igualmente aos celtas a invenção das primeiras cotas de malha, das ferraduras, das relhas de arado, do sabão, da pedra de moer rotativa e do moinho movido a braço. Eles desenvolveram as esporas e as gargantilhas apoiadas nas espáduas dos cavalos. As melhores bigas de guerra, segundo o próprio Júlio César, eram produzidas por mãos celtas! A agricultura deles, considerada por alguns historiadores modernos como superior a dos romanos, tinha sua produtividade maximizada pela introdução de elementos até então desconhecidos na Antiguidade, como os fertilizantes, a foice balanceada, o arado de aiveca e a ceifadeira movida a mula, conhecida por *vallus* e louvada pelo testemunho do sábio romano Plinius (Plínio).

No campo da religião, os celtas eram notadamente místicos e fiéis adeptos de um politeísmo que compreendia cerca de trezentos deuses de múltiplas aparências, às vezes com traços semi-humanos. Era comum entre eles a adoração de elementos da natureza, como a terra, a água, as árvores, o sol e a lua. Acreditavam na transformação mágica de seres humanos em animais e na possibilidade de comunicação com os elementos telúricos. A magia e a superstição eram parte importante do culto celta, e atribuíam-se aos seus líderes espirituais e inspiradores, os druidas, prerrogativas esotéricas e sobrenaturais, entre as quais a fantástica mediação entre o mundo dos mortais e os domínios do além. Sacrifícios humanos eram eventualmente praticados, embora não se saiba exatamente com que freqüência.

Embora profusos nas invenções e nas artes, os celtas – alheios que estavam à coesão política – nunca lograram construir grandes e sólidos Estados unificados, apesar da bravura ímpar que encaravam os inimigos nos campos de batalha. Esse quadro de divisão interna viabilizou as campanhas de conquista lançadas sobre eles pelos romanos, como ocorreu na Gália, com Júlio Caesar e, mais tarde, na Britânia, com Claudius Drusus (Cláudio Druso).

Não obstante só ter sido dominada no ano 43 d.C., a Britânia há muito se familiarizara com os costumes romanos. Diz-se que os reinos bretões que se situavam ao sul da ilha, de certa forma, sentiam-se atraídos pelo estilo latino de vida e manifestavam o desejo de fazer parte do suntuoso império, a fim de desfrutar os benefícios que supunham advir dele. Essa é a razão pela qual muitos historiadores explicam a rendição incondicional de onze reis celtas e a conseqüente tomada do sul da Britânia em apenas dezesseis dias pelas legiões de Claudius (Cláudio).

Desejada ou não pela maioria dos celtas bretões, fato é que a invasão e a ocupação da Britânia tornou-a, em sua porção meridional, predominantemente romana no que se refere ao padrão e estilo de vida.

A construção de estradas, fortificações e cidades como *Londinium* (Londres), *Eburacum* (York), *Verulamium* (St. Albans), *Durobrivae* (Rochester), *Durovernum* (Canterbury) e *Camulodunum* (Colchester), entre outras, trouxe consigo um afluxo crescente de forasteiros provenientes do continente, transformando as ilhas Britânicas em um lugar atraente inclusive para aqueles que se dedicavam à difusão do evangelho. Leonard Cottrell, em seu livro *Seeing Roman Britain* [*Vendo a Britânia romana*] (p. 202), descreve as condições culturais da Britânia, sob regime romano, durante o período imediatamente pós-apostólico:

> A vida era, basicamente, confortável e pacífica durante os tempos de Adriano e de Antonino. O padrão cultural dos habitantes era, sem dúvida, pouco elevado, embora – tanto quanto nos revelam seus precários escritos até hoje preservados – seja possível considerá-los majoritariamente instruídos e capazes de escrever em latim, ainda que não estivessem aptos a usar esse idioma corriqueiramente.

Mas a paisagem pintada por Cotrell refere-se à Britânia do início do século 2, portanto, um pouco além da era apostólica. Com efeito, muito sangue seria vertido antes que essa atmosfera de paz se consolidasse naquela região. Uma das mais violentas rebeliões enfrentadas pelos conquistadores romanos foi aquela comandada pela rainha celta Boudica, em meados do século 1. Poucas vezes na História as legiões de César defrontaram tamanho ímpeto de vingança, transformado subitamente em uma fúria tão devastadora que estremeceu, por algum tempo, o domínio romano na ilha. Esse incidente bélico é de especial importância no estudo da cristianização primeva da Inglaterra, considerando-se o fato de que, segundo algumas lendas, teria ocorrido durante o tempo em que o apóstolo Simão Zelote pregava naquela nação.

A insurreição de Boudica teve início entre os anos 60 e 61 d.C., fruto de um grave erro diplomático do governo de Nero – débil sucessor de Claudius (Cláudio) –, após a morte de Prasutagus, soberano da tribo celta dos icenis. Prasutagus e sua esposa Boudica regiam a região de Norfolk e haviam se submetido ao acordo com Claudius Drusus

(Cláudio Druso), tornando-se vassalos de Roma. Os reinos celtas do sul da Britânia – embora já começassem a testemunhar os conluios romanos e o conseqüente destronamento de alguns de seus soberanos – continuavam a jurar fidelidade a seus conquistadores, na esperança de atrair para si alguma prosperidade oriunda de seu ingresso na *orbis* romana. Essa situação política parece ter sustentado seu precário equilíbrio enquanto regia sobre Roma o sóbrio Claudius (Cláudio). Mas, com a ascensão ao trono do delinqüente Nero, os pactos diplomáticos estabelecidos pelo antigo imperador foram, um após outro, declarados extintos e a ingerência romana sobre os reinos celtas da Britânia transformou-se em sucessivas ondas de humilhação, desmandos e violência.

O equívoco final dos conquistadores deu-se por mãos de Catus Decianus, embrutecido procurador romano que decidiu enviar tropas para devastar o castelo da rainha viúva, em Norfolk. Boudica, além de testemunhar atônita a destruição de seu patrimônio, também presenciou ainda o estupro de suas irmãs, antes de ser ela mesma submetida ao intolerável *flagelum,* ao qual não muitos sobreviviam. Da mesma sorte, muitos dentre os nobres icenis, reputados como escória humana, foram primeiramente humilhados e depois despachados como escravos pelos romanos. Decerto que a longa tradição de luta e de coragem do povo celta não permitiria que semelhante ignomínia seguisse seu curso sem uma violenta represália. O que os romanos não imaginavam é que essa reação fosse encabeçada por uma mulher de ferocidade infindável, e que os desdobramentos de sua mobilização subversiva se mostrassem tão implacáveis.

Enfim, o caos instaurou-se por completo, e o resultado foi a eclosão da revolta dos icenis, reagrupados sob a liderança da humilhada Boudica. Em um rápido contra-ataque, os icenis lançaram-se sobre os romanos em Grimsdyke, pulverizando as tropas que inutilmente tentavam impedi-los de seguir seu avanço em direção sudoeste. Colchester, desse modo, caiu em seguida, embora contasse com o apoio de dois mil homens da poderosa nona legião *Hispana.* De seus bem equipados componentes, somente parte da cavalaria conseguiu escapar. Aparentemente, nada poderia deter a sede de vingança daqueles nativos que, agora, se dirigiam à região de população majoritariamente romana do sul da Britânia.

As notícias aterradoras vindas de Norfolk e de Cambridgeshire alvoroçaram o ânimo dos habitantes da pacata cidade portuária de Londres. Fundada pelos romanos em 43 d.C., *Londinium* – como era chamada à época – assim como sua vizinha *Verulamium* (St. Albans), ainda se encontrava desguarnecida de muralhas limítrofes, o que a tornava um alvo fácil para seus assaltantes. Dessarte, as tropas de Boudica, ao alcançarem a cidade, não tiveram dificuldades para, primeiramente, saqueá-la e, depois, incendiá-la por completo. Segundo o historiador Tacitus (Tácito), aproximadamente setenta mil pessoas, entre civis e militares, pereceram na destruição de Londres e de sua circunvizinhança.

A onda de horror detonada pela rainha vingativa só encontrou oposição efetiva com a chegada dos reforços liderados pelo general Suetônio, que massacrou os rebeldes, reduzindo a pó grande parte da tribo iceni, da qual Boudica tornara-se a furiosa comandante. Com seu suicídio por envenenamento, a Britânia voltaria a desfrutar paz e prosperidade por um período de tempo relativamente longo.

Alguns relatos concordam que Simão Zelote encontrava-se em campanha na ilha durante o período do levante de Boudica. Dentre os que endossam essa tradição está o patriarca e historiador bizantino Nicéforo, que assim descreve a situação do apóstolo na Britânia:

> Simão atingiu a Britânia durante o primeiro ano da guerra de Boudica, em 60 d.C., quando toda a ilha se encontrava convulsionada por uma profunda e exacerbada ira contra os romanos que jamais encontrou paralelo durante os longos anos de conflito entre as duas nações. Tacitus (Tácito) afirma que, entre 59 e 62 d.C., as brutalidades da guerra atingiram seu ápice. Atrocidades ocorriam de ambas as partes, embora, do lado romano, tenham sido viciosamente perpetradas, a ponto de chocar até mesmo Roma.

Diante dessa atmosfera de violência, a Britânia visitada por Simão em meados de 60 d.C. tornara-se um lugar demasiadamente perigoso de ser evangelizado. Naquele momento, qualquer forasteiro entre os celtas corria o risco de ser confundido com um colaboracionista

164 Doze homens, uma missão

romano e, por conseguinte, sofrer as penas impetradas pelos rebeldes. Por outro lado, qualquer cristão que, à guisa de evangelizar, houvesse estabelecido contatos próximos com os nativos insurgentes também seria alvo de suspeitas por parte dos romanos. Tal situação, sem dúvida, encurtaria demasiadamente o campo de atuação missionária de homens como Simão. George Jowett, em sua obra *The Drama of the Lost Disciples* [*O drama dos discípulos perdidos*] (p. 159), comenta o desempenho do apóstolo em terras britânicas, naqueles dias de caos e terror:

> Nesse perigoso território, Simão estava imerso no que lhe era peculiar. Tomado por infinita coragem, ele começa a apregoar o evangelho de Cristo em meio às regiões de domínio romano. Seus fervorosos sermões rapidamente o levaram diante de Catus Decianus, porém não sem antes plantar a semente de Cristo no coração dos bretões e de muitos romanos que, a despeito do persistente ódio de Decianus por tudo o que era cristão, mantiveram o segredo da verdade devidamente guardado em seu íntimo.

Como já foi ressaltado, a campanha de Simão Zelote na Britânia está intimamente vinculada às antigas tradições sobre a viagem missionária de José de Arimatéia àquela região. Embora muitos historiadores não as considerem muito mais que pura fantasia medieval, outros, em consideração ao seu caráter ancestral, detiveram-se em uma análise mais cuidadosa de seus pormenores, visto se tratar de uma das mais fortes e duradouras lendas cristãs da Inglaterra. George Jowett está entre os que crêem na procedência histórica das tradições de Glastonbury:

> No ano 60 d.C., faz-se especial menção à jornada de José (de Arimatéia) à Gália, quando trouxe consigo uma leva de recrutas, entre os quais se menciona particularmente Simão Zelote, um dos discípulos de Cristo. Essa é a segunda vez que se registra o fato de Filipe ter consagrado a José e a sua equipe de colaboradores, previamente ao seu embarque para a

Britânia. Provavelmente, a inclusão de Simão Zelote indicasse um importante esforço missionário, por isso a consagração. Essa foi a segunda e última jornada de Simão Zelote à Britânia. De acordo com Hipólito e com o cardeal Baronius, a primeira chegada de Simão às terras Britânicas deu-se em 44 d.C., durante as guerras de Cláudio.

McBirnie sugere uma data próxima a 50 d.C. para a chegada de Simão à Britânia, ou seja, alguns anos antes das perturbações sociais anteriormente mencionadas. Se estiver correto, Simão teria tido tempo suficiente para catequizar o Sul e o Sudeste da ilha, na época habitados majoritariamente por romanos e por legionários procedentes das mais variadas regiões do império. O trabalho do ex-zelote pode ter sido facilitado pela predominância das línguas latina e grega na região, àquela altura já difundidas inclusive entre os nativos bretões.

Com o decreto do imperador Cláudio, em 50 d.C., é possível que muitos dos judeus expulsos de Roma tenham se dirigido ao Norte, rumo às Gálias e à Britânia. Uma colônia de refugiados judeus que se assentasse na região seria, naturalmente, um dos alvos prioritários do apóstolo nessa campanha evangelística.

Como se viu, a irrefutável presença de fiéis na Britânia dos três primeiros séculos da era cristã pode realmente ter sido resultado de esforços apostólicos, como os que a tradição medieval atribui não só a Simão Zelote, como também aos apóstolos Pedro, Paulo, José de Arimatéia, Aristóbulo e outros. De qualquer modo, é fato que esse cristianismo bretão primitivo, de origem possivelmente apostólica, tenha pouco a pouco desaparecido da Britânia a partir de 410 d.C., por força do declínio da população romana e da retirada das legiões, convocadas às pressas ao continente para ajudar na defesa de um império que sucumbia ante os ataques bárbaros. Hordas invasoras de anglos, jutos e saxões dominaram, à época, a Britânia a partir da metade do século 5, empurrando as tribos celtas para as terras altas da Escócia e para a Irlanda. Com os invasores, veio também uma nova onda de paganismo, desafio que se mostrou maior que as possibilidades da pouco numerosa igreja bretã, remanescente do período apostólico.

166 DOZE HOMENS, UMA MISSÃO

Um novo período de cristianização da ilha começaria um século e meio mais tarde, com as missões irlandesas comandadas pelo monge Columba e seus missionários escotos na ilha de Iona (563 d.C.), e com o trabalho católico-romano difundido por Agostinho de Canterbury em Kent (597 d.C.), sob a iniciativa do papa Gregório, o Grande. Aos poucos, a heptarquia anglo-saxã, que incluía os reinos de Kent, Wessex, Sussex, Essex, East Anglia, Mércia e Northumbria, aderiu à fé cristã. Mas já quase nada mais havia ali daquele cristianismo introduzido nos dias apostólicos.

Os relatos que sustentam a presença de Simão na Inglaterra também registram sua morte naquele país, sob ordem do procurador Catus Decianus, como se verá a seguir. Outras tradições, entretanto, afirmam que, com o aumento da tensão política na região, produto da revolta de Boudica, Simão teria abandonado a ilha, alguns anos antes da violenta devastação de *Londinium* em 62 d.C., retomando suas missões em direção ao Oriente Médio, possivelmente à Mesopotâmia.

AS CONTRADIÇÕES ACERCA DE SUA MORTE

Se o apóstolo Simão esteve, de fato, na Britânia durante os dias da revolta de Boudica, quase nada foi registrado a esse respeito. Verifica-se esse mesmo hiato documental quando se tenta descobrir o local de seu martírio. Para Doroteu, bispo de Tiro – citado por R. W. Morgan em seu livro *St. Paul in Britain* [*São Paulo na Britânia*] (p. 79) – foi mesmo na longínqua Britânia que o apóstolo coroou sua carreira ministerial:

> Simão Zelote atravessou toda Mauritânia e as regiões africanas anunciando a Cristo. Foi, por fim, crucificado, morto e enterrado na Britânia. A crucificação era uma penalidade tipicamente romana para escravos foragidos, desertores e rebeldes, e portanto, desconhecida das leis britânicas. Assim, concluímos que Simão Zelote foi martirizado no Leste da Britânia, talvez, como reza a tradição, nos arredores de Caistor,

SIMÃO ZELOTE 167

sob a jurisdição de Caius Decius (Catus Decianus), o oficial cujas atrocidades causaram a eclosão da Guerra de Boudica.

Ora, Doroteu foi um autor que viveu entre a segunda metade do século 3 e o início do século 4, portanto, apenas duzentos anos após o período apostólico. É possível pressumir, pois, que contasse com fontes históricas mais próximas aos acontecimentos em questão. Por isso, George Jowett compartilha sua opinião sobre o martírio do ex-zelote (*op. cit*, p. 158):

> A missão evangelística de Simão foi de curta duração. O apóstolo viu-se, por fim, preso sob ordens de Catus Decianus. Como de costume, seu julgamento foi um ato de escárnio. Assim, Simão foi condenado à morte e crucificado pelos romanos em Caistor, Lincolnshire, e lá mesmo enterrado em 10 de maio de 61 d.C.

A data e o local da morte do apóstolo, defendidos por Jowett, são também confirmados pelo cardeal Barônio em seu *Annales Ecclesiastici*, assim como pelo menológio da Igreja grega, que celebra 10 de maio como a data oficial do martírio de São Simão. O pouco que se sabe sobre as circunstâncias envolvendo a morte de Simão – conforme relata cada uma das fontes mencionadas – levanta suspeitas de que, se ela realmente se passou na Britânia e na data pretendida, pode muito bem estar ligada aos rigores que se seguiram à instabilidade político-militar vigente no país pouco depois da primeira metade do século 1.

Porém, uma das dificuldades apresentadas pelos relatos sobre a execução de Simão na Britânia está justamente na definição de onde ela teria ocorrido. A atual cidade de Caistor, em Lincolnshire, onde a tradição acredita ter se dado o suplício, está edificada sobre a antiga cidade romana de *Venta Icenorum* (lit. "mercado iceni"). A dúvida a ser eluciada está no fato de que, em 61 d.C. – data tradicional da morte do apóstolo – *Venta Icenorum* ainda não havia sido erigida. O dr. John Peterson, da East Anglia University, especialista em colonização romana na região de Norfolk, opina que *Venta Icenorum* não foi edificada antes de 70 d.C., portanto alguns anos após o levante de

168 Doze homens, uma missão

Boudica e a conseqüente pacificação da região pelos romanos. Não há, segundo Peterson, qualquer traço arqueológico que justifique a existência de alguma aldeia iceni no local antes da chegada dos romanos.

Por outro lado, há que se considerar que a diferença entre a data lendária da morte de Simão (61 d.C.) e o erguimento de *Venta Icenorum* (c.70 d.C.) é tão ínfima, historicamente falando, que seria prematuro descartar os relatos de seu martírio naquele local apenas em função desse dado. Talvez o apóstolo tenha permanecido mais tempo na região do que calculam as lendas antigas ou, ainda, talvez a construção de *Venta Icenorum* tenha se dado alguns anos antes do que pensam os estudiosos da atualidade. A prisão e a execução de Simão em *Venta* é, portanto, mais um dos muitos mistérios apostólicos que aguardam esclarecimento pelas pás da arqueologia.

A alternativa histórica apresentada pela tradição para o martírio do apóstolo encontra-se a milhares de quilômetros da Inglaterra, no Oriente Médio, para onde Simão Zelote teria partido após avistar as negras nuvens da revolução no horizonte britânico. McBirnie defende essa hipótese ao afirmar (*op.cit.*, p. 230-231):

> Os rumores assustadores do extermínio das populações romanas por Boudica e da destruição de Londres teriam certamente estimulado Simão a deixar o sul da Inglaterra. Dali, ele embarcou de volta para a Palestina, pois parece óbvio que a ruptura da paz romana tornara o lugar, naqueles dias, um campo duvidoso para a proclamação do evangelho. Em outras palavras, Simão de fato testemunhou e pregou ali, mas, em função das condições severamente adversas, foi forçado a partir.

Segundo alguns relatos, Simão, deixando prudentemente a Britânia, dirigiu-se ao Oriente, onde se associou ao apóstolo Judas Tadeu na evangelização das regiões para além das fronteiras romanas. A dupla apostólica, atravessando a Mesopotâmia, atingiu lugares distantes da antiga Pérsia anunciando a Cristo. Ali, por fim, o ex-zelote teria conhecido o martírio após negar-se a adorar o deus

Sol, cultuado pelos nativos que tinha a intenção de evangelizar. Essa seqüência de acontecimentos recebe a chancela da antiqüíssima tradição copta egípcia, segundo a qual Simão terá partido "em direção ao Egito, à África e à Britânia, vindo a morrer na Pérsia".

Acerca do fim de ambos os apóstolos na Mesopotâmia, Mary Sharp, em *A Traveller's Guide to Saints in Europe* [*Guia de viagem dos santos na Europa*] (p. 198), complementa:

> Diz-se que ambos pregaram juntos através da Síria e da Mesopotâmia, tendo-se deslocado até a distante Pérsia, e que ali sofreram martírio, sendo Simão serrado ao meio, e Judas Tadeu atingido por uma alabarda.

As lendas que localizam Judas Tadeu na Armênia entre 43 e 66 d.C. são assaz contundentes. Para alguns, sua ação missionária na região em companhia de Simão Zelote não se realizou senão em fins da década de sessenta ou, no mais tardar, começo de setenta, o que se encaixaria perfeitamente com a partida de Simão da Inglaterra, por volta de 60 ou 61 d.C.

OS RESTOS MORTAIS DE SIMÃO ZELOTE

A tradição apostólica da Igreja Católica sustenta que as relíquias de Simão e de Judas Tadeu estão depositadas juntas em uma das tumbas da catedral de São Pedro e São Paulo, em Roma. A sé romana reconhece, entretanto, que fragmentos do que se acredita ter sido o corpo de Simão estejam espalhados através da Europa por diversas igrejas, entre as quais São Saturnino, na Espanha, St. Sernin, na França e – até fins da Segunda Guerra Mundial – na capela do mosteiro St. Norbet, em Colônia, na Alemanha, infelizmente destruída por bombardeios aliados em fins de 1944.

É fato que o universo de informação bíblica e histórica disponível sobre Simão Zelote não torna viável um perfil preciso de seu ministério. Por outro lado, a análise do perfil do grupo político a que ele supostamente pertencia, bem como os lampejos que a tradição eclesiástica lançou sobre suas campanhas missionárias, permitem concluir que Simão, após experimentar uma genuína conversão ao evangelho, viu concretizados em Cristo Jesus – se bem que sob uma nova perspectiva – todos os anseios de liberdade e de justiça pelos quais, outrora, arriscara a vida. Diante dessa nova e transformadora realidade experimentada por Simão em seu íntimo, Roma já não significava mais o inimigo a ser vencido. Cingido de toda armadura de Deus (Ef 6.13), sua luta e coragem não mais se voltava contra a carne ou sangue, mas contra os principados e potestades espirituais da maldade que reinam nos ares. Suas reprimendas mais veementes não se destinavam, tampouco, aos conquistadores romanos, mas a quantos amassem a iniqüidade e a injustiça. Simão, como apóstolo de Cristo, defendia um ideal de liberdade completamente distinto daquele propagado em seus aguerridos dias de zelote. Agora, o jugo do pecado, e não o de Roma, era aquele a ser sacudido. John D. Jones imagina um pouco daquilo que teria sido a turbulenta revolução interior que mudara as diretrizes e ampliara os horizontes do revolucionário zelote (*op. cit.* p. 112):

> Quando Simão tornou-se discípulo de Jesus, não deixou de ser um patriota. Todavia, seu patriotismo assumiu contornos mais nobres e profundos. Sob os ensinamentos de Jesus, Simão percebeu que o grande poder escravizador na Palestina não era Roma, mas o pecado. Eis assim que Simão, lançando para longe de si a adaga e a lança, tornou-se um pregador do evangelho de Jesus Cristo.

Somente os anais celestiais poderão revelar o quanto, com a conversão do sedicioso Simão, poupou-se o sangue inimigo. Tendo a violência de sua ideologia desmoronado ante a pregação e o testemunho do manso Galileu, Simão passou a conceber a liberdade como uma conquista muito além do conceito nacionalista de banir o dominador e de resgatar a soberania e a prosperidade de Israel. Para o novo Simão, liberdade tornou-se sinônimo de servir incondicionalmente Àquele ante quem todo joelho se dobrará e toda língua confessará Sua majestade (Fp 2.10,11)!

Portanto, graças à ordem de propagar a mensagem de Cristo até os confins da terra, o apóstolo abraçou uma "revolução", diametralmente oposta àquela que experimentara como zelote. Agora, os inimigos deveriam ser amados, os amaldiçoadores, abençoados, e os perseguidores, alimentados. Porém, acima de tudo, nesse novo embate os vencedores, paradoxalmente, seriam, por vezes, aqueles que tombariam ante o furor da espada opositora.

A bravura forjada pelos perigos da vida zelote e o espírito vivificado pela fé em Cristo produziram em Simão um ardoroso missionário que vislumbrou o mundo de seu tempo como uma imensa oportunidade de *combater o bom combate da fé* (1Tm 6.12), como finaliza John D. Jones (*op. cit.* p. 113):

> Encontramos o verdadeiro patriota não no Simão de antes, mas no Simão depois de Cristo. Não no inimigo jurado de Roma, mas no devotado adversário do pecado. Esse é, pois, o mais belo e elevado patriotismo, aquele que diligentemente busca libertar uma nação de suas transgressões.

> "[...] ai daquele
> por quem o Filho do
> homem é traído!
> bom seia para
> esse homem se não
> houvera nascido!"
> *Mateus 26.24b*

JUDAS ISCARIOTES

Dentre os numerosos personagens bíblicos, especialmente entres aqueles neotestamentários, talvez nenhum tenha deixado para a posteridade uma memória tão trágica e ignominiosa quanto Judas Iscariotes.

Seu nome tornou-se, ao longo dos séculos, sinônimo de infidelidade e de desprezo, transformando-se na própria epítome da traição. A ignomínia que se apropriou do nome pode ser facilmente percebida em festas folclóricas como a "Malhação de Judas", que todos os anos se repetem em países católicos como o Brasil, durante as celebrações do Sábado de Aleluia, quando bonecos simbolizando o malfadado discípulo são amarrados em árvores e postes só

174 Doze homens, uma missão

para serem, a seguir, espancados e pisoteados pelos circunstantes até que estejam, por completo, despedaçados. A tradição é realizada sob risos e muita diversão, mas por trás dela há uma história de tragédia e de dor que consternou o círculo íntimo dos seguidores de Cristo.

Embora, com o decorrer do tempo e em função da história de Cristo, o nome Judas tenha absorvido grande estigma, sua presença no panorama bíblico – e ainda hoje entre os judeus – é muito comum, como se pode ver nos exemplos que o Novo Testamento e a tradição apresentam:

— Judas, irmão do Senhor (Mt 13.55; Mc 6.3);

— Judas Tadeu, um dos doze apóstolos (Lc 6.16; Jo 14.22);

— Judas Tomé, nome composto que a tradição propõe para o apóstolo Tomé;

— Judas, o Galileu, líder do partido de resistência dos gaulanitas (At 5.37);

— Judas, habitante de Damasco, na casa de quem Saulo foi recolhido (At 9.11);

— Judas, chamado Barsabás, apóstolo da igreja de Jerusalém (At 15.22).

Ao contrário do que ocorre na cultura cristã, o nome Judas, entre os judeus, rememora episódios de fidelidade e de devoção. Na história de Israel, o nome foi coroado de glória em função do fervor revolucionário de um dos mais ilustres membros da casa dos Macabeus. Personagem destacado do período interbíblico, Judas Macabeu sagrou-se – ao lado do pai e dos irmãos – pela bravura na luta pela libertação de Israel das mãos opressoras do rei sírio Antíoco Epífanes, tornando-se, assim, um dos grandes heróis daquela nação.

Quando se tem como propósito descrever a biografia dos doze apóstolos, imagina-se, antes de tudo, a trajetória vitoriosa de homens ungidos pelo Espírito Santo, de audaciosos peregrinos que percorreram longas distâncias do mundo antigo testemunhando da graça de Deus e operando sinais e prodígios conforme o Senhor lhes concedia (At 2.43). Nessa jornada de perseverança e de devoção, muitos deles derramaram suas vidas no cumprimento da missão para a qual foram chamados, mas não sem antes padecer indizíveis humilhações, perseguições e torturas que – em si mesmas – quase antecipavam suas execuções.

Esse panorama triunfante dos apóstolos é, contudo, estranho ao caminho trilhado pelo personagem deste capítulo. Tomado, em algum momento impreciso, por intenções estranhas à própria natureza do evangelho de Cristo, o jovem discípulo corrompeu-se em sua espiritualidade, perdendo-se no obscuro labirinto de suas ambições. Sua infame decisão, quaisquer que tenham sido os motivos, abortou a perspectiva de uma gloriosa carreira de fé, que – a exemplo de seus condiscípulos – descortinava-se em seu futuro. Por razões assim, cabe ao pesquisador apostólico em geral, ao escrever sobre Judas Iscariotes, um raro sabor de desgosto e de tristeza, muitíssimo distinto daquele que se experimenta com o conhecimento mais íntimo sobre os demais discípulos. Essa sensação amarga fica patente desde a apresentação dos doze nas listas apostólicas registradas nos evangelhos sinóticos. Ali, ao nome de Judas Iscariotes cabe sempre o derradeiro posto, não sendo jamais mencionado sem a lembrança do ato desprezível que o celebrizou (Mt 10.4; Mc 3.19; Lc 6.16).

As especulações sobre sua origem

Filho de Simão Iscariotes (Jo 6.71), o termo Judas deriva de *Ioudas* (Ιουδας), a forma grega para Judá, nome reverenciado entre os hebreus, por pertencer originalmente ao quarto filho do patriarca Jacó com sua esposa Lea, conforme Gênesis 29.35. O hebraico *Yehudâh* significa, conforme a narrativa do Gênesis, *louvor* ou *louvado*, e dele procederam posteriormente os termos "judeu" e "Judéia", este último designando a província palestina sob jugo romano.

Identificar, entretanto, a origem da palavra Iscariotes, o segundo nome do discípulo traidor, constitui tarefa muito mais trabalhosa e notável, graças, sobretudo, às persistentes incertezas etimológicas. Na esperança de que o desvendar do termo acrescente luz sobre a ainda obscura origem do apóstolo, surgiram algumas propostas que merecem, cada qual, a devida atenção.

A princípio, o sufixo grego "otes", equivalente aos nossos "ita", "ano", "ino" ou "ense", poderia sugerir a idéia de que a palavra *Iskariôtês* (Ισκαριωτης), em sua forma integral, se referisse ao habitante de uma localidade ou região denominada *Iscaria* ou algo parecido. Assim, Iscariotes seria o correspondente grego daquilo que se chamaria em português "iscariano" ou "iscariita". Contudo, o fato de não haver um único registro histórico em Israel ou em qualquer outro lugar do mundo antigo, de uma província, região ou cidade assim chamada enfraquece essa hipótese.

Associar a palavra Iscariotes ao termo latino *sicarius* é outra sugestão. Os sicários eram considerados alguns dos mais violentos rebeldes judeus. Para realizar seus intentos de insurreição contra o domínio estrangeiro, eles portavam furtivamente a *sica,* uma pequena adaga que traziam em sua túnica e cujo poder letal os legionários romanos bem conheciam. Para os que defendem tal etimologia, a palavra "sicário" teria, pois, sofrido uma adaptação para o aramaico, a língua fluente na Palestina da época, passando a ser escrita de forma semelhante a "sicariote", "ishcariote" ou "iscariote". A tese encontra respaldo entre aqueles que suspeitam do envolvimento prévio de Judas com algum movimento reacionário de libertação nacional. Entretanto, contra isso pesa o importante fato de os sicários não terem se organizado como contingente de resistência até provavelmente fins dos anos 40 ou princípio de 50 d.C., o que tornaria o grupo rebelde anacrônico ao apóstolo. Ademais, a passagem de João 6.71 deixa claro que o termo se refere a um nome de família, e a não uma simples alcunha, porquanto Simão, seu pai, também se chamava Iscariotes. O mesmo argumento se aplica também àqueles que afirmam ser a palavra derivada do aramaico *sheqarya', shiqrai,* ou *ishqaraya,* significando "falso" ou "dissimulador"; ou do hebraico *sakar,* indicando um "delator". Sem dúvida que os adjetivos se aplicariam perfeitamente ao apóstolo, mas ainda aqui se teria não a representação de um nome patronímico, senão apenas de um apelido derivado de uma prática ou postura ideológica.

Resta, enfim, a interpretação mais comumente aceita e creditada ao competente escrutínio de Jerônimo de Belém. Segundo o célebre autor patrístico, a expressão hebraica "Ish Kerioth" (*Îs–Qrîyôth*) seria a tradução da expressão "homem de Queriote", em uma alusão ao indivíduo oriundo de Queriote-Hezrom, um obscuro vilarejo da Judéia localizado ao sul de Hebrom e identificado com a antiga localidade de Hazor de Josué 15.25, a única menção ao lugar em toda a Bíblia. Além de viável sob a perspectiva etimológica, a sugestão de Jerônimo é particularmente interessante do ponto de vista da história dos doze, visto que faria de Judas Iscariotes o único dentre eles a proceder da província da Judéia, em um flagrante contraste com seus demais companheiros, todos humildes galileus. Este fato – pode-se imaginar –, imprimiria em Judas uma característica distintiva na comunidade dos discípulos.

Mas é bom lembrar que apesar de representar uma importante contribuição hermenêutica sobre a origem do traidor, a interpretação de Jerônimo – como, de resto, as demais – continua a ocupar o lodoso campo das conjecturas. Isso porque a narrativa do Novo Testamento simplesmente silencia acerca da procedência e dos detalhes da vocação do apóstolo, impondo, dessa forma, dúvidas gerais sobre as circunstâncias que marcaram sua inserção no rol dos discípulos.

Por outro lado, a sugestão de Jerônimo, indubitavelmente, alimenta algumas possibilidades sobre o ingresso de Judas no apostolado. Se ele era, de fato, procedente da Judéia, sua vocação pode ter ocorrido de modo totalmente distinto da de seus companheiros de discipulado, vocacionados nas humildes cercanias do mar da Galiléia. O futuro delator, ao contrário, pode ter contactado Jesus durante alguma das incursões do Mestre pelos termos da Judéia, especialmente em uma de Suas peregrinações à Cidade Santa. Outra possibilidade é a própria ocasião do batismo de Jesus. Sabe-se que o Mestre encontrou o profeta João Batista em certo local a oriente do Jordão (talvez Bethabara ou Betânia dalém Jordão), fato testemunhado por multidões oriundas de Jerusalém, de toda a Judéia e de regiões circunvizinhas (Mt 3.5). Judas poderia, pela proximidade, estar entre eles. Resta ainda supor que a fama do Nazareno, propagada a partir dessa ocasião entre os cidadãos da Judéia, somada às notícias de que enfermos eram curados e possessos libertos, tenha despertado no traidor curiosidade suficiente para levá-lo à distante

Galiléia, em busca dos afamados milagres e dos sermões de seu futuro mestre (Mt 4.23-25).

JUDAS, UM TESOUREIRO POUCO CONFIÁVEL

Da época de sua vocação como discípulo até a Semana da Paixão, quase nenhuma menção é feita ao filho de Simão Iscariotes. Esse silêncio só é rompido pelo evangelista João em seu relato da unção de Jesus por Maria, irmã de Marta e Lázaro, na aldeia de Betânia. A partir desse episódio pode-se deduzir não apenas a ocupação que o traidor exercia entre os doze, mas também os indícios da torpeza dissimulada que já frutificava em seu coração (Jo 12.4-6):

> Mas Judas Iscariotes, um dos seus discípulos, aquele que o havia de trair disse: Por que não se vendeu este bálsamo por trezentos denários e não se deu aos pobres? Ora, ele disse isto, não porque tivesse cuidado dos pobres, mas porque era ladrão e, substraía o que nela se lançava...

Para um coração cobiçoso como o de Judas, o 'desperdício acintoso' de Maria era digno de veemente protesto. Afinal, o bálsamo de nardo inteiramente derramado sobre a cabeça do Mestre era um dos perfumes mais caros e apreciados de toda a Antiguidade. Fabricado a partir da essência de flores cultivadas na Índia e de lá importada a preço quase de ouro, o volume da especiaria despejada por Maria de Betânia sobre Jesus equivalia a nada menos que um ano inteiro de salário de um trabalhador comum! Os discípulos certamente se calaram diante da queixa procedente de Judas. Eis aí – pensavam todos, exceto o próprio Jesus – um discípulo verdadeiramente altruísta, sensível e consciente acerca da necessidade dos menos favorecidos! Quem, enfim, poderia ver nessas ousadas palavras de protesto as marcas do egoísmo e da funesta paixão pelo dinheiro?

Tendo em vista a citação bíblica citada, é cabível ponderar se o evangelista João – e, a partir dele, outro discípulo – já soubesse, àquela altura, das fraudes perpetradas por Judas contra a bolsa comum. Mais provável é que todos, até aquele momento, ignorassem completamente os atos repudiáveis de Judas, embora, vez por outra, pudessem ser notadas algumas discrepâncias contábeis na sacola que os sustentava (o que justificaria a lembrança posterior de João, ao compor essa nota em seu evangelho). Conhecendo o temperamento agressivo dos "filhos do trovão" (Mc 3.17; Lc 9.51-56) e a impulsividade exasperada de Pedro (Jo 18.10), seria improvável imaginar que tais discípulos, cônscios da grave ilicitude de Judas, deixassem semelhante atitude passar sem as devidas reações enérgicas. Observe, a exemplo disso, a séria animosidade ocorrida entre os doze diante das pretensões de hegemonia manifestadas pelos irmãos Tiago e João, tensão essa só amainada com a palavra pacífica de Cristo (Mt 20.20-24; Mc 10.35-41). No caso de Judas, ao contrário, nada parece desacreditá-lo diante do olhar de seus condiscípulos. Seu posto como administrador da sacola de ofertas permanece incólume. Nenhuma suspeita fora levantada contra seu caráter, nem mesmo ante o assombroso anúncio da traição, no cenáculo. Ali, os discípulos surpresos com a notícia preferiram olhar para si mesmos como possíveis autores dessa infâmia, antes de apontarem para o "suspeito" Judas (Mt 26.20-22). Ao que parece, a imagem do tesoureiro do grupo sempre foi a de alguém desinteressado de si próprio e apegado ao bem comum, como faziam crer as palavras por ele pronunciadas em Betânia, diante da unção de Jesus por Maria.

Porém, por que Jesus e Seus seguidores mais íntimos necessitavam de um tesoureiro? E como o futuro traidor pôde preencher o perfil necessário para ocupar esse posto? O relato dos evangelhos deixa claro que, à medida que eram chamados, os apóstolos abandonavam seus ofícios e dedicavam-se integralmente à vida discipular aos pés de Cristo (cf. Mt 19.27; Mc 1.16-18 e Lc 5.11). Assim, ao se estabelecerem naturalmente como uma pequena comunidade, os doze (e talvez, durante algum tempo, parte dos setenta), ao lado do Mestre, passaram a sobreviver das ofertas generosas que recebiam daqueles que de perto os seguiam. Dentre os piedosos que colaboravam com as doações, encontravam-se algumas pessoas de posse, como Joana, mulher de Cuza, procurador de Herodes (Lc 8.1-3). Isso faz crer que o volume de ofertas captado não era de todo desprezível e

180 DOZE HOMENS, UMA MISSÃO

podia muito bem sustentar o grupo itinerante. Com o crescimento desses donativos, emergiu também a necessidade de se escolher alguém dentre os aprendizes de Cristo que assumisse o encargo da contabilidade coletiva. Essa honrosa tarefa, por mais paradoxal que a princípio pareça, recaiu sobre Judas, conforme registra João 12.6.

A Bíblia nada comenta a respeito da administração da bolsa comum, nem como Jesus ou os Seus discípulos escolheram Judas para tal ofício. Porém, essa eleição, além de reforçar o já comentado caráter insuspeito do traidor, admite a suposição de que ele dispunha de qualidades mínimas e específicas para a função. Porquanto, com a disponibilidade de um hábil e experiente contador como Mateus entre os doze, presume-se que Judas também fosse dotado de algum preparo intelectual que justificasse, enfim, sua escolha para o serviço.

O posto de destaque como administrador das finanças do grupo e suas contraposições de cunho supostamente filantrópico, como as de João 12.4-6, embora tenham feito Judas cativar a simpatia e o respeito de seus parceiros de discipulado, não o fez com Seu Mestre que, desde cedo, bem conhecia as intenções de seu coração. Jesus, cerca de um ano antes da traição e após duro discurso em que muitos dentre os setenta O abandonaram, traz aos doze remanescentes uma palavra assombrosa e de tom profético, cujo endereço permaneceria indecifrável por longo tempo (Jo 6.70):

"[...] Não vos escolhi a vós os doze? Contudo um de vós é diabo".

Embora conhecesse as motivações ocultas de Judas, Jesus todavia nunca o desmascarou diante de seus companheiros. Se o fizesse – deve-se novamente reconhecer – Pedro e seus parceiros tomariam suas próprias providências para que a propalada traição jamais se concretizasse. Observe que, ao ser indagado acerca do traidor (Mt 26.22,23), durante a última ceia, Jesus respondeu de maneira tal que os presentes continuaram ignorando sua identidade:

"[...] O que mete comigo a mão no prato, esse me trairá".

Durante suas refeições, como essa no cenáculo, os judeus não usavam talheres, mas "garfavam" seu bocado de comida usando um pedaço de pão, de uma mesma vasilha de alimento, como símbolo de unidade e comunhão. Assim, no momento em que Jesus responde à mórbida pergunta, é provável que vários discípulos estivessem fazendo a mesma coisa que Judas, apenas separados por lapsos de segundos, o que mantinha viva a dúvida no coração de cada um deles. Isso talvez explique por que, mesmo após essa indicação, os onze continuaram incertos quanto a quem dentre eles seria o traidor. Nem mesmo o cinismo de Judas trouxe sobre ele a desconfiança dos demais (Mt 26.25):

"Também, Judas, que o traía, perguntou: Porventura sou eu, Mestre?".

O BREVE APOSTOLADO DE JUDAS

Ao contrário dos demais apóstolos, Judas experimentou, em função de seu suicídio, um ministério limitado ao breve tempo em que esteve na companhia de Cristo, ou seja, algo em torno de três anos apenas. Todavia, a grande dúvida que envolve seu apostolado não diz respeito a sua duração, mas ao seu desempenho e eficácia propriamente ditos. Teria o futuro traidor experimentado o êxito ministerial ao lado de seus companheiros? Em algum momento, mediante sua intercessão, teriam sido saradas as enfermidades ou expulsos os demônios? Suas palavras teriam porventura trazido as consolações do Espírito aos que choravam e sofriam? Teria ele proclamado as boas-novas do Reino com a mesma contundência de seus parceiros de discipulado? Biblicamente, não há como afirmar que a ministração de Judas, nesse período do discipulado, tenha sido, sob qualquer aspecto, diferente daquela exercida por seus condiscípulos. Ele, tanto quanto os demais, foi alvo da autoridade concedida por Jesus sobre os espíritos imundos e de Seu poder para curar as enfermidades diversas, conforme se vê em Mateus 10.1 Por isso, essa mesma ordenança que capacitou Pedro e seus amigos, também ungiu as ações subseqüentes de Judas, por onde quer que ele tenha andado naqueles dias, como esclarece Marcos 6.12,13: "Então saíram e pregaram que todos se arrependessem; e expulsaram muitos demônios, e ungiam muitos enfermos com óleo, e os curavam".

No retorno da missão, o incontestável sucesso dos enviados deve ter feito Judas completar o coro das vozes que, jubilosas, exclamavam (Lc 10.17b): "[...] Senhor, em teu nome, até os demônios se nos submetem."

A participação ativa de Judas Iscariotes nas ações apostólicas é, por fim, atestada no sermão que Pedro introduziu a escolha de Matias para o posto do discípulo ausente, conforme Atos 1.17: "Pois ele era contado entre nós e teve parte neste ministério..."

No texto grego original, Pedro refere-se a Judas como alguém que obteve a mesma categoria espiritual dos demais discípulos, ou seja, alguém que, antes de perder-se por caminhos tortuosos, logrou reconhecimento em seu apostolado.

Esse breve sucesso ministerial de Judas, em contraste com o seu miserável desfecho, deveria trazer sobre todo seguidor de Cristo, quer neófito quer experimentado, uma profunda e constante reflexão sobre o valor da vocação cristã, de sorte que ela não fosse em nenhum momento banalizada, nem tampouco desprezadas as admoestações divinas acerca da necessidade de um viver probo, obediente e em constante temor (1Co 10.11,12; 1Pe 1.14-17). Afinal, que poder das trevas ou que profundeza pecaminosa da alma humana podem arrastar a um desejo tão vil e mesquinho, um indivíduo que saboreou, por algum tempo, tão sublime graça, fazendo-o desprezar, em função de um reles prêmio terreno, as bem-aventuranças eternas de uma vida com Deus? Essa mesma indagação levou, certa vez, um comentarista católico a registrar:

> A queda de Judas representa para nós uma advertência. Causa vertigem pensar que um homem bom, escolhido e preparado por Deus para realizar uma grande missão, um homem que conviveu intimamente com o próprio Jesus, e que tinha todas as condições para ser fiel até o fim e muito santo, tenha caído tão fundo.

Essa advertência torna-se ainda mais forte, se nos lembrarmos de que não foi só Judas que traiu. Os outros apóstolos também traíram o Senhor, embora de outro modo, e até o próprio Pedro (...) negou covardemente o Senhor.

Judas e Pedro. Duas histórias que nos colocam diante do mistério do mal, dos abismos de maldade que existem no coração de todo ser humano.

A TRAIÇÃO

Os dias que antecederam o momento da traição foram certamente de grande turbulência no íntimo de Judas. Afinal, como alguém próximo de Jesus, ele, por três longos anos, testemunhara tanto a riqueza dos ensinamentos quanto a sublimidade dos prodígios realizados por seu Mestre. Mais que isso, fora ele mesmo – como se viu – durante certo tempo, instrumento da bênção divina sobre outros. Por razões como essas, talvez a única certeza que o traidor tinha, ao prosseguir com aquela terrível maquinação, era a de não estar delatando um impostor ou um enganador do povo, como queriam fazer crer os astutos saduceus e escribas. Entretanto, à medida que o dia se aproximava, sua ganância encontrava na cobiça e na dissimulação suas maiores aliadas. Destarte, Judas, agindo com todo engano e malícia junto aos seus irmãos de fé, até momentos antes da última ceia, encontra nas palavras do Mestre (Jo 13.27b) o ímpeto que lhe faltava para a consolidação de seu intento:

"[...] O que fazes, faze-o depressa".

Certo erudito retratou assim esse momento crucial da vida de Judas, após a reunião no cenáculo:

Desiludido com Jesus, afagado pelos inimigos deste, ferido por uma repreensão e por fim desmascarado, Judas foi afundando cada vez mais no abismo, até tornar quase impossível o arrependimento.

184 DOZE HOMENS, UMA MISSÃO

Tem-se tentado compreender os pormenores bíblicos da trama que resultou na traição perpetrada por Judas. Porém, eles não são totalmente conclusivos. Os evangelistas Mateus e Marcos registram que o delator resolveu encontrar-se com os príncipes dos sacerdotes apenas pouco tempo após o episódio da unção de Jesus por Maria, em Betânia, quando os olhos de Judas inutilmente cobiçaram o bálsamo de trezentos denários. Teria sido um mero impulso pela frustração do momento ou uma decisão tomada após longo planejamento? Sabe-se que as autoridades religiosas de Israel, desde o ano anterior, já haviam decidido eliminar o Nazareno, quando tiveram notícia do inconteste milagre envolvendo a ressurreição de Lázaro (Jo 11.53). Todavia, como o Novo Testamento bem clarifica, nessa época, nenhum deles contava ainda com o apoio ou a promessa da delação de Judas (Jo 11.57): "Ora, os principais sacerdotes e os fariseus tinham dado ordem que, se alguém soubesse onde ele [Jesus] estava, o denunciasse, para que o prendessem".

É razoável crer que o sentimento egocêntrico e cobiçoso de Judas – que alguns consideram o motor de sua traição – estivesse em evolução há algum tempo, tendo em vista o que Jesus já dissera sobre ele anteriormente. Mas, não parece compatível com as Escrituras a idéia de que, previamente ao episódio de Betânia, Judas já andasse operando em comum acordo com os pérfidos anciãos de Israel. Pode-se pensar, portanto, que a tentação de trair seu Mestre – por qualquer que fosse a razão – era algo que já vinha acontecendo no coração de Judas, mas sua resolução de ceder a ela só ocorreu, segundo a Bíblia, após o evento na casa de Marta e Maria (Mt 26.6-16; Mc 14.3-11).

Ademais, alguns eruditos sugerem que não fora apenas a recompensa financeira o motivo da ação malévola de Judas. Dizem os tais que o plano da traição fora arquitetado desde o princípio de seu discipulado, com um propósito previamente definido. Entendendo que a mensagem e a popularidade de Jesus, de alguma maneira, representavam um perigo para a futura redenção de Israel, Judas teria decidido infiltrar-se entre os discípulos para, em um tempo oportuno, entregar o Nazareno nas mãos de Seus inimigos. A defesa dessa hipótese exige, entretanto, a crença de que o filho de Simão Iscariotes era uma espécie de membro enrustido da resistência judaica (como podem pensar os que defendem a ligação entre o seu sobrenome e o termo *sicarius*). Contudo, ainda que se tenha em Judas um tipo de zelote extremista – condição que as Escrituras não evidenciam – seria necessário definir exatamente que espécie de perigo Jesus representaria para a causa nacionalista de Israel, a ponto de se fazer necessário que um desses rebeldes se infiltrasse entre os discípulos. Estaria tal ameaça em Sua atitude de confronto com a classe rabínica e sacerdotal, tão influentes na vida social judaica? Ou na ausência de acepção mostrada por Ele para com os odiados gentios? Talvez houvesse outros pontos de tensão entre a atitude e o pensamento de Jesus e o que pregavam os rebeldes fanáticos da época. Mas, é muito pouco provável, pelo que mostra a Escritura, que alguém como Judas fosse um deles e que, mesmo tendo sido, pudesse arquitetar semelhante plano de infiltração no meio dos discípulos para, somente após três anos de árduo discipulado, trair Jesus.

Teólogos liberais, por sua vez, sugerem que Judas não foi o protagonista de uma traição individual e isolada, mas apenas parte de um complexo conluio envolvendo autoridades romanas e judaicas, que tinha como fim último a troca de prisioneiros, como o bandido Barrabás. A entrega de Jesus por Judas teria sido um mero ato de um plano político mais amplo, desde muito antes traçado e não originário no coração do discípulo. Judas, portanto, não seria seu mentor, mas seu simples executor. Para os que aceitam essa hipótese, o retrato de Judas como traidor aparece como produto de uma grosseira distorção da história cristã posterior. Todavia, crer nessa proposta liberal é, no mínimo, desprezar a historicidade e, por conseguinte, a confiabilidade do Novo Testamento, o qual, em nenhuma passagem deixa indícios – por mais ínfimos – de uma mancomunação política dessa amplitude. Ademais, em momento algum, as Escrituras sustentam a idéia de que a atitude delatória de Judas fora fruto de outra coisa além de sua própria disposição pessoal, embora dela pudessem se valer – como de fato se valeram – os principais sacerdotes e demais inimigos de Cristo.

Outra hipótese para a associação de Judas com Cristo e os doze e sua posterior traição, sugere que havia nele, a princípio, motivações sinceras como discípulo, porém mescladas a objetivos espirituais

186 DOZE HOMENS, UMA MISSÃO

impregnados de expectativas nacionalistas incompatíveis com o evangelho de Cristo. Judas Iscariotes fora, assim, apenas mais um dentre tantos milhares de judeus que ansiosamente suspiravam pela libertação nacional por intermédio de um soberano de divina procedência. Até aqui, isso não o tornaria muito diferente dos demais discípulos, visto que também estes esperavam um Jesus que, a qualquer momento, manifestaria Seu lado revolucionário e militante, com o que faria perecer os opressores romanos, restabelecendo a glória perdida de Israel. Contudo, a certa altura da caminhada, Judas teria se convencido de sua ilusão acerca do Nazareno. Percebendo que, de fato, Jesus não se tornaria o protagonista da tão esperada reviravolta política e da independência de Israel, o jovem discípulo teria decidido desertar, tirando proveito financeiro dos anos passados no discipulado, por meio da traição acordada com os principais dos sacerdotes. O Rev. Russell Shedd, em sua obra *O Mundo, A Carne e o Diabo* (p. 99), concorda com essa visão e explica:

> Quando esse discípulo finalmente percebeu que Jesus não tencionava lutar contra seus inimigos nem liderar qualquer movimento que o estabelecesse no poder, ficou profundamente decepcionado. Se o Senhor não assumiria o domínio político, para que todo aquele sacrifício e perigo? Justificou a traição com base na atitude generalizada: um movimento que não tem condições de prosperar não merece suor nem sangue. Ao contrário, 'é justo' tirar alguma vantagem enquanto há tempo.

Próxima ainda dessa linha de raciocínio, tem-se proposto também que Judas, como um revolucionário desencantado dos ensinos pacíficos de seu Mestre, teria, por fim, programado a delação para, no calor do tumulto que semelhante condenação envolveria, ver desencadeada a reação pública contra os romanos. A esse levante – cuidava ele – Jesus estaria constrangido a Se associar, manifestando, assim, a atitude messiânica que muitos esperavam Dele.

Se alguma dessas propostas for verdadeira, deve-se concluir que em nenhum dos discípulos – nem mesmo no ex-revolucionário Simão Zelote – a frustração por não ver em Cristo a concretização do sonho redentor de Israel tenha causado tamanha perturbação como em Judas.

Conforme descreve o evangelista, após acordo com a liderança sacerdotal, o traidor buscava a melhor oportunidade para entregar Jesus (Mt 26.16). A madrugada da Páscoa pareceu-lhe a ocasião propícia, pois sabia bem para onde Jesus se retiraria com os Seus (Jo 18.2). O jardim do Getsêmane era um local ermo, na subida do monte das Oliveiras, onde Jesus costumava despender horas refletindo e orando em companhia dos doze (Lc 22.39). Calmo e afastado do centro de Jerusalém, era o lugar ideal para a investida, pois manteria, tanto quanto possível, a captura do Nazareno sob conveniente discrição. A hora era avançada e não havia multidões de simpatizantes por perto. O traidor, sem dúvida, arquitetara bem seu plano.

Acionando os saduceus, Judas mobilizou a numerosa guarda do templo e outros indivíduos ligados aos anciãos do povo (Mt 26.47). O fato de seguirem fortemente armados sugere que havia a expectativa de alguma resistência física à frente. Afinal, Judas bem sabia que Simão Pedro e os filhos de Zebedeu não eram – pelo menos até aquela época – bons exemplos de indivíduos pacíficos. Atingindo o bosque, Judas distanciou-se brevemente do grupo, dirigindo-se com ares cínicos ao seu Mestre. Com um simples beijo, ele O identificaria dentre os demais, para que fosse tomado de assalto (Mt 26.48-49). Traindo Aquele com quem caminhou e viveu por três anos, Judas, enfim, cumpria seu intento. Porém, de agora em diante, se cumpririam sobre ele as dores profetizadas horas antes, no cenáculo (Mt 26.24): "Em verdade o Filho do homem vai, conforme está escrito a seu respeito; mas ai daquele por quem o Filho do homem é traído! Bom seria para esse homem se não houvera nascido".

O SUICÍDIO DE JUDAS

Uma vez consumada a traição, a tentativa de Judas compartilhar a responsabilidade de seu medonho ato com os principais sacerdotes e os anciãos (Mt 27.3,4) demonstrou-se vã no que se refere à suavização de seus tormentos. Seus cúmplices lançaram-lhe impiedosamente no rosto toda a iniqüidade que arquitetara contra seu Mestre (Mt 27.4): "Pequei, traindo o sangue inocente. Responderam eles [a Judas]: Que nos importa? Seja isso lá contigo".

As palavras de indiferença dos frios sacerdotes soaram para Judas como uma sentença de morte que urgia ser cumprida por suas próprias mãos. A sacola com as trinta moedas de prata – preço médio de um escravo – tornara-se insuportavelmente pesada para a sua já demolida consciência. Atirá-la subitamente aos pés de seus cúmplices foi o derradeiro ato de um coração que se desesperara com a vida. O redemoinho abismal de culpa e remorso tragou, enfim, o que restava de seu equilíbrio psíquico e o fez precipitar-se em uma obsessão autodestrutiva irrefreável e satanicamente orientada (Mt 27.5).

Pendendo desfigurado sob uma árvore, o discípulo pintou com tons mórbidos o quadro final de sua amargura e desespero, joios mortais que germinaram em seu coração e corromperam sua consciência. Ao atar o nó ao pescoço, a alma de Judas carecia do único sentimento que poderia salvá-lo, aquele mesmo a que Pedro se entregou após a negação de Cristo (Mt 26.75). Ao contrário do arrependimento genuíno, que produz vida na alma sincera, Judas sorveu o fel do ressentimento e do remorso, que só fazia aumentar o já insuportável peso da condenação (2 Co 7.10,11):

"Porque a tristeza segundo Deus opera arrependimento para a salvação, o qual não traz pesar; mas a tristeza do mundo opera a morte".

Em seu livro *Tentação*, o famoso teólogo e mártir Dietrich Bonhoeffer, sugere que Judas fora acometido pelo *desperatio*, uma destrutiva condição de alma à qual – segundo o pensador luterano – alguns pecadores se entregam e na qual já não mais crêem na possibilidade do perdão divino para si mesmos. Para Bonhoeffer, além de trair o Filho do homem, Judas ao entregar-se ao *desperatio* tentava a Deus, duvidando acintosamente do poder salvífico de Sua misericórdia (p. 57):

... desesperando em relação a Deus, [o pecador] não quer mais dar ouvidos à Sua Palavra. E esse desespero haverá de alcançá-lo ou no pecado da blasfêmia ou na autodestruição, chegando ao extremo do desespero, o suicídio, como Saul e Judas [...]. Em uma postura de ingratidão, de desobediência e de desesperança, o ser humano se obstina contra a graça de Deus. [...] A promessa de Deus em Cristo não basta mais.

À traição de Judas subjaz uma pergunta relevante: se é que existe, qual seria o limite do perdão divino? O triste fim que o discípulo impôs sobre si próprio não o torna a melhor fonte para a resposta a essa pergunta. Mas a história humana dispõe de bons exemplos que ajudam a reflexão sobre o tema. O nazismo foi, sem dúvida, uma das maiores expressões da crueldade humana que a História registrou. Em nome dele e da pseudociência que o respaldava, milhões pereceram nos seis anos da Segunda Guerra, inclusive o próprio Dietrich Bonhoeffer. Olhando para a obra nefanda de seus mentores, muitos de nós – se perguntados – afirmaríamos contundentemente não ter havido para eles lugar na misericórdia divina, tamanha a dimensão e a gravidade de seus pecados. Sabe-se, no entanto, pelo testemunho de um devotado pastor estadunidense que os assistiu no tribunal de Nuremberg, que três deles, Johaquim von Ribentropp, Wilhelm Frick e Wilhelm Keitel – responsáveis diretos pelo extermínio de milhões de judeus – confessaram seus pecados e, sob contrição de arrependimento, aceitaram o senhorio de Cristo e Sua bendita salvação. Sim, o perdão divino sobrepuja o maior dos pecados humanos e é infinitamente capaz de restaurar os corações! Se houve redenção para os inomináveis carrascos nazistas, e se Cristo intercedeu pelo perdão até mesmo de seus próprios exatores (Lc 23.34), teria certamente havido esperança para o delator do Filho de Deus, se, em vez de entregar-se ao *desperatio* e acatar a condenação luciferiana, houvesse confiado Naquele cuja misericórdia dura para sempre (Sl 100.5).

RECONCILIANDO AS NARRATIVAS SOBRE SUA MORTE

Judas Iscariotes e Tiago Maior são os únicos discípulos dos quais o Novo Testamento registra o fim. De Tiago, sabe-se ter sido decapitado,

190 Doze homens, uma missão

em 42 d.C., por ordem do megalomaníaco Herodes Agripa (At 12.1,2). Contudo, no caso da passagem de Judas, as informações apresentam algumas dificuldades textuais que obscurecem seus últimos momentos. A começar pelo destino da própria recompensa que recebera pela delação. Em Atos 1.18, Pedro testemunha, em seu sermão no cenáculo, que o funesto discípulo "[...]adquiriu um campo com o salário da sua iniqüidade". Mateus, ao contrário, afirma que Judas, sob peso do remorso, devolveu as 30 moedas de prata aos anciãos do templo, pouco antes de suicidar-se (Mt 27.5). Ora, como poderia Judas ter adquirido um imóvel se sua paga fora antes devolvida aos seus aliciadores? O dr. Gleason Archer, em sua *Encyclopedia of Bible Difficulties* [*Enciclopédia de dificuldades bíblicas*] (p. 344), propõe duas soluções para a aparente contradição. Primeiramente, existe a possibilidade de Pedro estar se referindo a algo que Judas apenas intentou fazer com o lucro de sua infidelidade. O traidor teria se antecipado e fechado negócio com o proprietário do terreno que visava a adquirir com seu ganho ilícito, embora, no último momento, consumido pela amargura, tenha preferido devolver o dinheiro a concretizar a compra.

Archer sugere ainda que Pedro poderia estar se referindo, com ironia, ao fato de Judas ter realmente adquirido o pedaço de terra que cobiçava com o preço da traição, mas, ao fim, obteve com ele não um terreno para morar, e sim para sua própria sepultura! Archer ressalta que o termo grego *chorion*, traduzido aqui por "campo" ou "terreno" se aplicaria perfeitamente a um local de sepultamento.

Ambas propostas de Archer não esgotam as dúvidas, apenas apontam alternativas. Porém, é pouco provável que Pedro, em seu discurso, ironizasse uma situação tão trágica e que, por ser recente, ainda doía em seu coração e no de seus colegas. O que se sabe, com segurança bíblica, é que tanto o registro de Mateus, no evangelho, quanto o de Lucas, em Atos, concordam que a soma envolvida na traição foi usada para a aquisição de um campo denominado Acéldama, ou Campo de Sangue, para servir de cemitério para os estrangeiros (Mt 27.7). O evangelista diz que este foi comprado pelos sacerdotes, em consenso, com os siclos devolvidos pelo traidor, visto que não ousariam lançar o montante como oferta no templo, por se tratar de dinheiro maldito

(Mt 27.6-8). Lucas, autor de Atos, em contrapartida, afirma ter sido o próprio Judas o agente da compra, testemunho que coloca à prova o registro de Mateus. Embora o impasse pareça de difícil solução, uma saída mais simples seria aceitar que, de fato, os sacerdotes realizaram a aquisição, conforme diz o evangelho, mas, ao mesmo tempo, reconhecer que, quando Pedro, em Atos, aponta Judas como comprador, na verdade ele fala do resultado final da obra do traidor, ou seja, de que com o preço de sua infidelidade, foi comprado – ainda que não por ele pessoalmente, mas por seus cúmplices – um terreno de triste memória chamado Acéldama.

O que permanece na obscuridade é a real origem do termo "Campo de Sangue" ou "Acéldama". Pelos textos de Mateus e de Lucas, não há como definir se o terreno foi assim denominado em função do que se sucedeu ali a Judas (que, curiosamente, teria se matado no próprio campo que desejava comprar!) ou se foi assim batizado mais tarde, pelos iníquos sacerdotes, em razão de ter sido transformado em um cemitério de forasteiros.

O quadro do suicídio em si também reserva alguns detalhes confusos que demandam uma atenta investigação. Novamente, tem-se aqui um contraste entre os textos de Mateus e de Lucas. Este último, registra assim o sermão de Pedro sobre a morte de Judas (At 1.18b – 19a):

> "... e precipitando-se, caiu prostrado e arrebentou pelo meio. E tornou-se isto conhecido de todos os habitantes de Jerusalém".

Mateus, a princípio, não dá qualquer indício de que algo tão macabro tenha ocorrido durante o suicídio de Judas (Mt 27.5): "E tendo ele atirado para dentro do santuário as moedas de prata, retirou-se, e foi enforcar-se."

Porém, ainda aqui, apesar de aparentemente distintas, as narrativas neotestamentárias são perfeitamente reconciliáveis. O verbo grego empregado no relato de Mateus (*apenxato*, aoristo de *apancho*) dá a idéia de que Judas, valendo-se de um galho de árvore, apertou um nó ao redor de seu pescoço e saltou em direção ao vazio e para a morte. O evangelista, portanto, encerra sua descrição do suicídio de

Judas com a cena do enforcamento, sem dar importância ao horrível incidente que pode ter se seguido a ele. Já o autor de Atos, por outro lado, mostra que Pedro, no discurso do cenáculo, tem em foco não o ato do enforcamento em si, mas a cena macabra subseqüente, algo que, de tão aterrador, ficou gravado na memória daqueles que o testemunharam. O resultado da junção de ambas as descrições é a sugestão de que Judas, de fato, matou-se por enforcamento, conforme registra Mateus. Entretanto, o galho da árvore na qual o traidor se pendurara, projetado que estava sobre algum precipício, por alguma razão desconhecida, rompeu-se, lançando ribanceira abaixo o corpo de Judas, que, portanto, acabaria mutilado pelo impacto da queda. O verbo "romper" (gr. *lakeo*) empregado por Lucas no discurso de Pedro, sugere também a idéia de "estourar", implicando que o corpo do traidor, ao despencar, possa ter colidido com algum objeto contundente – um tronco de árvore ou talvez uma rocha – e se dilacerado, deixando expostas suas entranhas.

Como não podia deixar de ser, o nebuloso fim de Judas foi cenário para muitas especulações e fantasias ao longo da antiga história eclesiástica. Uma versão tão estranha quanto curiosa do ocorrido é fornecida por Papias de Hierápolis, um dos grandes nomes do cristianismo do século 2. Em sua *Exposição dos oráculos do Senhor* – de cujo conteúdo só restaram fragmentos – o autor patrístico acrescenta:

> Judas andou por esse mundo como um triste exemplo de impiedade. De tal maneira inchou-se em sua soberba, que já não podia passar por onde as carroças facilmente transitavam. Foi, portanto, esmagado por uma delas, de sorte que suas entranhas se derramaram.

Outra visão heterodoxa para o suicídio de Judas é proposta pelo controvertido autor patrístico Orígenes, que viveu no século 3 d.C. Em um de seus textos, o mestre alexandrino se propõe a afirmar que o traidor, arrependido de seu ato, teria tirado a própria vida para encontrar-se com Cristo na eternidade e, assim, rogar-Lhe misericórdia pela estulta traição (*In Matt.*, tract. xxxv).

JUDAS, EXALTADO PELOS TEXTOS APÓCRIFOS

A perturbadora história do traidor, com seu final trágico e discrepante, tem alimentado, desde tempos distantes, construções espirituais as mais bizarras. Mestres da era patrística, poderosos no combate às heresias, como Irineu de Lyon (*Adv. Haer.*, I), Tertuliano de Cartago (*Praesc. Haeretic.*, xlvii) e Epifânio (*Haeres.*, xxxviii) registraram o aparecimento, nos primeiros dois séculos da era cristã, de um estranho grupo gnóstico conhecido como cainita. Segundo se conta, os cainitas reverenciavam a Judas, em detrimento de Nosso Senhor, pois diziam que o traidor fora um espírito iluminado, um instrumento divino para libertar o homem do mundo físico, sendo o agente responsável por precipitar a morte redentora de Cristo. De modo geral, os cainitas – como todos os gnósticos – aborreciam a realidade material ou física. Para eles, a criação era uma espécie de aborto da divindade, uma obra acidental e maligna do Demiurgo, o *éon* corrompido de uma intrincada genealogia espiritual. Assim, como instrumento de Sofia – *éon* representante da sabedoria divina –, Judas, sábia e oportunamente, traiu Jesus, logrando com isso libertá-lo, na morte, da indesejável "prisão" corpórea, estendendo, por conseguinte, os benefícios desse sacrifício a toda a humanidade.

Outra lenda medieval marcada pela curiosa abordagem a Judas encontra-se no apócrifo *Evangelho de Barnabé*. Ali, o autor medieval preconiza que o próprio traidor fora capturado no Getsêmane e, a seguir, crucificado no Gólgota, e não Jesus. Por uma intervenção sobrenatural, no momento em que perpetrava a traição, em companhia dos soldados, o aspecto de Judas subitamente assumiu a mais perfeita semelhança física de seu Mestre. Tão fiel e detalhada fora a mudança que mesmo os demais discípulos e a própria mãe de Jesus não o puderam perceber. Favorecido com o equívoco, Jesus teria, desse modo, ascendido aos céus, livrando-Se do suplício que coubera ao infeliz delator. Após três dias da crucificação, o corpo de Judas teria sido roubado da tumba, dando origem aos "rumores da ressurreição de Cristo". Vindo a saber do que se sucedera, Jesus rogou ao Pai que O enviasse de volta a terra, para informar pessoalmente aos Seus sobre os acontecimentos. Reunindo, portanto, Sua mãe e todos os Seus discípulos – diz o curioso texto – Jesus explicou-lhes os fatos, resgatando-lhes a alegria perdida. Tendo feito assim, voltou à Sua glória, no terceiro céu, aguardando o tempo em que retornará como supremo juiz sobre a terra.

A apologia a Judas, encontrada em antigos segmentos gnósticos como o dos cainitas, está sendo revisitada por alguns movimentos intelectuais e artísticos da modernidade. Um exemplo na Sétima Arte é o musical *Jesus Christ Superstar*, de Andrew Lloyd Webber, em que o traidor aparece como um discípulo coerente, honesto, que ama seu Mestre, crê em Seus ensinos e que, enfim, toma a difícil decisão de traí-Lo motivado por uma causa justa. Referências positivas ao discípulo perdido podem também ser facilmente encontradas em algumas sombrias produções musicais de *hard rock* como as de *Judas Priest* (em que o traidor inspirou o próprio nome da banda), *Iron Maiden*, *Blind Guardian* entre outros, e nas letras de autores como Bob Dylan e Raul Seixas

AS ESPECULAÇÕES FILOSÓFICAS SOBRE OS FEITOS E O DESTINO DE JUDAS

A vida e a obra de Judas dificilmente podem ser analisadas à parte de questões profundas e subjetivas como a predestinação, o livre-arbítrio e a teodicéia, que visa a conciliar a onipotência e a bondade divinas com a existência do mal no mundo. As controvérsias ligadas a Judas há muito ocupam a reflexão de católicos e de protestantes, tanto calvinistas quanto arminianos, liberais ou conservadores. E não apenas desses e de outros grupos nominalmente cristãos, mas também de adeptos de religiões diversas, de seitas místicas, de esotéricos, de filósofos, de livre-pensadores e, até mesmo, de céticos e de agnósticos. Todos se sentem, vez por outra, atraídos a refletir e opinar sobre a vida e o destino espiritual do traidor mais famoso da História.

A principal questão levantada por alguns pensadores modernos diz respeito às implicações da predestinação de Judas como traidor, profetizada não apenas por Jesus nos evangelhos, mas também em passagens veterotestamentarias como Salmos 41.9 e Zacarias 11.12,13.

Dizem eles que, se Judas foi, de fato, previamente designado a trair Jesus, não tendo controle absoluto sobre suas próprias decisões, então não poderia ser responsabilizado moralmente por seu ato, tampouco ser condenado à perdição em função dele. O maior teólogo da Baixa Idade Média, Tomás de Aquino, comenta na *Summa Theologica* a natureza desse impasse filosófico, ressaltando a diferença entre a presciência divina e a predestinação, mostrando que a primeira reconhece a onipotência e a soberania do Altíssimo sem, entretanto, eliminar completamente a existência do livre-arbítrio humano.

Os críticos mais radicais da fé cristã também se valem das controvérsias filosofais relativas à biografia de Judas para se encastelarem em seu ceticismo. Ora – questionam estes –, se Judas foi, como se crê, condenado ao inferno por trair Jesus, sendo que tal delação foi o passo decisivo para a Sua morte redentora, segue-se que Judas está sendo injustamente punido nas regiões infernais por ajudar na redenção humana.

O coração refratário à Palavra divina sempre tenderá a ver no apostolado desastroso de Judas motivos para zombar do cristianismo. Não é de admirar, portanto, que divagações filosóficas como as supracitadas, que multiplicam suas dúvidas *ad aeternum*, não levem senão à própria incredulidade os que a elas se devotam.

Àquele, entretanto, que vê nas Escrituras o leme espiritual inerrante, resta olhar para a saga do triste Judas com permanente temor. Deve ele rejeitar, com veemência, as caricaturas apostólicas que fazem do traidor uma espécie de monstro travestido de discípulo, ou – como pregam outros textos apócrifos antigos – um endemoninhado desde a infância, que nunca sequer atentou para uma única palavra Daquele que fingia seguir. A tendência tradicional de exagerar seus erros e defeitos, desenhando nele um perfil distinto do homem comum, tira ao cristão o ensino que sua tragédia deixou. Olhar para Judas desapaixonadamente é reconhecer – para o assombro de tantos! – que nele pode ter havido, no princípio, um discípulo honesto, um companheiro íntimo de Jesus, conforme predisse o salmista (41.9) e atestou Pedro no cenáculo (At 1.17). De sua horrível experiência, fica a lição inquietante de que uma barreira pode ser contraposta ao divino na carreira de um verdadeiro vocacionado; um muro não erigido pela única e gigantesca penha do pecado isolado ou daquela transgressão inaudita e assombrosa aos olhos humanos. Mas do gradual ajuntar de pedriscos de escândalo, seixos pecaminosos que, ano após ano, vão se acumulando em uma vida cristã divorciada da contrição e da devida valorização do chamado e da graça de Deus.

Se, na vida de Judas Iscariotes, a torpe ganância constituiu, de fato, o elemento principal que culminou em sua derrocada de alma – como faz pensar a narrativa do evangelista João –, permanece, mais que nunca, a dura advertência de Paulo sobre os perigos inerentes a esse apego (1Tm 6.10): "Porque o amor ao dinheiro é raiz de todos os males; e nessa cobiça alguns se desviaram da fé, e se traspassaram a si mesmos com muitas dores".

UMA VAGA A SER PREENCHIDA

Judas se foi, vítima de seus próprios descaminhos. O pesar por sua tão inesperada passagem cedia lugar agora à necessidade urgente de se recompor o rol dos doze e dar prosseguimento ao testemunho de Cristo. Era mister que outro aprendiz do Mestre tomasse o lugar daquele que se perdeu. Em seu livro *The Apostles* [*Os apóstolos*], o dr. Donald Guthrie comenta, com muita propriedade, as circunstâncias que envolveram a decisão de se preencher a lacuna deixada por Judas e algumas de suas conseqüências imediatas (At 1.15-26):

> Dentre os dias que os discípulos empreenderam orando e aguardando a vinda do Espírito Santo, o mais notável foi aquele no qual decidiram completar a vaga resultante da defecção de Judas.
>
> Pedro foi quem suscitou a questão, e a maneira como o fez é digna de nota, uma vez que evidencia a perspectiva pela qual os discípulos viam a carreira apostólica. A esse ofício era atribuída tal importância que seu significado não podia ser dissociado nem mesmo de seu número original, estabelecido por Jesus. Como judeus, os discípulos certamente conferiram alguma

relevância simbólica ao número doze, como correspondente das tribos de Israel. Mesmo os judeus sectários de Qumram, no deserto da Judéia, contavam com um concílio de doze anciãos. Entretanto, a causa mais provável, segundo a qual os apóstolos insistiram na permanência dos doze, foi devido ao peso da autoridade que o próprio Senhor Jesus deu a ele...

O fato mais significativo sobre a referência de Lucas quanto ao fim de Judas está no apelo de Pedro às Escrituras, como garantia de que aquele posto deveria ser preenchido. Pedro reconhece que aquilo que as Escrituras dizem é o que fala o Espírito. Ele, portanto, apela aos Salmos 69 e 109, os quais, embora de autoria atribuída a Davi, são compreendidos como a voz do Espírito. Essa visão acurada do Antigo Testamento está refletida em outras passagens da narrativa lucana...

Os dois salmos certamente não se referem a Judas, mas, uma vez que Davi representa uma alegoria do Messias, seus inimigos são identificados como tipos dos inimigos de Jesus. [...] De tal maneira estavam os apóstolos conscientes da relevância do cumprimento das Escrituras que, mesmo diante de uma eleição para tal ofício, consideravam imperativo apelar para elas, o que por sua vez demonstra a importância que atribuíam ao encargo apostólico.

O enfoque sobre a elegibilidade para o exercício do apostolado é de grande importância. Dirigidos pelo propósito de determinarem um substituto para Judas com base nas Escrituras, eles depararam, a princípio, com a questão relativa às prerrogativas essenciais para o ofício apostólico. Isso se deveu, basicamente, pelo fato de nenhum deles ter tido a experiência de escolher apóstolos anteriormente; Jesus o havia feito. Provavelmente, essa foi a ocasião propícia para considerar as razões pelas quais o Mestre os tornou Seus escolhidos. Até essa época, a única e óbvia qualificação que podiam encontrar para tal era o fato de que todos eles seguiram a Jesus desde

198 DOZE HOMENS, UMA MISSÃO

os dias da pregação de João Batista até o momento de Sua ascensão aos céus.

Pedro sugere, portanto, que essa mesma qualificação seja requerida para o complemento da vaga. É óbvio que semelhante exigência limitaria severamente o universo de escolha...

Assim, apenas dois homens satisfaziam as exigências determinadas: José Barsabás e Matias. Tornou-se, portanto, necessário o estabelecimento de algum método de escolha. Todos eram unânimes em crer que a eleição de um apóstolo se constituía em uma tarefa divina, e não humana, por isso consagraram a Deus, em oração, todo o procedimento para a escolha. Os discípulos eram sinceros quanto a querer, por intermédio do lançamento de sortes, que a vontade de Deus se cumprisse em resposta às suas orações. Esse procedimento, todavia, acabou por suscitar alguns problemas. Como poderiam eles saber se o método usado conferia com a vontade divina? Eles poderiam, por certo, apelar para o exemplo veterotestamentário, no qual o ato de se lançar sortes revelava o propósito de Deus (Pv 16.33). Todavia, é importante observar que a Igreja primitiva não deu continuidade a essa prática. De fato, ela é mencionada exclusivamente nessa passagem do livro de Atos. É possível que os apóstolos tenham, na época, aprendido que a era cristã possuía soluções mais excelentes que o Urim e Tumim do Antigo Testamento (cf. 1Sm 14.41) e que esta presente era seria definitivamente regida pelo Espírito Santo, Aquele que Jesus prometeu ser o Guia infalível.

Alguns comentaristas mais críticos do episódio de Atos reputam que a eleição de Matias para a vaga apostólica foi precipitada, alegando, sobretudo, o caráter duvidoso do método utilizado para sua escolha, conforme observou o dr. Guthrie. Ademais – relembram eles – há que se considerar ainda tanto o silêncio absoluto do Novo Testamento acerca de sua carreira discipular, quanto a rara atenção da história eclesial sobre o seu ulterior apostolado.

Por fim, eles lembram o surgimento do grande Paulo de Tarso, figura que se tornaria o maior vulto da teologia cristã em todos os tempos.

No entanto, fechar, assim, a questão quanto à precocidade da escolha de Matias é pouco recomendável, ainda que sua biografia permaneça imersa no silêncio das Escrituras e seus feitos, no encargo apostólico, não tenham ecoado com tanta ressonância ao longo da tradição cristã. Basta lembrar que vários dos doze primeiros, igualmente, passaram pela História deixando pouquíssimos rastros de seus ministérios. Sobre vários deles, as Escrituras não vão além de breves citações nominais. Ademais, o que se sabe pela tradição eclesiástica acerca da carreira de Simão Zelote, Tiago Maior e, especialmente, Tiago Menor, não supera em muito o que se conhece sobre Matias.

São diversas as razões que podem ter determinado a obscuridade histórica do substituto de Judas. Considere-se, por exemplo, as missões por regiões pouco conhecidas ou extremamente afastadas dos centros desenvolvidos e a povos cuja cultura foi, por fim, devastada e cujo desaparecimento teria levado também os vestígios de algum trabalho apostólico. Deve-se considerar, ainda, a possibilidade da morte ou do martírio prematuro, sem o benefício do registro bíblico, como ocorreu com Tiago Maior.

Nem todos os eruditos de peso concordam com a idéia de que a eleição de Matias no cenáculo fora um equívoco dos discípulos. McBirnie, um desses, dá sua impressão sobre a polêmica envolvendo o escolhido (*op. cit.*, p. 241):

> Alguns eruditos como David Smith e Campbell Morgan questionam o modo de sua escolha. Devido ao silêncio das Escrituras com relação ao seu ministério posterior, concluíram que os onze se precipitaram ao eleger Matias. Eles argumentam que Paulo é quem deveria ter sido escolhido e que os discípulos se adiantaram à direção do Espírito. Não se deve, entretanto, acatar essa idéia como verdadeira. A conversão de Paulo não se sucedeu senão muitos anos após a data da escolha de Matias, e o ministério de Paulo como apóstolo deu-se ainda mais adiante

200 Doze homens, uma missão

no tempo. Paulo teve de permanecer por anos em Tarso, em completa obscuridade até se tornar um missionário. Por esse tempo, Tiago Maior foi assassinado por Herodes, deixando, assim, outra vaga entre os doze. Paulo nunca foi aceito como um dos apóstolos originais e, de fato, tampouco poderia ser, uma vez que não conheceu Jesus segundo a carne.

MATIAS, O DÉCIMO TERCEIRO APÓSTOLO

Se os setenta sequazes que orbitavam o rol dos mais próximos de Jesus se achegaram ao discipulado por sua própria iniciativa, pode-se presumir que Matias, tendo sido um daqueles e vindo a ser eleito apóstolo, curiosamente, pode ter sido o único dos doze a não ser chamado diretamente pelo Mestre, mas pelas mãos de seus próprios companheiros. Exceto pelo episódio de sua escolha em Atos, são praticamente inexistentes as informações bíblicas acerca desse a quem os discípulos elegeram o suplente de Judas. Se o Novo Testamento se cala a respeito dele, por outro lado, a tradição eclesiástica não deixou que esse silêncio perdurasse. Lendas antigas e medievais registraram alguns vestígios que permitem ao estudioso atual vislumbrar alguns dos passos de Matias no glorioso caminho apostólico. É verdade, entretanto, que muita confusão foi produzida, ao longo dos anos, ao se tentar identificá-lo com algum personagem bíblico. Foi, por alguns, associado a Natanael, o mesmo citado no texto de João. Clemente de Alexandria, por curioso que pareça, diz ter sido ele o mesmo excoletor de impostos chamado Zaqueu, que aparece se convertendo, no evangelho de Lucas.

Porém, a despeito dessas especulações, o grande historiador Eusébio reitera a idéia de que o suplente de Judas estava entre aqueles setenta discípulos enviados por Jesus. Se for assim, talvez a missão registrada em Lucas 10.1 tenha sido a ocasião perfeita para Matias passar de incógnito e distante aprendiz a discípulo cujas evidente virtude espiritual e qualidades, mais tarde, fariam seu nome despontar como a escolha mais coerente para o posto deixado por Judas: "Depois disso designou o Senhor outros setenta, e os enviou adiante de si, de dois em dois, a todas as cidades e lugares aonde ele havia de ir".

De fato, o perfil traçado por Pedro para aquele que devia ser eleito o substituto de Judas não deixa alternativa para a origem bíblica de Matias, senão entre os setenta que andavam próximos de Jesus e Seus discípulos (At 1.21-23): "É necessário, pois, que dos varões que conviveram conosco todo o tempo em que o Senhor Jesus andou entre nós, começando desde o batismo de João até o dia em que dentre nós foi levado para cima, um deles se torne testemunha conosco de sua ressurreição".

Desse modo, parece claro nas Escrituras que Matias, de onde quer que tenha surgido, andava vizinho a Jesus e a Seus discípulos. Embora muitos, ou mesmo quase todos, dentre os setenta tenham virado as costas ao Mestre, após o duro discurso registrado em João 6.60-69, Matias, contudo, parece ter permanecido fiel e impassível. Essa persistente proximidade conferiu-lhe a experiência necessária para o êxito de seu futuro ministério em lugares distantes. Seguro disto, McBirnie propõe o seguinte perfil para o décimo terceiro discípulo (*op. cit.* p. 246-247):

> Como um dos primeiros seguidores de Jesus, tornou-se proeminente dentre os setenta. Ele parece ter acompanhado os doze em numerosas ocasiões e pode muito bem ter sido, a princípio, mais um dentre os discípulos de João Batista, assim como João e André. Com razão, foi eleito para ocupar o lugar de Judas imediatamente após a ascensão de Jesus. Portanto, Matias estava presente em Jerusalém no dia de Pentecostes, participando ativamente dos turbulentos dias de expansão da Igreja primitiva. Como judeu, Matias provavelmente deixou Jerusalém para dirigir-se à distante parcela judaica da diáspora.

A história da milenar igreja da Armênia aponta também Matias como um dos evangelistas pioneiros naquela região, ao lado dos tão celebrados André, Bartolomeu, Judas Tadeu e Simão Zelote. Outras lendas mencionam ainda possíveis campanhas missionárias

202 DOZE HOMENS, UMA MISSÃO

do apóstolo a Damasco, na Síria, e a várias regiões da Macedônia.
Uma antiga citação martirológica afirma que, após ter retornado
dali, Matias fora apedrejado e depois decapitado por mãos judaicas
em Jerusalém, entre 61 e 64 d.C.

Doroteu, bispo de Tiro, registra em sua *Synopsis* [*Sinopse*], que
o martírio do apóstolo deu-se em Sebastopolis, nas proximidades
do templo do sol. O local hoje transformou-se na grande cidade
de Sevastopol, na Ucrânia, às margens do mar Negro, na costa da
Península da Criméia. A campanha de Matias àquelas regiões pode
ser também confirmada nos escritos do historiador Nicéforo, outro
testemunho de importância milenar. O patriarca de Constantinopla
afirma que o apóstolo pregou aos canibais da "Etiópia", termo empregado para significar a região de Colchis, no Cáucaso, onde hoje
estão situadas a Ucrânia e a Geórgia.

> "Depois disse a
> Tomé: Chega aqui
> o teu dedo, e vê as
> minhas mãos; chega a
> tua mão, e mete-a no
> meu lado; e não mais
> sejas incrédulo, mas
> crente."
> *João 20.27*

TOMÉ

Devemos ao evangelho de João a maior parte das informações bíblicas que temos acerca desse que é conhecido como o *discípulo da incredulidade*. Sua eleição apostólica também está registrada nas passagens sinópticas de Mateus 10 e paralelas.

O termo hebraico Tomé significa *gêmeo*, assim como a palavra grega Dídimo, pela qual o apóstolo também era chamado (Jo 11.16; 20.24; 21.2).

As freqüentes alusões a Tomé, da parte de João, podem ser um sinal de que o evangelista o conhecia anteriormente ao discipulado, já que ambos eram procedentes do mesmo lugar (embora algumas tradições apontem Antioquia da

Síria como lugar de origem de Tomé). A passagem de João 21.1-4, em que o vemos pescando no mar da Galiléia, em companhia de Pedro, Natanael e os filhos de Zebedeu, durante a terceira aparição do Cristo ressurreto, sugere que Tomé também exercia esse ofício, tradicional dos moradores daquela região. Diante dessas circunstâncias, torna-se justificável pressupor a existência de uma amizade entre Tomé e João, anterior à vocação de ambos apóstolos. Adotaremos essa pressuposição na análise biográfica que faremos a seguir acerca de Tomé.

Eusébio, famoso historiador cristão do século 4, baseado em fontes não reveladas, deixou registrado que o verdadeiro nome de Tomé era Judas. Embora se desconheça a origem e, portanto, se questione a consistência dessa informação, não é de todo improvável que o termo Tomé realmente significasse o sobrenome do apóstolo, enquanto Dídimo era a forma gentílica pela qual era tratado, já que o grego era popularmente utilizado na Galiléia. Temos ainda a possibilidade de que Judas fosse seu nome original, e Tomé, seu nome de discipulado, como vemos ocorrer nos casos de Pedro e Mateus (cf. Mt 16.18 e Mc 3.17).

Estimuladas pelo significado do nome Dídimo, muitas tradições, na tentativa de identificar o suposto irmão (ou irmã) gêmeo de Tomé, surgiram. Dentre as muitas lendas preservadas pelos séculos, destaca-se a que menciona certa Lídia como sua irmã gêmea. Outra, particularmente improvável, propõe a associação de Tomé ao personagem Judas citado em Mateus 13.55 – *um dos quatro irmãos do Senhor*! A impropriedade teológica dessa sugestão reside no ato de que, segundo as Escrituras, nenhum dos irmãos sangüíneos de Jesus creu Nele antes de Sua morte e ressurreição, como vemos em João 7.5.

UMA PERSONALIDADE MARCANTE

As referências bíblicas a Tomé, conquanto sejam mais numerosas que as da maioria dos discípulos, são insuficientes para uma diagnose precisa de sua personalidade, excetuando-se, naturalmente, as narrativas que deixam transparecer certos traços de pessimismo e de incredulidade em seu temperamento, como veremos em detalhes, mais adiante. É interessante observarmos a opinião do dr. McBirnie a respeito das características pessoais desse discípulo (*op. cit.*, 142):

> As escassas referências bíblicas que o destacam dentre os doze parecem indicar um homem questionador e incrédulo. [...] Tomé possuía uma natureza que continha em si mesma certos elementos conflitantes e excessivamente difíceis de serem conciliados: uma peculiar vivacidade de espírito e, concomitantemente, uma inclinação natural que o fazia, com freqüência, enxergar a vida sob uma perspectiva de frieza e desalento. Ainda assim, Tomé era um homem de coragem indomável e de traços marcantemente altruístas.

Todo esse dualismo presente na alma do apóstolo parece saltar das linhas bíblicas em cenas como as de João 11.1-16, em que encontramos Jesus declarando sua intenção de voltar à Judéia, no intuito de auxiliar o moribundo Lázaro. Os discípulos, atemorizados diante da possibilidade de perseguição por parte dos judeus, tentam dissuadi-lo da idéia, enquanto são surpreendidos pelo convite de Tomé:

> "Vamos nós também, para morrermos com ele".

Um repente de coragem ou apenas uma colocação irônica? Não sabemos com certeza. Talvez, mais que qualquer um desses extremos, o convite de Tomé revele uma natureza ansiosa e inquieta que lhe valeu, mais tarde, o peso de um estigma que os séculos não apagaram. Alguns comentaristas bíblicos, no episódio da noite em que Jesus foi traído, vêem outro indício da tão propalada incredulidade de Tomé. Na ocasião, enquanto o Mestre consolava o coração aflito de Seus seguidores, mostrando-lhes que estava prestes a lhes preparar lugar junto ao Pai, Tomé ansiosamente o interrompe (Jo 14.5):

> "Senhor, não sabemos para onde vais; e como podemos saber o caminho?".

206 DOZE HOMENS, UMA MISSÃO

Seria justo considerar essa interpelação, tão ingenuamente expressada por Tomé, como uma evidência de sua incredulidade? Talvez ela, ao contrário, represente um retrato fiel da absoluta alienação que reinava no entendimento dos discípulos – não apenas de Tomé – quanto ao destino de seu Mestre.

Se, entretanto, essa passagem não deixa traços muito nítidos do ceticismo de Tomé, o mesmo infelizmente não se pode dizer de seu posicionamento inicial quanto à ressurreição do Mestre. Porém, antes de nos atermos à histórica desconfiança de Tomé, que tal compararmos sua fé com a de seus condiscípulos no que tange à ressurreição de Jesus? Não devemos nos surpreender ao verificarmos que o demérito da incredulidade não foi exclusivo de nosso apóstolo, embora os séculos assim o tenham consolidado. Observe, por exemplo, como os discípulos unanimemente reagiram à reportagem de Maria Madalena e suas amigas que, emocionadas, não continham as lágrimas ante a lembrança do sepulcro vazio:

"E ouvindo eles que vivia, e que tinha sido visto por ela, não o creram" (Mc 16.11). "E pareceram-lhes como um delírio as palavras das mulheres e não lhes deram crédito" (Lc 24.11).

É verdade que se explicaria essa atitude de descrença por parte dos discípulos, teoricamente, pela indiferença com que os judeus, da época, tratavam as mulheres. Contudo, o evangelista Marcos deixa claro que não apenas Maria e suas companheiras haviam testemunhado a ressurreição, mas também outros dois discípulos desconhecidos, os quais depararam-se com Jesus a caminho de Emaús. É certo que ambos imediatamente notificaram acerca do sucedido a todos que ali estavam. Ainda assim, a disposição geral à incredulidade parece não ter sido alterada.

"[...] os quais foram anunciá-lo aos outros; mas nem a estes deram crédito" (Mc 16.13).

Se todas essas citações não são ainda suficientes para convencer o leitor bíblico da injustiça de se culpar apenas Tomé de incredulidade, devemos, portanto, considerar as próprias palavras do Mestre aos discípulos, em Seu súbito aparecimento naquela tarde de domingo:

> "Por último, então, apareceu aos onze, estando eles reclinados à mesa, e lançou-lhes em rosto a sua incredulidade e dureza de coração, por não haverem dado crédito aos que o tinham visto já ressurgido" (Mc 16.14).

Para o dr. Scofield (*A Bíblia Anotada*, p. 1020), o termo *onze* foi aqui empregado de forma genérica, não significando, necessariamente, que os onze apóstolos estivessem presentes. Desse modo, essa passagem estaria se referindo à mesma situação descrita em João 20.19-23, quando da primeira aparição de Cristo, estando Tomé ausente. Não há, portanto, qualquer dúvida de que todos os discípulos, invariavelmente, manifestaram flagrante disposição em descrer dos relatos da ressurreição, mesmo quando procedentes de seus fiéis companheiros de jornada.

Na atmosfera desoladora que varria o refúgio dos discípulos, imperava tanto a incerteza quanto o medo, e a descrença de Tomé certamente não se destacava da descrença de seus condiscípulos. Confusos sobre o turbilhão de acontecimentos que lhes reservara aqueles últimos dias, os discípulos fecharam-se em uma casa, tomados sobretudo pelo pavor de uma potencial perseguição dos líderes religiosos judeus (cf. Jo 18.19). Todavia, a maneira como Jesus interrompe esse *momentum* é, no mínimo, espetacular. João deixa claro que a aparição do Senhor foi miraculosa, sugerindo algo como uma materialização instantânea em meio aos acabrunhados galileus. Mesmo diante de tão grande maravilha, pode-se perceber ainda alguns resquícios de incredulidade no coração dos presentes:

> "Mas eles, espantados e atemorizados, pensavam que viam algum espírito" (Lc 24.37).

As últimas dúvidas de que tudo aquilo não passava de uma manifestação espiritual só caíram por terra quando, um a um, todos os presentes O apalparam e, por fim, O presenciaram degustar um pedaço de peixe assado (Lc 24.38-43). Nesse momento, em que um júbilo arrebatador pareceu fundir realidade e sonho, a incredulidade de cada um dos apóstolos cedeu lugar à maior de todas as certezas: o Senhor ressuscitou!

Entretanto, houve um que não desfrutou esse momento de glória. Por razões que desconhecemos, Tomé não estava presente durante a primeira aparição de Jesus aos discípulos. Infelizmente, essa ausência custou ao apóstolo o ônus da descrença, até então experimentada por todos os seus companheiros.

Contudo, por onde andaria Tomé quando algo tão importante sucedia em sua pequena comunidade? Sua ausência é registrada nas Escrituras (Jo 20.24), mas não justificada, já que, para um discípulo de Cristo, vagar pela alvoroçada Jerusalém naquele momento era algo que envolvia certo risco. Basta considerar a delicada situação em que Pedro se viu envolvido poucos dias antes (Mt 26.58, 69-75), ao seguir seu Mestre a distância, até as cercanias da casa de Caifás, onde se dava o julgamento. O fato de o simples sotaque galileu ter imediatamente despertado contra ele suspeitas de cumplicidade com o acusado demonstra bem o clima de hostilidade a que os seguidores de Jesus, de maneira geral, estavam sujeitos naquela ocasião.

Se Tomé ausentou-se do refúgio, a despeito de todo risco que isso implicava, é certo que teve razões para fazê-lo. Primeiramente, pode-se presumir uma crise interior enfrentada pelo apóstolo, diante do desmantelamento de sua estrutura emocional, em face da frustração de suas expectativas. É provável que o choque daquela realidade inusitada tenha requerido de Tomé algumas horas ou mesmo dias de isolamento, na busca de uma reflexão que emprestasse sentido a tudo aquilo que subitamente lhe sucedera. O peso dos anos investidos em seguir Aquele, sobre quem depositara sua esperança e seus projetos de futuro, pode ter despencado com todo vigor sobre Tomé naquele momento. Daí a busca por um momento de solitude.

Mas devemos considerar também a possibilidade de que essa histórica ausência do apóstolo se tenha dado por uma razão muito simples e corriqueira. Tomé poderia, por exemplo, ter sido escalado para providenciar os mantimentos necessários para a subsistência dos discípulos, que, naquele momento, estavam refugiados. Isso teria feito que Tomé se ausentasse dos demais por um razoável período de tempo, visto que essa tarefa deveria ser conduzida de maneira a não levantar qualquer suspeita sobre sua ligação com o Nazareno.

Quaisquer que tenham sido as razões que justificaram sua saída, o fato é que nosso apóstolo não presenciou o glorioso momento na manifestação de Cristo a seus companheiros naquele domingo. Não testemunhou Suas pisaduras, nem tampouco pôde ouvir as explanações sobre as profecias que Nele se cumpriram. A partir daquela tarde, todos os que compunham o círculo íntimo de Jesus, de um modo ou de outro, já O haviam contemplado ressuscitado. Exceto Tomé.

A análise das circunstâncias que envolveram o ceticismo de Tomé sobre a ressurreição de Cristo, diante do testemunho de tantos amigos, leva-nos a reconhecer que o apóstolo acabou estigmatizado pela incredulidade e pela descrença não por ter sido o único dentre os onze a duvidar, mas por ter conduzido seu ceticismo a tal detalhamento e impertinência sem paralelos no coração dos demais discípulos. Em contrapartida às declarações de seus amigos que jubilosamente lhe diziam: *Vimos o Senhor* (Jo 20.25), Tomé, resolutamente, estendia suas exigências, sem as quais jamais engrossaria a fileira dos que creram. Para a mente racionalista de Tomé, cercar-se de tantos cuidados naquele momento tinha sua razão de ser: não teriam o estresse e a forte pressão psicológica daqueles dias afetado os sentidos dos discípulos, a ponto de transformá-los em alvos de alucinações arrebatadoras? Como uma miragem para o sedento no deserto, esses testemunhos também não refletiriam um delírio causado pelo desejo incontrolável de reverter aquela desalentadora realidade? Aos olhos de Tomé, como que por contágio, aquele 'mal' parecia ter rapidamente se disseminado desde o coração de Maria Madalena até os impetuosos Pedro, Tiago e João.

Para certificar-se de que não seria mais uma vítima dessas armadilhas sensoriais, nosso apóstolo estabelece alguns critérios práticos. Para ele, não bastaria a simples contemplação do Ressurreto, mas a constatação tátil dos ferimentos de Sua cruz, causados de maneira inconfundível pelo suplício que o apóstolo provavelmente testemunhou (cf. Lc 23.49). Até mesmo o mórbido detalhe da perfuração pela lança do centurião, sob as costelas de Jesus, não deveria ser esquecido:

"Se eu não vir o sinal dos cravos nas suas mãos, e não meter o dedo no lugar dos cravos, e não meter a mão no seu lado, de maneira nenhuma crerei" (Jo 20.25).

Oito dias após a primeira aparição (Jo 20.26), Jesus torna a manifestar-se aos Seus ainda temerosos aprendizes. Na ocasião, Tomé foi, por fim, confrontado com a amargura de sua descrença. João registra a admoestação da qual foi alvo o apóstolo, não omitindo a ênfase que o Senhor repudia semelhante disposição:

"Depois disse a Tomé: Chega aqui o teu dedo, e vê as minhas mãos; chega a tua mão, e mete-a no meu lado; e não mais sejas incrédulo, mas crente. [...] Porque me viste, creste? Bem-aventurados os que não viram e creram" (Jo 20.27,29).

A forte repreensão dirigida a Tomé produziu, contudo, "frutos dignos de arrependimento". O efeito sobre ele foi imediato, e a convicção espiritual detonada pela remoção da dúvida – pelo menos naquele momento – tornou-se mais profunda e vigorosa que em qualquer um dos demais discípulos. As palavras com as quais Tomé expressa seu júbilo e sua confiança no Cristo Ressurreto estão impregnadas de um conteúdo teológico, até o momento, jamais encontrado em lábios apostólicos:

"Respondeu-lhe Tomé: Senhor meu, e Deus meu!" (Jo 20.28).

Jesus, durante o lapso de quarenta dias, entre a ressurreição e a ascensão, manifesta-Se aos discípulos também na Galiléia, como já lhes havia predito (Mt 28.7). Embora outras aparições possam ter se sucedido nesse intervalo de tempo (cf. 1Co 15.4-8), interessa-nos particularmente observar o marcante encontro de Jesus com sete de Seus discípulos – entre os quais Tomé – às margens do mar da Galiléia (Jo 21).

Tomé, tanto quanto os demais, permanecia em suspenso e repleto de indagações acerca do futuro de seu discipulado, embora já não mais tivesse qualquer dúvida sobre o cumprimento das Escrituras no sofrimento, morte e ressurreição de seu Mestre. Essas asseverações teológicas, entretanto, não pouparam Tomé e seus amigos da incômoda expectativa que se seguiu às primeiras duas aparições de Cristo. De tal sorte que, durante o intervalo entre a ressurreição e a ascensão, lá estavam eles, de volta ao exercício de sua antiga profissão às margens do mar da Galiléia. Estariam eles apenas se ocupando enquanto aguardavam a prometida manifestação de Jesus naquela região (Mt 28.7; Mc 16.7)? Ou seria, antes, um sinal de desânimo e o retorno à velha rotina, face às perturbações de um apostolado incerto? O que quer que tenha motivado o retorno dos discípulos ao seu antigo ofício na Galiléia, o fato é que as aparições do Ressurreto, tanto na Judéia quanto na Galiléia, principiaram um tempo de transformação profunda no entendimento dos onze, especialmente no que se refere ao comprometimento do discipulado; tanto que, pouco depois, os encontramos novamente congregados na Judéia, sobre o monte das Oliveiras, atentando às instruções que precederam a ascensão do Senhor.

O tremendo impacto exercido por esse episódio sobre o coração de Tomé e de seus companheiros foi registrado por Lucas, no final de seu evangelho:

> E aconteceu que, enquanto os abençoava, apartou-se deles; e foi elevado ao céu. E, depois de o adorarem, voltaram com grande júbilo para Jerusalém; e estavam continuamente no templo, bendizendo a Deus (Lc 25.51-53).

As determinações de Jesus aos Seus espectadores no monte das Oliveiras incluíam – entre outras coisas – a necessidade da permanência em Jerusalém pela espera da anunciada 'promessa do Pai' (Jo 15.26; Lc 24.49), que se tornaria realidade no Pentecostes e que lhes outorgaria o "revestimento de poder", necessário para o pleno exercício de suas funções apostólicas. Assim, devidamente equipados pelo Espírito, aqueles galileus estenderiam suas ações ministeriais aos lugares mais remotos do mundo antigo e sob circunstâncias as mais variadas, diante das quais triunfariam como campeões da fé cristã.

A experiência do batismo no Espírito Santo vivida no Pentecostes por Tomé e seus companheiros, como um significativo componente motivacional, culminou na entrega incondicional de suas vidas à causa cristã, a despeito das severas conseqüências que adviriam. Foi em função dessa entrega que Tomé edificou sua carreira apostólica, amplamente tratada pela tradição cristã primitiva. Veremos a seguir um pouco do que as lendas da Antiguidade narram sobre ela.

A incredulidade de Tomé retratada em uma pintura armênia do século 14, conforme João 20.27.

A RICA TRADIÇÃO SOBRE AS MISSÕES DE TOMÉ

Historicamente falando, sabe-se mais acerca de Tomé que de qualquer dos demais discípulos, com exceção de Pedro e de João. São tão numerosas quanto variadas as tradições que relatam suas campanhas missionárias pelo mundo do século 1.

Das regiões tradicionalmente visitadas por Tomé, constam a Babilônia, a Pérsia, a Média, a misteriosa Etiópia asiática, a China e, sobretudo, a exótica Índia, cujo cristianismo deve suas origens à determinação evangelística do apóstolo.

A cristianização da Índia por Tomé – ou Judas Tomé, como algumas lendas o chamam – é atestada por manuscritos antigos como *O ensino dos apóstolos (Didascalia Apostolorum)*, composto entre o fim do segundo e início do terceiro século:

A Índia e todas as regiões a ela pertencentes, assim como suas adjacências até o mais distante mar, receberam a ordenação apostólica do sacerdócio de Judas Tomé, que se tornou o guia e o líder da igreja ali estabelecida, na qual ele mesmo ministrou.

Uma publicação que comemorou a visita do patriarca da Igreja Oriental à Índia registra um interessante testemunho das missões de Tomé àquela região:

> Há mais de mil e novecentos anos, o apóstolo São Tomé, após estabelecer a primeira comunidade cristã em meio ao seu povo em Babilônia, voltou-se à Índia, dirigido pelo Espírito Santo e, movido por um zelo evangélico, atravessou todo esse subcontinente anunciando as boas-novas e batizando todos quantos creram no Senhor. Suas palavras caíram em terra boa e, produzindo fruto cento por um, se espalharam por todos os países da Ásia. No entanto, dadas as vicissitudes da história, essa igreja fundada com sangue dos mártires, através dos séculos, tornou-se quase extinta, sendo reduzida a um pequeno e disperso remanescente.

Na distante Índia, Tomé não apenas conquistou vários milhares de almas para Cristo, mas também estabeleceu congregações por onde passou. Em função do sucesso de seu ministério, Tomé foi alvo de severas perseguições que culminaram em seu martírio, como veremos mais adiante.

Entretanto, antes de atingir esse país, entre 49 e 50 d.C., nosso apóstolo é citado pela história eclesiástica como protagonista de importantes missões na Pérsia (atual Irã), em companhia de Judas Tadeu.

As tradições ligadas às igrejas do sul da Índia relatam que Tomé atingiu a região aportando em Malabar, em 52 d.C., com o provável objetivo de alcançar, com o evangelho, as colônias sírias, gregas e judaicas de Murizis-Cranganora. A partir dali, o apóstolo iniciou suas missões evangelísticas, das quais germinariam diversas igrejas ao longo de todo o sul da Índia. Pelo que sugerem lendas locais, os cristãos de Malabar, devido ao isolamento geográfico da região, mantiveram a pureza doutrinária da fé durante vários séculos.

Os relatos que ligam Tomé à evangelização da Índia reforçam a tese – defendida por muitos autores atuais – de que a igreja daquele país teve seu início ainda em tempos apostólicos. O historiador Aziz Atya defende essa possibilidade, comentando uma antiga lenda que envolve nosso personagem e o rei indiano Gondofares (citado em *The Search for The Twelve Apostles* [*Em busca dos doze apóstolos*], p. 148):

> A congregação cristã do sul da Índia sempre se orgulhou da longa tradição apostólica de seu cristianismo, que se diz ter sido introduzido em Malabar pelo apóstolo Tomé, cujo nome foi por ela adotado.
>
> A origem literária dessa tradição é fundamentada no apócrifo 'Atos de Judas-Tomé', atribuído ao famoso escritor Bardesanes (154-222 d.C.), por volta do fim do século 2 ou começo do século 3. Segundo essa tradição, certo Abanes, mercador enviado à Síria, foi comissionado pelo rei indiano Gondofares a procurar, naquele país, um hábil arquiteto que pudesse construir seu palácio. A lenda afirma que o comerciante foi dirigido pelo Espírito Santo ao mercado de Jerusalém onde encontrou Tomé, que o acompanha de volta à Índia. Lá chegando, este concordou com o rei em assumir a tarefa durante o inverno, em vez de no verão, quando costumeiramente se iniciavam construções naquele lugar. Isso porque o santo idealizava em seu coração um palácio celestial, e não material, o que o motivou a dissipar os fundos reais, distribuindo-os entre os pobres. Tomé foi, por isso, capturado e preso por ordem do rei. Entrementes, Gad, o irmão do soberano, morreu e durante seu velório o mesmo teria contemplado todo o esplendor do palácio celestial anunciado por Tomé. Voltando miraculosamente à vida, Gad deu testemunho de sua espantosa visão. O rei e seu irmão, portanto, libertaram o apóstolo e foram por ele batizados.

Com efeito, os traços sobrenaturais desse relato envolvendo Tomé e o rei indiano fizeram-no permanecer por muitos anos no campo da mera fantasia. Entretanto, pesquisas recentes desenterraram informações que sugerem a historicidade – ao menos parcial – dessa tradição. Primeiramente, deve-se considerar que, no período apostólico, a rota marítima para Índia já era muito utilizada por mercadores ocidentais, especialmente com vistas ao comércio de pimenta. Isso explica por que moedas romanas do século 1 foram encontradas no solo de Malabar. Esse fluxo comercial deve ter trazido ao conhecimento de alguns apóstolos a existência de populosas cidades e de colônias judaicas naquela região. A numismática lançou outra importante luz sobre a lenda, ao encontrar moedas com as inscrições de dois personagens tidos, até a época, como figuras imaginárias: o rei Gondofares e seu irmão Gad. Com base em uma inscrição descoberta em Gandara, também contendo citações de ambos soberanos, determinou-se o período do reinado de Gondofares entre 19 e 45 d.C., o que o situa próximo à chegada de Tomé àquele país. Existe, portanto, plausibilidade histórica para o relato de Tomé e Gondofares, embora seus detalhes possam e devem ser, com justiça, questionados.

As missões de Tomé ao Oriente aparecem também citadas no manuscrito *Atos de São Tomé na Índia*, uma das mais antigas referências sobre o assunto, cuja produção data de fins do século 2. De acordo com essa narrativa, os apóstolos dividiram o mundo entre si, visando a equacionar os esforços evangelísticos a serem empreendidos. Feita a partilha, Tomé é designado à longínqua e desconhecida Índia. Revoltado com a escolha, o apóstolo nega-se a aceitar o compromisso. Jesus, a seguir, aparece-lhe em visão e confirma sua vocação para o Oriente. Como permanecesse irredutível, o Senhor permitiu que Tomé fosse tomado e vendido como escravo ao mercador indiano Abanes, que o conduziu à Índia em cumprimento aos desígnios divinos. Posteriormente, contudo, Tomé reconhece a direção divina naquela escolha e rende-se à parte que lhe fora proposta no ministério, tornando-se célebre por sua importante colheita de almas na Índia.

Lendas à parte, é possível que missões cristãs à Índia, como as atribuídas a Tomé, na segunda metade do século 1, tenham seguido um alvo bem definido: as colônias judaicas lá estabelecidas. Sabe-se que uma leva de judeus aportou no país por volta de 72 d.C., após a fracassada revolta contra os romanos, quando Jerusalém e outras localidades palestinas foram pulverizadas. Isso significa dizer que os judeus da época já tinham algum conhecimento daquele país oriental. Porém, curiosamente, a chegada desses colonos ao sul da Índia pode ter antecedentes históricos que remontam a tempos bem anteriores ao período apostólico.

O erudito alemão J. G. Eichhorn, baseado na obra de Marcellus Bless, clérigo da Companhia Holandesa das Índias Orientais, publicou, cerca de duzentos anos atrás, um documento sobre a comunidade judaica de Cochin, na Índia. Bless, em sua obra, elabora seu escrito a partir das informações do judeu convertido Leopold Immanuel Jacob Van Dorf que, em 1757, tivera contato com um importante manuscrito do patriarcado judaico de Cochin. Segundo a *Crônica dos judeus de Cochin*, a história da colonização judaica no sul da Índia teve início com o exílio imposto pelo rei Salmaneser (727-722 a.C.), responsável pela conquista da Samária durante os dias do rei Oséias, filho de Elá (1 Rs 17). Segundo o texto, o soberano assírio exilou cerca de 460 judeus em uma região que hoje compreende o Iêmen. Após alguns séculos, muitos desses exilados, ouvindo falar das regiões de Poona e Gujerat na Índia, decidiram deslocar-se para lá, levando consigo cópias dos livros sagrados. Ali, tendo sofrido várias pressões para abdicar da fé, muitos decidiram rumar para a região de Malabar, onde fixaram residência, após as boas-vindas de Cherman Perumal, o governador local.

Ainda que imprecisas ou mesmo contraditórias, as lendas que relatam as imigrações judaicas para a região de Cochin tornam presumível a existência de colônias judaicas na Índia durante o período apostólico. Isso, por certo, transformaria o sul daquele país, particularmente a costa de Malabar – onde se concentra a maior parte das lendas sobre as viagens de Tomé ao Oriente – em um atraente pólo para a evangelização.

Em 378 d.C., o monge e escritor Jerônimo de Belém, ao comentar a maravilhosa propagação do cristianismo a partir do período apostólico, não deixa dúvidas de que a Índia estava inserida nas principais rotas missionárias dos primeiros séculos:

> Desde a Índia até a Britânia, por todas as nações ecoam a morte
> e a ressurreição de Cristo.

Escrevendo sobre a vida e a obra dos apóstolos em 1685, o autor britânico Dorman Newman também registra o ministério de Tomé em diversas regiões do Oriente:

> A região designada ao apostolado de Tomé foi a Pártia. Mais
> tarde, pregou o evangelho na Média, na Pérsia, na Horcânia,
> na Báctria e nas regiões vizinhas. Na Pérsia, encontrou-se com
> um sábio que fora por ele batizado, e que o seguiu em sua
> jornada. Dali, anunciou a Palavra na Etiópia, atingindo a Índia.
> Embora temeroso, uma visão o confortou acerca da presença
> de Deus ao seu lado nesse empreendimento.
>
> Os portugueses afirmam-nos que Tomé chegou primeiramente
> a Socotara, uma ilha no mar Arábico e, depois, a Canianor
> onde, após ter convertido a muitos, estendeu sua viagem mais
> ao Oriente. Ao retornar a Coromandel, começou a construção
> de um local de adoração cristã, até ser proibido pelo sacerdote
> e príncipe da região. Não obstante, a sucessão de seus milagres
> fez não apenas que esse trabalho fosse concluído, mas também
> que Sagamo, o rei, abraçasse a fé cristã.

O teólogo católico A. M. Mundadan, um dos mais respeitáveis pesquisadores da missão de Tomé na Índia, compilou os resultados de seus estudos sobre o assunto para sua tese de doutorado no livro denominado *The Traditions of Saint Thomas Christians* [*As Tradições dos cristãos de São Tomé*]. Seu texto, embora claramente romanista em alguns momentos, mostra-se muito elucidativo no que se refere ao ministério de Tomé no Oriente. Eis alguns excertos que merecem destaque:

> Os portugueses chegaram à Índia no final do século 15. Quando
> ali aportaram, já possuíam alguma informação, ainda que vaga,
> com respeito ao apostolado de Tomé naquele país. Não muito

depois de sua chegada, os portugueses começaram a receber uma série de reportagens acerca daquilo que descreviam como 'A Casa' e 'A Tumba' de Tomé em Milapora, na costa de Coromandel. Entretanto, durante as duas primeiras décadas, os oficiais portugueses estiveram tão ocupados com a costa de Malabar e Goa que dedicaram pouca ou quase nenhuma atenção aos assuntos relativos a Coromandel. Foi a partir das primeiras décadas do século 16 que dedicaram sérios esforços em explorar Milapora e Coromandel, em busca da 'Casa de São Tomé'...

Nossa fonte de pesquisa sobre o apostolado indiano de Tomé é, basicamente, a tradição, uma vez não se dispõe de qualquer manuscrito contemporâneo a esse ministério [...]. O mais antigo testemunho que temos acerca da pregação de Tomé na Índia refere-se ao romance apócrifo *Atos de São Tomé*, escrito em siríaco, entre o final do século 2 e princípio do século 3. Do século 3 em diante, encontramos freqüentes alusões ao apostolado parto ou indiano de o Tomé nos escritos dos Pais da Igreja, bem como de outros escritores eclesiásticos. A partir do século 4, a tradição a esse respeito torna-se constante e unânime...

O conteúdo da tradição ocidental sobre o assunto [...] pode ser assim sintetizado: o apóstolo Tomé pregou o evangelho na Pártia e na Índia, converteu a muitos, inclusive membros da realeza, vindo, posteriormente, a sofrer martírio [...]. A principal fonte dessa tradição é, sem dúvida, o apócrifo *Atos de São Tomé*, no qual a Índia é mencionada como o palco de suas atividades. Embora os escritores do século 3 até o Concílio de Nicéia identifiquem o local como a Pártia, os autores pós-nicenos o reconhecem como a Índia...

A tradição indiana não é, de todo, uniforme em seu conteúdo, variando conforme a fonte e o lugar. Podemos resumi-la da seguinte forma: Tomé, um dos doze apóstolos de Nosso

Senhor veio diretamente do Ocidente próximo e aportou em Cranganora, em aproximadamente 52 d.C. Converteu famílias da alta casta hindu de Cranganora, Palaiur e Quilon, consagrando sacerdotes dentre os membros de algumas delas; construiu sete igrejas e erigiu algumas cruzes; passou, depois, à costa oriental, onde sofreu martírio. Sua tumba encontra-se na costa de Milapora...

A tradição ocidental geralmente toma como base os *Atos de São Tomé*. Assim, os autores que negam o valor histórico dessa obra, conseqüentemente, negam, por completo, o apostolado indiano de Tomé. Aqueles, no entanto, que defendem o ministério de Tomé no Norte da Índia, acabam por atribuir alguma historicidade a esse escrito apócrifo. Estamos, no entanto, inclinados a afirmar que os *Atos de São Tomé* não podem ter sido a única fonte da tradição ocidental sobre o assunto, uma vez que ela apresenta-se constante e unânime desde o princípio do século 4 e, especialmente, porque alguns dos Pais da Igreja, já por essa época, reconheciam esse escrito como apócrifo. Deve ter existido algum forte elemento na tradição oral acerca do apostolado de Tomé, antes da composição dos *Atos de São Tomé*, e que deu origem ao núcleo de onde se desenvolveu esse romance...

O apóstolo Tomé foi enviado por ordens de Cristo às partes da Índia. Foi acompanhado por dois outros apóstolos, Judas e Bartolomeu. Tomé e Judas Tadeu visitaram, primeiramente, a Babilônia e, após passarem por Bacora, dirigiram-se a Qualex-quadaqua onde Judas Tadeu permaneceu, convertendo muitos ao cristianismo e construindo casas de oração. [...] São Bartolomeu passou aos termos da Pérsia e, uma vez morto, foi sepultado em um mosteiro em Tabris, na região de Xequismael. [...] São Tomé, deixando Judas Tadeu, voltou-se a Socotora e, posteriormente, a Milapora e a China; na Cabália, converteu a muitos e construiu uma casa de oração. De lá, retornou a Milapora, onde viveu em uma colina, aproximadamente uma légua e meia do local onde, mais tarde, se construiria sua casa...

Amador Correia que, em 1564, descreveu a *Festa dos cristãos de São Tomé*, relata que tal festividade se realizava em celebração à chegada do apóstolo, após sua longa jornada marítima, aportando a duas léguas de Cranganora. Roz, que bem conhecia a tradição oriunda dos livros caldeus, bem como a tradição local, tanto oral quanto escrita, conta-nos que Tomé vendeu-se como escravo para certo senhor, embaixador do rei de Bisnaga, objetivando atingir a Índia e pregar o evangelho. Ali chegando, anunciou a Palavra e muitos se batizaram em Cambaia e nas terras de Mogor, Socotora, Malabar e Bisnaga, chegando até a China, "[...]de acordo com o Breviário Caldeu de Tomé. Nesses lugares, ainda hoje, acham-se vestígios desse cristianismo primitivo...

Tomé pregou o evangelho, batizou pessoas e fundou igrejas por todos os lugares por onde andou. De acordo com uma inscrição em pedra, interpretada pelos cristãos de São Tomé [...], o apóstolo converteu três dos principais reis da Índia: o de Bisnaga, por eles chamado Xoren Perumal, o de Pandi, chamado Pandi Perumal e de toda Malabar, Xaran Perumal...

Quanto à possibilidade de Tomé ter pregado na Índia (quer em regiões do Sul quer do Norte), ninguém pode realmente questionar. Seria um despropósito crer que o cristianismo tenha sido anunciado pelos discípulos apenas nos limites do Império Romano, sempre no sentido ocidental. O despertar da era cristã verificou a existência de muitas rotas comerciais que conectavam o Ocidente ao distante Oriente, as quais eram muito utilizadas. Algumas rotas terrestres atingiam o Norte da Índia, enquanto as marítimas alcançavam a costa de Malabar e outras regiões meridionais daquele país. Portanto, ninguém pode, consistentemente, negar a possibilidade de um ou mais dos discípulos ter visitado a Índia e pregado o cristianismo naquele lugar.

Embora parte da tradição dos *Atos de Tomé* sugira o noroeste, é mais provável que o cerne do ministério do apóstolo na Índia tenha sido a região sul, precisamente a costa de Malabar. Se, por um lado, há escassas evidências históricas da cristianização do norte indiano, a região meridional apresenta não apenas o testemunho milenar dos cristãos de São Tomé – que reclamam suas raízes diretamente do apóstolo – mas também a chamada *Tumba de São Tomé em Milapora*, assim identificada desde o século 13.

A chegada entre os cristãos indianos primitivos de certo Tomé de Caná, mercador cristão de origem síria, que também parece ter pregado a palavra na região, trouxe certo descrédito para a decantada missão do apóstolo na Índia. Sugeriu-se que, com o passar dos anos, a tradição local pudesse ter confundido ambos os personagens. É preciso lembrar, entretanto, que a tradição tanto oral quanto escrita dos cristãos de Malabar sempre se demonstrou cuidadosa em distinguir esse obscuro personagem do apóstolo de Jesus Cristo.

Após a morte de Tomé, as lendas contam que a comunidade dos cristãos de São Tomé permaneceu aproximadamente noventa anos desprovida de liderança eclesiástica, tornando-se suscetível a desvios doutrinários. Essa fragilidade confirmou-se, pouco depois, com o advento do místico Manikabashar que, após operar vários encantamentos em Milapora, seduziu muitos cristãos locais com sua falsa doutrina. Contudo, aproximadamente 160 famílias que permaneceram fiéis ao evangelho refugiaram-se em Malabar, encontrando apoio no seio dos crentes da região. Essa migração fortaleceu o cristianismo do sul da Índia e contribuiu para sua preservação, até os dias atuais.

A igreja sírio-indiana de Mar-Thoma constitui-se em mais uma evidência da presença de Tomé no sul da Índia. O Rev. T. P. Abraham, em seu artigo *The Mar-Thome Church: An Historical Sketch* (*A igreja Mar-Thoma: um esboço histórico*), relata as origens dessa denominação oriental:

> Juntas, a história e a tradição provêem material suficiente para crermos nas lendas que apontam Tomé como fundador da igreja indiana, em 52 d.C. Através dos tempos, a jovem igreja, enraizada nas terras de Kerala, registrou tremendo crescimento em várias partes desse Estado do sul da Índia. Contudo, após o martírio do

apóstolo Tomé, o crescimento, o desenvolvimento e as missões dessa comunidade foram cobertos por grande mistério. Por um período de quinze séculos, a igreja síria (Mar-Thoma) manteve relações cordiais com as igrejas alexandrina e persa. [...] Durante a Idade Média, a igreja conectou-se ao cristianismo europeu. Muitos missionários, como João de Monte Corvino, Marcopolo, Jordanus, Oderico e outros, visitaram Kerala. A partir dos relatos dessas viagens, aprendemos muito acerca da igreja nesse período. Todavia, só obtivemos uma história detalhada da igreja com a chegada dos portugueses, na última década do século 15.

COMO SE DEU O MARTÍRIO DE TOMÉ?

As lendas acerca do martírio de Tomé são tão numerosas quanto aquelas sobre seu extenso ministério. Embora as circunstâncias e a data em que o apóstolo encerrou sua gloriosa carreira variem segundo as várias tradições sobre o assunto, alguns pontos em comum podem ser facilmente percebidos. Antes de tudo, parece não haver dúvidas de que Tomé foi realmente martirizado em decorrência da proclamação de sua fé, e de que essa execução se sucedeu em algum lugar do sul da Índia, talvez em Malabar, onde o apóstolo supostamente exerceu os últimos anos de seu profícuo ministério. Muitas narrativas concordam também que Tomé morreu de forma violenta, perfurado por uma lança ou por um pequeno dardo. Algumas apresentam seus executores como criminosos enviados pelo rei indiano Mizdi, outras como sacerdotes brâmanes, enciumados com o sucesso que a doutrina trazida por Tomé fazia entre os habitantes locais.

Ao longo do século 16, os exploradores portugueses à Índia, ao inquirirem os nativos visando a investigar as lendas acerca do suplício de Tomé, resgataram algumas importantes versões sobre o caso, como nos conta o missionário Diogo Couto (citado em *The Search for the Twelve Apostles* [*Em busca dos doze apóstolos*], p. 160):

Os brâmanes, enfurecidos após serem desacreditados diante do rei pela virtude de Tomé, dispuseram-se a matá-lo. Sabendo que o apóstolo se encontrava em uma caverna nas proximidades da Pequena Montanha (que, na época de Tomé era conhecida como Antenodur), concentraram-se próximos à escarpa do morro, onde se achava um estreito orifício, através do qual a caverna recebia um pouco de luz. Observando pelo pequeno buraco, enxergaram o apóstolo orando, com seus olhos fechados e prostrado sobre seus joelhos. Encontrava-se de tal maneira tomado por um profundo êxtase espiritual que parecia desfalecido. Os brâmanes, a seguir, atiraram uma lança pelo orifício que, ao atingir o apóstolo, feriu-o mortalmente [...]. O ferimento causado pela penetração do dardo aprofundou-se por cerca de meio palmo no corpo de Tomé. Quando ouviram seu gemido, os assassinos fugiram. Tomé, pois, em sua agonia de morte, arrastou-se desde a caverna até o chamado Grande Monte onde, finalmente, expirou.

A mesma narrativa continua, registrando que o Grande Monte para o qual Tomé se dirigiu, já em seus últimos momentos de vida, era o local principal de suas ministrações evangelísticas e onde geralmente congregava seus discípulos. Ali, diz a lenda, o estertorante apóstolo, abraçado em uma cruz de pedra, entregou sua alma ao Mestre.

A versão do caso, contada por Dorman Newman, em 1685, no livro *The Lives and Deaths of the Holy Apostles* [*A vida e a morte dos santos apóstolos*], coincide em alguns pontos com a compilada pelo português Diogo Couto, especialmente no que se refere ao complô dos sacerdotes brâmanes contra a vida de Tomé:

Percebendo que isso comprometeria seu negócio e, a certa altura, ameaçaria extirpar sua religião daquele país, os brâmanes decidiram interromper a expansão do evangelho, resolvendo em conselho tirar a vida do apóstolo Tomé. Este se encontrava habitualmente com seus discípulos em uma caverna não muito distante de Carmandal. Os brâmanes e seus seguidores seguiram-no até o local e, enquanto o apóstolo se dispôs a orar, lançaram-se contra ele, executando-o com dardos e lanças.

Newman comenta ainda que os exploradores portugueses na Índia receberam algumas placas de bronze, decifradas por certo judeu, nas quais foram verificadas alusões à doação oficial de um lote de terra a Tomé, destinado à edificação de uma igreja. No interior desse santuário, os lusitanos teriam encontrado uma cruz repleta de escritos ininteligíveis. Após ser decifrado por um sábio brâmane, o texto rezava o seguinte:

> Tomé, um homem de divina procedência, foi enviado a todas as regiões pelo Filho de Deus nos dias do rei Sagamo, a fim de instruir os povos acerca do Deus verdadeiro. Construiu uma igreja e realizou milagres admiráveis. Todavia, ao orar prostrado sobre seus joelhos foi atravessado por uma lança, ficando essa cruz manchada com seu sangue, deixada como memorial desses acontecimentos.

AS RELÍQUIAS E O TÚMULO DE TOMÉ

Se os relatos que tratam da rota apostólica de Tomé parecem, muitas vezes, confusos ou mesmo contraditórios, o mesmo se pode afirmar das lendas referentes ao destino de seus restos mortais.

João Crisóstomo, monge e patriarca de Constantinopla (séculos 4-5), foi um dos primeiros a mencionar os restos do apóstolo Tomé. Embora não defina claramente o local, Crisóstomo afirma que o túmulo do discípulo encontrava-se junto aos de Pedro e de Paulo. Presume-se que Crisóstomo estivesse se referindo a Roma, uma vez que a tradição que liga o túmulo de Pedro àquela cidade já se encontrava definitivamente estabelecida no século 4.

Comentando o tema em sua obra *The Traditions of Saint Thomas Christians* [*As tradições dos cristãos de São Tomé*], o dr. Mundadan acrescenta:

> De acordo com os *Atos de Tomé*, antes de 200 d.C., os ossos do apóstolo devem ter sido removidos para o Ocidente. Algum tempo depois do suplício e do enterro de Tomé, o filho de

Mazdai, soberano da região em que o apóstolo foi martirizado, caiu enfermo. Na tentativa de curar seu filho, expondo-o às relíquias do apóstolo, o rei abre o túmulo de Tomé, mas não encontra seus restos 'porquanto um dos cidadãos locais secretamente os tomou e os conduziu ao Ocidente'.

A lenda continua, afirmando que Mazdai, embora em sua busca desesperada tenha encontrado vazia a tumba, determinou levar consigo uma pequena porção da terra do sarcófago para, logo a seguir, derramá-la sobre o príncipe moribundo, na esperança de que a virtude curadora de Tomé ainda se manifestasse. Com o restabelecimento miraculoso do jovem soberano, toda a realeza teria, a seguir, se convertido ao evangelho.

Lendas que remontam aos séculos 5 e 6 relatam que o enterro de Tomé foi sobremodo honroso e marcado por eventos sobrenaturais que continuaram se sucedendo por algum tempo nas proximidades de seu túmulo.

Da mesma época, provém a tradição de que os cristãos sírios requisitaram ao imperador romano do Oriente que custeasse a transferência das relíquias de Tomé da Índia para Edessa, na Mesopotâmia setentrional. Conquanto esse evento não conte com o respaldo das missões portuguesas à Índia – que mostraram nada descobrir sobre o assunto – algumas lendas da região de Edessa comemoram o dia 3 de julho como a data da célebre chegada do corpo à cidade.

É possível que o zelo dos cristãos de Edessa pelos restos mortais do apóstolo reflita alguma tradição mais antiga que ligue Tomé àquela cidade mesopotâmica. Embora só tenha sido incorporada ao Império Romano sob Caracala no século 3, Edessa constituía um importante entreposto comercial, pelo qual passavam mercadores ocidentais em suas rotas para a Mesopotâmia, a Pártia, a Pérsia e a Índia. Essa geografia estratégica fez de Edessa um centro para o qual afluíram missionários cristãos, dentre os quais possivelmente alguns apóstolos, já que o cristianismo parece ter chegado ali antes do fim do século 1.

Mufazzal Abil-Fazail, historiador do século 14, incluiu em seu texto sobre a saga dos sultãos mamelucos uma menção especial ao

226 DOZE HOMENS, UMA MISSÃO

mosteiro de Mar Touma, na Índia, que – segundo ele – abrigava a *eternamente viva mão de um dos discípulos de Nosso Senhor, o Messias,* e, conforme esse historiador relata, os peregrinos que visitavam o local testemunhavam o óleo santo que escorria da mão do apóstolo Tomé, cuidadosamente preservada em um nicho nos subterrâneos do mosteiro.

Tomé Lopes, que acompanhou o explorador Vasco da Gama em sua segunda viagem à Índia, em 1503, afirma que os cristãos locais diziam ter conduzido grandes peregrinações ao lugar que tradicionalmente se acreditava ser a tumba do apóstolo Tomé. Não obstante, autoridades sobre o assunto, como o dr. Mundadan, sustentam que os portugueses, apesar de empreenderem severos esforços e receberem importantes orientações de viajantes europeus, mercadores armênios e dos próprios cristãos indianos, nunca chegaram a atingir o local no qual se acreditava estar o túmulo de Tomé.

O local hoje estudado como, possivelmente, a tumba do apóstolo na Índia foi descrito pelo dr. George Schurhammer, em seu prefácio ao livro *Traditions of the Saint Thomas Christians* [*As tradições dos cristãos de São Tomé*]:

> Os blocos pertencentes à porção mais antiga do túmulo, correspondente ao muro sul, medem cerca de quarenta centímetros de comprimento por vinte de largura e oito de espessura. O sr. Longhurst, do Departamento de Arqueologia, em Southern Circle, na Índia, que inspecionou a tumba em 1921, declarou que os referidos blocos são antiqüíssimos e que, exceto pela inferioridade de seu comprimento, são do mesmo tipo encontrado em alguns templos budistas [...]. Vinte e quatro anos depois, em 1945, escavações foram conduzidas ao sul de Milapora, nos arredores de Arikamedu, próximo a Pondicherry, onde se descobriu, pela primeira vez na Índia, os restos de um mercado romano, fundado no princípio do século 1. O primeiro estrato do edifício era de madeira, e a cerâmica remontava ao século 1. Já a segunda camada, começada por volta de 50 d.C. e abandonada pouco antes do fim do século 1, era de blocos cujas dimensões mostraram-se idênticas às da tumba

de Tomé em Milapora, ou seja, 40 x 20 x 8! Os blocos que se acrescentaram ao edifício, durante o século 2, apresentam, por sua vez, dimensões diferentes.

Portanto, o local comumente aceito na atualidade como o túmulo de Tomé está situado em Milapora, um distrito da grande cidade portuária de Madrasta, na costa de Coromandel, ao sul da Índia. Contra aqueles que desafiam essa tradição, pesa o testemunho milenar dos cristãos de São Tomé.

Com o passar dos séculos, a criação de estereótipos bíblicos acabou contribuindo consideravelmente para a distorção da imagem de alguns dos discípulos de Jesus. A partir dessas caricaturas apostólicas, imaginamos, por exemplo, o apóstolo Pedro como um homem sempre impulsivo, tempestuoso e inconstante, embora sejam notórios o quebrantamento e a maturação espiritual pelos quais passou, responsáveis não apenas por seu aperfeiçoamento como discípulo, mas também por sua transformação em um dos gigantes da fé cristã em todos os tempos. Ao sabor da tradição medieval, somos influenciados a conceber João, irmão de Tiago, como um jovem exemplar em mansidão e temperança, ignorando sua ambição e caráter irascível, claramente relatados nos evangelhos (Mc 3.17). Com Tomé, não poderia ser diferente. A tradição pós-bíblica desafortunadamente lançou sobre ele todo o ônus da incredulidade relativa à ressurreição de Cristo, embora Tomé não tenha sido o único dentre os doze a demonstrá-la. Expressões populares como "Teste de São Tomé", ou, ainda, "Incrédulo como Tomé" deixam claro a característica magna com a qual as gerações desenharam o perfil desse gigante do cristianismo.

Procuramos mostrar, a partir de uma perspectiva bíblica, que o estigma da incredulidade não pode ser atribuído exclusivamente a Tomé sem que se pratique uma flagrante injustiça ao relato neotestamentário. Nosso apóstolo de fato descreu, mas o fez em um momento em que a fé que todos os discípulos tinham igualmente estremeceu.

A julgar pela diversidade das narrativas tradicionais, é certo que Tomé exerceu um dos mais dinâmicos, extensos e profícuos apostolados dentre os doze. O teor fantasioso que o apócrifo *Atos de São Tomé* retrata a visita do rei indiano Gondofares a Tomé é um bom indicador da admiração e do respeito que os cristãos primitivos eternizaram a obra desse memorável discípulo de Jesus:

> Trouxeram óleo e acenderam as lâmpadas, pois já era noite. Eis, então, que o apóstolo levantou-se e, com grande voz, orou sobre eles, dizendo: 'Paz seja convosco, ó irmãos'. Eles ouviam sua voz, no entanto não podiam ver sua forma, uma vez que ainda não tinham sido batizados. O santo, a seguir, tomando óleo em suas mãos, ungiu suas cabeças e orou, dizendo:
>
> 'Vem, ó Nome de Cristo, que é sobre todo o nome!
>
> Vem ó Nome, que é santo, exaltado e rico em misericórdia!
>
> Faze vir sobre nós a Tua misericórdia!'

Mais que pelos seus circunstanciais momentos de dúvida, a tradição cristã nos assegura que Tomé mostrou-se digno de ser lembrado pela posteridade como aquele que não temeu expor sua própria vida aos perigos e às privações da carreira apostólica. Seu fim, violentamente perpetrado pelos inimigos da fé, é prova inconteste de como a fé e a confiança no nome de Jesus se tornaram os ditames de seu ministério.

> "E Jesus, andando junto ao longo do mar da Galiléia, viu dois irmãos – Simão, chamado Pedro, e seu irmão André, os quais lançavam rede ao mar, porque eram pescadores."
>
> *Mateus 4.18*

ANDRÉ

As informações bíblicas e históricas disponíveis sobre a biografia do apóstolo André não deixam dúvidas sobre a relevância de sua participação tanto no grupo embrionário de discípulos, quanto na posterior liderança de importantes congregações cristãs do século 1.

André é celebrado pela tradição ortodoxa grega como *Protocletos*, "o primeiro a ser chamado", conforme João 1.40. *Andreas* era seu nome grego original (influência helenista comum a muitos galileus da época), cujo significado é *varonil. Andri*, era a forma como os judeus o chamavam. Nascera na discreta aldeia de Betsaida, na Galiléia (gr. *Bethsaidaa*, a partir do original aramaico significando "casa ou lugar de pesca"). Conquanto o Novo Testamento indique nominalmente sua terra natal (Jo 1.44), os arqueólogos ainda investigam a real localização desta, visto que parece ter existido, à época, duas cidades com o mesmo nome, as quais eram próximas entre si; uma a leste e outra a oeste do local onde as águas do Jordão encontram o mar da Galiléia, na banda norte deste. Aquela situada a leste do Jordão seria, para alguns, a atual localidade de El-Araj. Nos dias neotestamentários, a aldeia fora ampliada e embelezada por Herodes Felipe, passando a se chamar Betsaida *Julias* em honra, não se sabe bem ao certo, se da esposa ou da filha do imperador Augusto. Essa Betsaida, incrustada nos termos de Gaulanítides, teria sido palco tanto da multiplicação dos pães para os cinco mil homens (Lc 9.10) quanto da cura miraculosa de um cego (Mc 8.22). A outra Betsaida, entretanto, era uma pequena aldeia galiléia, também à margem do mesmo lago, se bem que a oeste da primeira. Esta sim, para alguns eruditos, seria o lar de André, assim como de seu irmão Pedro e Filipe (Jo 1.44; 12.21). Seus arrabaldes tornaram-se memoráveis não apenas pela natureza particular que a destaca, mas também pelas duras batalhas travadas naqueles termos, décadas após a vocação de André, durante a sangrenta revolta dos zelotes. Foi precisamente em Betsaida que o futuro historiador Flavius Josefo, à época o comandante zelote, construiu o quartel-general da resistência armada contra Roma.

SEGUINDO OS PASSOS DE JOÃO BATISTA

André e seu irmão Simão Pedro eram pescadores (Mt 4.18; Mc 1.16), assim como seu pai Jonas e grande parte dos habitantes das margens do mar da Galiléia. É provável, entretanto, que André, ainda bem jovem, tenha se afastado parcial ou completamente de seu ofício, incomodado por questionamentos e anseios interiores, pois não estava satisfeito com a exterioridade da religião cultivada em sua vida. Começou aí a jornada espiritual que o conduziu, mais tarde, ao encontro Daquele que mudaria por completo o curso de sua existência.

João Batista, o profeta cujos ensinamentos André seguiu por algum tempo, representou um referencial importante em sua peregrinação espiritual. Sobre esses anos de inquietude vividos pelo futuro apóstolo, esclarece McBirnie (*op. cit.* p. 77):

> Aparentemente, André ocupava-se mais dos assuntos da alma que propriamente de suas pescarias, tanto que abandonou suas redes para seguir os passos de João Batista. Para isso, André precisou percorrer um longo caminho através do vale do Jordão, até atingir o local onde João pregava, isto é, Betânia, uma cidade que se localizava além do rio Jordão, defronte a Jericó. Ali, o apóstolo finalmente deparou-se com a voz de autoridade espiritual que procurava ansiosamente. André, descontente com a imoralidade, as intrigas e a desonestidade por ele atestadas nas cidades da Galiléia e da Judéia, encontrou em João Batista um homem segundo seu coração: alguém inquieto e sem atrativos, porém devoto fiel às virtudes mais simples; um homem para quem a carne e o clamor do mundo pouco significavam. Esse, verdadeiramente, era um homem digno de ser seguido!

Para se compreender um pouco mais sobre o pensamento de André, é necessário conhecer aquele que norteou seus primeiros passos na busca de uma espiritualidade mais profunda: o profeta João Batista.

Vozes proféticas importantes do passado, como Isaías (40.3) e Malaquias (4.5), haviam anunciado a futura chegada de um precursor do Messias (Mt 3.1-3; Lc 1.16-17). Esse vaticínio cumpriu-se na carreira de João Batista. Embora crescido em meio a uma proposta de vida ascética e, portanto, na mais rígida simplicidade, João Batista era, na verdade, descendente de nobre linhagem sacerdotal, tanto por parte materna quanto paterna. Seu pai, Zacarias, era sacerdote do oitavo turno de ministração, correspondente ao turno de Abias (1Cr 24.10; 2Cr 8.14; Ne 12.4-17; Lc 1.5). Isabel, sua genitora, descendia da casa sacerdotal de Aarão e, talvez, tenha sido assim nomeada em honra da mulher dele, Eliseba. Aparentada de Maria, mãe de

Jesus, Isabel era já de certa idade quando concebeu o profeta, após a anunciação angelical a Zacarias. Essas e outras circunstâncias sobrenaturais que cercaram a concepção e o nascimento de João estão descritas, em pormenores, no primeiro capítulo do evangelho de Lucas. A cuidadosa atenção do texto lucano ao registrar o ministério de João Batista, de certo modo, atesta a importância que a Igreja primitiva atribuía ao seu trabalho profético, como o tão esperado predecessor do Messias.

Divinamente vocacionado para o nazirato desde o ventre materno (Lc 1.15), João Batista preparou-se para seu árduo ministério profético retirando-se para o deserto da Judéia, na região oeste do mar Morto, sob cuja aridez despendeu boa parte de sua vida. Vestia-se de maneira rude, à moda típica dos profetas (cf. Mt 3.4 e 2Rs 1.8), e alimentava-se segundo as escassas possibilidades oferecidas por aquela inóspita região.

O chamado de Deus em sua vida alcançou notoriedade nacional quando o profeta principiou a pregação do arrependimento e do batismo para perdão dos pecados, como registra a narrativa do evangelista Lucas (3.1-3):

> No décimo quinto ano do reinado de Tibério César, sendo Pôncio Pilatos governador da Judéia, Herodes tetrarca da Galiléia, seu irmão Filipe tetrarca da região da Ituréia e de Traconites, e Lisânias tetrarca de Abilene, sendo Anás e Caifás sumos sacerdotes, veio a palavra de Deus a João, filho de Zacarias, no deserto. E ele percorreu toda a circunvizinhança do Jordão, pregando o batismo de arrependimento para remissão de pecados.

João Batista trouxe no bojo de seu ofício profético, tanto quanto a santidade e a consagração integral a Deus, a marca da coragem e da determinação com as quais exortava o povo, sem qualquer acepção de pessoas. No princípio de suas pregações, mostrou oposição à crassa hipocrisia dos fariseus e dos saduceus, contra os quais trovejava (Mt 3.7,8):

"Raça de víboras, quem vos ensinou a fugir da ira vindoura?
Produzi, pois, frutos dignos de arrependimento".

A corrupção que imperava no meio dos coletores de impostos, fazendo sofrer o povo, assim como a inquietude que rondava os soldados, foram, da mesma sorte, publicamente desafiadas por João Batista (Lc 3.10-14). Tão arrebatadora foi sua autoridade diante das multidões, que muitos se convenciam de que o rude ermitão poderia não ser apenas mais um dentre tantos arautos de Deus, mas o próprio Messias (Lc 3.15), aquele sobre quem brilharam as luzes proféticas desde a Antiguidade. No entanto, a tentação de usurpar uma posição espiritual para a qual não fora designado não encontrou guarida no fiel coração de João Batista. Diante das constantes indagações populares acerca de sua suposta messianidade, João contundentemente afirmava:

"Não sou eu o Cristo, mas sou enviado adiante dele" (Jo 3.28).
e: " Após mim vem aquele que é mais poderoso do que eu, de quem não sou digno de, inclinando-me, desatar a correias das alparcas" (Mc 1.7).

João Batista não conhecia limites em sua fidelidade para com o Senhor. Nem mesmo os pecados praticados pelo despótico Herodes Antipas ficaram distantes de sua execração pública. Desprezando as terríveis conseqüências que sua ousadia poderia provocar, o ermitão não poupou severas admoestações ao adultério vivido por Antipas com a mulher de seu irmão, Herodias, e por outras tantas crueldades cometidas, conforme vemos em Mateus 14.3.

Embora as Escrituras sugiram que o tirano prezasse intimamente a João (Mc 6.20), isso não o impediu de lançá-lo no cárcere da isolada fortaleza de Maqueronte, na costa Oriental do mar Morto. Ali, em meio aos excessos de sua festa natalícia e ao devaneio inspirado pela sensual Salomé, filha de Herodias, o tirano mandou-o decapitar, por volta de 29 d.C.

A coragem e a determinação sustentadas pelo profeta em seu ministério foram relembradas de maneira especial pelo próprio Senhor Jesus, no testemunho de Mateus 11.7-11:

"Que saístes a ver no deserto? Um caniço agitado pelo vento? Mas que saístes a ver? Um homem trajado de vestes luxuosas? Eis que aqueles que trajam vestes luxuosas estão nas casas reais. Mas, para que saístes? Para ver um profeta? Sim, vos digo, e muito mais do que profeta. [...] Em verdade vos digo que, entre os nascidos de mulher, não surgiu outro maior do que João, o Batista"

É de supor que os discípulos mais íntimos de João Batista, especialmente aqueles que, como André, tornaram-se mais tarde seguidores de Jesus, manifestariam em sua caminhada espiritual as marcas da intrepidez que o profeta abraçou a causa messiânica. Como se verá mais adiante, as lendas que relatam as aventuras apostólicas de André, ainda que eventualmente romantizadas, são uma evidência de seu arrojo e destemor como pregador das boas-novas de Cristo.

O período de maturação espiritual experimentado na rústica companhia de João Batista é visto por Mc Birnie como um tempo em que se lançaram alguns dos alicerces do futuro ministério de André (*op. cit.* p. 78):

Após ouvir a mensagem de João e contemplar as multidões que, como rebanhos, deixavam as cidades da Judéia em busca de auxílio espiritual e, após assistir João no batismo daqueles que desejavam morrer para sua velha natureza e viver uma nova vida, André finalmente equipou-se para o evento que, em breve, mudaria diametralmente sua vida.

Com efeito, o clamor de tom jubiloso proferido por seu mestre diante do até então desconhecido Nazareno, fez que André entendesse que, afinal, manifestara-se Aquele de quem João Batista tornara-se o notório anunciador:

"Eis o Cordeiro de Deus, que tira o pecado do mundo. Este é aquele de quem eu disse: Depois de mim vem um varão que passou adiante de mim, porque antes de mim ele já existia" (Jo 1.29,30).

O ministério de João Batista ficara para trás. Para André e alguns de seus amigos, chegara o momento para o qual foram preparados e pelo qual aguardaram tão ansiosamente; era a hora de seguir sem reservas a *verdadeira luz, que alumia a todo homem* (Jo 1.9).

Deixando a árida paisagem do deserto da Judéia, André se dispôs a seguir os passos de Jesus nos arredores da Galiléia. A impressão inicial causada por Jesus foi de tal sorte marcante, que, ao voltar, não tardou em buscar por seu irmão e informar-lhe sobre aquilo que ouvira em Israel e ansiava por escutar: *Havemos achado o Messias!* (Jo 1.41).

A cronologia bíblica da vocação dos discípulos é, de certo modo, confusa, já que os evangelistas não se preocuparam em estabelecer divisões de tempo exatas para os fatos que relataram. Para eles, era mais importante a verdade moral e espiritual subjacente à narrativa do que sua acuidade cronológica. Assim, ao que parece, pela descrição imprecisa do Novo Testamento, André, como discípulo que fora de João Batista, manteve contato com Jesus durante algum tempo antes da formalização de seu discipulado. McBirnie propõe um esclarecimento para os meandros cronológicos que separam os primeiros encontros de André com Jesus e sua definitiva chamada como discípulo (*op. cit.*, p. 78-79):

Nesse estágio, André ainda não era exatamente o que se pode chamar de um discípulo de Jesus. Assim como os demais, André era meramente Seu seguidor, ou seja, um acompanhante interessado em observar a distância o que se passava. Jesus, a seguir, tomou consigo a Pedro, André, Filipe e João e dirigiu-se de volta a Nazaré. Entrementes, foi submetido aos quarenta dias de tentação no deserto, após Seu batismo. A seguir, eles acompanharam Jesus a uma festa de casamento em Caná da Galiléia, a apenas dez quilômetros de Nazaré. Em Caná, puderam testemunhar a realização de Seu primeiro milagre. Jesus os conduziu, depois, a uma verdadeira jornada evangelística por toda Galiléia e, mais tarde, por Jerusalém onde O viram 'purificar' o templo. Contudo, durante esse período, nenhum deles era ainda discípulo de Jesus. Mais

236 DOZE HOMENS, UMA MISSÃO

tarde, todos retornaram à Galiléia, voltando ao seu antigo ofício de pescadores. Não sabemos quanto tempo se passou até que Jesus, certo dia, voltasse a Cafarnaum, nas margens do mar da Galiléia, e lá encontrasse [e chamasse] a André e Pedro.

Ao contrário do que acontece com Simão Pedro, seu irmão, infelizmente são raros os registros bíblicos da vida de André como discípulo de Jesus. Isso, com efeito, dificulta a projeção dos traços gerais de sua personalidade, visto que o legado posterior da tradição cristã nem sempre é digno de crédito.

À parte os versículos que narram sua chamada, ao lado de Pedro, às margens do mar da Galiléia e das passagens que o inserem nas listas apostólicas, raramente, encontra-se alguma menção de sua participação no círculo dos discípulos. Em Marcos 13.3,4, André desponta, ao lado de Pedro, Tiago e João no Monte das Oliveiras, inquirindo Jesus a respeito dos aterradores vaticínios que acabara de ouvir sobre o templo e a cidade sagrada. Em outra ocasião, minutos antes da miraculosa multiplicação dos pães (Jo 6.8,9), o vemos conduzindo a Jesus certo mancebo que dispunha de míseros cinco pães e dois peixes, na busca de uma solução para a fome que já começava a incomodar a multidão presente. Na passagem de João 12.20-22, André é um dos que mediam o encontro de Jesus com alguns gentios prosélitos do judaísmo (ou talvez judeus da dispersão), que manifestavam desejo de conhecê-Lo. A última menção bíblica ao apóstolo registra sua presença entre os que oravam aguardando a promessa do Pai, no cenáculo em Jerusalém (At 1.13).

Em face da escassez de informações bíblicas sobre seu perfil e discipulado, a tradição medieval acabou desenhando o contorno de André a partir do testemunho de João 1.40-42, definindo-o como o pai das missões apostólicas. Tal assertiva constitui, obviamente, mais uma dentre tantas caricaturas apostólicas formadas pela imaginação cristã com o passar dos séculos. O fato de o discípulo ter se apressado em relatar a Pedro seu descobrimento, conforme conta o evangelista, não faz dele necessariamente o maior referencial de missionário cristão. Todos aqueles em cujo coração Jesus causou semelhante impacto fizeram o mesmo com seus amigos e parentes, visto que, naqueles dias, a expectativa messiânica era algo que inundava o coração dos israelitas. Ademais, as lendas cristãs creditam mais diversidade missionária a apóstolos como Pedro, João, Tomé e Judas Tadeu do que propriamente ao *protocletos*.

Não obstante tudo isso, André parece ter realmente experimentado, após o Pentecostes, grandes oportunidades de semear a Palavra por diversas regiões da Antiguidade. A seguir, alguns dos relatos mais interessantes dessas tradições.

AS MISSÕES NO LESTE EUROPEU E O MARTÍRIO EM PATRAS, NA GRÉCIA

Embora alguns autores apontem André como um dos anciãos que permaneceram na liderança da igreja de Jerusalém, outros registram que o apóstolo deixou, ainda cedo, a Cidade Santa rumo às missões evangelísticas no estrangeiro. Se for verdade, é possível que tal decisão tenha sido fruto da perseguição que se instaurou na cidade e em suas adjacências durante os primeiros anos da Igreja. Existe, entretanto, certa dificuldade para se conciliar a partida de André nessa época com o registro lucano de Atos 8.1:

> "Naquele dia levantou-se grande perseguição contra a igreja que estava em Jerusalém; e todos *exceto os apóstolos*, foram dispersos pelas regiões da Judéia e da Samária" (grifos do autor).

De qualquer modo, em 44 d.C., nova pressão se levantou contra os cristãos de Jerusalém. Dessa vez, a violenta morte de Tiago Maior e o aprisionamento de Pedro, sob ordens de Herodes Agripa, podem ter convencido alguns dos apóstolos, entre os quais André, a buscarem novos campos para sua lavoura espiritual. Suspeita-se que foi por essa mesma época que Pedro, após ser miraculosamente solto, por fim decidiu estender seu apostolado para além dos limites da Judéia (At 12.3-17).

Uma das mais fortes tradições acerca do trabalho missionário de André, endossada pelo historiador Eusébio (talvez ele próprio

238 Doze homens, uma missão

embasado no registro de Orígenes) e pelo patriarca Nicéforo (sécs. 8-9), diz respeito ao sudoeste da Rússia, na regiões próximas ao mar Negro, especialmente naquelas terras outrora pertencentes à chamada Cítia. Em função de testemunhos antigos como esse, André foi adotado como patrono do cristianismo russo. Apesar disso, novamente aqui, o pesquisador defronta-se com o grave problema da imprecisão geográfica de um termo muito popular na antiguidade. A *Skythía*, como os gregos a chamavam, era uma região que envolvia as terras entre os rios Danúbio e Don, particularmente aquelas ao norte do mar Negro, o que, sem dúvida, justificaria o patronato de André reivindicado pela Igreja russa. Na acepção mais ampla, porém, o termo apontava para as vastas planícies ao redor do mar Cáspio e para além dele em direção oriental, onde vagavam errantes tribos nômades incivilizadas. Por isso, o termo acabou se tornando sinônimo de povo bárbaro e guerreiro, como se percebe pelo escrito de Paulo em Colossenses 3.11. Embora não mencionados entre os forasteiros que presenciaram o dom do Espírito durante o Pentecostes (At 2.9-11), é bem provável que houvesse muitos citas entre os prosélitos do judaísmo que peregrinavam a Jerusalém. Sua antiga presença na Palestina é atestada pelo historiador grego Heródoto, que afirma ter os egípcios os derrotado em Ashdod, na faixa de Gaza. A cidade judaica de Bete-Seã, ao norte de Israel, chamava-se originalmente Citópolis, ou "cidade dos citas". Assim, não é de todo improvável supor que, de alguma forma, o contato com indivíduos citas – especialmente aqueles adeptos do judaísmo – pode ter, em dado momento, despertado em André um chamado específico para alcançá-los, quer fosse o país em questão a região mais próxima do Danúbio, na Europa, quer fossem as distantes terras ao Oriente do mar Cáspio.

Outra forte tradição afirma que André exerceu parte de seu ministério em algumas regiões da Ásia Menor, a sudoeste do mar Negro, onde, conforme se sabe, ocorreu grande intensidade evangelística durante a era apostólica. Isso, de certa forma, poderia corroborar suas supostas missões à Cítia, considerando-se o termo como alusivo às terras imediatamente ao norte do mar Negro e, portanto, próximas da Ásia Menor. De qualquer modo, diz a lenda que, uma vez na Ásia, André teria alcançado a cidade de Éfeso, onde João já dirigia uma numerosa congregação. Ali, teria compartilhado uma revelação de Deus com o amigo e evangelista, dando assim sua parcela de contribuição para a elaboração do insuperável evangelho de João. Esses relatos são, em suma, confirmados pelo martirológio da Igreja Ortodoxa Russa, que apresenta a seguinte proposta para as jornadas pós-bíblicas de André:

> Após o Pentecostes, André ensinou em Bizâncio, na Trácia, na Rússia, em Épiro e no Peloponeso. Em Amisos, no templo, converteu os judeus locais, batizando-os e curando seus enfermos. Edificou ali uma igreja e deixou-os em companhia de um sacerdote. Na Bitínia, pregou a palavra, curou os enfermos e expulsou as bestas-feras que os perturbavam. Suas orações destruíram os templos pagãos, e aqueles que se opunham à sua palavra acabavam oprimidos e atormentados em seus corpos até que fossem por ele curados.

> Em Sinope, orou pelo encarcerado apóstolo Matias, de quem fez cair as cadeias, abrindo-lhes as portas da cela. Certa multidão espancou André, quebrando-lhe os dentes, cortando seus dedos e deixando-o como morto em um monte de estrume. Jesus, a seguir, apareceu-lhe e o curou, exortando-o que mantivesse o bom ânimo. Quando as pessoas o viram, no dia seguinte, ficaram sobremodo maravilhadas e creram. André fez também ressurgir dentre os mortos o filho único de uma mulher. Como profeta, predisse a grandeza de Kiev, como fortaleza da cristandade.

Essa tradição russa sobre as rotas missionárias de André está embasada na autoridade de vários autores patrísticos. Gregório de Nazianzo, por exemplo, afirma que o apóstolo esteve em Épiro; Teodoreto ressalta sua passagem pela Grécia, enquanto Jerônimo diz que ele pregou na Acaia. Nicéforo amplia a lista, incluindo Capadócia, Bitínia, Galácia, Bizâncio, Trácia, Macedônia e Tessália, além da já mencionada Cítia, em suas regiões desérticas. Não se pode negar que a maior parte dos relatos sobre as missões de André englobou a

240 DOZE HOMENS, UMA MISSÃO

Palestina, a Ásia Menor, a Macedônia, a Grécia e as regiões próximas ao Cáucaso. Entretanto, é para a cidade de Patras, na Grécia (não confundir com Pátara, na Lícia, onde Paulo aportou, conforme At 21.1,2), que convergem as mais antigas narrativas referentes ao seu apostolado pós-bíblico. Ali, ao evangelizar e converter Maximila, esposa do Procônsul local, André teria sido martirizado em uma cruz em forma de "X", conforme o relato que se verá a seguir. Em virtude dessa tradição, a cruz em "X" ou *crux decussata*, passou a ser associada ao apóstolo e chamada de Cruz de Santo André.

A obra apócrifa *Atos e martírio do santo apóstolo André*, supostamente escrita pelos "bispos e diáconos das igrejas da Acaia", apresenta alguns trechos muito interessantes sobre a lendária entrevista do apóstolo com o procônsul daquela região, Egates, e seu posterior suplício por mãos desse governador romano.

O confronto entre o santo e o magistrado pagão teria se iniciado a partir do constrangimento que Egates impusera aos crentes daquela região, tentando fazê-los retornar à adoração idolátrica:

> Esta fé aprendemos com o abençoado André, apóstolo de nosso Senhor Jesus Cristo, cuja paixão, presenciamos com nossos olhos, não hesitamos em testemunhar, mesmo que limitados em nossa capacidade.

> Tendo o procônsul Egates vindo à cidade de Patras, começou a constranger aqueles que haviam crido em Cristo a adorarem os ídolos. A Egates, o bendito André, dispondo-se apressadamente, disse: 'Exorto-te que, sendo juiz dentre os homens, conheças Aquele que é teu Juiz, que está nos céus e que, uma vez o conhecendo, adore-o e, tendo-o adorado, desvies teus pensamentos daqueles que não são verdadeiros deuses'.

André, embora, a princípio, reconhecido pelo procônsul – segundo a lenda – não suprime sua audaciosa reprimenda e acrescenta:

> Os imperadores romanos nunca conheceram a verdade. A respeito dela, o Filho de Deus, que veio para salvar os homens,

manifestamente ensinou que esses ídolos não apenas não são deuses, mas representam, na verdade, os mais desprezíveis demônios, hostis à raça humana. São eles que ensinam os filhos dos homens a desobedecerem a Deus, de forma que Este não Se volte para eles e não os ouça.

Ameaçado por Egates de ser torturado e punido com crucificação por se negar terminantemente a sacrificar aos deuses, o apóstolo fora lançado no cárcere enquanto aguardava sua execução. Uma multidão oriunda das adjacências de Patras, ouvindo o que se sucedera com André, revoltara-se contra a decisão do governador e tenciona libertar o apóstolo à força:

O evangelista, porém, tendo proposto em seu coração que aquele era o momento de testemunhar com o próprio sangue a fé em seu Mestre, adverte a turba dizendo:

> Não transformeis a paz de nosso Senhor Jesus Cristo em sedição e em levante diabólico. Porquanto, meu Senhor, quando foi traído, tudo suportou com paciência. Não murmurou nem alçou sua voz, tampouco ouviu-se nas ruas seu clamor. Portanto, vós, da mesma sorte, mantende-vos em silêncio e em paz, não impedindo meu martírio. Antes, preparai-vos também, de antemão, como atletas do Senhor que sois, para que possais vencer as ameaças, com uma alma que não teme o que possa fazer o homem [...]. Pois, este perecimento não é para ser temido, mas sim aquele que é eterno.

Após atravessar a noite no cárcere admoestando a multidão que o tentava libertar, André é, enfim, conduzido ao tribunal romano, perante o juízo de Egates. Os primeiros raios de Sol ainda não haviam aquecido a manhã, quando as palavras iniciais do magistrado romano se dirigem ao apóstolo, na vã tentativa de dissuadi-lo da doutrina pela qual se dispusera a morrer:

> Considero que tu, refletindo ao longo da noite, voltaste teus pensamentos da tolice, tendo desistido da comissão de

Cristo, para que permaneças entre nós, não lançando fora os prazeres da vida. Pelo que, seria grande estupidez enfrentar os sofrimentos da cruz por quaisquer que sejam os propósitos, entregando-se à mais humilhante de todas as punições.

Sendo, pois, convidado pelo procônsul a retratar-se de sua fé e a estimular os demais a fazerem o mesmo, o santo decididamente replica:

Ó filho da morte e palha preparada para o fogo eterno, ouvi-me a mim, o servo e apóstolo de Jesus Cristo. Até agora tenho contigo gentilmente conversado acerca da perfeição da fé, a fim de que tu, após ter sido exposto à verdade, pudesses te tornar perfeito como seu defensor e, assim, desprezar os ídolos vãos e adorar apenas a Deus, que está nos céus. Entretanto, já que permaneces na mesma impudência e pensas que me assustas com tuas ameaças, traga sobre mim, pois, aquilo que julgas ser a maior de todas as torturas.

Enfurecido por essa audácia sem precedentes, o procônsul ordena que André seja entregue nas mãos dos verdugos, a fim de que seja fustigado com açoites, antes de ser submetido à crucificação. Perturbado, entretanto, com a determinação do santo, impávido ante a ameaça da cruz, Egates renova sua oferta de clemência ao já afligido apóstolo, se este abjurar sua fé publicamente. Como sua recusa se mostrasse definitiva, ele determina a imediata crucificação do evangelista:

Conta a lenda que uma multidão de cerca de vinte mil cristãos seguia inconsolável o condenado em direção ao local da execução. Após André ser içado no madeiro, certo Estratocles, discípulo seu, percebendo que os executores se afastaram, aproximou-se a fim de consolar seu mestre em seu sofrimento. Ao encontrá-lo surpreendentemente sorrindo diante do *summum suplicium*, o fiel lhe fala:

Por que razão estás sorrindo, ó André, servo de Deus? Teu sorriso nos faz lamentar e chorar, porquanto nos encontramos privados de ti.

Ao que André lhe responde:

> Não devo eu rir-me, meu filho Estratocles, diante do esgotamento das estratégias de Egates, por meio das quais pensava vingar-se de nós? Nada temos com ele, tampouco com seus planos. Ele não pode ouvir, pois se pudesse, teria aprendido, por experiência, que o homem que pertence a Jesus não pode ser punido.

Como o sofrimento do apóstolo se prolongasse por mais de quatro dias, visto que – conforme diz a lenda – André fora amarrado e não pregado à cruz, a população de Patras voltou-se enraivecida contra Egates e pressionou-o fortemente a libertar o santo, enquanto ainda havia tempo de salvá-lo. Temeroso de que uma negativa pudesse transformar a situação em um levante de grande proporção, o procônsul decide, a contragosto, atender aos rogos da multidão.

Ao aproximar-se da cruz sobre a qual André pendia agonizante, e tendo atrás de si a multidão que bradava jubilosamente, Egates ouve surpreso a recusa do santo em aceitar sua duvidosa demonstração de misericórdia.

André, insistindo para que os presentes não o impedissem de glorificar a Deus com aquele suplício, entrega seu espírito e parte para o Senhor, diante do olhar carregado da multidão que dele aprendera acerca do evangelho.

Maximila, a nobre esposa de Egates, que também se tornara uma cristã por intermédio de André, ao saber que o santo havia partido para o Senhor, dirige-se apressadamente para o local da crucificação e, após auxiliar na retirada do corpo, ocupa-se de sua preparação, untando-o com custosas especiarias e oferecendo para o sepultamento um espaço em seu próprio jazigo.

Conta a lenda que Maximila, tendo decidido abandonar o procônsul, deixou-o sobremodo perturbado, de modo que este planejava enviar a César pesadas acusações contra sua esposa e os demais cristãos da cidade. Contudo, na calada da noite, enquanto elaborava os detalhes do documento, Egates, perturbado por demônios, lançou-se de grande altura, vindo a despedaçar-se em frente ao mercado público de Patras.

244 DOZE HOMENS, UMA MISSÃO

Boa parte da tradição grega e latina defende que o martírio de André em Patras teria ocorrido durante o reinado de Nero, em 30 de novembro de 60 d.C. Outros relatos, entretanto, empurram a data um pouco mais a frente, entre 68 e 69 d.C., quando Vespasianus [Vespasiano] reinava em Roma. A lenda citada apenas diz:

> Essas coisas se passaram no dia anterior às calendas de dezembro, na província da Acaia, na cidade de Patras, onde seus maravilhosos feitos permanecem até os dias de hoje, para a glória e o louvor de nosso Senhor Jesus Cristo, a quem seja a glória para todo o sempre. Amém.

O escritor medieval Dorman Newman confirma o ministério do apóstolo na Grécia (*op. cit.*, p. 43-45):

> André dirigiu-se à Cítia e a Bizâncio, onde fundou igrejas. Por fim, rumou a Patras, uma cidade da Acaia, onde encontrou o martírio. Aegas, procônsul da Acaia, após intensa discussão, ordenou a André que abandonasse sua religião, sob pena de ser torturado até a morte. Ambos imploravam pela retratação alheia: Aegas tentava persuadir André a não perder sua vida e este, por sua vez, buscava convencer o magistrado a não perder sua alma.

> Após suportar com valentia a severa punição, André foi atado – e não pregado – a uma cruz, a fim de que se prolongassem seus estertores. Ali, exortou os cristãos e orou, saudando aquela cruz como uma oportunidade de apresentar ao seu Mestre um honroso testemunho. André permaneceu por dois dias sobre a cruz, admoestando a quantos dele se aproximassem. Embora alguns importunassem o procônsul a fim de reverter aquele trágico quadro, o apóstolo continuava suplicando ao seu Senhor que lhe permitisse selar o testemunho da Verdade com seu próprio sangue.

Patras também aparece como ponto derradeiro de suas missões no livro *The First-Called Apostle Andrew* [*André, o primeiro apóstolo a ser chamado*], do reverendo ortodoxo Hariton Pneumatikakis (citado em *The Search for the Twelve Apostles* [*Em busca dos doze apóstolos*], p. 84-85).

A santa tradição afirma que o apóstolo André percorreu as regiões mais baixas do Cáucaso (presentemente, a Geórgia), vindo a anunciar a Palavra à raça dos citas, nas distantes regiões do mar Cáspio. Dirigiu-se, a seguir, a Bizâncio (atual Istambul), onde ordenou Eustáquio como bispo local.

André foi encarcerado e apedrejado, vindo a padecer muito por amor de Cristo. Em Sinope, sofreu a terrível ameaça de ser devorado vivo por canibais. Não obstante, continuou firme em sua tarefa apostólica de ordenar bispos e espalhar o evangelho do Salvador Jesus Cristo.

De Bizâncio, dirigiu-se à Grécia, em sua principal jornada evangelística. Viajou pela Trácia e Macedônia até atingir o Golfo de Corinto, em Patras. Foi ali que André predicou o evangelho pela última vez.

Egates, o governador de Patras, irou-se sobremodo com a pregação de André, ordenando sua apresentação perante o tribunal local, em uma atitude que visava erradicar dali a fé cristã. Como o apóstolo resistisse ao tribunal, Egates condenou-o a morte por crucificação. André permaneceu atado à cruz por espessas cordas durante três dias, sendo estas suas últimas palavras: 'Aceita-me ó Cristo Jesus, Aquele a quem vi, a quem amei e em quem subsisto; recebe em paz meu espírito em Teu Reino sempiterno'.

É razoável que Patras, na Acaia, um importante centro portuário, tenha realmente atraído a pregação de um ou mais dentre os doze, assim como de outros missionários primitivos, conforme dizem as tradições gregas. Mesmo que alguns deles não tenham originalmente planejado fazer daquele lugar um ponto evangelístico, é aceitável que tal tenha ocorrido de modo fortuito, durante a escala de alguma

246 Doze homens, uma missão

viagem pelo Mediterrâneo. Cidades próximas dali, como Corinto, Cencréia, Tessalônica e Beréia, foram intensamente evangelizadas por Paulo, Timóteo, Silas e Apolo, nos dias do procônsul Gálio (At 18.1-18; 19.21).

Localizada na parte oriental da baía de Patraikos, a pouco mais de duzentos quilômetros de Atenas, Patras, já em tempos apostólicos, destacava-se como uma das mais importantes cidades da província romana da Acaia. Conheceu o apogeu econômico no século 2 de nossa era; duzentos anos depois, porém, sua decadência foi inevitável, com o rápido desenvolvimento de Constantinopla, antiga Bizâncio. Principal contato comercial da península grega com o oeste europeu, o porto de Patras movimentava anualmente consideráveis quantidades de mercadorias que abasteciam toda a península do Peloponeso.

Se a tradição grega sobre o ministério de André em Patras estiver correta, é possível que dali o evangelho tenha se disseminado para o interior da própria Acaia e outras regiões do mundo antigo, por intermédio de mercadores que se valiam daquele concorrido porto mediterrâneo.

Atualmente, Patras, uma das mais belas cidades gregas, ainda conserva vestígios da presença do apóstolo André por intermédio daquela que é considerada a mais imponente igreja de toda a Grécia, a catedral de Santo André. Dedicada à memória do apóstolo, a nova construção foi erigida ao lado da antiga igreja de Santo André, levantada entre 1936 e 1943, onde se diz ser o local da crucificação de André.

André realmente estabeleceu a igreja de Bizâncio?

Com efeito, a tradição ortodoxa busca estabelecer uma base de sustentação para a origem apostólica da igreja de Bizâncio, mais tarde transformada em Constantinopla, a ornamentada capital do Império Romano do Oriente. O nome de André – assim como o de João – figura entre aqueles que supostamente deixaram a semente apostólica naquela pequena cidade trácia que se transformaria, dali a dois séculos, em um dos mais importantes centros urbanos da Antiguidade, como nos conta W. Cureton em seu *Ancient Syriac Documents* [*Documentos siríacos antigos*] (p. 34):

> O célebre texto *O ensino dos apóstolos* [*Didascalia Apostolorum*], composto entre o final do século 2 e o princípio do século 3 e preservado em tradução siríaca, atesta a apostolicidade da igreja de Bizâncio nos seguintes termos: Bizâncio e toda a terra da Trácia, incluindo as regiões até o grande rio, cuja desembocadura mantinha afastados os bárbaros, receberam o sacerdócio das mãos apostólicas de Lucas, que ali erigiu uma igreja e exerceu o sacerdócio, assim como o ofício de governador e administrador.
>
> Contudo, a apostolicidade lucana da igreja de Bizâncio é descrita dentro do contexto mais abrangente das atividades dos apóstolos João e André. Éfeso, Tessalônica e toda a Ásia, assim como a terra dos coríntios e a circunvizinhança da Acaia, receberam o sacerdócio apostólico das mãos de João, o Evangelista. Nicéia, Nicomédia e toda a terra da Bitínia e Gótia, incluindo as regiões adjacentes, receberam a destra apostólica do sacerdócio pelas mãos de André, o irmão de Simão Cefas...
>
> Essa tradição foi revitalizada ao tempo do cisma de Acácio (484-519 d.C.), durante o qual o confronto entre os tronos da velha e da nova Roma conduziu a um debate sobre os direitos canônicos do trono de Constantinopla, sob a ótica da compreensão ocidental da apostolicidade dos tronos patriarcais. É tradicionalmente aceito que, durante a visita do papa João a Constantinopla (525 d.C.), foi proposto a ele, com a assistência do historiador Procópio, a tradição atribuída a Doroteu de Tiro, referente à ordenação de Eustáquio como bispo de Bizâncio pelo apóstolo André.
>
> Essa tradição exerceu grande influência sobre a literatura referente às atividades apostólicas de André, influência essa

248 Doze homens, uma missão

que sobressai a qualquer discussão, já que pode ser confirmada pela impressionante difusão do culto ao apóstolo a partir do princípio do século 6, ao longo de todas as igrejas do Ocidente e do Oriente que experimentaram alguma real conexão com Constantinopla...

A narrativa sobre a relação do trono de Constantinopla com João, o Evangelista, foi desenvolvida ao longo das tradições ligadas ao apóstolo André. [...] Essa projeção oficial da apostolicidade joanina da igreja de Constantinopla pressupõe uma tradição preexistente, evidenciada pela afirmação do patriarca ecumênico Inácio, durante o segundo Concílio de Constantinopla (681 d.C.). A assertiva de Inácio foi uma resposta aos delegados papais, os quais se declaravam representantes do trono apostólico naquele conselho [...]: 'Eu também ocupo o trono do apóstolo João e do *protocletos* André'.

Mesmo que, acima de tudo, tenham servido apenas para sustentar as antigas pretensões de supremacia do patriarcado de Constantinopla, as lendas sobre a atuação direta ou indireta de André em Bizâncio devem ser consideradas com a devida atenção. Afinal, essa localidade que data do século 7 a.C., embora nos dias de André nem de longe resplandecesse o fulgor da futura Constantinopla, tornara-se um importante ponto de acesso à Europa pelo Oriente, com seu movimentado porto no Bósforo. Tornara-se escala para os que procediam da Bitínia, do Ponto e da Ásia Menor, com destino às províncias romanas da Trácia, Moésia, Macedônia e Ilíria. Essa condição geográfica, de tão estratégica, não deve ter passado despercebida aos primeiros missionários cristãos, talvez nem mesmo de alguns dos apóstolos. Ademais, Bizâncio estava mais próxima de Éfeso – a base das ações missionárias de João e, talvez, de André – que outras cidades muito bem alcançadas pela fé cristã no século 1, como Tessalônica, Beréia, Corinto e Filipos.

A destruição que sofreu por seu levante armado contra o imperador Sétimo Severo, em 196 d.C., deixa claro que a Bizâncio do período imediatamente pós-apostólico era uma cidade de relevância ascendente dentro do Império Romano.

A tradição apostólica não apresenta, enfim, variações muito drásticas ao retratar o ministério posterior de André. O que se tem, em suma, é a descrição de que o *protocletos* deixou a Palestina ainda nos primeiros anos de seu apostolado, dirigindo-se para os desafios do ministério além-fronteiras. Muito difícil é afirmar qual direção André adotou em suas pioneiras jornadas, se no sentido oriental ou ocidental, visto que ambas são consideradas pela tradição. As regiões a leste da Palestina, como os termos ao redor do mar Cáspio e do mar Negro, são locais lembrados pelos antigos como pontos de sua pregação. Isso incluiria a nação dos partos e, em particular, dos guerreiros citas das estepes. Entretanto, como foi dito, há sérias dúvidas sobre qual região exatamente os antigos chamam Cítia, quando mencionam o termo com respeito aos feitos de André. Se as referências disserem respeito, antes, às regiões do Oriente europeu, então faz sentido imaginar André como mais um dentre os doze a evangelizar as regiões ao derredor do sul da Rússia, país do qual é considerado o santo patrono. Por outro lado, em sua tradicional jornada rumo oeste, há indícios de que tenha se reunido temporariamente à igreja estabelecida em Éfeso, por obra do grande apóstolo João, em cuja companhia, segundo se crê, plantou posteriormente o bispado de Bizâncio. Quanto ao seu martírio, são muito fortes as informações que apontam a cidade portuária de Patras, na Grécia, como local de sua execução, e a crucificação em "X" como a forma em que o evento se processou.

OS RESTOS MORTAIS DE ANDRÉ

Julgando-se pelas tendências da narrativa tradicional, parece que as relíquias do apóstolo André permaneceram, de algum modo, ligadas ao eixo Patras-Istambul-Roma. O rev. Hariton Pneumatikakis (citado em *The Search for the Twelve Apostles* [*Em busca dos doze apóstolos*], p. 85) acrescenta alguns importantes detalhes sobre o tema:

> Uma cristã de nome Maximila tirou da cruz o corpo de André e sepultou-o. Quando Constâncio, filho do imperador Constantino, tornou-se o imperador, ordenou que se conduzisse

250 DOZE HOMENS, UMA MISSÃO

o corpo de André até a igreja dos Santos Apóstolos, em Bizâncio (Istambul), onde repousou sobre um altar. A cabeça de Santo André, no entanto, permaneceu em Patras.

Em 1460 d.C., a cabeça do apóstolo foi levada para a Itália e colocada na igreja de São Pedro, para sua maior proteção, após o avanço turco sobre Bizâncio. Ali permaneceu até o ano de 1964, quando o papa Paulo VI determinou seu retorno à sé episcopal de Patras. Três representantes do papa acompanharam a cabeça, colocada sobre um relicário e conduzida pelo cardeal Bea da Basílica de São Pedro até seu destino. Ao ali chegar, a peça foi retornada ao Arcebispo Metropolitano Constantino, que ainda hoje a guarda.

Mary Sharp, em seu *A Traveller's Guide to Saints in Europe* [*Guia de viagem dos santos na Europa*] (p. 15), propõe outros destinos para as diversas partes da ossada de André:

> Outras peças encontram-se em Sant'Andrea al Quirinal, em Roma, e o restante em Amalfi. Os restos foram roubados de Constantinopla em 1210 e levados para a Catedral de Amalfi, próxima a Nápoles. Em 1462, o papa Pio II decidiu transferir a ossada craniana do apóstolo para a Catedral de São Pedro em Roma.

Anna Jamerson, em seu livro *Sacred and Legendary Art* [*Arte sacra e legendária*] (p. 238), traz à luz mais alguns fatos interessantes acerca do destino de parte dos restos mortais do apóstolo, durante a Idade Média:

> Quando Constantinopla foi tomada, sendo as relíquias de André, por conseguinte, dispersadas, verificou-se por toda a cristandade um grande e entusiástico interesse pela vida desse apóstolo. Previamente honrado pela Igreja como o irmão de Pedro, o apóstolo André já havia desde o passado se tornado foco de grande admiração.

Diz-se que Filipe de Burgundy (1433 d.C.), pagando alto preço, adquiriu para si parte das preciosas relíquias que consistiram basicamente em alguns pedaços de sua cruz. Este, ao fundar sua nova ordem de cavaleiros, estabeleceu-a sob a proteção do apóstolo. Em seu preâmbulo, a ordem demonstrava o propósito de reavivar a honra e a memória dos argonautas. Assim, seus cavaleiros passaram a usar como insígnia a Cruz de Santo André.

A tradição, portanto, parece sólida ao afirmar que, pelo menos parcialmente, os ossos de André permaneceram na capital oriental do império por quase um milênio, sendo de lá arrebatados por volta de 1204 d.C., durante a Quarta Cruzada, e só depois levados para Amalfi, na Itália. Contudo, muito antes disso ocorrer, há que se considerar ainda a possibilidade de nem todos os ossos do apóstolo terem sido levados de Patras a Constantinopla, como pensou ter feito o imperador bizantino Constâncio, em 357 d.C. Levando-se em conta essa hipótese, outras lendas antigas devem também ser lembradas. Uma delas remete à primeira metade do século 4, quando o mesmo Constâncio, filho do recém-falecido imperador Constantino, decidira captar as relíquias de André e enviá-las à sagrada coleção reunida, mas não terminada, por seu pai na igreja dos Santos Apóstolos, em Constantinopla. De acordo com essa lenda, o régio intento teria sido frustrado por volta de 345 d.C., pelo bispo de Patras, São Régulo, a quem fora dado um aviso em sonho. O anjo ordenara-lhe que levasse consigo as relíquias de André até os "confins da terra", onde quer que esse impreciso local se situasse. Para uma mente greco-romana da época, como a de Régulo, um dos termos da terra que faziam fronteira com o fim do mundo eram, sem dúvida, a incivilizada Escócia, o berço dos selvagens e sempre belicosos pictos. Pensando na segurança dessa tão grande distância, São Régulo tomou consigo os ossos do apóstolo e navegou com eles pelo Mediterrâneo e parte do Atlântico até aportar na localidade de Kilrymont (hoje, St. Andrews), em Fife, na Escócia. Conta ainda o texto que, ao tempo da chegada de Régulo, o rei picto Angus (ou Hungus), oniricamente visitado por André, teria recebido deste a profecia de sua vitória sobre o rei saxão Athelstan, o que de fato aconteceu logo a seguir. Grato, o soberano picto acolheu Régulo e as relíquias do apóstolo de bom grado, doando à pequena igreja em construção fartas terras ao redor da baía onde o santo aportara.

Construída ou não por Régulo no século 4, a pequena capela devotada a André, na antiga Kilrymont teve, por volta de 1160 d.C., sua estrutura aumentada e requintada até que se transformasse em uma suntuosa catedral. Chamada, à época, St. Andrews, a cidade foi, em função da suposta presença das relíquias do apóstolo, celebrizada como a capital espiritual da Escócia na Idade Média, e como um dos mais importantes locais de peregrinação da Grã-Bretanha.

A descrição da saga de Régulo na Escócia é, sem dúvida, empolgante e rica em ares épicos. Entretanto, para os críticos, sua historicidade permanece seriamente comprometida pela incoerência das datas referentes aos reis citados, Angus e Athelstan, que só viveram, de fato, nos séculos 8 e 9, e não quatrocentos anos antes, como descreve a lenda. Mais provável é que esse texto tradicional tenha sido adornado, ampliado e amplamente divulgado por soberanos, nobres e personalidades eclesiásticas da Escócia, a partir de meados do século 12, visando a fortalecer entre o povo o senso de identidade nacional. A razão para isso estava nas ameaças inglesas à soberania do país, que aumentavam desde fins do século 11. Vê-se, a exemplo disso, que os Guardiões da Escócia, que defenderam o país em 1216 d.C., durante o período da vacância régia, inseriram no selo que oficializavam seus documentos a inscrição *Andrea Scotis dux esto compatriotis*, [*Seja André o líder dos compatriotas escoceses*]. Além disso, as aspirações de domínio episcopal ostentadas pela sé bretã de York sobre seus irmãos de fé também preocupavam os escoceses. A precedência, nos tempos medievais, fazia toda a diferença em termos de autoridade eclesiástica, crê-se que os escoceses, ao tomarem para si um patrono apostólico como André e pregarem a chegada de suas relíquias ao país no século 4, buscavam infundir em seus concidadãos a idéia de que a fé cristã na Escócia precedia a fundação do cristianismo na própria Inglaterra, sendo, portanto, independente deste.

Porém, outra lenda também ligada àquela nação sugere que a vinda dos famosos ossos de André tenha se dado mais tardiamente, em 733 d.C., quando Acca, bispo de Hexham, um dedicado colecionador de relíquias sagradas, adquiriu-os por bom preço e levou-os consigo para a terra dos escotos. O fato é que essas lendas, se verdadeiras ou não, infelizmente, não podem mais ser foco de uma investigação ideal. Os ossos trazidos na Idade Média e atribuídos ao *protocletos* misteriosamente desapareceram de seu local original, em St. Andrews. Acredita-se terem sumido durante os primeiros e conturbados anos da Reforma naquele país, quando uma turba furiosa, com intenções iconoclastas, destruiu a Capela das Relíquias, na Catedral de St. Andrews, em 1559. De todo modo, a ligação tradicional entre as relíquias de André e a Escócia não acabaram aí. Em 1879, alguns fragmentos daqueles guardados em Amalfi foram doados pela marquesa de Bute aos escoceses, representados pelo arcebispo Strain. Mais tarde, em 1969, outras peças do santo também seriam enviadas para lá, dessa vez por iniciativa do papa Paulo VI, que as entregou, em mãos, a Gordon Gray, o primeiro cardeal escocês desde a Reforma Protestante. Esses ossos atribuídos a André, guarnecidos em um maravilhoso santuário dedicado ao apóstolo, encontram-se no interior da St. Mary's Catholic Cathedral, em Edinburgo.

Dentre os restos mortais dos diversos apóstolos, os de André podem ser, portanto, reputados como aqueles dos mais genuínos, devido à relativa clareza histórica de seu percurso, desde os primórdios da Igreja até o presente, envolvendo as cidades de Patras, Bizâncio, Roma, Amalfi, Edinburgo e, talvez por certo tempo, St. Andrews.

Desde 1964, a cabeça de André voltou ao seu descanso original em Patras, na Grécia. A ossada foi devolvida por Paulo VI, um gesto de amizade para com os ortodoxos. O tesouro foi depositado pelos católicos em um rico relicário de ouro trabalhado naquilo que se supõe ter sido a forma da face do apóstolo. Esse objeto, entretanto, foi roubado não muitos anos depois de sua chegada àquela cidade. O novo relicário, construído pelos próprios ortodoxos, por questões teológicas, não copia formas humanas e, embora tenha sido trabalhado em prata, e não em ouro, foi preciosamente adornado.

> "Disse-lhe
> Filipe: Senhor,
> mostra-nos o Pai, e
> isso nos basta."
> *João 14.8*

FILIPE

Antes de iniciar uma investigação sobre a vida do apóstolo Filipe, é interessante estabelecer uma clara distinção entre o discípulo de Cristo e seus homônimos encontrados no Novo Testamento, especialmente porque um deles destacou-se sobremodo na Igreja primitiva, sendo por vezes confundido com o apóstolo.

Filipe era um nome de origem gentílica relativamente comum em regiões de forte influência grega como a Galiléia. Seu significado – *amante de cavalos* – deriva da associação das palavras gregas *Filos* e *Hippos*.

São estes, pois, os demais *Filipes* encontrados no Novo Testamento:

256 Doze homens, uma missão

— Filipe, filho de Herodes, o Grande, e marido de Herodias. Deserdado pelo pai, passa sua vida na obscuridade em Roma. O adultério de sua mulher com seu meio-irmão Herodes Antipas, tetrarca da Galiléia, torna-se público em Israel (Mt 14.3; Mc 6.17; Lc 3.19);

— Filipe, tetrarca da Ituréia, outro descendente da casa de Herodes, o Grande (Lc 3.1);

— Filipe, um dos sete diáconos da igreja de Jerusalém. Tradicionalmente conhecido como *Filipe, o Evangelista* (At 6.5; 8.5-40; 21.8,9).

O outro apóstolo, Filipe

Não raro, muitos leitores confundem o último personagem supracitado com o discípulo diretamente vocacionado por Jesus. Esse equívoco se deve, em parte, à considerável projeção alcançada pelo evangelista de Atos dos Apóstolos, em suas prósperas campanhas missionárias, assim como à pouca atenção das Escrituras ao apóstolo cuja vida enfocaremos neste capítulo.

Filipe, o Evangelista – que não compunha o rol dos doze discípulos – entra em cena em um momento em que a igreja de Jerusalém se debatia com a delicada questão da discriminação sofrida por judeus-cristãos de língua grega, provenientes da diáspora, também conhecidos como *helenistas*. De acordo com a narrativa de Atos 6.1-6, as viúvas dos crentes judeus de origem grega estavam sendo esquecidas na contribuição diária. Seus benefícios eram, portanto, revertidos inteiramente em prol das viúvas dos judeus palestinos. Diante da possibilidade de uma divisão sem precedentes na igreja, os doze sugeriram à congregação local a escolha de sete varões *cheios do Espírito Santo e de sabedoria* que pudessem solucionar aquela questão de cunho administrativo, enquanto eles próprios se dedicariam exclusivamente ao ensino e a pregação da Palavra. Frank Stagg, em sua obra *O livro de Atos* (p. 90-91) analisa sob uma ótica altamente crítica a postura dos doze diante desse impasse, ao mesmo tempo em que vislumbra em Filipe, o Evangelista, e Estêvão o raiar de um cristianismo definitivamente liberto das amarras tradicionais do judaísmo:

Que ironia! Aqueles que se julgavam tão ocupados com assuntos espirituais, a ponto de não poder servir às mesas, falharam em perceber para onde o evangelho os devia levar. Os doze, que achavam que deviam dar todo seu tempo 'à oração e ao ministério da Palavra', mostraram-se tardos em reconhecer que 'Deus não se deixa levar por respeitos humanos'. Achavam que Estêvão, Filipe e outros cinco eram suficientemente mundanos (no bom sentido) para servir às mesas; mas, de certo modo, eles – pelo menos Estêvão e Filipe – alcançaram uma visão mais nítida do evangelho e se tornaram líderes de um cristianismo mais espiritual e menos legalista, que deveria abarcar toda a humanidade, e não somente uma nação.

Pedro e os outros apóstolos resolveram ser 'espirituais' e dedicar-se ao estudo da Palavra, mas estavam amarrados pela tradição. Estavam construindo um judaísmo cristão, em vez de edificar uma igreja de natureza espiritual e de visão universal. [...] Temos algumas provas de que ele (Pedro) amava naturalmente o povo, fosse ele qual fosse; mas, religiosamente, fora educado no sentido de sempre considerar o gentio como imundo, um indivíduo com quem não se devia associar nem ter a menor comunhão. Parece que ele não se sentia bem dentro daqueles preconceitos e daquele extremismo, nem fazia disso tudo um cavalo de batalha. Não obstante, achava difícil libertar-se do temor que tinha de seus compatrícios, os quais julgavam ser o preconceito racial uma marca distintiva de piedade e ortodoxia. A humanidade, não a raça ou a nacionalidade, é que primeiro interessava a Estêvão e a Filipe (o Evangelista).

Na rigidez de sua análise, Frank Stagg acerta ao identificar a presença, ainda perturbadora, de germes do sectarismo judaico no bojo das lideranças cristãs naquele momento da Igreja primitiva. Foi justamente em meio a essa polêmica que Filipe, o Evangelista, despontou no cenário bíblico.

Judeu da dispersão, Filipe fora eleito, ao lado de Estêvão e outros cinco, como um daqueles que se incumbiriam das tarefas diaconais

258 DOZE HOMENS, UMA MISSÃO

da congregação de Jerusalém. Como a prerrogativa de ser *cheio do Espírito Santo e de sabedoria* era condição *sine qua non* para o exercício do diaconato, infere-se que essa virtude era marca característica de seu testemunho cristão.

Com a perseguição aos crentes de Jerusalém, a qual culminou com a execução de Estêvão, boa parcela da comunidade cristã local viu-se na necessidade de deixar a cidade em busca de abrigo seguro. Filipe estava entre eles. Muitos dos que o acompanharam na debandada eram judeus provenientes da dispersão e, como tais, não temiam deixar a Palestina em direção ao mundo gentio, que de tantas comunidades judaicas se tornara abrigo. Com efeito, essa violenta dispersão acabou por contribuir de maneira significativa para a transformação de Filipe em um dos mais destacados missionários citados no livro de Atos dos Apóstolos (At 8.4,5).

A narrativa de Atos registra a desenvoltura que o jovem missionário apresentou o evangelho na Samária, região assaz discriminada pelos judeus em geral. Em Atos 8.4-13, vemos que *multidões escutavam, unânimes, as coisas que Filipe dizia, ouvindo-o e vendo os sinais que operava*. Tal era a autoridade e os prodígios operados pelo Espírito por intermédio de Filipe que mesmo o famoso feiticeiro Simão, célebre na região, manifestou simpatia pelo evangelho e acompanhou-o por certo tempo.

A intrepidez de Filipe ao evangelizar com êxito a desprezada Samária logo ecoou em Jerusalém, onde a maior parte dos apóstolos ainda permanecia reclusa, em uma atmosfera cada vez mais hostil ao cristianismo. Cientes das novas que vinham da Samária, Pedro e João superam boa parte de seus "resíduos judaizantes" e se deslocam para a região, visando a confirmar aqueles novos (e inesperados!) irmãos. Vale lembrar que o mesmo apóstolo João, não muito tempo antes, em um repente de fúria, desejou atear "fogo do céu" sobre as aldeias samaritanas, sendo por isso repreendido por seu Mestre (Lc 9.54).

Os acontecimentos ligados a Samária compõem apenas parte do ministério de Filipe descrito em Atos. Logo a seguir, o Espírito do Senhor o impele à região de Gaza, à época caminho entre a Abissínia (atual Etiópia) e Israel. É justamente nesse lugar que o evangelista depara-se com um importante eunuco etíope, provavelmente simpatizante do Deus de Israel. Frank Stagg aponta algumas características desse que foi o próximo alvo da palavra salvífica de Filipe (*op. cit.*, p.108):

> Havia um grande grupo de gentios, chamados de 'tementes a Deus'. Sentiam-se atraídos para o judaísmo por causa de seu monoteísmo, sua moral elevada e seus ensinos moralizadores. Muitos tinham perdido a fé nos deuses do império e sentiam-se mal com a imoralidade resultante dos cultos pagãos. Grande número de gentios voltou-se para as sinagogas. Alguns ingressaram no judaísmo como prosélitos, e outros ficaram como que às portas. Para tornar-se prosélito, o candidato devia circuncidar-se, batizar-se e oferecer certos sacrifícios. Também deviam admitir que o judaísmo era tanto uma nação com uma religião. O prosélito tornava-se parte da nação judaica e também da religião judaica. O etíope e Cornélio pertenciam ao grupo dos tementes a Deus...
>
> O etíope certamente encontrara impedimento para circuncidar-se e fazer-se judeu. Era eunuco, e, dada a sua mutilação física, muito provavelmente lhe tinham negado o privilégio de tornar-se um prosélito do judaísmo.

O desprendimento e a eficácia que Filipe levava a termo a proclamação do evangelho certamente chamou a atenção dos apóstolos. Provado e aprovado em sua ministração aos samaritanos, o evangelista agora batizara um gentio, enquanto vários dos doze ainda não se aventuravam muito além dos limites de Jerusalém. De fato, o entusiasmo do evangelista em evangelizar o eunuco etíope contrasta flagrantemente com o constrangimento de Pedro em fazer o mesmo diante do centurião de Cesaréia (At 10.9-48).

Após a conversão e o batismo do etíope, o evangelista é arrebatado pelo Espírito e conduzido a Asdode, na antiga Filístia. Ali, inicia um trabalho missionário pela costa mediterrânea da Palestina, até a populosa Cesaréia, onde fixa residência. Anos mais tarde, em companhia de suas quatro filhas profetisas, hospeda o apóstolo Paulo, em sua viagem de retorno a Jerusalém (At 21.8,9).

A atenção dispensada à biografia do diácono e evangelista Filipe – conquanto não correlata ao do discípulo homônimo – se fez necessária, para que pudéssemos traçar um claro divisor de águas entre a obra desse que se transformou em um dos mais ousados missionários do século 1 e o verdadeiro objeto de nossa apreciação neste capítulo, o apóstolo Filipe, cuja carreira enfocaremos a seguir.

O APÓSTOLO FILIPE, UM DOS DOZE DO SENHOR

Devemos exclusivamente ao evangelista João as escassas narrativas que tratam do apóstolo Filipe. Isso, de certa forma, sugere amizade entre ambos, antes do período de discipulado com Jesus.

Natural da cidade galiléia de Betsaida (Jo 12.21), Filipe surge pela primeira vez nas Escrituras em João 1.43-46, quando de seu encontro vocacional com o Mestre. O impacto espiritual causado pela abordagem de Jesus foi tal, que Filipe se lançou incontinenti à procura de seu amigo Natanael (ou Bartolomeu), a fim de relatar-lhe o ocorrido. A certeza de ter encontrado em Jesus Aquele por quem toda a nação israelita ansiava pode ser atestada nas palavras dirigidas ao futuro condiscípulo:

> "Acabamos de achar aquele de quem escreveram Moisés na lei,
> e os profetas: Jesus de Nazaré, filho de José" (Jo 1.45).

Embora vibrante, o testemunho de Filipe não foi suficiente para romper a indiferença de seu parceiro:

> " Pode haver coisa boa vinda de Nazaré?"

O ceticismo de Bartolomeu é compreensível. Que embasamento profético sustentaria a procedência galiléia do Messias, particularmente da tão desprezada Nazaré? Os galileus, de modo geral, eram vistos com desdém pelo povo da Judéia, devido à singularidade de suas maneiras, à rudeza de seu dialeto e – por razões geográficas

– à sua freqüente exposição ao contato com os pagãos, considerados imundos. No caso particular dos habitantes de Nazaré, tal preconceito se radicalizou devido a sua suposta falta de religiosidade e seu relaxamento com as sagradas tradições judaicas, notórios não apenas dos judeus, mas dos próprios galileus, como se percebe no comentário de Bartolomeu.

Entretanto, todas essas razões culturais e teológicas, por mais clamorosas que fossem, ainda não foram suficientemente fortes para ofuscar a certeza de Filipe quanto à messianidade de Jesus, fosse Ele de Nazaré ou não. Tal convicção, *per se*, leva-nos a presumir a magnitude do impacto sobre o jovem galileu em seu primeiro encontro com Cristo.

Em um dos raros momentos em que se registrou a presença de Filipe nas Escrituras, nós o vemos sendo experimentado pelo Mestre, minutos antes do milagre da multiplicação dos pães:

> "Jesus [...] disse a Filipe: Onde compraremos pão, para estes comerem? [...]
> Respondeu-lhe Filipe: Duzentos denários de pão não lhes bastam, para que cada um receba um pouco" (Jo 6.5,7).

A clareza da resposta de Filipe revela sintonia com a gravidade daquela situação, conquanto o apóstolo ainda se mostrasse distante de presumir o poder arrebatador que repousava sobre Aquele de quem se fizera discípulo.

Durante a ocasião da Páscoa, Filipe foi abordado por alguns gregos que desejavam um encontro particular com Jesus (Jo 12.20-22). Embora no Novo Testamento o termo "grego" se aplique, via de regra, aos judeus da dispersão, é provável que nesse caso se refira aos prosélitos do judaísmo ou, talvez, aos chamados "gentios tementes a Deus", como o centurião Cornélio de Cesaréia. Esses simpatizantes do judaísmo eram homens que, embora ainda não fossem prosélitos – dada a recusa em se submeter a exigências como a circuncisão – assistiam nas sinagogas e peregrinavam em Jerusalém durante as festividades importantes como a Páscoa. Filipe, como galileu, ostentava, além do nome, alguns outros traços culturais gregos, por exemplo, a fluência no idioma, o que pode ter definido sua abordagem por esse grupo

262 Doze homens, uma missão

que visava a um encontro com o Mestre. Infelizmente, João não narra o desfecho do episódio, deixando-nos apenas conjecturas sobre como teria se dado a suposta audiência gentílica com Jesus.

Filipe parece ter sido um homem de coração ávido pelas verdades espirituais que destilavam de seu Mestre. Pelo menos, é o que se nos sugere sua petição registrada em João 14.8: "Senhor, mostra-nos o Pai, e isso nos basta".

O questionamento de Filipe é um retrato fiel da cistologia dos discípulos até aquela altura dos acontecimentos. É mister entendermos que a encarnação do Verbo divino na pessoa do Messias, conquanto prevista nas Escrituras, excedeu todas as expectativas religiosas dos judeus, incluindo a dos que fielmente O seguiam. A concepção de que o próprio Deus, pela Sua Palavra, se tornaria homem a fim de Se entregar como um sacrifício vicário em favor de quantos Nele cressem, estava assaz distante não somente daqueles que acintosamente descriam Dele (Jo 5.18; 10.33), mas também de Filipe e seus condiscípulos.

O apostolado de Filipe na Frígia

Efetivamente, parte da tradição cristã, com o passar dos séculos, confundiu a biografia do apóstolo Filipe com a do célebre evangelista de quem falamos no princípio deste capítulo. Essa tendência é compreensível, já que o Novo Testamento silencia sobre o discípulo após os evangelhos, enquanto dedica boa atenção ao seu homônimo evangelista no livro de Atos. Dessa forma, é necessário certa cautela diante dos vários registros lendários referentes ao ministério de nosso apóstolo.

As divergências surgiram já no século 2 da era cristã, quando Papias, ao escrever as *Exposições dos oráculos do Senhor*, afirma ter coletado informações de certos indivíduos que conheceram pessoalmente as filhas do apóstolo Filipe, as quais teriam vivido em Hierápolis, na Frígia. A controvérsia se estabeleceu quando, mais tarde, o montanista Proclus declarou que o referido Filipe não se tratava do apóstolo, mas do evangelista Filipe que, conforme a narrativa de Atos 21.8,9, possuía quatro filhas profetisas. Não obstante, ao final do século 2,

Polícrates de Éfeso confirma o dizer de Papias, acrescentando que o apóstolo e uma de suas filhas foram realmente martirizados em Hierápolis, enquanto as sobreviventes permaneceram devotadas ao Senhor, no cultivo de uma vida casta.

A autora Anna Jamerson registra, com alguns detalhes mirabolantes, as missões de Filipe na Frígia (*Sacred and Legendary Arts* [*Artes sacra e legendária*], p. 249):

> Após a ascensão, Filipe viajou até a Cítia, onde permaneceu pregando o evangelho por vinte anos. Deslocou-se, depois, para Hierápolis, na Frígia, onde deparou-se com adeptos da adoração de um monstro assemelhado a uma serpente [...]. Apiedando-se daquela cegueira espiritual, o apóstolo ordenou que a serpente desaparecesse, em nome da cruz que ele próprio empunhava. Imediatamente, o réptil rastejou desde o interior do altar, emitindo um odor de tal sorte repugnante, que muitos não o suportaram, vindo a morrer. Entre os tais, encontrava-se o filho do rei, que expirou nos braços de seus servos. O apóstolo, contudo, por intermédio do poder divino, restaurou-lhe a vida. Desse modo, os sacerdotes do monstro enfureceram-se contra ele e, tomando-o, o crucificaram e o apedrejaram.

> Filipe, assim, entregou seu espírito a Deus, orando ao seu Divino Mestre, em prol de seus inimigos e perseguidores.

Haveria, entretanto, razões que pudessem tornar a região da Frígia atraente ao ministério de Filipe, como nos contam as lendas antigas e medievais? De certo que sim. Primeiramente, porque a Frígia estava inserida na populosa província romana da Ásia Menor (atual Turquia), palco de intensas atividades missionárias durante os primeiros dois séculos do cristianismo. Paulo, Timóteo, Silas, Marcos, André e outros evangelizaram a Ásia Menor e suas adjacências. O apóstolo João que demonstrou grande familiaridade com algumas das principais congregações da Ásia, como Pérgamo, Esmirna e Laodicéia (cf. Ap 2—3), teria permanecido boa parte de sua vida pós-bíblica na cidade

264 Doze homens, uma missão

mais importante da região, Éfeso, de onde, crê-se, manteve estreito contato com Filipe, que à época pastoreava Hierápolis.

Em segundo lugar, o fato de Hierápolis, embora abrigando uma igreja numerosa, não ter sido alvo das epístolas de Paulo – ao contrário de suas vizinhas Colossos e Laodicéia (Cl 4.16) – pode ser uma evidência de que outro apóstolo experiente já se incumbira de sua administração pastoral (cf. Rm 15.20). Muitos autores concordam com a tradição de que Filipe era esse homem.

Por fim Hierápolis abrigava, nos tempos bíblicos, uma estância hidromineral de notórias propriedades terapêuticas. A cidade tornou-se, por isso, um centro para onde afluíam multidões oriundas dos mais diversos recantos do mundo romano.

Isso, sem dúvida, tornava a cidade potencialmente importante na estratégia missionária dos apóstolos.

No apócrifo *Atos de Filipe*, encontramos detalhes interessantes sobre o ministério do apóstolo em Hierápolis, na companhia de seu amigo e também apóstolo Bartolomeu. Embora fantasioso em vários momentos, o texto traz em seu núcleo possíveis vestígios da passagem e do martírio de Filipe na cidade. Contudo, a época proposta pela obra para a chegada do apóstolo à cidade – princípio do reinado do imperador Trajano – dificilmente poderia ser considerada plausível. Trajano, em cujo governo a Igreja conheceu sua terceira perseguição, reinou de 98 a 117 d.C., quando apenas João, tradicionalmente o último dos apóstolos a morrer, permanecia entre nós.

Curiosamente, os *Atos de Filipe* registram não apenas a companhia de Bartolomeu nas missões de Filipe em Hierápolis, como em diversas outras lendas, mas também a presença marcante de sua irmã Mariane, cuja devoção e santidade teriam emprestado uma notoriedade ainda maior ao evangelismo dos apóstolos naquele lugar.

Logo ao chegar a Hierápolis, conforme narra a lenda, Filipe e seus colaboradores foram recebidos de boa mente por certo Eustáquio que, após crer no Senhor, abriu as portas de sua casa para a continuidade da evangelização daquela região. Em pouco tempo, os ecos da mensagem apostólica, assim como dos milagres que ali se operavam, disseminaram-se por toda Hierápolis, fazendo que uma crescente multidão afluísse para a casa que se tornara, à época, uma congregação cristã.

Reunidos na casa de Eustáquio, os varões de Hierápolis ouviam atentamente as severas exortações de Filipe contra o culto idolátrico à serpente, tradicional entre os habitantes locais. A conversão desses pagãos espalhou a boa semente do evangelho por toda cidade, fazendo-a chegar aos ouvidos de Nicanora, mulher do procônsul romano. A esposa do magistrado encontrava-se entrevada havia longos dias, acometida de diversas enfermidades. Ouvindo acerca do apóstolo e do poderoso nome de Cristo, Nicanora creu, sendo subitamente curada de todos seus males. Transbordante de gratidão, decidiu, portanto, sair ao encontro do apóstolo na casa de Eustáquio, sem o conhecimento de seu marido. Antes que pudesse se estender na comunhão com os fiéis ali congregados, a esposa do magistrado é surpreendida por uma profecia em hebraico trazida por Mariane, irmã de Filipe. Tomada de grande emoção, a nobre confessa-se não apenas miraculosamente curada de seus males, mas também descendente dos filhos de Abraão, todavia, ao impor suas mãos em intercessão sobre a recém-convertida, Filipe e seus colaboradores foram interrompidos pela imponente chegada do procônsul, cuja brutalidade era de todos conhecida. Indignado com aquela cena inusitada, o governante, ainda sem compreender a repentina sanidade física de sua esposa, multiplica suas ameaças sobre Nicanora se esta não lhe dissesse quem fora o médico que a curara. Diz a lenda que Nicanora, de maneira incisiva, exorta seu esposo a abandonar a iniqüidade e consagrar-se a uma vida casta e pura, para que assim pudesse conhecer o *médico milagroso*. Desafiado em sua autoridade, o magistrado toma sua mulher pelos cabelos e ordena a detenção de Filipe, Bartolomeu e Mariane, sob acusação de magia.

Resistindo heroicamente ao quase insuportável *flagelum*, com suas chibatas de couro cru, aqueles campeões da fé, segundo narra o apócrifo, teriam ainda sido arrastados com uma fúria animalesca por várias ruas da cidade, até os limites do templo pagão onde se mantinha o folclórico culto à serpente. Naqueles termos, congregou-se numerosa multidão que, impressionada pelo testemunho cristão de Filipe e de seus companheiros, creu na palavra do Senhor.

Detidos no templo por ordem proconsular até que se decidisse a pena que lhes caberia, Filipe e Bartolomeu oraram com grande fervor e abalaram as estruturas do santuário pagão, assustando sobremodo os sacerdotes e aumentando ainda mais o número dos que se renderam a Cristo. Irados com a situação, os líderes religiosos denunciaram a atuação dos apóstolos ao procônsul que, por fim, mandou-os ao tribunal. Ali, Filipe e Bartolomeu são publicamente despidos, a fim de que neles se buscassem amuletos ocultos que explicassem as operações extraordinárias das quais foram acusados.

Nada achando em ambos os apóstolos, conta a lenda que os executores despiram Mariane, sobre quem ademais pairava a acusação de fornicação. Seu desnudamento público, entretanto, ao contrário de vituperá-la, trouxe sobre a fiel a providência divina, por meio de uma nuvem de fogo que a cobriu diante do espanto de todos os presentes, provocando grande tumulto no tribunal.

Mesmo diante de tantos sinais e prodígios, a lenda nos conta que Filipe e Bartolomeu não escaparam à condenação, tendo sido crucificados um diante do outro. Filipe, atado de cabeça para baixo e preso pelos tornozelos em uma árvore defronte ao templo da serpente, e Bartolomeu atravessado por cravos nos muros deste. A expressão de alegria que encaravam aquele tormento transformou-se em testemunho para muitos que presenciavam o martírio, cujo número subira a sete mil homens, sem contar as mulheres e crianças. A essa altura, toda Hierápolis sofrera o impacto do evangelho, pela ação de Filipe, de Bartolomeu e de Mariane.

Os momentos finais de Filipe são descritos com relevante porção de fantasia pelo apócrifo. Relata o texto que Filipe, ao se irar sobremaneira com a incredulidade do magistrado romano e de parte da população presente, rogara ao Pai que fizesse justiça contra aquela impiedade, tragando seus protagonistas para o abismo. Deus teria ouvido a súplica de Filipe, fazendo romper-se a terra sob os pés da populaça, sugando-os para as regiões inferiores, porém sem matá-los. Embora respondido em sua súplica, Filipe, nos estertores da morte, recebe severa admoestação do Senhor por contaminar-se com o desejo de vingança sobre seus inimigos. Como resultado, é divinamente avisado de que findaria ali seu ministério. Logo a seguir, Deus teria feito retornar com vida da fenda toda a população, exceto o altivo procônsul, e libertado da condenação a Bartolomeu e a Mariane.

Lendas à parte, não há nenhuma razão para desprezarmos as evidências que apontam Hierápolis como uma das bases do trabalho missionário de Filipe. Lembremos que sua origem galiléia incluía um grego fluente e um contato freqüente e aberto com os gentios, especialmente de cultura helenista.

McBirnie apresenta assim o diagnóstico da região da Frígia e parte da Ásia Menor, durante o tempo do ministério do apóstolo Filipe (*op. cit.*, p. 125):

> Como o cristianismo se alastrasse por toda Ásia Menor (atualmente a Turquia), torna-se evidente que tamanho esforço missionário, em curto espaço de tempo, tenha transformado aquele lugar em uma região nominalmente cristã. Uma vez que Colossos e Laodicéia são, ambas, importantes cidades mencionadas no Novo Testamento, parece claro que o evangelho ali chegou ainda cedo. Colossos, que dista apenas 25 quilômetros de Hierápolis, foi o centro de uma comunidade cristã consideravelmente desenvolvida durante o tempo de atuação do apóstolo Paulo, tanto que se tornou alvo de uma de suas correspondências: *A epístola aos Colossenses.*
>
> Quando João escreveu o livro de Apocalipse, a vizinha Laodicéia tornara-se o local de uma igreja que fora, sem dúvida, fundada por Paulo e que, ao tempo do apóstolo João, evoluiu para uma posição de riqueza e de influência.

O EMBATE TEOLÓGICO EM ATENAS

Encontra-se outra lenda envolvendo o ministério pós-bíblico de Filipe que merece atenção especial no apócrifo *Atos do santo apóstolo Filipe quando de sua jornada a Hellas (Grécia) Superior.* Ali encontramos retratado seu confronto com trezentos sábios e filósofos gregos, durante uma suposta missão apostólica a Atenas. Segundo o relato, as notícias acerca da sabedoria de Filipe cruzaram as fronteiras da Ásia Menor e atingiram a Grécia, provocando alvoroço entre os

268 DOZE HOMENS, UMA MISSÃO

pensadores locais, para os quais Filipe surgia como detentor de uma nova expressão filosófica.

Após ser constrangido pelos gregos para que detalhasse sua doutrina, o apóstolo responde:

> Ó filósofos de Hellas, se vós desejais ouvir coisa nova e ansiais por alguma novidade, deveis despojar-vos da disposição do velho homem, como antes disse meu Senhor: "Não se deita vinho novo em odres velhos; do contrário os odres se rebentam, derrama-se o vinho, e os odres se perdem; mas, deita-se vinho novo em odres novos, e assim ambos se conservam". Estas coisas o Senhor nos falou em parábolas, ensinando-nos em Sua santa sabedoria que muitos desejariam o vinho novo, não dispondo, entretanto, de odres novos.
>
> Eu vos amo, homens de Hellas e vos congratulo por afirmardes que vos deleitais nas novidades, pois sabedoria nova trouxe meu Senhor a este mundo, a fim de que pudessem ser colocados de lado todos os demais ensinamentos deste século.

Questionado acerca daquele a quem chamava Senhor, Filipe responde de forma incisiva aos pensadores gregos que, àquela altura, demonstravam-se ansiosos pela exposição da nova doutrina:

> Aquele que estou prestes a apresentar-vos como Senhor está acima de todo nome e não há outro como Ele. Eis o que digo [...]: certamente não vos rejeito, mas antes, em grande exultação e júbilo, venho revelar-vos este Nome, já que não tenho outro compromisso neste mundo senão levar a termo esta proclamação. Pelo que, quando meu Senhor veio a este mundo, escolheu-nos a nós, doze ao todo, e encheu-nos com o Espírito Santo. Com Sua luz, fez-nos compreender quem era e ordenou-nos apregoar a todos a salvação por intermédio Dele, visto que não há outro nome que desde os céus nos tenha chegado senão este que vos anuncio. Por essa razão, venho ter convosco para vos confirmar plenamente, não apenas em

palavras, mas também em demonstração de maravilhas no nome de nosso Senhor Jesus Cristo.

Incomodados pelo impacto da nova revelação e pelos diversos sinais prodigiosos efetuados por Filipe, os filósofos pedem, portanto, três dias para arrazoarem entre si acerca da decisão a ser tomada, visto que temiam muito os desdobramentos que a novidade traria sobre a tradição pagã que orgulhosamente sustentavam. Reunidos, reconhecem a irresistibilidade da sabedoria contida nas palavras de Filipe; decidem, porém, enviar mensagem ao sumo sacerdote Ananias, em Jerusalém, contando-lhe acerca do alvoroço causado pelo apóstolo por toda Grécia e Macedônia, e rogar-lhe que venha a Atenas, a fim de confrontá-lo.

Diz a lenda que Ananias enche-se de furor ao saber do sucedido em Atenas e ficou possuído pelo diabo, sob cuja influência, acabou por reunir quinhentos homens e dirigir-se para a capital grega, visando a esmagar Filipe e apagar os vestígios do Nazareno ali semeados.

Chegando a Atenas, Ananias e seus companheiros reúnem junto de si os trezentos filósofos e partem em direção à casa onde Filipe e alguns outros cristãos ministravam a palavra. Filipe, publicamente desafiado pelo sacerdote e acusado de mágica enganadora por este, apresentou-se diante da multidão replicando:

> Muito desejaria, ó Ananias, que a capa de tua incredulidade fosse removida de teu coração, de sorte que pudesses ver minhas obras e a partir delas pudesses, desse modo, constatar quem é o enganador, se eu ou tu!

Indignado com a resistência do apóstolo, Ananias voltou-se para o público em derredor e contou sua versão sobre o ministério de Cristo e seus discípulos, denunciando-os como perturbadores da ordem social, infratores da lei mosaica e mágicos fraudadores. Diante de semelhantes calúnias e sob a ameaça de ser levado de volta, aprisionado, a Jerusalém, Filipe defendeu-se dizendo:

Ó, varões atenienses e vós dentre os filósofos, tenho chegado até vós não para vos ensinar com meras palavras, mas com demonstração de milagres. Prontamente haveis percebido tudo o que se sucedeu em minha presença, por intermédio da menção do Nome pelo qual esse mesmo sumo sacerdote será lançado fora. Pois, eis que clamarei ao meu Deus e vos ensinarei; e então provareis as palavras de nós dois.

Diz a lenda que, tomado por um ódio incontrolável, Ananias se lança sobre o apóstolo, mas não consegue consumar sua agressão em virtude da cegueira que subitamente se lhe acomete, assim como aos quinhentos judeus que o acompanham. Atemorizados pelo sinal que lhes sobreveio, os súditos do sacerdote clamam a Filipe por misericórdia e confessam a fé em Jesus Cristo, mas não são acompanhados por seu líder que permanece em franco desafio e irredutível incredulidade.

Após as palavras que repetidamente confirmaram a obstinação do sacerdote judeu, Filipe decide rogar a Deus que manifeste Seu juízo sobre o ancião, diante do olhar assustado dos atenienses. Ananias, negando Jesus até o fim, acaba tragado por uma fenda abismal aberta sob seus pés, que o destinou ao sofrimento eterno do Hades.

A narrativa dos atos de Filipe na Grécia se encerra propondo algumas outras possibilidades para seu ministério posterior:

> Filipe permaneceu em Atenas por dois anos, tendo ali fundado uma igreja e ordenado um bispo e um presbítero. Rumou, a seguir, para a Pártia, pregando a Jesus, a quem seja a glória para todo o sempre. Amém.

É verdade que os detalhes extraordinários dessa obra não permitem sua abordagem como uma descrição histórica. No entanto, não seria exagero imaginar que esse texto represente, em última instância, a distorção – resultante dos anos – de uma possível missão do apóstolo a Atenas, uma das mais influentes cidades da Antiguidade. Como já vimos, a presença de Filipe em Hierápolis é ponto pacífico para muitos pesquisadores de sua biografia. Grécia e Ásia Menor

– onde Hierápolis se situava – eram regiões próximas e perfeitamente comunicáveis entre si por distintas rotas comerciais. Não há, portanto, razões para duvidarmos que o apóstolo, uma vez ministrando na Ásia Menor, tenha se sentido atraído pela capital cultural do mundo antigo onde, à semelhança de Paulo (At 17.15-34), pode ter tido a chance de confrontar com a mensagem do evangelho os mais renomados mestres do saber filosófico da época.

FILIPE EVANGELIZOU A GÁLIA?

Se há poucas dúvidas quanto ao fato de o apóstolo ter despendido boa parte de sua carreira e de ter morrido em Hierápolis, existem, contudo, outras possibilidades envolvendo seu trabalho pastoral em regiões do mundo antigo ainda mais distantes. Uma delas é o forte testemunho das lendas que vinculam o apóstolo Filipe à França. Vejamos alguns indícios que corroboram essa tradição.

Nos tempos neotestamentários, a região que hoje inclui a França, a Bélgica, Luxemburgo e oeste da Alemanha chamava-se Gália Transalpina. Ao contrário da Gália Cisalpina, situada no Vale do Pó, entre os Alpes e os Apeninos, a região mais distante (também conhecida como *Gallia Comata*) só fora conquistada pelos romanos entre 57 e 50 a.C., graças ao gênio militar de Júlio César.

As batalhas da Gália custaram às partes beligerantes – romanos e bárbaros – o assombroso preço de quase um milhão de vidas, penosamente ceifadas ao longo de oito anos de lutas. Não obstante seu alto custo, a conquista da Gália Transalpina – mais tarde Gália Narbonensis – acabou acrescentando mais prestígio e poder a Roma que, a partir dessa época, passou a investir significativamente em sua colonização, tornando-a próspera e culturalmente florescente. A presença romana na Gália se fez sentir na construção de estradas, na edificação de novas cidades e na ornamentação das já existentes. Da Gália, partiram as campanhas militares que, mais tarde, sob o comando de Cláudio Nero (41-54 d.C.), subjugariam a Britânia, atual Inglaterra.

Portanto, nos dias apostólicos, a Gália embora ainda marcada pelas fortes tradições celtas, tornara-se uma região desenvolvida, pos-

272 DOZE HOMENS, UMA MISSÃO

suidora de belas cidades e de uma cultura romana emergente, o que a tornava uma província atraente para o indivíduo de língua latina ou grega. Em Lugdunum (atual Lyon), na Gália, nasceu o supracitado imperador *Claudius Drusus Nero Germanicus* [Cláudio], um dos mais destacados césares do século 1. Deve-se a ele, por um lado, os maiores esforços para a supressão dos sacerdotes druidas da Gália e, por outro, a admissão de nobres gauleses no senado romano em 48 d.C.

As cidades gaulesas de Namnetes (atual Nantes) e Arles estão entre as primeiras do império a desfrutarem a vanguarda cultural dos anfiteatros romanos.

A Gália do século 1 havia se tornado uma região próspera por suas exportações de alimentos, vinho e cerâmica. Certamente, esse incrementado fluxo comercial atraiu para lá diversos mercadores cristãos e com eles, por certo, a disseminação do evangelho na região. Entretanto, diante de circunstâncias tão atraentes, é possível que o cristianismo tenha aportado na Gália não apenas por obra de cristãos anônimos, mas também pela estratégia de algum apóstolo. Nesse caso, a tradição é clara ao apontar o nome de Filipe na evangelização daquela província.

Que relação podemos, portanto, estabelecer entre a Gália e o ministério de Filipe, tradicionalmente limitado à Galácia e Ásia Menor? Bem, primeiramente, é preciso reconhecer a possibilidade de que a lenda sobre o ministério de Filipe na França tenha se originado de antigos erros de escrita devido à semelhança das palavras *Galácia* e *Gália*. Essa semelhança pode, por outro lado, estabelecer a relação que procuramos entre as duas regiões. A Galácia (na atual Turquia) foi assim denominada em função do estabelecimento na região de colonos celtas, oriundos da Gália em 278 a.C., a pedido de Nicomedes I, rei da Bitínia, que buscava reforços para suas campanhas militares.

Houve, portanto, vínculos culturais e étnicos entre os habitantes da Galácia e os celtas da Gália. Talvez parte dessa ligação ainda estivesse perceptível nos dias de Filipe. Sabemos que o apóstolo exerceu parte de seu ministério em Hierápolis, na Frígia, região vizinha à Galácia. Esse antigo vínculo entre a Galácia e a Gália, aliado ao desenvolvimento e à notoriedade alcançada por essa última durante o século 1 pode ter despertado em Filipe o desejo de expandir suas missões àquela região, que hoje compreende a França.

Alguns escritores cristãos muito antigos corroboram a presença do apóstolo na Gália. Um deles é Isidoro, Bispo de Sevilha, que entre os anos 600 e 636 d.C. escreveu (*De Ortu et Obitu Patrum*, cap. LXXIII 131) isto:

> Filipe, da cidade de Betsaida, de onde também provinha Pedro, apregoou Cristo nas Gálias e nas nações vizinhas, trazendo seus bárbaros, que estavam em trevas, à luz do entendimento e ao porto da fé. Mais tarde, foi apedrejado, crucificado e morto em Hierápolis, uma cidade da Frígia, onde foi sepultado de cabeça para baixo, ao lado de suas filhas.

Freculfus, Bispo de Lisieux (825-851 d.C.), em seu *Tom Posterior Chronicorum (Lib II, Cap. IV)*, de forma semelhante, escreveu:

> Assim como Pedro, Filipe, natural de Betsaida, e a quem os evangelhos e Atos dos Apóstolos freqüentemente mencionam de maneira honrosa, tinha filhas que se tornaram profetisas conhecidas por sua maravilhosa santidade e perpétua virgindade. Ele é citado pela história eclesiástica por ter pregado a Cristo nas Gálias.

Fato ou ficção, o nome de Filipe é o que mais fortemente se associa à evangelização apostólica da França. Contudo, existem outros personagens neotestamentários conectados àquela região, segundo contam algumas antigas lendas cristãs. É o caso de Maria Madalena, Lázaro e suas irmãs Marta e Maria que teriam evangelizado a cidade gaulesa de Massília, atual Marselha, onde ainda hoje se encontram suas supostas lápides.

FILIPE, SEPULTADO EM HIERÁPOLIS OU EM ROMA?

Se Filipe algum dia esteve em missão na Gália Transalpina, é pouco provável que tenha terminado ali seus dias. Pelo menos é o que podemos deduzir de diversas lendas que tentam reconstituir seus

274 DOZE HOMENS, UMA MISSÃO

feitos, inclusive daquelas mesmas que registram sua presença ali. Mais correto é imaginarmos que o apóstolo retornou a Hierápolis, na Frígia, onde conheceu o martírio em função de seu apostolado.

Polícrates (130-196 d.C.), renomado bispo de Éfeso e líder da igreja na Ásia Menor, é mais um dos vários testemunhos que confirmam o martírio e o sepultamento de Filipe em Hierápolis (*Epístola a Vitor e à igreja de Roma concernente ao dia da guarda da Páscoa*):

> Pelo que, na Ásia, grandes luminares encontraram seu repouso, os quais ressuscitarão no dia da vinda do Senhor, quando virá com glória desde os céus fazendo ressurgir todos seus santos. Falo de Filipe, um dos doze apóstolos, e de suas duas filhas que atingiram avançada idade sem se casar, que descansam em Hierápolis; bem como sua outra filha, que passou a vida sob influência do Espírito Santo, que repousa em Éfeso.

Mesmo reconhecendo o teor folclórico de alguns dos textos que comentamos ao longo desta biografia, devemos considerar Hierápolis – hoje Pambuk-Kelessi, na Turquia – como o local mais provável do martírio e descanso do apóstolo Filipe. Pelo menos, nenhum outro lugar da Antiguidade soma tantos relatos sobre o fim do discípulo quanto essa milenar estação hidromineral da Ásia Menor.

Por outro lado, contra a permanência dos restos de Filipe em Hierápolis, temos a tradição que relata a aquisição do corpo do apóstolo pelo papa João III (560-572 d.C.). O pontífice teria, à época, ordenado seu traslado para Roma, para sepultá-lo em uma igreja originalmente chamada "igreja dos Santos Apóstolos Filipe e Tiago". Esse santuário, cuja construção remonta ao século 6, é, atualmente, conhecido como igreja dos Santos Apóstolos. Em seu interior, repousando em um sarcófago de mármore, sob o altar e em um relicário atrás dele, está aquilo que a tradição católica romana afirma ser os restos do memorável apóstolo Filipe.

> "Perguntou-lhe Judas (não o Iscariotes): O que houve, Senhor, que te hás de manifestar a nós, e não ao mundo?"
>
> *João 14.22*

JUDAS TADEU

A tentativa de se desvendar a obscura origem do apóstolo Judas Tadeu faz que muitos estudiosos do tema se deparem com uma das mais antigas controvérsias bíblicas jamais levantadas: a questão dos irmãos do Senhor.

Apesar de algumas passagens neotestamentárias, claramente, não favorecerem a presença de um dos irmãos de Jesus entre os doze, essa crença, todavia, não emergiu de discussões teológicas recentes, mas remonta aos primeiros séculos da Igreja.

Em Mateus 13.55, encontramos o nome de Judas entre os que compunham o rol dos irmãos de Jesus segundo a carne, muito embora o conceito hieronímico da tradição romanista tenha procurado implantar a idéia – lançada no século 5, por Jerônimo de Belém – de que esses homens eram, na realidade, "primos" do Senhor. Tal conceito, embora muito antigo, fere frontalmente o próprio significado do termo grego *adelphos*, que no Novo Testamento, invariavelmente, aplica-se a irmão quando se refere a uma relação de parentesco. Ademais, as Escrituras não deixam margem para dúvidas, ao afirmarem que Jesus, embora sendo o Unigênito (grego *monogenes*) Filho de Deus (Jo 1.14; 3.16; 1Jo 4.9), era, na verdade, o primogênito (gr. *prototokos*) de Maria (Lc 2.7). As afirmações contrárias, via de regra, defendem uma visão distorcida acerca da santidade no casamento ou ainda uma extravagante apologia ao celibato, fruto da forte influência que as tendências ascéticas exerceram na Igreja a partir do século 4.

Existe, por outro lado, um abismo entre se reconhecer, como biblicamente procedente, a irmandade de Jesus com o Judas de Mateus 13.55 e a identificação desse Judas com um dos doze discípulos, como pretendem alguns. Isso porque as Escrituras, como no caso de João 7.5, são por demais incisivas ao relatarem a postura dos irmãos de Jesus quanto ao seu messianismo:

"Pois nem seus irmãos criam nele."

Com efeito, a conexão que se faz desse mesmo Judas com o autor da breve epístola universal que leva seu nome parece mais provável. Isso porque o irmão do Senhor (ou meio-irmão, como preferem alguns), a exemplo de Tiago, teria posteriormente se convertido, tornando-se um apóstolo do evangelho. Deixaremos, porém, esse assunto para ser tratado mais adiante, quando discutiremos a biografia do apóstolo Tiago Maior.

Se o personagem de Mateus 13.55 não era um dos doze, quem era Judas Tadeu? A tentativa de rastrear as origens desse apóstolo captou a atenção de alguns dos chamados Pais Apostólicos. Jerônimo, um dos mais destacados pensadores cristãos do século 5, chama-o de *Trionius*, isto é, "o que possui três nomes". De fato, o apóstolo é apresentado, dependendo da tradução, com dois outros nomes: Tadeu e Lebeu (Mt 10.3; Mc 3.18; Lc 6.16; Jo 14.22; At 1.13). Alguns sugerem que o nome Tadeu seja o diminutivo de Teudas, derivado do aramaico *tad*, que significa "peito" ou "coração". Isso poderia dar ao nome uma conotação de alguém "querido" ou "amado". Essa suposição é confirmada pela origem do nome Lebeu que, por sua vez, deriva do substantivo hebraico *leb*, ou seja, "coração".

Em sua exaustiva pesquisa biográfica sobre os discípulos do Senhor, o dr. Steuart McBirnie reconhece a complexidade da origem do apóstolo em questão (*op. cit.* p. 195):

> A correta identificação deste Judas é extremamente complicada, não apenas em função dos três nomes com os quais os registros bíblicos o apresentam, mas também pela enigmática referência a ele dirigida como 'filho de Tiago'. Com efeito, poderíamos saber muito mais acerca dele se soubéssemos exatamente quem foi esse Tiago a quem se referem as Escrituras.

Nas traduções católico-romanas, em Lucas 6.16 e Atos 1.13, encontramos Judas Tadeu como "irmão de Tiago". A maior parte das versões bíblicas, entretanto, refere-se ao apóstolo como "filho" desse mesmo Tiago sobre quem nada sabemos. O grego original, nesse caso, meramente diz "Judas de Tiago". No entanto, essa expressão, conforme atestam os estudiosos do assunto, sugere uma alusão muito mais ligada à paternidade que à irmandade. Ora, se Judas era, como imaginamos, "filho de Tiago", quem era afinal esse Tiago?

Muitas associações foram propostas, ao longo dos séculos, tentando identificar a origem desse obscuro personagem, suposto pai de Judas Tadeu. Uma delas se diz tratar de Tiago, irmão de Jesus, celebrizado pela tradição como Tiago, o Justo. Esse Tiago tornou-se um dos anciões da igreja de Jerusalém e autor da epístola universal que leva seu nome. A impropriedade dessa alternativa repousa, basicamente, sobre duas constatações: primeiramente, porque sendo Jesus o primogênito de Maria, segue-se que Tiago foi um de seus irmãos mais novos; portanto, ainda que tivesse contraído matrimônio em tenra idade, dificilmente poderia ser pai de alguém maduro o suficiente para tomar sobre si a responsabilidade do discipulado cristão. Em segundo lugar, porque a tradição primitiva

278 DOZE HOMENS, UMA MISSÃO

freqüentemente apresenta Tiago como homem assaz rigoroso em sua consagração ao Senhor; esse rigor teria se traduzido em uma vida ascética e, portanto, celibatária.

Resta-nos, pois, considerar a possibilidade de Judas descender de um dos dois Tiagos, discípulos de Jesus. Nesse caso, alguns autores são tentados a sugerir o nome do mais velho dentre ambos, ou seja, o de Tiago Maior. McBirnie, comenta (*op. cit.,* p. 205):

> Ainda sujeito às correções graças a eventuais descobertas futuras, o seguinte esboço biográfico foi deduzido de tradições e descobertas já acessíveis:
>
> Judas era filho de Tiago Maior e neto de Zebedeu. Descendia da tribo de Judá, como se pressupõe, de alguém cujo nome representa a forma grega dessa nação israelita. Seguiu, provavelmente, os passos de seu pai até o círculo dos doze, desde as adjacências de Cafarnaum, onde ambos, em tempos anteriores, trabalharam como pescadores. Judas deve ter tido uma grande proximidade com os Setenta, que também eram discípulos de Jesus, até mais tarde 'posicionar-se firmemente como um dos doze'.

Se confirmada, essa filiação atribuída a Judas, provavelmente, faria dele o mais jovem dos doze discípulos.

Qualquer que seja a nossa perspectiva diante de conjecturas como as de McBirnie, o certo é que decifrar a origem de apóstolos como Judas Tadeu tornou-se um verdadeiro desafio à pesquisa histórico-eclesiástica.

O autor britânico John D. Jones, deixando de lado as especulações da tradição cristã, reconhece a grande lacuna deixada pela narrativa bíblica particularmente com respeito aos apóstolos Judas Tadeu e Tiago Menor (*The Apostles of Jesus* [*Os apóstolos de Jesus*], p. 119):

> Assim, o que sabemos acerca deles? Absolutamente nada, senão seus nomes e o fato de Judas, no cenáculo, ter dirigido a Jesus a

JUDAS TADEU 279

questão: "O que houve, Senhor, que te hás de manifestar a nós, e não ao mundo?".

Esses dois apóstolos se apresentam para nós, atualmente, como meros nomes. O caráter, as façanhas e o histórico pessoal deles nos são totalmente desconhecidos.

Seus nomes, embora tenham chegado até nós gravados pelas páginas da história cristã, parecem, inevitavelmente, naufragados na obscuridade, da mesma forma que a vasta maioria dos que jazem em nossos cemitérios, dos quais só temos os nomes preservados em granito e mármore...

Pode-se dizer, portanto, que a marca característica de Judas e Tiago [Menor] é a sua própria obscuridade. Sabemos um pouco acerca de cada um dos demais apóstolos, mas quanto a esses, literalmente nada. Tudo que podemos afirmar com respeito a eles é o fato de serem homens irremediavelmente desconhecidos.

O comentário de Jones é suscetível a algumas críticas, tanto sob a ótica bíblica quanto histórica. Biblicamente, porque não devemos ignorar a possibilidade de Judas ter sido realmente filho do apóstolo Tiago Maior, como sugere McBirnie. Dentre todas as hipóteses que o conectam a outro Tiago citado no universo neotestamentário, esta é a mais plausível. A partir dela, poderíamos afirmar, por exemplo, que Judas era neto de Zebedeu, um próspero pescador da Galiléia (Mt 4.21; Mc 1.19,20), e de Salomé, uma das várias mulheres piedosas que seguiam a Jesus (Mt 27.56; Mc 15.40). Como Zebedeu e seus filhos pescavam em Betsaida e em suas adjacências, teríamos, assim, essa região galiléia como a provável localidade da origem de Judas. João, o irmão mais jovem de Tiago, um dos mais destacados apóstolos da Igreja primitiva, seria, portanto, seu tio. Isso representaria uma ligação íntima entre Judas Tadeu e dois dos três mais próximos discípulos do Senhor, o que teria, potencialmente, produzido significativa influência em seu ministério posterior. Historicamente, ao contrário

280 Doze homens, uma missão

do incontestável silêncio bíblico sobre eles, as narrativas da história eclesiástica registraram, embora em um volume pouco expressivo, parte de seu trabalho apostólico, tradicionalmente estendido por algumas regiões do mundo antigo, como veremos a seguir.

A conexão com a Igreja da Armênia

Como mencionamos anteriormente, ao discorrer sobre a biografia de Bartolomeu, a região da Armênia foi alvo de algumas investidas missionárias que remontam ao século 1 da Igreja. Dentre as várias campanhas que transformaram aquela nação em um dos principais centros cristãos da Antiguidade, encontram-se as protagonizadas pelo apóstolo Judas Tadeu, como lembra McBirnie (*op. cit.*, p. 199):

> A associação da igreja da Armênia com o rol dos apóstolos é uma das mais fundamentadas narrativas de toda a tradição histórica pós-bíblica. Judas é consistentemente citado como um dos cinco apóstolos que visitaram e evangelizaram a região. Com a proclamação oficial feita em 301 d.C., a Armênia tornou-se a primeira nação cristã em todo o mundo. O então rei Tiridates, ao lado de toda a nobreza do país, foi batizado por Gregório, o Iluminador.

Assadour Antreassian, em seu livro *Jerusalem and the Armenians* [*Jerusalém e os armênios*] (p. 20), reconhece a influente presença das missões cristãs nos tempos mais remotos de sua nação, ao lembrar a obra dos apóstolos Judas Tadeu e Bartolomeu:

> Assim, as igrejas cristãs concordam com a tradição ao afirmarem que o cristianismo foi levado à Armênia pelos apóstolos Tadeu e Bartolomeu, na primeira metade do século 1, quando se encontravam em pleno cumprimento da vocação para anunciar o evangelho em "Jerusalém, como em toda a Judéia e Samária, e até os confins da terra" (At 1.8). A Armênia colocou-se, pois, entre os primeiros países a responder

positivamente ao chamado de Cristo. Desse modo, os apóstolos mencionados se tornaram os primeiros iluminadores daquela nação. Uma cronologia popularmente aceita registra um período missionário de oito anos para São Tadeu (35-43 d.C.) e dezesseis anos para Bartolomeu (44-60 d.C.). Ambos sofreram martírio naquelas terra, sendo o de Tadeu em Ardaze, em 50 d.C., e o de Bartolomeu em Derbend, em 68 d.C.

Embora não concorde cronologicamente com a narrativa de Antreassian, Aziz Atiya, em seu livro *History of Eastern Christianity* [*A história do cristianismo oriental*] (p. 315-316), ao analisar as origens e o desenvolvimento da igreja da Armênia, considera provável a precoce evangelização daquela região, protagonizada por alguns dos doze, em especial pelo apóstolo Judas Tadeu:

> É concebível que a Armênia, por sua proximidade à Palestina, fonte de onde jorrou a fé em Jesus, tenha sido, ainda cedo, visitada por propagadores do cristianismo, embora nos seja difícil conceber a extensão em que a nova religião penetrou entre os habitantes daquele país...

> Uma tradição corrente entre os armênios atribui a primeira evangelização da nação ao apóstolo Judas Tadeu que, segundo sua cronologia, passou os anos 43-66 d.C. naquele lugar. O apóstolo teria sido ajudado por Bartolomeu a partir de 60 d.C. Este último, por sua vez, foi martirizado em Derbend, em 68 d.C.

> Portanto, de acordo com a tradição local, Tadeu tornou-se o primeiro Patriarca da igreja da Armênia, munido tanto de atribuições apostólicas quanto autocéfalas. Outra tradição atribui à sé de Ardaze uma linha de bispos de nomes conhecidos, cujos períodos episcopais remontam ao século 2. Os anais do martirológio armênio registram legiões de mortos durante o período apostólico. Um rol de milhares de vítimas, homens e mulheres de nobre descendência, que perderam

282 Doze homens, uma missão

suas vidas ao lado de São Tadeu, enquanto outros pereceram junto a Bartolomeu...

Embora seja difícil confirmar ou refutar a historicidade de tais lendas – tão preciosas ao coração dos armênios – pode-se deduzir que houve cristãos na Armênia antes do advento de São Gregório, o Iluminador, o apóstolo cristão à Armênia, durante o século 4.

O célebre Eusébio de Cesaréia (260-340 d.C.), em sua obra *História eclesiástica*, cita, por duas vezes, acontecimentos marcantes ligados à igreja da Armênia, os quais sugerem uma boa difusão da fé cristã por aquelas terras nos primeiros dois séculos de nossa era. Primeiramente, o historiador menciona o fato de Dionísio de Alexandria, pupilo do grande Orígenes, ter escrito uma epístola aos cristãos armênios, denominada *Sobre o Arrependimento*. Em outro instante, Eusébio lembra a perseguição do imperador Maximiniano (311-13 d.C.) contra os armênios que com a forte adesão que demonstraram ao cristianismo, embora velhos aliados de Roma, tornaram-se inimigos potenciais do império que, em sua parte oriental, empregava esforços sem-medidas na extinção do cristianismo. Conquanto esse fato aluda ao princípio do século 4, época das notórias missões de Gregório, o Iluminador, parece claro que muito antes disso a fé cristã já havia se abrigado no coração de parte do povo armênio. Acerca dessa questão, a obra *The Armenian Patriarchate of Jerusalém* [*O patriarcado armênio de Jerusalém*], elaborada por cristãos armênios residentes em Jerusalém, cita com indisfarçável orgulho a antiga ligação de sua pátria com a Terra Santa (p. 3):

A precoce conexão [dos armênios] com Jerusalém se deve, naturalmente, à antiqüíssima conversão da Armênia. Mesmo antes do descobrimento dos lugares sagrados, os armênios, assim como os cristãos de países vizinhos, dirigiam-se, através das estradas romanas, à Terra Santa com o propósito de venerar os lugares os quais Deus santificou. Lá, muitos viviam e adoravam no Monte das Oliveiras. Após a Declaração de Constantino, conhecida como Édito de Milão e a conseqüente descoberta dos lugares sagrados, peregrinos armênios derramaram-se sobre a Palestina, em um fluxo constante através dos anos. O número, assim como a importância dos monastérios armênios, começaram a aumentar ano após ano.

A alegada presença de Tadeu na Armênia e na Mesopotâmia setentrional é particularmente reforçada pela abundante tradição cristã a esse respeito, principalmente originária da antiga cidade de Edessa (atual Urfa, no Leste da Turquia), outro provável palco de suas atuações como apóstolo.

Na passagem do século 2 para o 3, o imperador romano Caracala (188-217 d.C.), sonhando tornar-se um novo Alexandre Magno, arremeteu suas tropas contra os impérios orientais, conquistando muitas cidades; Edessa estava entre elas. A partir dessa época, sua progressiva ligação com o Ocidente, por meio da cultura romana imposta pelos conquistadores, contribuiu para a aceleração de seu processo de cristianização.

Embora não se possa provar o pioneirismo de Judas Tadeu na evangelização de Edessa, há suspeitas de que essa cidade mesopotâmica recebeu o evangelho ainda no período apostólico. A absorção da nova doutrina na cidade foi tal que, duzentos anos mais tarde, já se transformara em um dos mais relevantes centros de teologia cristã de todo o mundo antigo. Com efeito, a escola teológica de Edessa, em seu apogeu, despontou como a grande rival das academias de Alexandria e de Antioquia, as mais conceituadas da época. A versão siríaca do Antigo Testamento (conhecida como *Peschito*) foi sua primeira obra de grande notoriedade, e o escritor cristão Bardesano, um de seus maiores representantes, embora posteriormente vitimado pela sedução gnóstica.

As perseguições dos imperadores Décio e Diocleciano, alastradas por grande parte do mundo romano daquela época, interromperam a prosperidade de Edessa, só resgatada após a direção de Efrem, em 320 d.C., quando se iniciou seu período mais glorioso. Mais tarde, durante as Cruzadas, Edessa tornou-se uma das poderosas fortificações cristãs do Oriente, até capitular sob mãos turcas em 1144 d.C.

284 Doze homens, uma missão

O manuscrito siríaco *O ensino dos apóstolos* – produzido no tempo em que Edessa emergia em todo seu potencial teológico – atribui a evangelização da cidade a certo apóstolo *Adeu*. Laborioso em suas missões, Adeu teria ainda enviado um de seus discípulos, Ageu, para evangelizar as regiões interiores da Pérsia, Assíria, Média e Armênia. O nome *Adeu*, citado no manuscrito como um dos setenta apóstolos, para alguns autores, nada mais é do que uma mera corruptela do nome de Judas Tadeu:

> Edessa e todos os termos ao redor dela, assim como Zoba, Arábia e as regiões Norte, Sul e fronteiriças da Mesopotâmia, receberam a ordenação sacerdotal da parte de Adeu, um dos setenta e dois apóstolos, o qual fez discípulos e construiu ali uma igreja...

As lendas que tentam precisar o "ponto zero" da evangelização de Edessa e que envolvem, além de Tadeu, outros nomes apostólicos, como os de Bartolomeu e Tomé, produziram narrativas, no mínimo, muito interessantes. Os manuscritos siríacos que constituem as *Memoirs of Edesse* [*Memórias de Edessa*], traduzidos para o inglês pelo reverendo B. P. Pratten, registram que Tadeu foi enviado à Mesopotâmia pelo apóstolo Tomé, em cumprimento a uma promessa feita de punho pelo próprio Senhor Jesus a Abgar, rei de Edessa. Vejamos os trechos mais curiosos desse relato:

> Após a ascensão de Jesus, Tomé enviou-lhe [a Abgar] o apóstolo Tadeu, um dos setenta. Ao chegar, Tadeu permaneceu em companhia de certo Tobias, filho de Tobias. Quando as novas acerca de sua chegada se fizeram ouvir, foi dito a Abgar: 'Eis que o apóstolo de Jesus é chegado, como Ele escreveu a ti'.

> Tadeu, por sua vez, começou a curar as enfermidades e doenças pelo poder de Deus, de tal sorte que todos ficaram maravilhados. Quando Abgar soube das grandes e maravilhosas curas que Tadeu operava, considerou que se tratava daquele sobre quem Jesus escreveu, dizendo: 'Quando for levado para

o alto, enviar-te-ei um de meus discípulos, para que ele te cure da tua enfermidade'.

Abgar, portanto, mandou chamar Tobias, com quem Tadeu estava, e disse-lhe: 'Tenho ouvido que um homem poderoso chegou e estabeleceu-se contigo em tua casa. Traga-o, pois, a mim'.

Acercando-se de Tadeu, Tobias disse-lhe: 'Abgar, o rei, mandou chamar-me e ordenou-me que te levasse até ele'. Tadeu replicou-lhe: 'Certamente irei, pois a ele tenho sido enviado com poder'. Tobias, no dia seguinte, levantou-se cedo e, tomando consigo a Tadeu, levou-o até a presença de Abgar.

Ao chegarem, eis que ali estavam também alguns dos príncipes locais. Imediatamente ao ver entrar Tadeu, Abgar teve uma visão sobre o semblante do apóstolo. Assim, quando Abgar o contemplou, prostrou-se aos seus pés e grande espanto apoderou-se dos que estavam presentes, pois não tinham tido a visão que aparecera a Abgar. O rei procedeu, perguntando a Tadeu: 'És tu o discípulo de Jesus, o Filho de Deus, o qual me disse: 'eu te enviarei um de meus discípulos para que te cure e te dê salvação'?'. Tadeu, a seguir, lhe respondeu: 'Visto que tens poderosamente crido naquele que me enviou, eis que sou enviado a ti. De novo te digo, se creres Nele, obterás os desejos de teu coração'.

Diante da confissão, diz o relato que Tadeu imediatamente impôs as mãos sobre Abgar, curando-o da enfermidade que havia muito tempo o acometia:

E Abgar maravilhou-se, porquanto viu por intermédio dos feitos do discípulo Tadeu as mesmas coisas que ouvira falar com respeito a Jesus. Pelo que foi curado sem medicamentos nem raízes, e não apenas ele, mas também Abdu, filho de Abdu, que sofria de gota. Abdu também havia entrado ali e lançado-se aos pés do apóstolo que, ao orar sobre ele, curou-o da enfermidade.

Muitas outras pessoas da cidade foram curadas por Tadeu, muitos sinais foram por ele realizados, e a Palavra de Deus foi ali pregada.

A lenda se encerra com os rogos de Abgar ao apóstolo por uma explanação minuciosa sobre os feitos de Jesus, o que Tadeu consente em fazer, porém para um público mais abrangente e não apenas para o soberano. Notória é também a recusa do apóstolo em aceitar a recompensa do rei pelas bênçãos que ministrara:

Depois dessas coisas, Abgar disse-lhe: 'Tu, Tadeu, verdadeiramente operas, pelo poder de Deus, essas coisas das quais nos maravilhamos. Contudo, além do que já fizeste, conjuro-te que me relates a história sobre a vinda de Cristo e a maneira como ela se sucedeu. Conta-me também acerca do poder mediante o qual operou todas as coisas que Dele tenho ouvido falar'.

Tadeu, a seguir, respondeu-lhe: 'No momento, apenas guardarei silêncio. Contudo, por ter eu sido enviado para pregar a Palavra de Deus, reúne amanhã – peço-te – todas as pessoas da cidade e depois anunciarei e semearei entre elas a Palavra da vida, contando-lhes acerca da vinda de Cristo e do modo como se sucedeu. Revelar-lhes-ei também Sua missão e o propósito com o qual foi enviado pelo Pai; contar-lhes-ei acerca de Seu poder, de Seus feitos e dos mistérios sobre os quais falou enquanto estava no mundo...'

Abgar, a seguir, ordenou que naquela manhã toda a população de sua cidade fosse congregada a fim de ouvir a anunciação de Tadeu. Mais tarde, ordenou que ouro e prata lhe fossem presenteados, Tadeu, porém, não os recebeu, dizendo-lhe: 'Se deixamos para trás tudo aquilo que era nosso, por que razão aceitaríamos aquilo que a nós não pertence?'.

Em outro documento siríaco denominado *O ensino de Adeu, o Apóstolo*, encontramos enfatizada a resposta positiva do povo de

Edessa à proclamação do evangelho, bem como o impacto dessa receptividade sobre o rei Abgar:

> E Adeu, o Apóstolo, regozijou-se ao ver que grande número da população da cidade permaneceu com ele. Não foram senão uns poucos que, naquele momento, recusaram-se a crer. Mesmo esses tais, após alguns dias, aceitaram suas palavras e creram no evangelho de Cristo.

> Quando, pois, o apóstolo Tadeu falou essas coisas, toda a população de Edessa – tanto homens quanto mulheres – regozijou-se de seu ensino dizendo: 'Verdadeiro e fiel é Cristo que te enviou a nós'.

> Vendo o rei Abgar que toda a cidade se alegrara, também ele alegrou-se sobremodo com isso dando graças a Deus, visto que da mesma forma como ouvira Hanan, seu secretário, falar sobre Cristo, assim tinha testificado pelos maravilhosos sinais que o apóstolo Adeu realizara em seu Nome.

OUTRAS POSSÍVEIS MISSÕES DE TADEU PELO MUNDO ANTIGO

As narrativas que ligam o apóstolo Judas Tadeu à evangelização da Armênia são, sem dúvida, mais consistentes que as tradições sobre seu apostolado em outras terras. Embora a Armênia possa ter concentrado os frutos mais significativos de sua evangelização, é certo que Tadeu não limitou seus esforços missionários àquela nação oriental. Isso porque, a própria jornada até lá, por si mesma, já incluiria necessariamente a passagem por diversas regiões, todas igualmente carentes da mensagem salvífica da qual Judas era portador.

Conforme visto anteriormente, o antigo escrito *O ensino dos Apóstolos* [*Didascalia Apostolorum*] apresenta algumas regiões onde se crê que Tadeu tenha exercido alguma influência pastoral.

A Síria e a antiga Pérsia também estão entre as possíveis rotas missionárias do apóstolo. A veracidade das lendas sobre a presença de

288 Doze homens, uma missão

Tadeu na Pérsia – atual Irã – é reforçada por sua proximidade territorial com a Armênia que, como vimos, concentra os mais significativos relatos de suas missões pós-bíblicas. Ademais, a própria Armênia fora, por muito tempo, parte do antigo Império Persa até a derrota deste, no século 4 a.C., pelas forças macedônias de Alexandre Magno.

A tradição cristã persa apresenta-o como um laborioso missionário a cujo trabalho associou-se posteriormente o apóstolo Simão Zelote que, segundo alguns autores, esteve pregando na conturbada Britânia antes de dirigir-se ao Oriente. Diz-se que ambos sofreram o martírio juntos naquelas terras, em fiel testemunho ao evangelho que pregaram.

O relato do *Ensino dos apóstolos* e o relato de alguns documentos apócrifos encontram eco na *História eclesiástica* do patriarca Nicéforo Calixto (séc. 9), em que vemos confirmadas as ações evangelísticas de Judas Tadeu na Fenícia, na Síria, na Arábia, na Assíria e na Mesopotâmia.

A MORTE DE JUDAS TADEU

A arte sacra medieval, ao focalizar o momento de seu martírio, deixou para a posteridade o retrato de um Tadeu relativamente jovem. Isso, de certa maneira, reforça a suspeita de sua precocidade como discípulo de Cristo. Por outro lado, não há qualquer homogeneidade nas antigas lendas sobre seu suplício. Nelas, encontra-se o apóstolo ora vitimado por um ataque de javalis, ora perfurado por lança ora, até mesmo, crucificado, como ocorre com a maior parte dos relatos da morte dos apóstolos. É importante que se diga, porém, que a morte por crucificação era típica dos romanos, que a empregavam abundantemente nos limites de seu império. A Armênia – embora tributária de Roma a partir de 66 a.C. – não fazia parte dele, portanto tal descrição soa incoerente se o suplício do apóstolo verdadeiramente se deu naquelas terras.

Enquanto para algumas narrativas os feitos mais expressivos de Tadeu na Armênia estão associados ao rei Abgar, sua posterior execução está ligada ao filho e sucessor deste, Severus, como vemos, por exemplo, nos fragmentos de textos siríacos conhecidos por *Extracts from Various Books Concerning Abgar the King and Addaeus the Apostle* [*Extratos dos vários livros relativos ao rei Abgar e Adeu, o Apóstolo*]:

> [T]Adeu pregou em Edessa e na Mesopotâmia nos dias do rei Abgar. Estando ele com os zofenianos, Severus, filho de Abgar, mandou buscá-lo e feriu-o, assim como a um jovem discípulo seu, em Agel Hasna.

Nicéforo discorda da maioria das lendas armênias e persas e indica a Síria como palco do fim de Judas Tadeu. A tradição que relata o suplício de Tadeu nas cercanias de Beirute, no Líbano (à época parte da Fenícia, e esta, da Síria), foi investigada *in loco* pelo dr. McBirnie em sua viagem à cidade em 1971. Infelizmente, McBirnie não constatou qualquer informação digna de registro acerca da lenda, tanto da parte de católicos quanto da parte de ortodoxos libaneses. O mesmo resultado repetiu-se em sua viagem ao Egito, onde também peregrinou buscando evidências de algumas lendas alusivas ao martírio de Tadeu naquele país.

Não obstante as frustrações iniciais, em outubro do mesmo ano, o pesquisador estendeu sua viagem até Teerã, no Irã, onde por fim coletou informações decisivas para a localização do túmulo do apóstolo (*op. cit.*, p. 203):

> Os líderes da igreja Assíria, assim como certo general do exército iraniano, informaram ao autor, em viagem a Teerã (em 16 de outubro de 1971) que a tumba original de Tadeu encontra-se na pequena localidade de Kara Kalesia, próxima ao mar Cáspio, a cerca de 64 quilômetros de Tabriz, em território iraniano próximo à fronteira soviética. Esse pode ser o local original da tumba de São Judas, conquanto seja provável que, a fim de manter as relíquias a salvo das invasões de Genghis Khan, as mesmas tenham sido trazidas ao Ocidente sendo, a seguir, espalhadas desde Roma até a Espanha.

A cidade de Ardaze, no sudeste da Armênia, é uma das candidatas ao real lugar de descanso de Tadeu. A preservação, pelos ortodoxos armênios, da tumba ali existente, simboliza seu esforço em manter vivos os resquícios da origem apostólica de sua igreja.

Contrapondo-se ao clamor dos ortodoxos, a Igreja romana sustenta que as verdadeiras relíquias do apóstolo encontram-se na Basílica de São Pedro e São Paulo, no Vaticano, misturadas às do condiscípulo Simão Zelote, ao lado de quem – conforme sustentam os persas – o apóstolo evangelizou o Oriente.

É verdade que o contexto bíblico não nos permite uma conclusão muito consistente sobre a biografia de Judas Tadeu. Entretanto, a história primitiva do cristianismo preencheu algumas lacunas sobre seu perfil ministerial, ao retratá-lo como alguém inteiramente comprometido com as missões transculturais. A possibilidade de seu martírio em terras estrangeiras reflete a dimensão de seu engajamento e de sua fidelidade ao comissionamento de seu Mestre.

Segundo o evangelho de João, na noite da traição, Judas Tadeu foi o último dos discípulos a dirigir ao Mestre questões acerca do porvir. Em resposta à dúvida do discípulo, Jesus imprimiu em seu coração algo que nortearia seu futuro trabalho missionário:

"Se alguém me amar, guardará a minha palavra; e meu Pai o amará, e viremos a ele, e faremos nele morada" (Jo 14.23).

Para Judas e seus companheiros, esse *status* de morada divina se manifestou de forma sensível no Pentecostes. Assim, cheio do Espírito Santo e ardendo em amor pelas almas perdidas, o apóstolo lançou-se resoluto às missões estrangeiras, desprezando os perigos e as hostilidades típicas dos lugares estranhos por onde peregrinou. Semelhante projeto de vida lhe custaria, contudo, não apenas a renúncia de boa parte de suas realizações seculares, mas, por fim, seu próprio sangue, derramado em um martírio que selaria sua fidelidade Àquele que o arregimentou para a nobre peleja (2 Tm 2.3,4).

É verdade que as lendas sobre suas missões – mesmo aquelas ligadas à Armênia e à Pérsia – são pouco numerosas. Entretanto, são suficientes para retratá-lo como um dos apóstolos pioneiros a deixar a Judéia em direção às nações pagãs. Tadeu pode também ter sido um dos primeiros missionários a testemunhar vitoriosamente a um soberano gentio, como vimos nas lendas sobre Abgar, rei de Edessa.

O silêncio das Escrituras e a pouca atenção da história eclesiástica sobre o apóstolo levaram John D. Jones a registrar uma interessante apologia ao quase desconhecido ministério de Judas Tadeu (*op. cit.*, p. 120):

> É exatamente isso que constitui a verdadeira grandeza de Judas: dar o melhor de si, mesmo que despercebido dos homens. Judas foi fiel, mesmo nos lugares mais humildes. É relativamente fácil dar o melhor de si quando se é uma figura conspícua. O simples fato de as pessoas nos observarem os esforços e comentarem sobre nosso trabalho é, em si mesmo, um incentivo e um encorajamento. Desalentador é, no entanto, dar o melhor de si quando ninguém faz de nós objeto de sua observação, atenção ou louvor. Esse procedimento é o maior triunfo e a maior proeza da fidelidade...
>
> Ó, que Deus nos dê do espírito de Judas Tadeu. Não alcançaremos grande fama, tampouco nossos nomes figurarão na História. A despeito de tudo isso, teremos feito nosso melhor. Sim, quer os homens nos louvem quer nos ignorem, peçamos a graça de humildemente empreendermos o melhor de nós mesmos, para que sobre nossos ouvidos recaiam o doce reconhecimento: 'Muito bem, servo bom e fiel; sobre o pouco foste fiel, sobre muito te colocarei: entra no gozo do teu senhor'.

> "Disse-lhe João:
> Mestre, vimos um
> homem que em
> teu nome expelia
> demônios, o qual não
> nos segue; e nós lho
> proibimos, porque não
> seguia conosco."
> *Marcos 9.38*

JOÃO

Se o contexto do Novo Testamento não nos lega informações suficientes para perfilarmos, de forma satisfatória, a maioria dos discípulos de Cristo, o mesmo não se pode dizer com respeito ao apóstolo João, cuja personalidade tornou-se uma das mais destacadas dentre os doze. Seu ministério pós-bíblico, alvo constante de escritores primitivos e medievais, transformou-o em um dos grandes vultos do cristianismo de todos os tempos.

Com efeito, essa fartura de subsídios históricos disponíveis sobre o apóstolo apresenta duas faces. A primeira, positiva, pois seguramente é um auxílio ao pesquisador em sua investigação sobre os rumos seguidos pelo ministério joanino nos dias não cobertos pela narrativa bíblica. A segunda, preocupante, pelo que amplia o desafio ao exercício do discernimento sobre os limites entre a lenda e a história, entre o imaginário e o real, entre aquilo que o apóstolo verdadeiramente realizou e aquilo que seus biógrafos gostariam que tivesse feito.

Para melhor nos posicionarmos em relação ao início da carreira de João, importa que os enfoques da história cristã cedam a primazia aos elementos neotestamentários sobre o apóstolo, dos quais se acham distribuídos pelas páginas dos evangelhos, do livro de Atos, de suas próprias epístolas pastorais e de Apocalipse. Por intermédio desses textos bíblicos, estabeleceremos o perfil inicial do chamado *apóstolo amado*.

O nome João significa *Jeová é gracioso*. Ele, ao contrário da maior parte de seus companheiros de discipulado, provinha de um lar que conheceu certa abastança. Seu pai, Zebedeu, fez crescer seu empreendimento a ponto de contratar trabalhadores para auxiliá-lo em seu ofício de pescador (Mc 1.20), do qual João participava ao lado de seus sócios e futuros condiscípulos, Pedro e André (Lc 5.8-10). Essa prosperidade, de alguma forma, tornou o apóstolo conhecido de algumas autoridades de Israel (Jo 18.15), como sugere McBirnie (*op. cit.*, p. 109):

> Estava [João] presente na corte, durante o julgamento de Jesus, graças ao fato de ser conhecido da família do sumo sacerdote.
> Ele provavelmente exercera negócios em Jerusalém na área de representações da indústria pesqueira de seu pai, tornando-se, assim, conhecido de gente proeminente daquela cidade.

Sua mãe, Salomé, é mencionada nominalmente apenas duas vezes nas Escrituras, em Marcos 15.40 e 16.1. A partir dessas citações, e de Mateus 20.20 e Mateus 27.56, presumimos também sua presença na passagem de João 19.26.

Salomé foi uma das mulheres piedosas que, fielmente, seguia o ministério de Jesus desde a Galiléia, servindo-O com seus bens (Mt 27.55,56). Sua ousadia durante o episódio em que roga que seus filhos se assentem um à direita e outro à esquerda do Mestre em sua glória, aliada ao fato de Jesus ter, no Calvário, entregue Maria, Sua mãe, aos cuidados de João, tem feito alguns estudiosos suspeitarem de alguma relação de parentesco entre essas duas personagens neo-testamentárias. Salomé seria, como sugerem, a *irmã de Maria* citada em João 19.25, cujo nome teria sido humildemente omitido pelo evangelista, seu filho, que testemunhara o fato. Se assim for, segue-se que Jesus era primo dos filhos de Zebedeu, João e Tiago. Isso poderia explicar, em parte, a intimidade existente entre eles, claramente demonstrada pelos evangelhos.

A INFLUÊNCIA DE JOÃO BATISTA

O discípulo anônimo do profeta João Batista que, ao lado de André, é apresentado ao *Cordeiro de Deus*, em João 1.35-40, parece tratar-se do próprio evangelista. Assim, nosso apóstolo – mesmo não sendo primo de Jesus – pode ter tido contato com o Mestre antes de sua vocação discipular narrada em Mateus 4.21,22. Supõe-se que a influência de uma personalidade, por um lado, simples e devotada, mas, por outro lado, ardente e destemida, como a do profeta João Batista, tenha gerado a atmosfera propícia para o aprofundamento espiritual do renomado líder eclesiástico que João viria a se tornar.

Ao lado do rude profeta, nosso apóstolo aprendeu os segredos de uma espiritualidade bucólica, em que se buscava ouvir a voz do Senhor Deus na solitude e na contemplação da natureza, a obra de Suas mãos. Entretanto, em João Batista, essa devoção ascética convivia harmoniosamente com um dinamismo que o tornava semelhante a um caniço agitado pelo vento do Espírito (Mt 11.7)! Nesse varão de hábitos rústicos, acostumado às privações de uma vida despendida nas regiões desérticas da Judéia e da Peréia, João reconheceu alguém verdadeiramente *enviado de Deus* (Jo 1.6). Seus sermões estremeceram a cúpula religiosa de Israel, comparada pelo profeta às medonhas serpentes do deserto, com as quais se familiarizara em sua vida retirada (Mt 3.7-10). Seu vigoroso zelo pela santidade não permitiu que se calasse diante do adultério de um dos mais temidos

296 DOZE HOMENS, UMA MISSÃO

homens públicos de sua época, o tetrarca Herodes Antipas, mesmo que essa denúncia viesse a lhe custar a própria vida, como de fato ocorreu (Mt 14.3-11).

Por fim, esse homem de hábitos simples, que personificou a esperança messiânica de Israel e que desfrutava o respeito até mesmo de seus mais cruéis inimigos (Mt 14.5), demonstrou ser alguém capaz de associar a consagração de uma vida rigorosamente ascética, para a qual fora separado, com uma espiritualidade traduzida em ensinamentos práticos, no que diz respeito às questões do cotidiano, por exemplo, a ética no trabalho e a justiça social (Lc 3.10-14). Foi a partir dos referenciais e das experiências passadas ao lado desse valoroso profeta que João, o futuro evangelista, começou a delinear seu perfil espiritual, preparando-se para a maior de todas as vocações: seguir a Jesus.

JOÃO, DISCÍPULO DE CRISTO

Algumas passagens encontradas em seu evangelho e sua própria carreira ao lado de João Batista deixam transparecer, em nosso apóstolo, um coração ardentemente judaico, em plena sintonia com as especulações messiânicas de sua nação, muito populares naqueles dias. Esse anelo pela revelação do Ungido fez que João atendesse prontamente à chamada do, até aquela época, pouco conhecido homem de Nazaré, a quem já fora apresentado por seu antigo mestre e que já arrebanhara, àquela altura, dois de seus velhos amigos e parceiros de trabalho, Simão Pedro e André. A vocação definitiva de João acontece mais adiante, nos arredores do mar da Galiléia, quando Jesus principia Seu ministério, pregando o arrependimento de pecados e a iminência do Reino de Deus (Mc 1.16-20).

João retratado como jovem contemplativo pelo artista bizantino, igreja de S. Domingos, Arezzo, Itália.

Devemos exclusivamente ao testemunho de João o registro sobre como Jesus principiou Seu ministério, durante uma festa de casamento, em Caná (Jo 2.1-11). Na verdade, não fosse esse detalhe em seu evangelho, não saberíamos sequer da existência desse povoado da Galiléia, hoje identificado com a pequenina *Kafr Kenna*, um vilarejo de população predominantemente árabe.

Muito se tem especulado acerca do perfil psicológico do apóstolo João. A arte cristã, ao longo dos séculos, deu sua parcela de contribuição retratando-o como uma personalidade singela, terna, quase feminina. Essa imagem, embora satisfaça as exigências estéticas do artista medieval, contrasta, na verdade, com a silhueta que as Escrituras traçam ao apóstolo. Como já comentamos, a tradição eclesiástica, no ardor de legar para a posteridade os feitos memoráveis dos discípulos, ao descrevê-los, acabou exacerbando algumas de suas características, tornando-os figuras caricatas. Como produto dessa influência, tem-se por exemplo a idéia de um Tomé constantemente incrédulo e de cerviz endurecida, de um Simão

Pedro sempre impulsivo e impetuoso e de um João continuamente sereno e contemplativo, como convinha à figura do *discípulo a quem Jesus amava* (Jo 21.20). Essa é a perspectiva exata sob a qual o vêem muitos comentaristas bíblicos, entre os quais John D. Jones (*op. cit.*, p. 46-47):

> [João] Era um homem de espírito quieto, contemplativo, quase místico...
>
> Filho de Zebedeu, João é apresentado como o 'discípulo a quem Jesus amava'. Nele havia algo de tão gracioso, tão cativante, tão celestial que Jesus – se é que posso assim dizer – apaixonou-se por ele. A alma de Jesus de tal modo ligou-se a de João que ele o amava como sua própria alma. [...] Assim, por esse testemunho, sei que esse mesmo João era o mais santo e o mais assemelhado a Cristo dentre todos os apóstolos.

A opinião do renomado pregador galês, embora abrilhante o romantismo que freqüentemente se aborda a carreira dos doze, carece de ser corrigida à luz de algumas passagens neotestamentárias.

Ao contrário de um ser quase angelical, floreadamente pintado por muitos artistas e declamado por tantos pregadores, temos em João um homem tão pecador e frágil quanto seus demais amigos de discipulado. Um homem semelhante a qualquer um de nós, marcado por uma existência plena de ambigüidades e contradições. Os contextos bíblicos nos quais está inserido permitem identificar três aspectos básicos de sua personalidade e, em nada, avalizam o ideal discipular construído pela tradição cristã: sua enérgica capacidade de reação diante da oposição, seu forte sentimento sectarista e sua inclinação para o poder.

Para o primeiro caso, basta-nos o episódio narrado em Lucas 9.54. Ali, toda a ternura do discípulo João é colocada à prova diante da naturalidade que propõe tão severo juízo sobre os samaritanos, os quais rejeitaram abrigar o Mestre em sua jornada para Jerusalém:

> "Vendo isto os discípulos Tiago e João, disseram: Senhor, queres que mandemos descer fogo do céu para os consumir?".

Semelhante postura vingativa, contrária à própria essência do evangelho, exigia da parte do Mestre uma dura repreensão:

"Vós não sabeis de que espírito sois" (Lc 9.55).

Nesse episódio, percebe-se com clareza que o amor e a mansidão de Jesus despontavam como algo estranho ao coração do jovem discípulo. Afinal, as expectativas proféticas que ele nutria recomendavam um Messias que *ferirá a terra com a vara de sua boca, e com o sopro dos seus lábios matará o ímpio* (Is 11.4b)!

Sua inclinação sectária é também flagrante no texto dos evangelhos. Alheio à mensagem inclusiva de seu Mestre, João sente-se orgulhoso por repreender alguém que, embora ostentasse o nome de Cristo, não fazia parte da seleta comunidade dos discípulos:

"Mestre, vimos um homem que em teu nome expulsava demônios, e nós lho proibimos, porque não nos seguia" (Mc 9.38).

Curiosamente, a intolerância de João reflete muito bem o tipo de sentimento com o qual miríades de cristãos se identificaram ao longo de quase dois milênios de história eclesiástica: a idéia de que Jesus nos pertence ou de que é propriedade exclusiva de nosso grupo religioso. Esse exclusivismo destruidor não atenta nem para a fé no nome de Jesus, nem para os milagres dela advindos se praticados por outros alheios ao nosso grupo ou comunidade.

Por fim, há ainda o fascínio que a perspectiva do poder espiritual exerceu sobre a mente do jovem aprendiz. João, ao lado de seu irmão e auxiliado por sua mãe, empreendeu esforços na tentativa de lograr proeminência naquilo que concebia ser o futuro reino do Messias:

"Concede-nos [Senhor] que na tua glória nos sentemos um à tua direita, e o outro à tua esquerda" (Mc 10.37).

É desnecessário lembrarmos que o termo *sentar-se* aqui mencionado pelo filho de Zebedeu traduz a idéia de trono real, ou seja, do símbolo máximo da monarquia, a principal expressão de autoridade conhecida naquela época.

300 DOZE HOMENS, UMA MISSÃO

É justo registrarmos, por outro lado, que essa sede pelo poder não era exclusividade de João, tampouco de seu irmão mais velho, Tiago. Pouco antes dessa controvertida petição, encontramos uma delicada situação de conflito entre os doze, cuja vertente era justamente a questão da primazia entre eles:

> Chegaram a Cafarnaum. E estando ele em casa, [Jesus] perguntou-lhes: Que estáveis discutindo pelo caminho?
>
> Mas eles se calaram; porque pelo caminho haviam discutido entre si *qual deles era o maior* (Mc 9.33,34; grifo do autor).

Mateus e Lucas também registram outras ocasiões em que a mesma inclinação parece dominar as mentes e os corações dos seguidores de Jesus:

> "Naquela hora chegaram-se a Jesus os discípulos e perguntaram: Quem é o maior no reino dos céus?" (Mt 18.1).
> "Levantou-se também entre eles contenda, sobre qual deles parecia ser o maior" (Lc 22.24).

Diante disso, o pedido ganancioso de João e de Tiago tornou-os alvo da indignação de seus condiscípulos (Mc 10.41), não porque isso lhes tenha parecido algo abominável, mas, antes, por ter representado um ousado adiantamento aos demais na busca pelos privilégios e pelo poder do tão sonhado reino messiânico.

Jesus resumiu a irascibilidade e o temperamento apaixonado de João e de seu irmão Tiago, no epíteto *Boanerges*, ou *Filhos do Trovão*, cuja menção acompanha seus nomes na lista de Marcos 3.17. Essa palavra aramaica de origem ainda não muito bem definida contribui para o confronto definitivo da imagem contemplativa, dócil e serena que a tradição eclesiástica atribuiu ao discípulo através dos séculos.

Todavia, se a história inicial de João foi marcada pela impulsividade e pelo caráter irascível, os anos de caminhada ao lado do Mestre, para quem se tornara um dos mais íntimos discípulos, e seu amadurecimento gradativo como apóstolo do evangelho revelaram um homem radicalmente diferente, que se transformou em um verdadeiro paradigma de caráter trabalhado pelo Espírito Santo.

Como fruto dessa mudança interior, surgiu, portanto, um homem profundamente marcado por uma personalidade na qual o amor, a misericórdia e a paz eram abundantes. Sua rica literatura bíblica – particularmente as epístolas – não deixa dúvida sobre a dimensão da metamorfose ocorrida em seu íntimo, como veremos mais adiante. Esse João, experimentado, sofrido e amadurecido com os longos anos de apostolado, é aquele que enfim se coaduna com o perfil retratado pela arte primitiva e medieval. Atribuir tais qualidades ao jovem discípulo João é florear sua biografia, é caricaturar sua experiência cristã. Essa abordagem do discípulo como uma figura de virtudes cristãs extemporâneas alimenta apenas o estereótipo mítico que a tradição construiu sobre ele, extremamente prejudicial a uma análise mais ampla e imparcial de sua vida e ministério.

As ricas experiências ao lado de Jesus, responsáveis pelo impacto que transformou o *filho do trovão* no *apóstolo do amor*, constituirão nosso próximo enfoque. O aperfeiçoamento espiritual que tal achego produziu em João pode ser resumido nos dois episódios bíblicos que envolvem o discípulo e os discriminados samaritanos. O primeiro deles (Lc 9.54), por um lado, exprime toda a inexperiência e a irascibilidade características de seu primeiro momento como discípulo e que lhe valeram o citado cognome. O segundo, por outro lado, reflete alguém que experimentara o doce fluir do Espírito no Pentecostes e se tornara um dos anciãos da igreja de Jerusalém. Alguém capaz de abrir mão de seus preconceitos e descer até aqueles pobres discriminados para ungi-los com o Espírito.

O DISCÍPULO A QUEM JESUS AMAVA

João compunha a tríade de discípulos mais íntimos de Jesus. O que exatamente determinou essa seleção? Não sabemos. A possível relação de parentesco entre os filhos de Zebedeu e Jesus – já antes mencionada – poderia explicar parte dessa proximidade, se bem que não totalmente. Talvez houvesse algo por trás do comportamento apaixonado e inquieto apresentado por esses homens com o que Jesus, pessoalmente, se identificasse. De qualquer modo, o fato de estar entre os três mais próximos de Jesus proporcionou a João algumas oportunidades de presenciar as maravilhas do poder de Deus manifestas em Cristo. De tal sorte foi o jovem aprendiz marcado por esses momentos de glória que presenciou ao lado do Senhor que seus escritos canônicos acabaram recebendo uma ênfase notável no caráter testemunhal de seu discipulado, facilmente detectável no emprego exaustivo de termos gregos como *marturia* (testemunho – *Jo 3.32,33; 5.34; 8.17; 21.24; 1Jo 5.10,11; Ap 1.2,9; 6.9; 11.7; 12.11,17; 19.10; 20.4*), ou do verbo *martureo* (testemunhar – *Jo 2.25; 3.11,32; 4.39,44; 5.39; 7.7; 15.26; 19.35; 21.24; 1Jo 4.14; 5.9; 3Jo 3; Ap 22.16,18,20*), como vemos nos exemplos a seguir:

"E o Verbo se fez carne, e habitou entre nós, cheio de graça e de verdade; e *vimos* a sua glória, como a glória do unigênito do Pai" (Jo 1.14; grifo do autor).

"[...] isso *testifica*; e ninguém aceita o seu *testemunho*" (Jo 3.32).

"E é quem *viu* isso que dá *testemunho*, e o seu testemunho é verdadeiro..." (Jo 19.35a; grifos do autor).

"O que era desde o princípio, o que ouvimos, o que vimos *com os nossos olhos*, o que *contemplamos* e as nossas mãos apalparam, a respeito ao Verbo da vida [...]; sim, o que vimos e ouvimos, isso vos anunciamos, para que vós também tenhais comunhão conosco" (1Jo 1.1,3a; grifos do autor).

Essa proximidade com Jesus conferiu a João alguns preciosos momentos só compartilhados por seus condiscípulos Pedro e Tiago, além de, eventualmente, André. Esses homens foram contemplados com a bendita exclusividade de presenciar milagres como o da cura da sogra de Pedro (Mc 1.29-31), o da ressurreição da filha de Jairo (Mc 5.37; Lc 8.51), o da pesca miraculosa (Lc 5.10), o da glória da transfiguração no monte (Mt 17.1), o das advertências sobre a destruição de Jerusalém (Mc 13.3) e o da agonia no jardim do Getsêmane (Mt 26.37).

Entretanto, não se deve pensar que a intimidade de nosso apóstolo com seu Mestre se limitou apenas ao testemunho desses milagres; foi João quem se sentou mais próximo a Jesus durante a noite da

Páscoa e aquele que deixou transparecer – por meio do recostar de sua cabeça sobre o peito do Mestre – uma profunda comoção com o anúncio da traição (Jo 13.21-25; 21.20). Aliás, ao ler João 13.23, a idéia que temos é que João, mesmo antes de reclinar sua cabeça no peito de Jesus para inquiri-Lo sobre a terrível profecia, permanecera "aconchegado" (gr. *anakeimai*) a Ele, ou seja, *comodamente disposto junto* a seu Senhor, como um filho que anela pela proteção do pai. A afetividade demonstrada para com seu mestre – sem paralelos nas Escrituras – contrasta com as atitudes enérgicas que marcavam sua impetuosidade e sectarismo. Ela foi o primeiro indício de que o "filho do trovão" se tornaria, mais adiante, o afável "discípulo a quem Jesus amava".

João, retratado com a tradicional expressão serena e traços delicados. Do artista flamengo Rogier van der Weyden (1450/52).

304 DOZE HOMENS, UMA MISSÃO

É curioso observar que apenas João atribuiu a si mesmo o honroso título de o discípulo "a quem Jesus amava" (Jo 13.23; 19.26; 20.2; 21.7,20); porém, quando o faz, não explicita seu nome. Na realidade, essa expressão, longe de representar qualquer jactância de sua parte, refere-se muito mais ao profundo laço de comunhão que, com o passar dos anos, fundiu sua alma à de seu amado Senhor. Autores como Herbert Lockyer, em seu livro *All the Men of the Bible* [*Todos os homens da Bíblia*] (p. 196-7), sugerem que tal expressão traduzia, na realidade, um trocadilho com o próprio significado original do nome de João, *amado de Jeová*, ou *aquele a quem Jeová ama*.

Acerca dessa rara distinção atribuída a João, Jones comenta (*op. cit.*, p. 46):

> Belas palavras são ditas e escritas acerca dos eminentes santos da Antiguidade, no Antigo Testamento. De Enoque, por exemplo, diz-se que é aquele que 'andava com Deus'; de Moisés diz-se que 'falava com Deus como de amigo para amigo'; Davi é lembrado como 'o homem segundo o coração de Deus'. Aqui temos, entretanto, palavras mais belas a serem ditas. João, filho de Zebedeu é mencionado como 'o discípulo a quem Jesus amava...'
>
> Jesus encontrou em João sua alma gêmea. Sim, Aquele que não cometeu pecado e em cujos lábios nenhum dolo foi achado, encontrou em João a alma mais semelhante a Sua. [...] Jesus deleitava-Se em João e fazia-Se acompanhar dele, concedendo a ele um lugar especial em Seu coração; João era 'o discípulo a quem Jesus amava'.

As páginas dos evangelhos registram ainda outros momentos que corroboram esse distintivo título atribuído ao discípulo. Examinemos, a seguir, alguns deles de forma mais acurada.

Conquanto a captura de Jesus no Getsêmane tenha cumprido a profecia que apontava para o dispersar dos discípulos após Sua detenção (Zc 13.7; Mt 26.31,56; Mc 14.27,50; Jo 16.32), encontramos o apóstolo João corajosamente seguindo a escolta que conduzia seu Mestre até a presença dos sumos sacerdotes Anás e Caifás (Jo 18.15,16). João, como sugere McBirnie, alcançou, graças a sua prosperidade como empresário no ramo pesqueiro, uma notoriedade tal que o tornara conhecido de algumas autoridades nacionais, como o próprio sumo sacerdote. Foi justamente esse *status* que permitiu a João não apenas entrar na casa de Caifás, mas também introduzir ali Simão Pedro (Jo 18.16), a fim de acompanharem mais de perto os desdobramentos relativos à prisão de Jesus. Visto que os discípulos de Jesus, quando de Sua detenção, também se tornaram alvo da inquirição do sumo sacerdote (Jo 18.19) e que apenas o distintivo sotaque galileu seria o suficiente para os denunciar como suspeitos de envolvimento com o alegado agitador (Mt 26.73), temos nesse episódio uma evidência da devoção de João para com seu Rabi.

Por outro lado, o coração apaixonado do discípulo, certamente, derramou-se em prantos diante da punição ignominiosa a que seu Mestre fora submetido: a crucificação. Pelo testemunho de seu próprio evangelho, temos razões suficientes para crermos que João acompanhou todo o processo de execução que culminou no martírio que os romanos costumavam chamar de *crudelissimum taeterrimunque suplicium* – o mais cruel e terrível dos suplícios.

Atônito o bastante para não lembrar das palavras proféticas de Jesus com respeito àquele momento, João provavelmente assistiu seu Mestre ser entregue ao lancinante e, por vezes fatal, *flagelum*, o açoitamento que antecedia a crucificação e que fazia o corpo do condenado pender em sangrentas talhadas (Mt 27.26). Como descrever a dor do discípulo ao testemunhar Aquele para quem se destinavam toda glória e poder em Israel sendo escarnecido, espancado e coroado com espinhos, em uma cerimônia sarcástica empreendida por parte dos embrutecidos soldados da coorte Antônia (Mt 27.27-31)? Os olhos de João se banharam em lágrimas ao atestarem o trôpego caminhar de Jesus pelas ruelas de Jerusalém, incapaz que estava de suportar o peso do *patibulum*, a trave horizontal que, dali a pouco, receberia, com o fincar dos cravos, seus braços estendidos. A exaustão tornara seu Mestre inapto para prosseguir com a jornada pela cidade em direção à cruz, que os executores chamavam de *patibulum ferat per urbem*. A retomada só foi possível com o auxílio de um desconhecido camponês tomado dentre a multidão que, em meio àquele alvoroço, acompanhava o espetáculo ignóbil (Mt 27.32). João estava entre os milhares de espectadores que, junto àquela movimentada via de acesso à Cidade Santa, viram se cumprir no Ungido de Deus a mais violenta, torturante e abjeta pena capital jamais elaborada pelo homem.

A suspensão do *patibulum*, sobre o qual pendia o corpo desnudo e ensangüentado do Mestre, marcou de tal forma o coração de João que, anos mais tarde, ao registrar seu testemunho, soube, como nenhum outro evangelista, ressaltar a relevância daquele momento.

> "E como Moisés levantou a serpente no deserto, assim importa que o Filho do homem seja levantado" (Jo 3.14).
> "Prosseguiu, pois, Jesus: Quando tiverdes levantado o Filho do homem, então conhecereis que eu sou, e que nada faço de mim mesmo" (Jo 8.28).
> "E eu, quando for levantado da terra, todos atrairei a mim" (Jo 12.32).

Seria precipitado afirmar que João foi o único dos doze a presenciar a crucificação de Cristo. Mesmo confusos e atemorizados, os demais discípulos – exceto Judas Iscariotes – poderiam ter acompanhado a execução, passando despercebidos em meio à multidão que se apinhava pelas ruas de Jerusalém por ocasião da Páscoa. De qualquer modo, sabemos, pelo testemunho das Escrituras, que João foi o único dentre os apóstolos a dialogar com o Mestre em Seus últimos momentos na cruz. Ao lado dele estavam também as fiéis seguidoras de Jesus, a saber, Sua própria mãe, Maria, Maria Madalena, Salomé e Maria, mãe de Tiago Menor e José. Esta última era esposa de Clôpas, personagem que alguns autores identificam com o Alfeu das listas apostólicas.

Um detalhe impreciso no episódio do diálogo de Cristo com João é a questão da distância que este e as demais testemunhas mantiveram do Crucificado. As Escrituras não deixam muito claro como se desenrolou essa abordagem; enquanto João diz estarem *junto à cruz* (Jo 19.25), Lucas e Marcos afirmam que esses íntimos espectadores *estavam de longe vendo estas coisas* (Lc 23.49; Mc 15.40). A fim de tentarmos harmonizar essas duas narrativas aparentemente conflitantes, é necessário trazermos à luz alguns detalhes importantes acerca do processo de crucificação. Dada a ameaça constante de rebeliões por parte dos radicais zelotes, os condenados por crimes como motins, insurreições e problemas de ordem religiosa, eram, em geral, guardados por uma escolta de quatro homens, gerenciada pelo *exactor mortis*, o centurião que encabeçava a execução (cf. Mt 27.36). Qualquer transeunte que se aproximasse exageradamente do moribundo, seria considerado suspeito, sendo pois, prontamente rechaçado pela guarda romana. Portanto, aquilo que as traduções apresentam como *junto à cruz* (Jo 19.25), pode ser, na verdade, uma versão exagerada do termo grego *histemi* que, embora seja traduzido como *estar em pé diante de*, não implica necessariamente uma relação de proximidade (cf. Mt 6.5; 20.32; Lc 6.8 e Ap 18.15), ao contrário do termo *paristemi*, usado no versículo seguinte em referência a João e Maria. Assim, tomando-se a passagem de João 19.25, à luz de suas paralelas sinópticas, pode-se concluir que João e as demais testemunhas se colocaram o mais próximo possível da cruz – diante das restrições mencionadas – distância suficiente para se travar o diálogo descrito pelo evangelista.

A questão envolvendo a atitude de Jesus ao entregar Sua mãe – possivelmente viúva naquela ocasião – aos cuidados de João, como é descrito apenas em João 19.25-27, suscita algumas enfadonhas tentativas de interpretação. Sem extensas conjecturas, podemos nos contentar com a possibilidade de que tal entrega se justificasse pelo simples fato de os irmãos de Jesus terem, até aquele momento, rejeitado Sua condição messiânica (Jo 7.5), algo que Maria já havia reconhecido. Devemos lembrar que as mulheres sofriam muita discriminação naqueles dias. As viúvas, particularmente, acabavam vítimas do esquecimento e do desamparo social, atitudes contra as quais as Escrituras, desde os tempos mosaicos, severamente pregavam (Êx 22.22; Dt 10.18; Sl 68.5; Sl 146.9; Lc 18.3; Tg 1.27). Essa delicada condição poderia ainda sofrer sério agravamento se algum "desajuste" de ordem religiosa fosse verificado. Não seria essa exatamente a situação da viúva Maria, ao depender de filhos que se opunham a sua

308 DOZE HOMENS, UMA MISSÃO

crença em um Messias rejeitado pelo sistema religioso e morto em uma cruz? Sob essa perspectiva, é compreensível que Jesus a tenha confiado aos cuidados de alguém que não apenas a cercaria de todo carinho e respeito, como também comungaria de sua fé e devoção. Ademais, há que se considerar a suposta irmandade entre Salomé, mãe de João, e Maria – defendida por alguns pesquisadores e já comentada no início do capítulo – o que tornaria João alguém íntimo para receber de Jesus semelhante encargo.

A combinação dessas possibilidades bastaria para explicar a atitude de Jesus para com Sua mãe naquele momento, contudo, devemos acrescentar ainda o profundo amor entre o Mestre e o jovem João, o que faria dele o escolhido para tal responsabilidade mesmo que ali estivessem presentes outros dos doze. Dessa forma, devemos ver a entrega de Maria à guarda de João como mais um referencial para entendermos quão verdadeira e significativa é a afirmação do evangelista quando a si mesmo se declara *o discípulo a quem Jesus amava*. Mais adiante, veremos, por meio das narrativas tradicionais, como Maria, a partir do episódio da cruz, esteve inserida no contexto da vida e da carreira apostólica de João.

JOÃO E A RESSURREIÇÃO DE CRISTO

As sombrias nuvens que cobriram os céus durante as três últimas horas da crucificação de Cristo retratavam com fidelidade toda a consternação que acometia o jovem discípulo. Suas esperanças de uma intervenção divina que pudesse libertar seu Messias daquela humilhante situação acabara com o penetrar da lança, o *perforatio sub alas*, executado por um dos guardas romanos. Dentre os evangelistas, somente João ressalta esse importante detalhe, em que vemos descrito o golpe de misericórdia que acelerava o fim da execução (Jo 19.34).

João tristemente testemunhara aquilo que julgava ser o fim de seu maior projeto de vida. Nosso apóstolo juntou-se, a seguir, às multidões que, sob grande desolação, gradativamente se retiravam do Monte Calvário a bater em seus peitos (Lc 23.48). Aquele, sobre quem João depositara todas as suas expectativas messiânicas e por quem nutrira a mais profunda afetividade, recebera sobre Si a mais vil e perversa de todas as condenações, típica dos escravos foragidos, dos criminosos e dos insurretos.

João, em meio à tamanha amargura e em um clima de grande incerteza, reúne-se aos outros dez discípulos em um refúgio seguro. Ali, junto aos demais, buscava extrair uma reflexão conjunta que emprestasse algum sentido para os trágicos acontecimentos que marcaram aquelas últimas vinte e quatro horas.

Sentados ao redor daquela sala, João e seus temerosos amigos se entreolhavam com suspiros que, de tão pesados, sufocavam as poucas palavras a serem ditas. Em meio àquela atmosfera de dor e angústia, o jovem discípulo, com os olhos banhados em lágrimas e a mente ainda desordenada, tenta em vão encontrar alguma razão que explicasse aquilo que mais lhe parecia um pesadelo interminável. Subitamente, uma de suas conhecidas, trazendo consigo um semblante de quem fora surpreendida por algo fantástico, entra porta adentro e prorrompe em brados de quem parecia delirar: *Vi o Senhor!* (Jo 20.18). Conquanto a maior parte dos presentes não desse crédito ao seu testemunho (Mc 16.11; Lc 24.11), Pedro e João, com a impetuosidade que lhes era peculiar, prontamente se levantaram e, desprezando os eventuais perigos da situação, dirigiram-se ao local do túmulo. Naquele frenesi, João deixa para trás seu companheiro e chega primeiro à tumba, em frente da qual encontra os lençóis de linho jogados ao chão e se detém, imerso em íntimas conjecturas (Jo 20.4,5). O que estariam aqueles lençóis fazendo fora do sepulcro? Teriam os romanos algum interesse em que se retirasse dali o corpo de Jesus? Estariam os fariseus e os príncipes dos sacerdotes envolvidos nisso? Enquanto João buscava respostas que amenizassem sua ansiedade, o ofegante Pedro chega e, adentrando o sepulcro, mostra-lhe também o lenço que cobria a cabeça do Mestre. Nesse momento inicia-se o descortinar do entendimento de João acerca de tudo que se passara. Em seu próprio testemunho, o evangelista resume os preciosos minutos nos quais as trevas da dor e da incerteza começam a se dissipar:

> "Então entrou também o outro discípulo, que chegara primeiro ao sepulcro, e viu e creu.

310 DOZE HOMENS, UMA MISSÃO

Porque ainda não entendiam a Escritura, que era necessário que ele ressurgisse dentre os mortos" (Jo 20.8,9).

O retorno para o local onde estavam reunidos os discípulos foi rápido. Entrementes, no caminho de volta, o pensamento do jovem discípulo orbitava desvairadamente entre a cena do túmulo vazio e as palavras do Mestre – até aquele momento incompreendidas – sobre 'ressuscitar dentre os mortos'. Afinal, Aquele que profetizara que seria entregue nas mãos dos gentios, espancado, escarnecido e morto também dissera que ressuscitaria ao terceiro dia (Mt 16.21; Lc 18.31-34). Para João, a tristeza daquelas últimas horas começava a dar lugar a uma expectativa boa demais para ser verdadeira! Esfuziante, ele não podia esperar para encontrar-se com seus condiscípulos e contar-lhes sobre o que vira (ou o que não vira!) na sepultura.

A tarde daquele domingo já começava a declinar, enquanto João e os demais tentavam insistentemente ordenar os acontecimentos que transformaram em eternidade aqueles três últimos dias. Alheios ao tempo e à agitação religiosa de Jerusalém, os discípulos são interrompidos pelo abrupto adentrar de Cléopas e seu companheiro, os quais, tomados pelo entusiasmo, começam a relatar a incrível história de como encontraram – e até mesmo cearam – com o Mestre, quando se dirigiam a Emaús (Mc 16.12,13; Lc 24.13-33). Antes que pudessem concluir o fantástico relato, põe-Se em meio a eles Aquele sobre quem ardorosamente debatiam (Lc 24.35,36). Tal foi o impacto daquela manifestação que se passaram alguns minutos até que João e seus companheiros vissem seu temor ser transformado em um sentimento de júbilo sem precedentes (Lc 24.37-41; Jo 20.20).

Não é nosso objetivo nos determos nos pormenores relativos às primeiras aparições de Cristo ocorridas naquela semana em Jerusalém. Importa-nos, antes, voltarmos nossa atenção para o ocorrido um pouco depois na Galiléia, local para onde alguns discípulos se dirigiram após a semana da ressurreição, por ordem do próprio Senhor (Mt 28.10,16). Ali encontramos João e seus amigos de volta ao antigo ofício, à espera do cumprimento de mais uma manifestação do Ressurrecto.

Os quarenta dias que compreenderam o ministério de Jesus entre Sua ressurreição e ascensão trouxeram consigo um período de reflexão para os discípulos. Afinal, se, por um lado, Jesus Se levantara dentre os mortos, aparecera ante os olhos deles e, sobretudo, cumprira a Escritura sob uma ótica inusitada para eles (Lc 24.44-48), pairava no ar, todavia, a sensação de que algo muito poderoso – e que envolveria a todos eles – ainda estava por acontecer.

Para João e os demais discípulos – novamente envolvidos com a pesca – aquela alvorada parecia ser mais uma dentre muitas que encerravam uma noite de trabalho árduo e infrutífero (Jo 21.1-3). Desanimados e esgotados em função da inútil labuta, não puderam nem mesmo dar a atenção devida a alguém que, das margens, pedia comida. Antes que recolhessem as redes e desistissem de uma nova tentativa, resolveram acatar a sugestão daquele estranho que mandava lançar as redes para a banda da direita. Quem seria, afinal, esse transeunte que ousava entender mais sobre pesca que os experientes filhos de Zebedeu? Não obstante, em poucos minutos, aquilo que parecia ser um tolo conselho, revelou-se uma agradável surpresa! Ao ver as redes abarrotadas de peixes, João imediatamente recordou-se do início de seu discipulado quando, ao lado de Pedro, presenciara o mesmo acontecimento (Lc 5.3-7). Enquanto seus companheiros se detinham em admirar a inexplicável fartura, João voltou seu olhar e o manteve fixo naquele que parecia ter dado ordem aos cardumes, pelos quais ele e seus parceiros procuraram por toda a noite. Só havia uma resposta para aquele fenômeno e João, mais que todos, a conhecia muito bem: *É o Senhor!* (Jo 21.7).

Para João, o saldo desse encontro, ansiosamente aguardado por ele e pelos seus, não fora apenas a alegria de rever seu amado Mestre, mas também uma incômoda dúvida, relativa ao seu futuro particular, que passou a lhe acompanhar dali em diante. Afinal, naquela ocasião, o que estaria Jesus tentando dizer com a afirmativa de que João permaneceria até que Ele viesse (Jo 21.22)? Seria possível que o jovem apóstolo vivesse o suficiente para presenciar a volta do Senhor? Haveria alguma relação desse vaticínio com o que Jesus dissera em Mateus 16.28? A suspeita de que o jovem apóstolo viveria até a volta do Senhor acabou se tornando uma forte tradição da igreja do primeiro século, como vemos nas palavras do próprio João (Jo 21.23):

312 Doze homens, uma missão

Divulgou-se, pois, entre os irmãos este dito, que aquele discípulo não havia de morrer. Jesus, porém, não disse que ele não morreria, mas: Seu eu quiser que fique até que eu venha, que tens tu com isso?

A disseminação dessa lenda se explica pelo fato de que a Igreja primitiva, de modo geral, concordava que a volta do Senhor se efetivaria em um curto espaço de tempo. A ênfase exagerada dessa tendência, porém, acabou causando distorções teológicas em algumas congregações, obrigando ministros como Paulo a tratarem cuidadosamente do tema, visando a resgatar o equilíbrio escatológico de seus fiéis, como vemos em sua primeira epístola aos Tessalonicenses.

É provável que nem mesmo João soubesse o significado dessas palavras proféticas a seu respeito, quando da escrita de seu evangelho entre 70 e 85 d.C., alguns anos antes de seu glorioso cumprimento, durante a experiência vivenciada na ilha de Patmos, com a visão do Apocalipse.

O MINISTÉRIO DE JOÃO NO LIVRO DE ATOS

A narrativa de Atos dos Apóstolos registra, de maneira tímida, a atuação do apóstolo João nos acontecimentos ali descritos, sem contudo minimizar a relevância de sua participação na direção da igreja de Jerusalém. O próprio Paulo, sobre cujo ministério o livro de Atos dedica a maior parte de sua abordagem, refere-se a João como uma das *colunas da igreja*, ao lado de Tiago, o Justo e Pedro (Gl 2.9). Vale lembrar que o grego *stulos* (coluna, pilar) empregado por Paulo, designava um termo freqüentemente aplicado, no sentido metafórico, aos mestres da Lei e àqueles sobre quem pesavam grandes responsabilidades espirituais.

Sabemos, por meio do comentário de Lucas, autor de Atos, que João, assim como os demais discípulos e diversos outros seguidores anônimos, também se fez presente no cenáculo, à espera da promessa referida por Jesus e concretizada no solene dia de Pentecostes (At

1.13; At 2.1). Do mesmo modo, João se achava entre os discípulos por intermédio dos quais *muitos prodígios e sinais eram feitos,* logo no início das atividades da igreja em Jerusalém, conforme Atos 2.43.

Nosso apóstolo aparece, diretamente, mencionado nos capítulos 3 e 4, ao lado de Pedro, como co-participante da cura miraculosa de um coxo de meia-idade que, diariamente, mendigava às portas do templo. Antes de tudo, esse relato demonstra que João – assim como Pedro –, embora ministro do evangelho, ainda se encontrava, de alguma maneira, ligado aos rituais judaicos, sob os quais crescera.

A cura do coxo causou assombro tal na população presente que transformou João e seu amigo no centro das atenções dos transeuntes (At 3.11), proporcionando a ambos mais uma rica oportunidade de proclamarem a salvação em Cristo. Essa pregação, marcada pelo incrível resultado de quase cinco mil convertidos (At 4.4), desencadeou também o princípio das perseguições contra a Igreja, das quais João e seu condiscípulo tiveram a honra de serem os pioneiros. Frank Stagg acrescenta alguns detalhes importantes sobre esse episódio em que ambos apóstolos, sob grande risco, pregavam acerca do reino de Deus e da ressurreição de Cristo, nos arredores de uma instituição dominada pelos incrédulos saduceus (*op. cit.,* p. 76-77):

> A primeira perseguição aos discípulos de Jesus foi desenca-deada pelos saduceus. E a razão era clara: incomodavam-se porque os discípulos estavam ensinando como se fossem rabinos (mestres) e porque pregavam a ressurreição. Prova-velmente, alarmaram-se com a ênfase que os discípulos davam ao reino, o que poderia transformar-se em propaganda infla-matória. A ressurreição significava para o judeu muito mais que significa hoje para o cristão. Foakes-Jackson diz isto sobre esse assunto: 'Para o judeu daqueles tempos, ela significava uma iminente catástrofe mundial que destruiria os reinos da terra e inauguraria, miraculosamente, uma nova ordem'. Portanto, sugeria a revolução para aqueles que desejavam a permanência do *status quo...*

A ousadia de João em anunciar publicamente a Cristo nas pro-ximidades do grande patrimônio religioso de Israel custou-lhe a

314 Doze homens, uma missão

inquirição diante da corporação governamental dos judeus: o sinédrio. Formado por setenta homens, entre autoridades (sacerdotes e sumo sacerdote), anciãos (líderes leigos) e escribas (doutores da Lei, fariseus), o sinédrio funcionava como um órgão representativo do povo para as questões de natureza interna do país, sendo, para isso, munido de autoridade da parte dos romanos. Para o cidadão comum, comparecer ante o sinédrio significava, portanto, a desconfortável situação de enfrentar a mais respeitada instituição religiosa de Israel e, por conseguinte, os maiores expoentes religiosos da época, cujos veredictos nem sempre se limitavam às fronteiras da misericórdia.

Como nos informa Frank Stagg, o desprezo e o sarcasmo marcaram, desde o início, essa primeira audiência de João e seu companheiro diante dos poderosos de Israel (*ibidem*, p. 79-80):

> O sinédrio desafiou os discípulos em termos autoritários, dizendo-lhes: 'Com que poder ou em nome de quem fizestes vós isto?' (4.7). As nossas traduções fazem transparecer muito mal o desdém que o texto grego sugere, ao terminar a pergunta com o pronome 'vós'. Podemos parafrasear assim: 'Com que autoridade ou em nome de quem fizestes vós isto, por autoridade vossa?!' Desprezavam os discípulos, em parte, pelo fato de estes serem 'homens sem instrução e vulgares' (4.13). Isto é, não tinham recebido nenhuma instrução rabínica, nem indicação alguma para qualquer posição oficial no país. A tradução comum — "homens iletrados e indoutos" não é boa. Não se quer dizer que fossem homens iletrados, e, sim, que não tinham preparo adequado, nem a indicação oficial.

A intrepidez de Pedro e João diante do sinédrio causou admiração em seus delegados, como vemos em Atos 4.13. Contudo, a tentativa do parlamento em deter a disseminação da fé em Cristo, por meio de fortes ameaças como as mencionadas em Atos 4.17,18 e 21, apenas serviu para demonstrar o quanto aqueles galileus estavam dispostos a se arriscar em nome da fé que professavam. Voltaremos aos detalhes envolvendo as inquirições dos apóstolos no sinédrio, quando tratarmos da biografia de Pedro.

João 315

O livro de Atos volta a dedicar atenção ao trabalho missionário de João quando, em 8.5-25, retrata a ousada campanha de Filipe, o Evangelista, na Samária. Na realidade, essa iniciativa fora, em parte, resultado da violenta perseguição que se levantara contra a igreja em Jerusalém, instigada por Saulo. Por alguma razão que desconhecemos, os apóstolos conseguiram permanecer em Jerusalém (8.1), enquanto os demais cristãos se espalharam pelos arrabaldes da Judéia e da Samária. Essa situação, embora aparentemente negativa, colaborou para que se rompessem as barreiras que detinham a propagação da Palavra entre os estrangeiros (At 8.1-4). Esse sectarismo começou a ser minado com o formidável evangelismo de Filipe entre os samaritanos, que presenciaram na ocasião um grande mover do Espírito de Deus, com curas, libertações e incontáveis conversões (At 4.5-8). Tal fora a repercussão de seu trabalho entre os samaritanos que a direção da igreja em Jerusalém decidiu enviar para lá dois de seus maiores delegados: Pedro e João.

É interessante observar que o mesmo João que antes vira-se tomado pelo desejo de carbonizar com fogo celestial os samaritanos (Lc 9.54), é justamente um dos enviados à Samária, com a missão de confirmar a ministração de Filipe, orando com imposição de mãos sobre aqueles novos (e inusitados) irmãos em Cristo. Curiosamente, João acabou cumprindo seu antigo desejo, porém, de outro modo e com outra motivação. Fez cair sobre os samaritanos "fogo do céu", porém um fogo purificador, que ardia a alma com o calor da presença divina:

"Então [Pedro e João] lhes impuseram as mãos, e eles [os samaritanos] receberam o Espírito Santo" (At 8.17).

Após a vitoriosa missão à Samária, João não é mais citado nominalmente no livro de Atos. Podemos, entretanto, deduzir sua participação em alguns dos acontecimentos posteriores ali descritos, entre os quais o primeiro concílio da igreja, entre 49 e 50 d.C., quando se reuniram em Jerusalém os grandes vultos do cristianismo daqueles dias. Na ocasião, o assunto em pauta era a polêmica gerada por alguns judaizantes acerca da necessidade dos convertidos, dentre os gentios, colocarem-se sob o regime da Lei mosaica a fim de serem salvos (At

316 Doze homens, uma missão

15.1). Sobre essa questão conflitante, experiências como a vivida junto aos crentes samaritanos certamente fizeram que João fosse mais uma voz de apoio ao célebre parecer de Pedro naquela assembléia:

> "Mas cremos que [nós, os judeus,] fomos *salvos pela graça* do Senhor Jesus, do mesmo modo que eles [os gentios] também" (At 15.11; grifos do autor).

Essa mesma visão universalista da graça de Deus, da qual João partilhava, o conduziu a terras muito distantes com o propósito de espalhar a semente do evangelho de Jesus Cristo. Nessa saga missionária, o apóstolo experimentou diversas privações e situações de perigo, sobre as quais acabou triunfando. Tornou-se, mais adiante, alvo de diversas lendas que, embora fantasiosas em sua forma final, trazem em seu cerne vestígios de situações reais vividas por nosso apóstolo, como veremos a seguir.

O MINISTÉRIO DE JOÃO EM ÉFESO

Embora o respeitável historiador e patriarca Nicéforo (séc. 9) registre em sua *História eclesiástica* (2,2) a permanência do apóstolo em Jerusalém até a morte de Maria, outros autores dizem que João partiu dali em companhia da mãe de Jesus para Éfeso, na Ásia Menor (atual Turquia), onde esta teria morrido. A questão do local da morte de Maria assume grande importância dentro do contexto porque João, como já vimos anteriormente, fora incumbido, ao pé da cruz, de zelar pela vida daquela que, a partir daquele momento, acolhera como sua própria mãe (Jo 19.27).

O escrito apócrifo do século 5, conhecido como *A morte de Maria*, conta-nos que alguns discípulos teriam tomado o corpo da mãe de Jesus e o sepultado nas imediações do vale de Josafá, em Jerusalém, seguindo supostas orientações do próprio Senhor. Como fruto dessa tradição mariolátrica, a igreja romana assevera que Maria foi sepultada no vale de Cedrom, próxima ao Getsêmane, onde, por volta de 455 d.C., os bizantinos construíram a igreja de Nossa Senhora de Josafá, da qual só restam o pórtico principal e o chamado túmulo da Virgem. Se essa tradição estiver correta, teremos, desse modo, dificuldades para afirmar que João deslocou-se para Éfeso antes da morte de Maria, em cerca de 50 d.C., considerando seu compromisso assumido ao pé da cruz.

Embora a História tenha preservado várias narrativas nas quais se diz que João a teria levado consigo para Éfeso, devemos considerá-las passíveis de discussão. Uma das razões para isso é a posterior conversão dos demais filhos de Maria (Mc 6.3). Tiago, por exemplo, veio a converter-se não muito depois da ressurreição de Cristo (1Co 15.7; Gl 1.19), tornando-se líder da igreja em Jerusalém (At 15.13-29). Dessa forma, caberia a seguinte indagação: Maria, já idosa, teria realmente se disposto a imigrar para uma metrópole gentílica, trocando a companhia de Tiago, seu filho, em Jerusalém, pela de João, em terras estranhas? Tal questionamento ganha vulto se observarmos o teor da epístola de Inácio de Antioquia dirigida a João, cujas linhas não deixam dúvidas de que a mãe do Salvador, permanecia, até aquela época, em sua companhia em Jerusalém, como podemos constatar nesses excertos:

> Estamos profundamente entristecidos a propósito da tua demora em nos fortalecer com tuas admoestações e consolações. Se prolongada, tua ausência certamente causará desapontamento entre muitos de nós. Apressa-te, portanto, em vir ter conosco, pois cremos ser isso de grande proveito. Ademais, há por aqui algumas mulheres que desejam ver Maria (mãe) de Jesus, as quais, dia após dia, anseiam deixar-nos para se dirigirem até onde estás, de sorte que possam não apenas vê-la, mas também tocar os seios que amamentaram o Senhor Jesus e, igualmente, inquiri-la acerca de outros assuntos em particular.

> Se me permitires, desejo muito subir a Jerusalém, a fim de ver os santos fiéis que aí se encontram, especialmente Maria, a mãe, aquela que dizem ser objeto de grande admiração e afeição por todos.

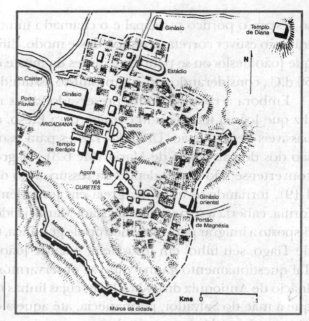

Éfeso, nos tempos apostólicos.

Conquanto ainda careça de uma base histórica mais consistente, a possibilidade do deslocamento de Maria para Éfeso com João, e de sua posterior morte e sepultamento nessa cidade, tem a seu favor respeitáveis defensores. É o caso de McBirnie, que assim comenta a questão (*op. cit.*, p. 110):

> Existem dois lugares ligados a sua morte que permaneceram até os dias de hoje. Em Jerusalém, temos a tumba e, em Éfeso, a 'Casa de Maria'. Embora não se tenha encontrado seu túmulo em Éfeso, a arqueologia lança indícios de que este outrora deve ter ali existido. Inúmeros guias turísticos disponíveis nas ruínas da antiga Éfeso afirmam o mesmo.

O pesquisador apostólico refere-se aqui à chamada "Casa da Virgem Maria" em Éfeso, situada ao fim da rota que vai do portão de Magnésia até o monte Koressos. Segundo algumas tradições locais, alicerçadas em registros do Concílio de Éfeso, Maria teria se deslocado de Jerusalém para Éfeso em companhia do apóstolo João, seguindo as prioridades missionárias do discípulo amado, sob cujos cuidados havia sido entregue. Segundo os anais do Concílio ali reunido em 431 d.C., a mãe de Jesus, antes de mudar-se para cercanias do monte Koressos, onde teria permanecido até sua morte aos 64 anos, vivera durante certo período, em uma residência próxima ao local onde, séculos mais tarde, reuniu-se aquele importante conselho ecumênico.

A razão por que o Concílio de Éfeso – solicitado pelos imperadores Valentiniano III e Teodósio II – manifestou interesse por detalhes ligados à mãe de Jesus foi exatamente a controvérsia cristológica acerca da adoção dos termos *theotokos* (genitora de Deus) e *cristotokos* (genitora de Cristo) referentes a Maria. Embora a pessoa de Maria fosse o centro das discussões nesse concílio, os teólogos ali reunidos não tinham objetivos mariolátricos, mas divisavam estabelecer uma perspectiva correta na análise da relação entre a humanidade e a divindade de Cristo.

Ao analisar a Casa de Maria, a arqueologia constatou que sua fundação realmente data do século 1, embora suas paredes e tetos pareçam ter sido sucessivamente reconstruídos ao longo dos séculos, em uma provável tentativa de preservação.

Mesmo a Igreja Católica, defensora das tradições que ligam o fim de Maria a Jerusalém, reconheceu a importância do local – já transformado em centro de peregrinação – por intermédio da visita do papa Paulo VI, em 1967, e, posteriormente, de João Paulo II, que reafirmou a importância daquela construção para o cristianismo.

Sem embargo, a dificuldade em precisar o verdadeiro local do descanso de Maria não obscurece o conjunto das tradições que vinculam, de maneira particular, o ministério pós-bíblico de João a Éfeso. Consideremos, pois, alguns indícios que apontam para isso.

O antiqüíssimo texto *O ensino dos apóstolos* indica que a tradição sobre a permanência de João em Éfeso já era cultivada pelo menos desde fins do século 2:

> Éfeso, Tessalônica, Ásia, toda a terra dos coríntios, assim como toda a Caia e os termos ao seu redor, receberam a ordenação apostólica do sacerdócio da parte de João, o Evangelista, o mesmo que se reclinou sobre o peito de nosso Senhor. Ele

320 Doze homens, uma missão

mesmo edificou a igreja naqueles lugares, e lá ministrou, permanecendo no ofício de guia.

Os vestígios mais consistentes da presença do apóstolo na Ásia Menor são os próprios discípulos que ele, direta ou indiretamente, ali conquistou, fruto de sua duradoura ação pastoral na região. O nome de Policarpo de Esmirna, por exemplo, ecoa na história eclesiástica como uma prova incontestável da permanência de nosso apóstolo nos termos da Ásia Menor. Esse gigante da fé cristã, conquanto filho de pais crentes, veio a se converter apenas aos pés de João, por cuja autoridade foi escolhido, mais tarde, bispo de Esmirna, cidade de grande influência na região, bem como vizinha a Éfeso. Policarpo foi líder cristão na cidade até cerca de 166 d.C., quando experimentou a graça de selar com sangue seu testemunho. Por se recusar a negar a Cristo, o ancião foi queimado vivo por ordens do magistrado romano Quadratus. A tradição registrou suas últimas palavras, antes que as chamas o levassem para a eternidade:

> Senhor Deus Soberano [...] dou-Te graças, porque me consideraste digno deste momento, para que, junto a Teus mártires, eu possa ser parte no cálice de Cristo. [...] Por isso Te bendigo e Te glorifico. [...] Amém.

Papias de Hierápolis é outro personagem que sinaliza a presença de João na Ásia Menor. Ele nasceu na virada do século 1 para o 2, e, embora tenha sido citado por Irineu de Lyon como discípulo direto de João, parece ter aprendido as sagradas letras por intermédio da ministração de Policarpo e de certo presbítero de nome Aristion. Tornou-se bispo de Hierápolis (cidade da Frígia, próxima a Éfeso) em aproximadamente 130 d.C., transformando-se em um dos grandes nomes da Igreja no século 2. Sua contribuição literária – cuja influência dos ensinos de João pode ser parcialmente medida pela obra denominada *Logion Kyriakon Exegeseos Biblio* [*Exposição dos oráculos do Senhor*] – que, embora tenha sido originalmente composta em cinco volumes, e assim preservada pelo historiador Eusébio de Cesaréia, não chegou até nós senão em escassos fragmentos.

Baseado na interpretação literal do texto joanino de Apocalipse 20.1-3, Papias – assim como Irineu, Justino e Tertuliano – foi um dos precursores do milenarismo, ou doutrina do Milênio, segundo a qual, Cristo após subjugar o poder opressor dos césares, deveria, em breve, reaparecer e reinar absoluto sobre a terra por um período de dez séculos. Essa posição escatológica de Papias encontrou nos insignes Orígenes de Alexandria e Eusébio de Cesaréia seus mais ferrenhos opositores, o que a levou a sucumbir antes mesmo do século 6, muito embora tenha sido revivida, sob nova interpretação, dez séculos mais tarde, com a Reforma Protestante.

Outro nome que merece atenção quando se investiga o apostolado de João em Éfeso é o de Irineu de Lyon, um dos mais admiráveis pensadores cristãos do século 2. Nascido em Esmirna, por volta de 125 d.C., Irineu pode ser considerado – como Papias – "neto na fé" de João, uma vez que também aprendeu as sagradas letras por intermédio de Policarpo, por quem demonstrava a mais fervente admiração. Irineu alcançou grande notoriedade na Igreja primitiva não apenas por seus escritos apologéticos, que combateram tenazmente a heresia gnóstica, mas também por seu posterior apostolado na cidade de *Lugdunum* (hoje Lyon), na antiga Gália (atual França), para onde se trasladara. Ali, tornou-se presbítero e, após o martírio do bispo Fotino, em 177 d.C., assume a liderança local, destacando-se por sua teologia esmerada e orientada, principalmente, por uma perspectiva pastoral. Irineu teria sido, segundo a lenda, martirizado durante a perseguição do imperador Sétimo Severo, em cerca de 200 d.C.

Os escritos de Irineu, endossados por autores posteriores como Eusébio, Jerônimo e Gregório de Tours, reportam-se aos ensinamentos de João durante seu trabalho na Ásia Menor, especialmente em Éfeso, onde teria vivido – segundo o próprio Irineu – até os dias do reinado de Trajano (98 a 117 d.C.) Reconhecendo a veracidade desse testemunho, o imperador romano do oriente, Justiniano I (527-565 d.C.), buscando celebrizar o ministério do apóstolo na cidade, erigiu ali, no século 6, uma magnífica igreja românica em memória a ele, de cujas estruturas só restaram ruínas.

Assim, se o testemunho dos discípulos de João não nos deixa dúvidas sobre sua estada em Éfeso, resta-nos apenas conjecturar

322 DOZE HOMENS, UMA MISSÃO

sobre as razões que influenciaram sua decisão de deixar Jerusalém com destino àquela localidade, notória por seu paganismo. Uma rápida olhada sobre as circunstâncias sociais, políticas e religiosas que envolviam essa grande cidade romana durante o século 1 será o bastante para entendermos a estratégia dessa orientação missionária, possivelmente adotada por João.

Situada às margens do mar Egeu e a apenas dez quilômetros da foz do rio Caister, Éfeso estava, naqueles dias, entre as maiores e mais exuberantes cidades do mundo, com uma população superior a duzentos mil habitantes. Embora, nos dias do Novo Testamento, estivesse experimentando o declínio de sua proeminência na região, devido ao assoreamento de seu porto, Éfeso se mantinha como centro administrativo romano da província da Ásia Menor, da qual era a maior cidade. Conhecida mundialmente pelo esplendor de suas construções, a cidade ostentava o templo de Diana (ou Artêmis, para os gregos), uma magnífica obra de engenharia sustentada por 127 colunas de vinte metros de altura, em uma dimensão quatro vezes maior que o Pártenon ateniense. Junto ao túmulo do governador romano na região, Tiberium Celsus, a cidade viu ser erigida, em 114 d.C., uma das maiores bibliotecas da época, com cerca de cinqüenta mil documentos. O anfiteatro, que podia abrigar cerca de 25 mil espectadores, estava incrustado no coração da cidade, próximo ao monte Pion e de frente para a Via Arcadiana. Esse espaço dedicado às artes dramáticas – preservado até os dias de hoje – é mencionado em Atos 19.23-40, no episódio do tumulto encabeçado pelo ourives Demétrio, no qual Aristarco e Gaio, companheiros de Paulo, foram tomados pela turba enfurecida que via no evangelho por eles pregado uma ameaça ao seu sustento financeiro, que se baseava no culto a Diana. É importante lembrarmos que esse culto pagão não representava apenas a principal característica cultural de Éfeso, mas sobretudo, o grande orgulho de seus habitantes (At 19.28,34). Estes, com seus próprios esforços, haviam construído, ao longo de 220 anos, o templo cuja magnitude proporcionara à cidade uma notoriedade que a celebrizaria por todo o mundo de então.

Se, por um lado, João nessa grande cidade, um ponto estratégico para a causa do evangelho, sob quais circunstâncias espirituais ele a teria encontrado em sua chegada à região? A narrativa de Atos dos Apóstolos, nos capítulos 18 e 19, traz um panorama elucidativo sobre a situação de Éfeso nos anos que precederam a chegada de João a Ásia Menor.

Embora tão expressiva em seu paganismo, Éfeso recebeu a Palavra ainda cedo, provavelmente antes mesmo de 50 d.C., data aproximada da primeira passagem de Paulo por ali, em companhia de seus parceiros, Áquila e Priscila (At 18.18-21). Esse casal de judeus, uma vez estabelecido na cidade, colaborou para a difusão do evangelho na região, chegando a organizar uma congregação cristã na cidade em sua residência, conforme nos lembra Paulo em Romanos 16.3-5 e 1Coríntios 16.19.

No século 1, dentre todas as ações evangelizadoras em Éfeso, talvez nenhuma se equipare em volume de ensino e em profusão de prodígios espirituais à empreendida por Paulo. Em sua primeira estada ali, Paulo chegou a anunciar o evangelho em uma sinagoga local, se bem que não por muito tempo, já que se dirigia em missão a Jerusalém (At 18.18-21). No caminho de volta, entretanto, após passar por Antioquia da Síria e pela Galácia e Frígia, o missionário decide estabelecer-se em Éfeso por um folgado espaço de tempo. Ali, depara-se, a princípio, com doze discípulos (fruto dos esforços de Apolo) que evidenciavam sérios lapsos quanto às doutrinas do batismo e do Espírito Santo, falhas devidamente resolvidas pela intervenção de Paulo (At 19.1-7). A irredutibilidade dos judeus mostrou-se também severa em Éfeso, razão pela qual Paulo não se estendeu por mais de três meses em sua explanação do Reino de Deus na sinagoga local. Essa oposição radical da comunidade judaica motivou o missionário a buscar novas bases para suas exposições na cidade. Nessa altura, quando sua campanha parecia ter sofrido sério agravo, a providência divina abre, estrategicamente, as portas da escola de Tirano – provavelmente um mestre de filosofia ou retórica –, em cujas dependências o apóstolo esmera-se na evangelização dos efésios pelo espaço de dois anos, fazendo que a mensagem da Palavra de Deus repercutisse eficazmente não apenas na cidade, mas por toda a Ásia Menor (At 19.8-10). Donald Guthrie, autor do livro *The Apostles* [*Os apóstolos*], comenta o episódio (p. 176):

324 Doze homens, uma missão

Paulo tinha aprendido por experiência própria que, diante da oposição dos judeus, o melhor que tinha a fazer era afastar-se da sinagoga. Logo a seguir, no entanto, o apóstolo descobre um novo ponto de reunião, semelhante à casa de Justo, em Corinto: a sala usada por Tirano para suas exposições públicas. Era comum nas cidades gregas fazer-se as tais leituras públicas até o meio-dia, o que significa dizer que o mesmo local estava disponível, depois disso, para outro uso. Presumivelmente, Paulo ocupava-se de seu ofício durante o período da manhã e dedicava-se ao ensino no restante do dia.

Esse procedimento durou por dois anos e, já que Lucas afirma que a Palavra do Senhor foi ouvida por toda Ásia durante esse tempo, é provável que muitos indivíduos vieram das mais distintas partes da província a fim de ouvir as pregações de Paulo. Pode ter sido durante essa época, por exemplo, o estabelecimento das igrejas de Colossos, Laodicéia e Hierápolis, todas no vale do Licus, já que Paulo pessoalmente nunca as visitou. Homens como Epafras e Filemom, bastante conhecidos do apóstolo, foram possivelmente por ele influenciados na sala de Tirano. A estratégia de Paulo de escolher a principal cidade da província como base de suas operações mostrou-se altamente frutífera, uma vez que as sete igrejas existentes na Ásia (exceto as de Colossos e Hierápolis) durante a escrita do Apocalipse por João, foram provavelmente fundadas durante o tempo do ministério efésio de Paulo.

Contudo, não foi apenas com ensinos teológicos que Paulo fez estremecer Éfeso e suas adjacências. Os sinais sobrenaturais da parte de Deus que repetidas vezes se manifestavam por intermédio dele – tanto na cura de enfermos quanto na libertação de endemoni-nhados – serviram de grande testemunho para a população local. No caso específico dos possessos, a efetividade da ministração liber-tadora de Paulo produziu de imediato alguns imitadores como os filhos de certo judeu de nome Ceva, a quem Lucas, curiosamente, chama de sumo sacerdote, mas que, talvez não passasse de um líder da sinagoga local. Tal fora o poder atestado por eles no emprego do nome de Jesus diante das potestades que os exorcistas ambulantes trataram de adotá-lo, como uma espécie de fórmula mágica, por meio da qual poderiam obter sucesso em seu ofício. O desastroso resultado registrado já na primeira tentativa (At 19.13-17), causou grande temor na população efésia, para quem se tornou manifesto que a mensagem de Cristo, apregoada por Paulo e seus parceiros, em nada se harmonizava com os encantamentos e fórmulas mágicas difundidos na região. Assim, um dos mais significativos efeitos dos sinais operados por Deus por intermédio de Paulo na cidade foi a contrição, sem precedentes, que se espalhou pela população local, cujas práticas esotéricas foram por ela mesma publicamente execradas, conforme nos esclarece o dr. Guthrie (*ibidem*, p. 177-78):

> Os cultos de magia eram largamente praticados naquele tempo, sendo fomentados pela forte superstição, característica da vida pagã. Entre os cristãos efésios havia quem se envolvesse com essas artes, por meio das quais se desenvolvia a habilidade de se enganar a terceiros. Para tanto, os que se entregavam a tais práticas se faziam valer dos chamados livros de encantamento, alguns dos quais estão preservados até o presente. A literatura da Antiguidade nos informa que Éfeso era especialmente conhecida pela produção desses livros de magia. Não é, portanto, de estranhar que o cristianismo tenha impactado fortemente essa espécie de culto. O que é surpreendente é o fato de aqueles cristãos terem não apenas reconhecido a incongruência de seus textos mágicos, mas também o valor do testemunho público da rejeição desses manuscritos. Tais livros, em si, representavam um significativo valor financeiro e poderiam ter sido vendidos, dando assim àqueles cristãos alguma compensação pela perda de sua prática lucrativa. No entanto, decidiu-se pela queima pública dos mesmos...

> Foi necessário muita intrepidez moral para que aqueles ex-encantadores permanecessem diante da fogueira na presença de muitos daqueles outrora enganados por eles. O cálculo do valor

326 DOZE HOMENS, UMA MISSÃO

daquelas obras cercou o montante de cinqüenta mil dracmas, o que, mesmo convertido em valores atuais, representaria uma significativa soma financeira. Não é, portanto, surpresa que, em vista de tal testemunho, a Palavra de Deus tenha triunfado de maneira tão poderosa naquele lugar.

O próprio João, em sua primeira epístola, escrita por volta de 85 d.C. em Éfeso, não esconde sua preocupação com a notável influência exercida pelas práticas mágicas, habituais na cidade:

"Amados, não creais a todo espírito, mas provai se os espíritos vêm de Deus; porque muitos falsos profetas têm saído pelo mundo" (1Jo 4.1).

Em Atos 20.16-38, Lucas confere-nos elementos para um retrato mais nítido da igreja de Éfeso com a qual João deparou, não muito tempo depois. Essa descrição, que focaliza a terceira e última passagem de Paulo pelas cercanias da cidade, revela primeiramente que a comunidade cristã de Éfeso já contava, na ocasião, com um corpo de presbíteros devidamente estabelecido. A decisão de Paulo em não aportar na cidade, mas reunir a liderança local na vizinha Mileto (At 20.16,17), explica-se pelo fato de a congregação efésia se encontrar de tal sorte numerosa, que uma simples parada ali poderia significar o retardamento de sua viagem a Jerusalém.

Outro ponto importante acerca desse acontecimento é a profecia deixada por Paulo referente ao futuro próximo daquela igreja. Nela, o apóstolo alerta os anciãos locais sobre manifestações heréticas que se sucederiam não muito depois de sua partida:

Eu sei que depois da minha partida entrarão no meio de vós lobos cruéis que não pouparão o rebanho, e que dentre vós mesmos se levantarão homens, falando coisas perversas para atrair os discípulos após si" (At 20.29,30).

Desse vaticínio de Paulo, podemos inferir dois tipos de ameaça àquela igreja, com as quais João, mais tarde, deparou-se: a expressão *lobos cruéis* pode ser uma referência à ação de homens que, vindo de fora, se introduziriam sorrateiramente em meio aos irmãos, trazendo perigosas armadilhas teológicas. Essa primeira parte da profecia é, com freqüência, associada à ação dos gnósticos, sobre os quais falaremos a seguir. Na seqüência da profecia, Paulo é incisivo ao afirmar que haveria homens que, de forma desvirtuada, atrairiam discípulos após si e que, ao contrário do primeiro caso, seriam procedentes direta ou indiretamente daquele seleto círculo de líderes que o ouvia. Aqui, a visão parece dizer respeito aos problemas ligados a dissensões que se sucederiam no seio daquela comunidade. Em todo caso, décadas mais tarde, ao escrever as mensagens às sete igrejas da Ásia, João constata o cumprimento desse vaticínio, conforme podemos ver em sua mensagem à igreja efésia:

> "Conheço as tuas obras, e o teu trabalho, e a tua perseverança;
> sei que não podes suportar os maus, e que puseste à prova os
> que se dizem apóstolos e não o são, e os achaste mentirosos"
> (Ap 2.2).

Quem eram os tais *homens maus, que a si mesmos se declaravam apóstolos mas não o eram?* Como dissemos, existem fortes suspeitas de que, tanto a primeira parte da citada profecia de Paulo, quanto essa dramática revelação de João em Patmos, digam respeito à investida dos gnósticos na igreja de Éfeso. Muitos relatos que associam João à cidade, dão testemunho de sua luta em defesa da fé ortodoxa contra os ataques desses esotéricos que, quando penetravam nas comunidades cristãs, as pervertiam teológica e moralmente. Antes de nos atermos aos tradicionais embates de João contra essa heresia que ameaçou a Igreja ao longo dos séculos 2 e 3, vejamos exatamente contra o que os apóstolos lutavam quando a ameaça se chamava gnosticismo.

Definir os gnósticos é tarefa muito difícil. Isso porque essa expressão filosófico-religiosa, de cunho sincretista, não se apresentava como uma organização delineada, tampouco com uma liderança definida. Na realidade, contava-se, entre o século 1 e 2, mais de setenta seitas distintas, alinhadas de alguma forma ao pensamento gnóstico.

Esse movimento, embora erudito, era resultado tanto da degeneração do pensamento platônico quanto da tendência sincretista que se verificava naqueles dias. Foi essa mesma inclinação sincrética que estimulou os gnósticos a estenderam seus tentáculos em direção à Igreja, e ali promoveram uma das maiores ameaças teológicas de toda a história do cristianismo.

A abrangência de suas doutrinas variava de acordo com seus mestres, mas sempre dentro de uma interpretação teológica inaceitável para a ortodoxia cristã. Os gnósticos clamavam possuir a *gnosis*, ou seja, um conhecimento especial e secreto, mediante o qual se alcançava a salvação. Em sintonia com boa parte da filosofia grega da Antiguidade, os gnósticos viam o mundo material como algo ruim, uma espécie de "aborto" da criação, algo distinto da verdadeira obra de Deus, o reino espiritual. Dentro desse raciocínio, os gnósticos conceituavam o ser humano como um espírito que se encontrava encarcerado na "prisão do corpo". Seu alvo era, portanto, libertar-se do mundo material que os cercava, o que só seria possível por meio da *gnosis*, ministrada por um mensageiro enviado dos céus. Essa entidade celestial, uma vez manifesta, os despertaria da letargia espiritual por intermédio da qual se viam subjugados pelas inclinações físicas. O chamado "gnosticismo cristão" – cujos ensinamentos João tenazmente confrontou – via em Jesus Cristo exatamente esse mensageiro, ou seja, o elemento divino que desceu dos céus para nos recordar de nossa origem espiritual e para nos conferir o conhecimento secreto, imprescindível para alcançarmos o mundo dos espíritos. A missão de Cristo era, portanto, restaurar o mundo espiritual (chamado *pleroma*) e livrar as almas humanas do cativeiro da matéria, nociva sob todos os aspectos.

Já que, para os gnósticos, o corpo era mau, a maior parte desses pensadores afirmava que Cristo não poderia ter um corpo físico, enquanto alguns outros reconheciam a existência desse corpo, porém composto de uma "substância espiritual" distinta daquela de nosso corpo. O ensinamento que o corpo de Cristo era uma mera aparência, visível apenas por meios milagrosos, representava não apenas uma negação da doutrina da encarnação, mas um desafio direto à obra expiatória de Jesus na cruz.

Essa forte reação contra o mundo material resultou, basicamente, em duas correntes de comportamento gnóstico, ambas igualmente incompatíveis com a mensagem apostólica. A primeira pregava o castigo ao corpo, com o intuito de debilitar sua suposta ação negativa sobre o espírito. Essa tendência frutificou na Igreja, posteriormente, em práticas ascéticas estranhas ao cristianismo, por exemplo, a auto-flagelação adotada pelos monges medievais que tinham o mesmo objetivo dos gnósticos. Outra corrente gnóstica, diametralmente oposta a essa, dizia que, embora corrompido em sua natureza, o corpo em nada poderia afetar o espírito, eterno e perfeito. Esses enfatizavam a plena liberdade a toda sorte de inclinação carnal, entregando-se de forma irrestrita à voluptuosidade e arrastando após si muitos em suas práticas libertinas. Alguns biblicistas crêem que foi com o intuito de rechaçar, em particular, o perigo representado por esse grupo gnóstico que o apóstolo Judas elaborou sua breve epístola, em cujas linhas encontramos os sinais da corrupção desses falsos mestres:

"[Porque se introduziram furtivamente certos homens, [...] homens ímpios, que convertem em dissolução a graça de nosso Deus, e negam o nosso único Soberano e Senhor, Jesus Cristo"]. ["Estes são os escolhos em vossos ágapes, quando se banqueteiam convosco, pastores que se apascentam a si mesmo sem temor]".["Estes são murmuradores, queixosos, andando segundo as suas concupiscências]".["Estes são os que causam divisões; são sensuais, e não têm o Espírito" (Jd 4, 12a, 16a, 19)].

A perversão moral decorrente da ação gnóstica foi responsável não apenas por inúmeras divisões nas comunidades primitivas, mas também pela extinção das chamadas ágapes ou festas de amor, nas quais os crentes se reuniam para celebrar a santa ceia, assim como para desenvolver, em um clima jubiloso, a comunhão uns com os outros. Os gnósticos, por intermédio de seu procedimento abominável, subvertiam a espiritualidade das ágapes, transformando-as em reuniões divorciadas de seu propósito original. Por fim, a lascívia, a glutonaria e a bebedice às quais passaram a se entregar alguns de seus participantes – graças à influência desses místicos – emprestaram às ágapes um perfil que, em alguns casos, assemelhou-se ao das detestáveis festas pagãs da Antiguidade. No versículo 12 da Epístola de Judas, já citado, vemos precisamente a forma embrionária do processo de deterioração que aniquilou essa nobre tradição da Igreja primitiva (cf. 2Pe 2.13,14).

Provavelmente, foi no combate a essa terrível ameaça doutrinária que João empenhou boa parte de seu ministério na Ásia Menor. Contudo, deixemos de lado, por enquanto, a conduta gnóstica para nos atermos às contradições de sua teologia e às reações adotadas por João frente a elas.

Sob o prisma teológico, os ataques gnósticos à encarnação de Cristo despertaram, em nosso evangelista, a necessidade premente do emprego – em suas obras canônicas – de expressões que enfatizassem essa doutrina capital do cristianismo, como podemos conferir nestes exemplos:

> E o Verbo *se fez carne*, e habitou entre nós, cheio de graça e de verdade; e vimos a sua glória, como a glória do unigênito do Pai (Jo 1.14).
> Nisto conhecereis o Espírito de Deus: todo espírito que confessa que Jesus Cristo *veio em carne* é de Deus (1Jo 4.2).
> Porque já muitos enganadores saíram pelo mundo, os quais não confessam que Jesus Cristo *veio em carne*. Tal é o enganador e o anticristo (2Jo 7; grifos do autor).

É interessante observarmos o modo como João refutou as alegações gnósticas, segundo as quais Jesus tinha um corpo distinto do humano, composto por algum tipo de substância de natureza fluídica. Ao abrir sua primeira epístola (1Jo 1.1), João deixa evidente ao leitor que não apenas seus olhos viram (pois os gnósticos afirmavam que Jesus, embora imaterial, era aparente) e seus ouvidos ouviram, mas, sobretudo, suas mãos *apalparam* o Verbo da vida! O termo grego empregado para "apalpar", *pselaphao*, tanto aqui quanto em Lucas 24.39, em que igualmente ocorre, dá a idéia de algo que excede um simples toque com as mãos, ou seja, algo próximo de uma constatação pelo tato! Isso reforça a tese de que por trás dessas linhas introdutórias está implícita uma significativa refutação às alegações gnósticas.

Se alguns desses heréticos afirmavam que o mundo material nada mais era que um lapso da criação – obra do descuido do ser celestial Sofia –, e que apenas o mundo espiritual expressava a realidade original, João, em contrapartida, abre seu evangelho de modo incisivo, pregando que o Verbo *criou todas as coisas* e sem Ele *nada do que foi feito se fez* (Jo 1.2), inclusive o *kosmos, o mundo material* do qual fazemos parte (v. 10) e no qual Jesus manifestou-Se em carne.

Os gnósticos que se chamavam de "cristãos" afirmavam que Cristo era apenas um mensageiro do reino espiritual, cujo alvo fora nos transmitir a *gnosis* (ou *conhecimento*) redentora. Ele e o Espírito Santo eram apenas emanações de alguns dos trinta *Eons* (seres espirituais) que descendiam da divindade. João, entrementes, fulminando essa heresia, o apresenta como Aquele que, mesmo antes da criação do *kosmos, estava com Deus e era Deus* (Jo 1.1).

Nas primeiras linhas de seu evangelho, João confronta não apenas os argumentos gnósticos, mas também, de modo geral, todas as heresias cuja vertente se encontrava na filosofia platônica. Isso porque o fim do século 1 trouxe consigo o fascínio que a concepção filosófica de Deus exerceu sobre alguns pensadores cristãos primitivos. Para filósofos da Antiguidade clássica, como Platão, acima de todo o universo havia um ser supremo que representava a perfeição, concebido como algo absolutamente imutável, estático e impassível. Para alguns cristãos – sobretudo os de origem grega – esse pensamento tornou-se a prova de que mesmo a filosofia pagã testificava do Deus único, sobre o qual os profetas das Escrituras escreveram. Entretanto, a dificuldade residia em se tentar casar a idéia bíblica de um Deus essencialmente dinâmico que Se manifestava intervindo na história humana, com a concepção filosófica de uma divindade inerte e distante da nossa realidade. Para pensadores cristãos como Orígenes e Clemente de Alexandria, adeptos de uma concepção filosófica da fé, o Deus supremo, o Pai, era, de fato estático e passivo, mas possuía um *Logos*, ou uma *Razão*, que, sendo de natureza pessoal, comunicava-se com Sua criação. Dessa forma – segundo eles – quando as Escrituras dizem que Deus "falou", quem falou na verdade foi o *Logos,* e não Deus, o Pai. Contudo, décadas antes que essa doutrina fosse sistematizada, João afirmava claramente em seu evangelho que *no princípio era o*

Logos (Verbo), *e o Logos estava com Deus e o Logos era Deus.* Portanto, Cristo, o *Logos* de Deus, não era uma simples expressão perceptível de um Deus estático e distante, mas o próprio Deus criador revelado aos homens.

Não sabemos exatamente a quantos gnósticos João, em defesa da fé apostólica, valorosamente resistiu. A história eclesiástica registra que nomes destacados como os de Valentino e Brasílides se valeram, em seus ensinos, de porções do evangelho de João. No entanto, um nome em especial ficou registrado na tradição como uma das mais notáveis personalidades gnósticas dos anos de João em Éfeso: Cerintus.

Cerintus cresceu em uma atmosfera judaico-cristã, mas se deixou seduzir pelos valores racionais da filosofia platônica. Ele, como a maior parte dos gnósticos, defendia a idéia de que a criação fora fruto da ação de demiurgos, ou seja, seres intermediários entre a divindade e o homem. Seus ensinamentos apresentavam um Jesus de natureza meramente humana até o momento do batismo, quando, ao receber o Espírito Santo, fora divinamente capacitado a realizar Sua obra redentora.

Em face da ameaça representada por distorções doutrinárias como essa, João resiste ao líder esotérico com grande veemência, zelando pela ortodoxia da fé. Essa forte oposição do apóstolo aos ensinos de Cerintus acabou por gerar algumas lendas curiosas a esse respeito, como a encontrada na *História eclesiástica (cap. XXVIII)*, de Eusébio:

> João, o Apóstolo, certa vez dirigiu-se a uma casa de banho para lavar-se. Todavia, ao ver naquelas dependências um certo Cerintus, ele, em um salto, dirige-se porta afora, não se permitindo compartilhar o mesmo teto com aquele herético. Exortando aos demais que ali se encontravam para fazerem o mesmo, João diz: 'Vinde, fujamos daqui, para que porventura as termas não desabem sobre nós, porquanto Cerintus, o inimigo da verdade, aqui se encontra'.

Outra preciosa informação relativa ao embate de João contra os gnósticos da Ásia Menor é fornecida por Jerônimo de Belém. Esse famoso Pai da Igreja do século 4, descrevendo a disposição de João contra a heresia de Cerintus, traz à luz outro perigoso grupo herético em ação nos tempos do apóstolo na Ásia: os ebionitas. Jerome Theodoret, em sua obra *The Nicene e Post-Nicene Fathers* [*Os pais nicenos e pós-nicenos*] (p. 364-65), registra um importante comentário do autor patrístico sobre essa heresia:

> João, o apóstolo a quem Jesus amava, filho de Zebedeu e irmão de Tiago – aquele a quem Herodes, após a paixão de Cristo, mandou decapitar – escreveu um evangelho a pedido dos bispos da Ásia, contra a doutrina de Cerintus e de outros hereges, especialmente em oposição ao crescente dogma dos ebionitas que afirmavam que Jesus não existia antes de Maria.

Os ebionitas eram seguidores de Ebion, cuja existência, embora citada por Agostinho, Tertuliano e pelo próprio Jerônimo, é atribuída à imaginação por Orígenes de Alexandria. O nome desse líder, derivado do hebraico *ebionim* (pobres), assim como sua provável origem monástica, explica a indigência na qual viviam seus seguidores. Os ebionitas podem ter sido parte do que restou dos essênios, os judeus dissidentes que habitavam a comunidade cenobita de *Qumran*, ao norte do mar Morto. Foram esses monges, dedicados à meditação e à vida contemplativa, que produziram os chamados Manuscritos do Mar Morto, cópia dos textos canônicos não canônicos, casualmente descobertos nas grutas da região, em 1947. Com o aniquilamento do local pela décima legião romana que por ali marchou em 68 d.C., os essênios foram dispersos, dirigindo-se sobretudo para o norte da Palestina e para a Síria. Por si mesmos intitulados *filhos da luz*, os essênios cultivavam um profundo ardor messiânico, razão por que se refugiaram, distanciando-se da sociedade, considerada irremediavelmente corrompida e destinada ao juízo divino. Crê-se, contudo, que muitos deles estavam entre a multidão dos que receberam a mensagem de João Batista, sendo por ele batizados. Assim, parte dos essênios, em face do testemunho de João Batista, recebera a Jesus como Messias, porém, não como Filho de Deus, isto é, Deus feito homem.

334 DOZE HOMENS, UMA MISSÃO

Seria essa a doutrina herética que Jerônimo denominou de o *dogma dos ebionitas*, contra o qual, conforme se afirma, o apóstolo João se opôs ao escrever seu evangelho? Não sabemos com precisão. Contudo, do ponto de vista teológico, é certo que os ebionitas – talvez como herança essênia – continuavam presos às práticas legalistas e, conquanto cressem em Jesus como o Prometido de Israel, negavam Sua divindade. Se analisarmos certos detalhes da narrativa de João, encontramos alguns pontos que confirmam o dizer de Jerônimo em relação à oposição do apóstolo aos ebionitas. Vemos, por exemplo, que apenas esse evangelista descreve o testemunho de João Batista, referente a Jesus, com o acréscimo desta sentença: *O que vem depois de mim, passou adiante de mim; porque antes de mim ele já existia* (Jo 1.15b). A frase é pertinente porque – como vimos – os ebionitas negavam a preexistência de Cristo e por ter sido pronunciada pelo profeta que levou os essênios – seus precursores – a crerem em Jesus! É também digno de nota como o apóstolo, em seu evangelho, associa de modo incisivo o ministério de João Batista ao *testemunho da luz* (Jo 1.7,8), a mesma luz da qual os essênios se diziam filhos e que João afirmava estar exclusivamente em Cristo (v. 4).

É possível que lutas internas, provocadas por heresias como a dos gnósticos e dos ebionitas – que perturbavam a igreja efésia durante o pastorado de João – tenham provocado um estresse que desgastou o relacionamento entre os irmãos, comprometendo o amor fraternal daquela comunidade, como descreveria o próprio evangelista por ocasião de seu desterro em Patmos (Ap 2.1a-4):

> Ao anjo da igreja em Éfeso, escreve: [...] Conheço as tuas obras, e o teu trabalho, e a tua perseverança; sei que não podes suportar os maus, e que puseste à prova os que se dizem apóstolos e não o são, e os achaste mentirosos; e tens perseverança e por amor do meu nome sofreste, e não desfaleceste. Tenho, porém, contra ti que *deixaste o teu primeiro amor*. (grifos do autor.)

Antes de voltarmos ao ministério de João em Éfeso, especialmente no período de seu retorno do exílio em Patmos, vejamos algumas lendas que enfocam suas missões a outras regiões da Antiguidade.

João ministrou na capital imperial?

A julgarmos pela tradição cristã, a Palestina e a Ásia Menor não foram os únicos locais a conhecerem a ministração do apóstolo João. Agostinho, bispo de Hipona (séc. 4), fala de campanhas evangelizadoras empreendidas por ele na Pártia, região que compreende o leste da Turquia, o noroeste do Irã e o sul da Armênia. A cidade de Roma também é citada como palco de algumas das mais fantásticas lendas ligadas ao trabalho pós-bíblico de João.

Tertuliano de Cartago (sécs. 2-3), um dos maiores autores cristãos de língua latina, afirma, ao escrever sua obra *De Praescitione Hereticorum*, que João esteve presente na capital, ao lado de Pedro, anunciando a mensagem do evangelho. Sua suposta presença ali pode ter sido decorrência de sua fuga da Ásia Menor, onde recrudescera a perseguição de Domiciano, ou mesmo resultado de seu aprisionamento em função dessa perseguição. Segundo Tertuliano, João, uma vez em Roma, foi julgado e sentenciado a morrer imerso em um caldeirão de óleo fervente. Diz a lenda que, mesmo submetido àquela tortura, o apóstolo saiu miraculosamente ileso do caldeirão, não restando aos seus estupefatos algozes outra deliberação, senão exilá-lo em Patmos. Em função dessa narrativa, presumivelmente fantasiosa, Roma ostenta até hoje a igreja de *San Giovani in Olio*, erigida para eternizar a vida do apóstolo e esse suposto livramento.

Outra tradição católica relativa à estada de João em Roma faz menção a uma tentativa de matá-lo por envenenamento. No entanto, diz a lenda, que o ancião, antes que pudesse ingerir o líquido fatal, viu a peçonha deslizar cálice afora, transformada em serpente. Esse relato incrível inspirou o símbolo católico-romano que representa o apóstolo, em que se vê João segurando uma taça, a partir de cujo interior flui sinuosamente uma víbora.

Os detalhes fantasiosos que compõem as lendas sobre o apóstolo na capital do império não tornam, contudo, infactível sua presença na cidade. Afinal, Roma, com cerca de um milhão de habitantes, era o maior centro urbano da Antiguidade e, como tal, representava um alvo altamente estratégico para aqueles que, como João, dedicavam-se à causa do evangelho. Ademais, é relevante o fato de Tertuliano

336 Doze homens, uma missão

estar entre os que relatam a visita do discípulo a Roma, uma vez que esse erudito do século 2 viveu em um tempo não muito distante dos últimos anos de apostolado de João.

Contudo, se a passagem de João por Roma ainda suscita dúvidas quanto a sua autenticidade, o mesmo certamente não ocorre com seu exílio na ilha de Patmos, como verificaremos a seguir.

O exílio em Patmos e o retorno a Éfeso

O ano 81 d.C. testemunhou a subida ao trono imperial de um dos mais cruéis perseguidores da fé cristã: o imperador Flavius Titus Domitianus (Tito Flavio Domiciano). Filho do grande Vespasianus (Vespasiano) e irmão de Titus (Tito), ante cujo poder Jerusalém havia recentemente sucumbido, Domitianus (Domiciano) foi o último dos Césares da dinastia Flaviana. Em seus doze primeiros anos, o novo soberano conduziu o império sob um regime de austeridade, no qual empreendeu relevantes esforços a fim de restaurar a glória da cultura pagã, que já começava a sentir os primeiros impactos da propagação do cristianismo. Não obstante, em 93 d.C., aquilo que parecia ser um longo período de paz e de prosperidade tornou-se uma terrível instabilidade social. O complexo de inferioridade em relação ao seu irmão Titus (Tito), mais os motins de algumas legiões, especialmente as estacionadas na Germânia (atual Alemanha), e o imenso *deficit* público – com o inevitável peso tributário dele resultante – transformaram Domitianus (Domiciano) em um déspota sanguinário que, oprimido por alucinações, entregou-se a uma vida de solidão, luxúria e práticas mágicas, por meio das quais tentava conduzir seu futuro. Tomado por uma necrofobia inveterada, Domitianus (Domiciano) vivia exaurido pelo terror da profecia que previu o dia de sua morte. O biógrafo romano Suetonius (Suetônio) (69-140 d.C.), em sua escandalosa obra *A vida dos césares*, resumiu a tirania de Domitianus (Domiciano):

A necessidade tornou-o ávido, e o medo tornou-o cruel.

A perseguição levada a cabo pelo imperador irrompeu, a princípio, contra os filósofos – forçados a abandonar a capital – e culminou com os judeus e cristãos, cujo sofrimento se estendeu por três longos anos. É provável que o início dessas hostilidades contra os cristãos esteja, em parte, ligada aos judeus. Com o esvaziamento dos cofres públicos, arrasados pelo custo das extravagantes construções e dos numerosos espetáculos públicos, a pressão por mais impostos fez que Domitianus (Domiciano) reclamasse para o Estado os dízimos e as ofertas que os judeus destinavam ao templo de Jerusalém, já destruído naquela ocasião. Com a óbvia recusa dos judeus, o império passou a vê-los como rebeldes contumazes e decretou-lhes a perseguição, despojando-os, subseqüentemente, de seus bens. Como o delineamento entre cristianismo e judaísmo ainda não estava muito claro para os gentios de então, o Estado passou a perseguir todos os considerados praticantes daquilo que chamavam "costumes judaicos", entre os quais se contavam os cristãos.

O ódio do imperador contra os seguidores de Cristo pode ter sido agravado com a suposta conversão de sua esposa, Flavia Domitila e de um parente próximo, Flavio Clemente, ambos acusados pelas autoridades de "costumes judaicos" e executados sob ordens do próprio Domitianus (Domiciano). Não é de surpreender que a esposa de um imperador romano do século 1 tenha se convertido ao cristianismo, pois o próprio Novo Testamento revela que a disseminação do evangelho nas cortes romanas já era uma realidade desde o ministério de Paulo em Roma (cf. Fp 4.22).

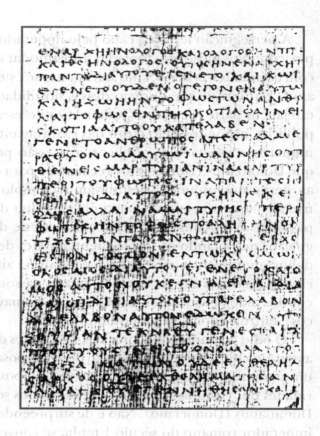

Texto parcial do primeiro capítulo do evangelho de João (1.10-14). Papiro de Bodmer II. Biblioteca Bodmeriana, Genebra, Suíça.

Autores confiáveis como Clemente de Roma, relatam acerca dos *males e provas inesperadas e seguidas que sobrevieram* aos cristãos na época (1 Clemente 1). Segundo Clemente, os cristãos não eram apenas brutalmente executados em público por se recusarem a negar sua fé, como também banidos para colônias penais nas quais, diante de extenuantes castigos, a vida acabava se transformando em um clamor contínuo pela morte. Foi provavelmente sob o reinado do cruel Domitianus (Domiciano), entre 95 e 96 d.C., que o apóstolo João, já em idade avançada, acabou condenado aos trabalhos forçados nas pedreiras e minas da então inóspita ilha de Patmos, conforme ele relata:

Eu, João, irmão vosso e companheiro convosco na aflição, no reino e na perseverança em Jesus, estava na ilha chamada

Patmos por causa da palavra de Deus e do testemunho de Jesus" (Ap 1.9).

Patmos é uma pequena ilha grega situada no mar Egeu, de solo acidentado e vulcânico, cuja área total não excede quarenta quilômetros quadrados. Seu aspecto desolador, assim como sua inóspita condição geográfica fizeram dela, na época, um dos locais ideais para o desterro dos condenados pelo regime romano.

Após exaustiva jornada através do Mediterrâneo, o ancião e seus companheiros de desterro aportaram em Patmos, em um local que a tradição denomina *Fora*. Ali, segundo algumas lendas, principia seus dezoito meses de aflição, em meio aos quais lhe foi revelada a visão que relatou no livro de Apocalipse.

Papadoulos, em sua obra denominada *The Monastery of St. John the Teologian* [*O monastério de João, o Teólogo*] (p. 3-4), agrega algumas informações interessantes acerca da obscura relação entre essa pequena ilha do mar Egeu e os últimos anos do apóstolo João:

De acordo com antigas tradições, o texto sagrado do livro de Apocalipse foi revelado a João e por ele escrito enquanto se encontrava na gruta, hoje conhecida como a gruta do Apocalipse, que se encontra oculta sob os edifícios do Monastério do Apocalipse. O mosteiro foi erigido no século 17, para abrigar a Patmias, uma escola teológica construída na ocasião, cujas estruturas originais foram pouco alteradas desde aquela época. A construção é formada por um complexo de celas, salas de aula, átrios floridos e escadarias, além das capelas dedicadas a São Nicolau, São Artêmio e Santa Ana, sendo esta última construída de frente para a abertura da caverna.

A santa gruta em si foi, desde há muito, transformada em uma pequena igreja consagrada a São João Teólogo. Nela ainda permanecem os sinais de uma longa tradição que testifica a presença de São João no local. Em um canto, está o lugar onde o apóstolo encontrava repouso, recostando sua cabeça. Ao lado, o local onde apoiava sua mão para levantar-se do piso

340 DOZE HOMENS, UMA MISSÃO

pedregoso sobre o qual dormia. Próximo dali, o espaço onde o ancião desenrolava seus pergaminhos. No teto da caverna pode-se ver a tríplice fissura na rocha, através da qual o ancião ouviu a 'grande voz, como o som de trombeta'. A gruta, embora pequena e obscurecida, é um local que nos conduz à meditação, à oração, ao louvor e à contemplação...

Um escrito apócrifo produzido em uma data bem posterior ao livro do Apocalipse, cuja autoria é atribuída a Prócoro, 'discípulo' de João, acrescenta alguns detalhes relativos à jornada de João a Patmos. A obra, intitulada *Viagens e milagres de João, teólogo, apóstolo e evangelista, escritos por seu discípulo Prócoro*, data provavelmente do século 5, embora alguns eruditos a situem no século 4 e outros, ainda, em uma data muito posterior, como o século 13.

Todas as tradições nativas da ilha derivam desse texto, cujas linhas apresentam um extenso relato de como o apóstolo escreveu seu evangelho em Patmos. Essa lenda foi largamente disseminada a partir do século 11, embora atualmente não possamos vê-la senão com grande ceticismo. O mesmo texto narra também os milagres operados por João antes de sua chegada a Patmos, as dificuldades por ele encontradas na ilha e o sucesso final de seu apostolado. Há um relato particular enfocando João em conflito com Kynops, um mago pagão, sobre quem, no devido tempo, triunfou. Ainda hoje podemos ver os nativos da ilha apontando os vários lugares mencionados nessa narrativa. Enquanto os pescadores da região costumam indicar aquilo que – segundo eles – é o próprio Kynops petrificado sob as águas calmas da baía de Scala, alguns monges exigem os afrescos que ilustram essas mesmas cenas, no nártex externo do grande Mosteiro de São João Teólogo, em Cora.

A partir do século 4, Patmos transformou-se em um dos principais centros de peregrinação da cristandade. Muitas colunas e capitéis encontrados na igreja principal e no grande mosteiro, assim como em outras capelas da ilha, são originalmente procedentes das igrejas construídas durante os séculos 5 e 6. Contudo, a partir do século 7, Patmos, assim como a maior parte das ilhas do mar Egeu, conheceu o abandono, graças ao surgimento do islamismo e das subseqüentes batalhas navais entre árabes e bizantinos.

O bispo africano Dionísius (séc. 3), ao investigar a estrutura lingüística do Apocalipse, comparando-a ao evangelho de João, propôs que a autoria desse livro profético fosse atribuída a outro João, que ele mesmo chamou de "O Presbítero", em alusão às duas epístolas nas quais o personagem assim se apresenta (2 Jo 1 e 3 Jo 1). O autor sugerido por Dionísio, portanto, era um cristão de razoável notoriedade, membro do presbitério da igreja em Éfeso e que, posteriormente, fora exilado pelos romanos em Patmos, onde recebera a visão do Apocalipse. Se confirmada, essa teoria tiraria nosso apóstolo de cena, no tocante aos eventos ligados a Patmos. Entretanto, essa proposta – em que pese a opinião de Papias, segundo o qual teria havido dois líderes de expressão na Ásia conhecidos como João – não encontra eco nos escritos de outros expoentes como Justino Mártir, Irineu de Lyon, Tertuliano de Cartago e Clemente de Alexandria. Para eles há muito mais similaridades do que discrepâncias entre os textos gregos do Apocalipse, das epístolas e do evangelho de João, o que em tese reforça a autoria única dessas obras e faz do discípulo de Cristo o provável autor delas. Esse parecer, pois, traz nosso apóstolo de volta à cena de Patmos.

Não dispomos, infelizmente, de muitos detalhes confiáveis acerca da permanência de João na colônia de Patmos. A maior parte dos comentaristas primitivos concentrou sua atenção no ministério do apóstolo em Éfeso, para onde teria retornado após seu exílio na ilha grega. Eusébio explica como isso se sucedeu (*História Eclesiástica*, XX, p. 103):

> Todavia, após Domitianus (Domiciano) ter reinado treze anos, vindo Nerva a sucedê-lo no governo, o senado romano decretou a revogação das honras a ele outorgadas, bem como

342 Doze homens, uma missão

o retorno para casa dos que foram injustamente exilados e a restituição de todos os bens destes.

Jerônimo, analisando o tema, apresenta um relato similar ao de Eusébio (citado em *The Nicene and Post-Nicene Fathers* [*Os pais nicenos e pós-nicenos*], p. 364-5):

> Assim, no décimo quarto ano após Nero, tendo Domitianus (Domiciano) levantado a segunda perseguição, João foi banido para a ilha de Patmos, onde escreveu o Apocalipse, sobre o qual Justino Mártir e Irineu, mais tarde, traçaram comentários. Contudo, o assassínio de Domitianus (Domiciano) e a anulação, pelo senado, de seus atos – em face de sua excessiva crueldade – possibilitaram o retorno de João a Éfeso, sob Nerva Pertinax, onde permaneceu até os dias do imperador Trajano, fundando e edificando igrejas por toda Ásia. Esgotado pela idade avançada, João morreu 68 anos após a paixão do Senhor e foi enterrado nas imediações daquela mesma cidade.

De volta a Éfeso, João viu-se recolocado em seu amplo e influente ministério na região. Se a tradição estiver certa, a comunidade cristã local encontrava-se, na ocasião, tremendamente marcada pelo triste martírio de Timóteo, que pode ter ocupado o bispado da cidade durante a ausência de João. Segundo contam as lendas, o ex-companheiro de Paulo sucumbiu ao fio da espada por sua oposição às orgias que se seguiam à procissão pagã durante o festival dedicado a Diana. Como algumas narrativas tradicionais datam o martírio de Timóteo em 97 d.C., sob Nerva, é possível que este tenha realmente ocorrido ao tempo do regresso de João à cidade.

Os comentários dos Pais da Igreja sobre as últimas realizações de João em Éfeso são assaz interessantes. Eusébio diz que, durante esse período, João, em comum acordo com outros ministros, redigiu o evangelho que leva seu nome (*História eclesiástica*, p. 114).

> O quarto evangelho foi escrito por João, um dos apóstolos. Quando exortado por seus condiscípulos e bispos, disse: 'Ficai

e jejuai comigo por três dias; e se sucederá que aquilo que for revelado a qualquer um de nós será compartilhado entre todos'. Naquela mesma noite foi revelado a André, um dos discípulos, que João seria aquele que escreveria sobre os acontecimentos (relativos ao evangelho) em seu próprio nome, e os demais o certificariam.

Baseados na tradição, podemos afirmar que João, mesmo limitado pela idade avançada, permaneceu firme à frente dos trabalhos pastorais, colaborando para o desenvolvimento da igreja de Éfeso e de suas cercanias, até o período do imperador Trajanus (Trajano) (98-117 d.C.), conforme registra Eusébio (*op. cit.*, XXIII, p. 104):

> Por essa época, com a morte de Domitianus (Domiciano), João, o amado discípulo de Jesus, apóstolo e evangelista, ainda vivo, governou as igrejas da Ásia, após o retorno de seu exílio insular. Quanto ao fato de João ter vivido até essa época, bastam duas testemunhas que, como guardiãs das doutrinas orais da igreja, são dignas de todo crédito: Irineu e Clemente de Alexandria.

> Irineu, em seu segundo livro *Contra as heresias*, escreve o seguinte: 'E todos os presbíteros da Ásia que conferenciaram com João, o discípulo de nosso Senhor, testificam que o apóstolo permaneceu com eles até os dias de Trajanus (Trajano)'. No terceiro livro da mesma obra, Irineu registra esse fato com as seguintes palavras: 'De igual maneira, a igreja de Éfeso, fundada por Paulo e onde João continuou a habitar até os dias de Trajanus (Trajano), é uma fiel testemunha da tradição apostólica'.

Da época alusiva ao retorno de João a Éfeso, advém um tocante relato que evidencia toda dedicação que o santo ancião conduzia seu encargo pastoral. A comovente passagem a seguir foi preservada por Eusébio de Cesaréia e extraída de um discurso atribuído a seu contemporâneo Clemente de Alexandria (*op. cit.*, XXIII, p. 104-07):

Ouvi a essa história que nada tem de fictícia, antes expressa a pura realidade, cuidadosamente preservada, e a qual diz respeito ao apóstolo João.

Após a morte do tirano, João retornou da ilha de Patmos para Éfeso e dirigiu-se, sempre que solicitado, às regiões gentílicas adjacentes, onde ordenou bispos, instituiu igrejas inteiras ou apenas separou para o ministério aqueles que o Espírito Santo já havia escolhido.

Tendo chegado a uma cidade não muito distante, cujo nome alguns ainda podem citar, João, após consolar os irmãos, observou ali um jovem de boa estatura, de aspecto gracioso e de mente ardorosa. O apóstolo, a seguir, voltando-se para o presbítero ordenado, disse-lhe: 'Encomendo-te este mancebo, com todo zelo, na presença da igreja e de Cristo'. Aproximando-se do jovem, prometeu-lhe muitas coisas e repetiu-lhe aquelas palavras, sobre elas testificando antes de retornar a Éfeso.

Assim, o presbítero, levando consigo o rapaz que lhe fora confiado, educou-o e sustentou-o até, por fim, batizá-lo. Algum tempo depois, contudo, relaxou em seu cuidado e em sua vigilância, como se o jovem, agora selado no Senhor, já estivesse totalmente seguro.

Então, certos homens ociosos e dissolutos, familiarizados a toda sorte de iniqüidade, desafortunadamente, juntaram-se ao mancebo, desligando-o prematuramente de sua rígida educação. A princípio, conduziram-no aos mais caros divertimentos. Depois, levaram-no consigo em suas investidas noturnas, nas quais se entregavam aos saques. A seguir, sendo encorajado a desafios cada vez maiores, aquele jovem, em seu espírito audaz, passou gradualmente a acostumar-se com os modos de seus parceiros, tendo-se tornado qual um corcel bruto, que mordendo seu cabresto, desvia-se do caminho e arroja-se com impetuosidade no precipício.

Por fim, renunciando à salvação de Deus, passou a desprezar os pequenos delitos e, entregando-se a grandes transgressões, achou-se arruinado e disposto a padecer até o fim junto àqueles com quem andava. Tomando, pois, consigo os mesmos parceiros, fez deles uma corja, da qual se tornou o capitão, pelo que a todos sobrepujava em sanguinolência e crueldade.

João, segundo concepção de artista armênio do século 13.

Passado muito tempo, João foi novamente solicitado naquela região e, tendo cuidado dos assuntos porque fora chamado, disse: 'Vem, ó presbítero, e retorna-me o depósito que te fiz na presença da igreja sobre a qual presides'. O ministro, a princípio, confuso, pensou tratar-se da cobrança de alguma soma de dinheiro. No entanto, quando João claramente falou-lhe: 'Demando-te a alma do jovem irmão', o presbítero, gemendo e derramando-se em lágrimas, replicou: 'Ele está morto!'. 'Como assim, morto?', pergunta João. 'Ele está morto, morto para Deus. Tornou-se, a princípio, ímpio e libertino e, por fim, um salteador. Agora, acerca-se das regiões montanhosas em companhia de um bando de homens semelhantes a ele', disse ele.

Ouvindo essas palavras, o apóstolo rasgou suas vestes e, ao bater em sua cabeça com grande lamentação, disse-lhes: 'Preparai-me, pois, um cavalo e alguém dentre vós para guiar-me em meu caminho'.

Assim, João, cavalgando, distanciou-se muito da igreja e, tendo chegado ao campo, foi feito prisioneiro pelas sentinelas dos bandidos. O apóstolo, entretanto, não esboçou qualquer tentativa de fuga, tampouco ofereceu resistência a sua prisão, antes, disse-lhes: 'Por esse motivo vim até aqui. Conduzi-me ao vosso capitão'.

O jovem, armado, permanecia observando a tudo. Todavia, ao identificar aquele que se aproximava com João, viu-se tomado de grande vergonha e tencionou retirar-se imediatamente. O apóstolo, no entanto, procurando persuadi-lo com toda a força e compaixão de sua idade, rogou-lhe: 'Por que foges, filho meu, por que foges de teu idoso e indefeso pai? Tem piedade de mim, filho meu; não temas, pois tu ainda gozas de esperança para a vida. Intercederei por ti, diante de Cristo. Fora necessário, e eu sofreria a morte por ti, como Cristo assim sofreu por nós. Eu daria a ti a minha própria vida. Fica e crê que Cristo me enviou'.

Ao ouvir as palavras de João, o rapaz, interrompendo sua retirada, permaneceu cabisbaixo. Então, de braços abertos, sofregamente correu para o ancião, tomado por uma lamentação por meio da qual expressava, tanto quanto podia, suas súplicas por perdão. Derramando-se, como se fora batizado pela segunda vez em suas próprias lágrimas, o jovem preocupava-se apenas em esconder sua mão direita. No entanto, o ancião, pondo-se de joelhos em oração, empenhou sua palavra, assegurando-lhe que verdadeiramente recebera o perdão de seus pecados das mãos de Cristo. Tomando, a seguir, sua mão direita, como já purificada de toda iniqüidade, beijou-a.

O ancião, pois, levando consigo o jovem, conduziu-o de volta à igreja, sustentando-o com muitas orações e constantes jejuns e abrandando sua alma com freqüentes consolações. João – como dizem – não o deixou até vê-lo completamente restaurado à igreja.

Os esforços e as campanhas de João em prol da evangelização da Ásia não conheceram descanso, nem mesmo em sua avançada idade. Durante a época do imperador Trajanus (Trajano), na qual o apóstolo deve ter findado seus dias, o evangelho já estava plenamente enraizado não apenas na Ásia, mas também na Galácia, Capadócia e Cilícia. Multiplicava-se velozmente também nas regiões adjacentes do Ponto e da Bitínia.

Um dos termômetros mais exatos desse crescimento vertiginoso – nos anos que se seguiram à morte do apóstolo –, na região da Bitínia, vizinha à Ásia Menor, é a carta de Plínio, o Jovem, governador da Bitínia, ao imperador Trajanus (Trajano). Fiel cumpridor da lei e atento às tradições romanas, o jovem delegado viu-se aturdido com o grande número de acusações anônimas contra uma lista crescente de cristãos. Isso representava um problema de cunho jurídico, sobre o qual Plínio não se sentia devidamente capacitado para deliberar. Buscando um conselho proveitoso, o governador se dirige a César, em uma carta datada de 111 d.C., na qual expressa sua estupefação ante a propagação da fé cristã, revelando que não apenas os templos pagãos estavam abandonados, mas as próprias carnes ofertadas aos deuses não encontravam compradores. Restava-lhe, assim, apenas constatar aquilo que nem mesmo o poderio de Roma, em duas severas perseguições, conseguira deter:

O contágio dessa superstição penetrou, não só nas cidades, mas também nos povoados e nos campos.

João, após longa labuta, parece ter findado seus dias em uma idade próxima ou mesmo superior aos cem anos. Segundo a tradição, permaneceu solteiro e inteiramente dedicado ao serviço pastoral. Se bem que afirmações desse tipo devem ser encaradas com cuidado, já que o ascetismo medieval contaminou boa parte das tradições apostólicas.

Ao contrário da maioria dos discípulos, João não conheceu o martírio, embora tenha sofrido os rigores da perseguição de Domitianus (Domiciano). Segundo tradicionalmente se crê, ele encerrou sua carreira naturalmente, usufruindo até o fim o sustento e a comunhão de seu rebanho, ao qual tanto se devotara.

McBirnie registra um interessante relato, extraído dos textos de Jerônimo, relativo aos últimos anos de João em Éfeso (op. cit. p. 117):

> Outra tradição concernente a João, e passada adiante por Jerônimo, reza que quando o apóstolo já se encontrava evidentemente muito idoso em Éfeso era necessário que seus discípulos o tomassem nos braços e o carregassem até a igreja. Nas reuniões, João já não costumava pregar nada além disso: 'Filhinhos, amai-vos uns aos outros'. Depois de certo tempo, entretanto, seus discípulos, enfastiados de ouvirem sempre aquelas mesmas palavras, perguntaram-lhe: 'Mestre, por que sempre nos dizes isso?'. João, por sua vez, replicou: 'É mandamento do Senhor. Ademais, se só isso for feito, terá sido o bastante'.

É provável, por força da tradição apostólica, que João tenha morrido de morte natural na cidade de Éfeso, embora nenhum detalhe relativo aos seus momentos finais tenha sido legado à posteridade. A despeito disso, algumas lendas rezam que o evangelista foi sepultado na cidade onde, por longos anos, desempenhara o trabalho missionário que tanto colaborou na cristianização da Ásia Menor e sua vizinhança.

O local do descanso de João

Um dos mais antigos testemunhos sobre o sepultamento de João em Éfeso encontra-se nos escritos de Polícrates (130-196 d.C.), bispo daquela cidade em fins do século 2. Oitavo pastor de uma família de longa tradição cristã, Polícrates foi também líder de um conselho de bispos asiáticos, para os quais sua ordenação nunca foi colocada em dúvida. Em sua *Epístola a Vítor e à igreja de Roma concernente ao dia da guarda da Páscoa*, o bispo escreve:

> Ademais, João, que se recostou sobre o peito do Senhor e veio a tornar-se sacerdote, portando a mitra, tendo sido testemunha e mestre, descansa afinal em Éfeso.

O túmulo de João em Éfeso está entre os mais certos de todos os atribuídos aos doze apóstolos, embora o desaparecimento de suas relíquias continue a intrigar os pesquisadores de sua biografia. McBirnie, que lá esteve antes das obras de conservação realizadas pelo governo turco, cita o texto do dr. Cemil Toksoz, no qual são acrescentados alguns pormenores relevantes sobre o local (*ibidem*, p. 119):

> Os discípulos de João construíram uma capela sobre a tumba do evangelista, que acabou se tornando um centro de adoração cristã. Um sem-número de peregrinos visitou aquele santuário sobre o qual o imperador Justiniano e sua esposa Teodora decidiram erigir, no século 6, um monumento digno de João, em face do inexpressivo valor artístico da construção original.
>
> A igreja de Justiniano, construída em forma de cruz, possuía 130 metros de comprimento e era composta por três naves. A nave principal, mais larga, era coberta por seis grandes domos, tendo o nártex cinco domos menores. A cúpula principal, assim como a seção central da igreja, era sustentada por quatro pilares quadrados. A tumba do apóstolo situava-se em uma sala sob o piso logo abaixo do grande domo. Segundo a tradição, a poeira que emanava dessa sala possuía poderes terapêuticos,

razão que determinou um grande afluxo de doentes para o local durante a Idade Média.

O piso da igreja era coberto por mosaicos. Os monogramas de Justiniano e de sua esposa Teodora ainda podem ser claramente distinguidos nos capitéis de algumas das colunas.

No mês de setembro, no dia 26, possível data da passagem do evangelista, eram realizadas ali cerimônias comemorativas nas quais as procissões iluminadas atraíam grandes multidões dos distritos vizinhos. Moedas datadas do século 2, encontradas na tumba de São João, provam que, já em tempos remotíssimos, o lugar havia se tornado centro de peregrinação.

Naci Keskin, em seu livro *Ephesus* [*Éfeso*], apresenta algumas informações adicionais a essa descrição da tumba do apóstolo:

> Desde o princípio da cristandade, muitas comunidades cristãs aceitavam esse lugar (Éfeso) como ponto de peregrinação, ali realizando suas devoções. Posteriormente, essa igreja, segundo os desígnios de Deus, foi destruída e reerguida de forma ampliada pelo imperador Justiniano. A igreja, de aspecto cupular, compunha-se de dois andares e ostentava um belo jardim cercado de pilares. Com seus cem metros de comprimento, abrigava seis grandes domos, além de cinco pequenos, os quais se apresentavam ornamentados com mosaicos. Algumas moedas pertencentes à segunda metade do século 1 foram descobertas em escavações no local, o que prova que a tumba de João já era visitada por muitos naquele período. Mananciais sagrados – aos quais se cantavam hinos –, assim como o pó que curava toda sorte de enfermidades, encontravam-se sob os tetos abobadados.

As águas curativas que minavam próximas da tumba de João eram especialmente prezadas pelos peregrinos daquele tempo. João, por cerca de quatro ou cinco anos, permaneceu ao lado de sua rival Ártemis! Embora o templo de Ártemis tenha sido, tantas vezes, saqueado, ninguém ousou tocar no santuário de João, uma vez que o apóstolo, como seguidor de Cristo, representa o mensageiro maior do sagrado amor. A tumba de João, tanto quanto o templo de Santa Maria, nas colinas, foram concebidos para abrigar os restos de apenas um discípulo.

A devoção mística da Idade Média acabou transformando o túmulo de João em mais um local para o qual convergiam numerosas romarias, cujos peregrinos eram estimulados a cultivar as mais descabidas superstições. Esse processo, repetido em outros locais considerados sagrados, revela muito mais a mescla de influências pagãs que, gradualmente, sedimentaram-se no seio da igreja medieval que uma fé genuinamente bíblica.

Portanto, à parte das fantasias da tradição, resta pouca dúvida de que João foi mesmo sepultado em Éfeso, embora suas relíquias permaneçam misteriosamente desaparecidas. Como vimos, as referências históricas desse argumento remontam a meados do século 4, quando Eusébio de Cesaréia, embasado na epístola de Polícrates a Vitor, bispo de Roma, deixa claro que Éfeso não fora apenas o local onde João desempenhara a maior parte de seu ministério apostólico, mas também o verdadeiro local de seu descanso.

McBirnie, ao visitar o local pela segunda vez em 1971, verificou um grande esforço do governo turco em restaurar o que restou da outrora portentosa basílica erguida por Justiniano para abrigar os restos do apóstolo. O pesquisador registrou, entretanto, seu desapontamento ao não encontrar ali qualquer informação consistente sobre as relíquias do discípulo (*op. cit.*, p. 121):

> Algumas relíquias de outros apóstolos ainda existem; entretanto, a tumba de João, que é, dentre todos os túmulos apostólicos, provavelmente o mais certo – tanto pela história quanto pela arqueologia – não contém quaisquer restos mortais, tampouco se encontra ali qualquer traço histórico ou tradição daquilo que se possa ter se sucedido a eles!

352 Doze homens, uma missão

A história da carreira de João, consideravelmente frutífera desde seus primeiros passos no discipulado até os últimos dias de seu apostolado, constitui-se em um manancial de testemunho cristão, cujos ensinamentos continuam a edificar a Igreja até o presente século.

Nessa análise biográfica de João, pudemos verificar a evidência de sua ardente paixão pela causa messiânica, razão pela qual, ainda jovem e desfrutando de confortável posição social, atendeu ao chamado de Cristo para o aprendizado do evangelho. Os anos ao lado de Jesus trouxeram-lhe uma profunda transformação em seu íntimo, especialmente no que se refere à impulsividade que delineava seu temperamento. Essa mudança permanece como um testemunho do impacto que o Espírito de Cristo exerce sobre quantos creiam no poder e na graça Daquele que converteu o *filho do trovão* no *discípulo do amor*!

De todas as virtudes apresentadas pelo apóstolo, talvez nenhuma suplante seu desmedido amor pelo Mestre, freqüentemente retratado nos evangelhos. Esse mesmo jovem que, em sua agressividade, ansiava ver o fogo celestial devorar seus opositores, era também aquele que sabia buscar carinhosamente no peito de Jesus o repouso para suas ansiedades e as respostas para seus questionamentos. Como a Igreja tem muito a aprender com a devoção e a espiritualidade do *discípulo a quem Jesus amava*!

Digna de atenção também é a intensidade que João viveu sua missão apostólica. Como vimos anteriormente, já nos primeiros capítulos de Atos, encontramo-lo desafiando os perigos inerentes à pregação evangélica naqueles dias turbulentos. As perseguições que sofreu, no período retratado em Atos, foram apenas o princípio de seu longo ministério pastoral que se estendeu, de maneira exemplar, até fins do século 1 e foi marcado por muitas outras aflições, como o duro desterro em Patmos.

Outros apóstolos, em suas jornadas missionárias, percorreram extensões territoriais superiores às atingidas por João; contudo, poucos deixaram marcas tão profundas de seu trabalho quanto ele. Se Tomé atingiu a Índia, Judas Tadeu, a Armênia e Simão Zelote, a Britânia, João, por sua vez, evangelizou a estratégica região da Ásia Menor, com suas prósperas concentrações urbanas, tornando-se bispo de uma das maiores cidades do mundo antigo: Éfeso. Como resultado de sua dedicada semeadura na região, a Igreja primitiva viu-se enriquecida pela conversão de homens ilustres como Policarpo, Irineu e Papias, que se tornaram gigantes do pensamento cristão do século 2 e de cujas penas saiu parte da importante literatura patrística, que ainda influencia o cristianismo após quase dois milênios. As cartas às sete igrejas da Ásia são outra prova da grande familiaridade que o apóstolo tinha com aquela região e do dinamismo que caracterizava seu ministério, mesmo em seus dias mais avançados.

Se a ação missionária de João impressiona por sua devoção e perseverança, sua teologia encanta pela singeleza e objetividade. Embora acessível às mentes mais humildes, o texto de João, do ponto de vista teológico, transborda de verdades transcendentes e essenciais. A singularidade de sua cristologia pode ser facilmente percebida na notável exposição acerca do Logos de Deus, bem como na ênfase em sua encarnação, presentes não apenas em seu evangelho, mas também em suas epístolas. João proporcionou em seu texto argumentos fundamentais para a defesa da ortodoxia cristã diante de desafiadoras heresias, como o gnosticismo que perturbou a paz na Igreja em seus primeiros dois séculos.

Digna de destaque, enfim, é a formidável capacitação que Deus concedeu a esse humilde pescador galileu, transformando-o não apenas em um testemunho vivo de Cristo, mas em uma barreira para tudo o que ameaçasse a doutrina ortodoxa. Não é de admirar, portanto, que a preciosidade encontrada na literatura de João – com a qual retratou a formosura de Cristo de modo tão particular – tenha transformado seu evangelho no livro mais publicado em todo o mundo!

Essa sublimidade que esse apóstolo interpretou a Pessoa e a obra de Seu Mestre, a quem fielmente serviu, poderia ser perfeitamente resumida na expressão que encerrou sua obra-prima:

> E ainda muitas outras coisas há que Jesus fez; as quais, se fossem escritas uma por uma, creio que nem ainda no mundo inteiro caberiam os livros que se escrevessem (Jo 21.25).

"E, passando mais adiante, viu outros dois irmãos – Tiago, filho de Zebedeu, e seu irmão João, no barco com seu pai Zebedeu, consertando as redes; e os chamou."

Mateus 4.21

"Relata-se que Tiago, filho de Alfeu, de tal sorte assemelhava-se a Jesus, no corpo, no semblante e na conduta, que era trabalhoso distinguir-se um do outro."

Voragine, bispo de Gênova (1275 d.C.)

OS DOIS TIAGOS

Tiago, resultado da transliteração grega do nome patriarcal Jacó (*Iacobos*), era, portanto, um nome corriqueiro durante os tempos apostólicos. São quatro os personagens neotestamentários conhecidos por esse nome.

— Tiago, chamado "o Maior", filho de Zebedeu e irmão mais velho de João (Mt 4.21; 10.2; 17.1; Mc 1.19,29; 3.17; 5.37; 9.2; 10.35,41; 13.3; 14.33; Lc 5.10; 6.14; 8.51; 9.28,54; At 1.13).

— Tiago, chamado "o Menor", filho de Alfeu e provavelmente irmão de Mateus (Mt 10.3; Mc 3.18; Lc 6.15; At 1.13).

— Tiago, pai de Judas Tadeu (Lc 6.16).

356 Doze homens, uma missão

— Tiago, irmão de Jesus (At 12.17; 15.13; 21.18; Gl 2.9; Tg 1.1).

Dos quatro personagens encontrados no universo neotestamentário, interessam-nos dois em especial: Tiago, filho de Zebedeu, e Tiago, filho de Alfeu. Isso porque ambos compunham o rol dos doze apóstolos, embora o primeiro seja muito mais conhecido que o segundo, tanto na literatura bíblica quanto histórica.

Há, entretanto, um terceiro Tiago que cumpriu um papel importante na liderança da Igreja primitiva. Trata-se de Tiago, irmão de Jesus. A tradição posterior acabou confundindo muito da obra desse valoroso líder cristão com a de Tiago, filho de Alfeu. Assim, para melhor compreendermos a biografia de Tiago, filho de Alfeu, é interessante que comecemos distinguindo esse com o qual ele vem sendo confundido.

Quem foi Tiago, o Justo?

Qualquer pesquisa sobre a vida dos doze discípulos certamente encontrará na biografia de Tiago Menor seu ponto crítico. Isso porque – como dissemos – a tradição eclesiástica, desde seus primórdios, vem misturando as informações sobre a carreira ministerial desse personagem, com a de Tiago, chamado "o Justo", notório líder da igreja em Jerusalém e meio-irmão de Jesus. Como vimos, algo semelhante também ocorreu com os relatos tradicionais sobre o apóstolo Filipe e o diácono e evangelista homônimo que aparece citado em Atos.

Já tratamos anteriormente da questão relativa aos irmãos de Jesus, descritos nominalmente em Marcos 6.3. Embora alguns segmentos do cristianismo tentem sustentar há séculos a doutrina da virgindade perpétua de Maria (o que significa que Jesus não teve irmãos por parte de mãe), não há – do ponto de vista das Escrituras – porque duvidarmos de que esse judeu, líder da igreja de Jerusalém, seja, na verdade, meio-irmão de Jesus, filho de José e Maria (conforme prega a linha helvética).

Tiago, o Justo – assim como seus irmãos – não reconheceu Jesus como Messias antes de Sua ressurreição (Mt 13.55-17; Jo 7.3-5). Dessa forma, não esteve entre os doze discípulos que seguiram o Salvador

Os dois Tiagos 357

em Seu ministério terreno. No entanto, o testemunho da ressurreição de Cristo, registrado por Paulo em 1Coríntios 15.7, trouxe-lhe mais tarde a experiência de conversão, compartilhada a seguir com seus demais irmãos. A presença de Tiago, o Justo, no cenáculo durante o Pentecostes não é citada, mas pode ser inferida, já que ali se encontravam, ao lado dos apóstolos, de Maria e de muitas outras testemunhas, os *irmãos de Jesus* (At 1.14).

Esse mesmo Tiago, mais adiante, em Atos 15.13-21, aparece exercendo decisiva participação durante o concílio de Jerusalém (49-50 d.C.). Suas deliberações sobre as questões em pauta naquela assembléia – de interesse estratégico para a fé cristã – evidenciam sua posição de autoridade sobre a igreja em Jerusalém, da qual é tradicionalmente apontado como o primeiro bispo. Paulo cita seu nome em primeiro lugar dentre aqueles aos quais chamou 'colunas da igreja' (G. 2.9).

Algumas narrativas pós-apostólicas destacam os atributos espirituais de Tiago, o Justo, especialmente seu zelo ardoroso pela Lei e sua notória continência. Sua fidelidade e perseverança na prática da oração e do jejum lhe renderam a alcunha de "o homem dos joelhos de camelo".

Douglas Moo, em seu livro *Tiago – introdução e comentário* (p. 20), esclarece algo mais acerca do irmão do Senhor:

> Muitas informações sobre Tiago vêm do relato sobre sua morte, feito por Hegésipo, segundo registros de Eusébio (*História eclesiástica*, II, 23). Ele nos informa que Tiago foi apedrejado pelos escribas e fariseus por ter se recusado a renunciar a seu compromisso com Jesus. Esse relato sobre a morte de Tiago é confirmado, em separado, por Josefo (*Antiguidades* XX. 9,1), que também nos dá condições de datá-la em 62 d.C. Entretanto, boa parte do restante do relato de Hegésipo, que retrata Tiago como um zelote da lei, é lendária. Pode ser que Hegésipo tenha derivado suas informações a partir de uma seita restrita de cristãos judeus, os ebionitas, que consideravam Paulo desfavoravelmente, exaltando Tiago como real herdeiro do ensino de Jesus.

Tiago, irmão de Jesus, é retratado em muitas lendas como nazireu, consagrado desde o ventre de sua mãe. Diz-se ter levado uma vida absolutamente dedicada aos rigores do ascetismo. Segundo esses relatos, Tiago vestia-se apenas com linho puro e abstinha-se de bebidas fortes, assim como de carne.

Guardados os exageros erigidos pela tradição, não há dúvidas de que Tiago, irmão do Senhor, era de fato um líder judeu-cristão fervoroso. Sua relação com o judaísmo ortodoxo é tida como restrita aos limites do conservadorismo, mesmo após sua conversão ao evangelho (At 21.17-26; Gl 2.9), se bem que não da forma obstinada pretendida por alguns. Ao contrário, Tiago é retratado em Atos como um líder preocupado em manter o melhor relacionamento possível entre os cristãos de origem judaica e os de origem gentílica. O resultado do concílio de Jerusalém deixa claro sua flexibilidade, justamente por sustentar que as tradições mosaicas não deveriam ser impostas aos gentios que se convertiam (At 15.13-21).

A epístola universal a ele atribuída apresenta algumas evidências da atmosfera judaica que envolvia seu pensamento: o local de reunião é apresentado como sinagoga (Tg 2.2) e as referências à Lei são freqüentes (Tg 1.25; 2.8,11,12), além do estilo literário que, no dizer de Douglas Moo (*op. cit.*, p.22),

> reflete tanto a natureza proverbial das tradições da sabedoria judaica quanto a pregação em tom de denúncia dos profetas.

A tradição afirma que esse Tiago foi morto pelas mãos dos fariseus – apoiados pelo sumo sacerdote Ananus – os quais, tomados de grande ira, o teriam precipitado do pináculo do templo de Jerusalém, em cerca de 63 d.C. Conta a lenda que os líderes judeus constrangeramno a proclamar das galerias do templo que Jesus não era o Cristo. Ao fazer exatamente o contrário daquilo que propuseram seus oponentes, ele foi precipitado do cimo do santuário. Como a queda não fora fatal, seus perseguidores o espancaram e consumaram o martírio com o tradicional apedrejamento, sepultando-o a seguir no Monte das Oliveiras. De tal sorte era Tiago, o Justo, estimado pelos judeus – mesmo entre os não-cristãos – que muitos deles teriam considerado o cerco e a destruição de Jerusalém, ocorrido alguns anos depois, como um castigo dos céus pelo assassinato do santo apóstolo.

Não há, portanto, razões históricas nem bíblicas para confundirmos Tiago, o irmão do Senhor, com qualquer um dos dois discípulos homônimos, aos quais dedicamos este capítulo. Entretanto, é fato que a fama alcançada por esse personagem neotestamentário acabou ofuscando a glória de Tiago Menor, um dos doze cuja carreira foi confundida, pela tradição posterior, com a de seu homônimo, bispo de Jerusalém.

O OBSCURO TIAGO, FILHO DE ALFEU

Quase nada se sabe sobre Tiago Menor, do ponto de vista das Escrituras, além do simples registro de seu nome no rol dos apóstolos e do fato de ser filho de Alfeu e Maria, bem como de ser irmão de certo José (Mt 10.3; Mc 15.40). McBirnie sugere Cafarnaum, na Galiléia, como sua cidade de origem, mas não dá a essa afirmação o devido embasamento bíblico (op. cit., p. 183).

Esse silêncio das Escrituras sobre Tiago inspirou John D. Jones a escrever, em sua obra *The Apostles of Jesus* [*Os apóstolos de Jesus*], um capítulo dedicado a ele e a Judas Tadeu, chamando-os *de apóstolos desconhecidos.*

Em meio a toda essa ausência de informação, há um detalhe que merece ser considerado com respeito a Tiago Menor. Trata-se da passagem de Marcos 2.14, em que encontramos a menção de que Mateus (ou Levi) também era filho de alguém chamado Alfeu. Essa citação torna-se relevante à medida que abre a possibilidade de ambos apóstolos serem irmãos, como no caso de Tiago Maior e João, bem como no de Pedro e André. Todavia, essa hipótese não deve ser apressadamente acatada, já que o nome Alfeu não era muito raro naqueles dias. Ademais, a relação de irmandade entre os dois discípulos não passaria despercebida dos evangelistas, como vemos com Simão Pedro e André e com Tiago Maior e João (Mt 4.18,21; 10.2; Mc 1.16-19; 3.17; Lc 6.14; Jo 1.40). Se bem que esse argumento, por si só, não basta para descartarmos a possibilidade da irmandade entre Tiago Menor e Mateus, já que João e Tiago Maior também não são apresentados como irmãos no rol dos apóstolos de Lucas 6.14, assim como Pedro e André, em Marcos 3.17,18. Além disso, algumas lendas posteriores atribuem a Tiago Menor a mesma ocupação profissional de Mateus, ou seja, a coletoria fiscal.

Nada sabemos acerca de Alfeu, seu pai, exceto o fato de ser identificado por alguns biblicistas com o personagem Clôpas, citado em João 19.25. Essa associação se dá em função desse Clôpas aparecer como marido de Maria que, das citadas no versículo, é a mãe mais provável de Tiago Menor e do obscuro José. William Smith lembra que esse Clôpas não deve ser confundido com o discípulo de nome Cleopas de Lucas 24.18, um dos dois aos quais Jesus aparece ressurreto no caminho de Emaús. Smith alega, em seu *Bible Dictionary* [*Dicionário bíblico*] (p. 119-20), que o primeiro tem seu nome derivado do aramaico, enquanto este último de uma forma abreviada do grego *Cleopater*. De qualquer modo, não há razões óbvias que permitam uma identificação segura entre os personagens Clôpas e Alfeu, pai do apóstolo Tiago.

Maria, sua mãe, era uma das várias mulheres piedosas que se devotaram a seguir Jesus. Encontramo-la em alguns dos momentos mais relevantes do ministério de Jesus, como a crucificação (Mt 27.56) e a ressurreição (Mt 28.1). Diante dessa destacada consagração ao Mestre, não se sabe isto: foi Maria quem influenciou o filho para o discipulado cristão, ou vice-versa?

O Novo Testamento não deixa, portanto, muita informação sobre Tiago Menor, o que torna difícil uma posição conclusiva sobre suas origens. Por outro lado, a tradição cristã traz informações adicionais sobre ele, algumas delas deveras curiosas. Vejamos, a seguir, o que elas têm a nos acrescentar.

A LENDÁRIA SEMELHANÇA FÍSICA COM JESUS

Segundo alguns escritos cristãos muito antigos, a piedosa Maria, mãe de Tiago, era prima de Maria, mãe de Jesus, o que tornaria esse discípulo parente próximo de seu Mestre. Essa, como tantas outras afirmações da tradição, não recebem respaldo do Novo Testamento para uma aceitação unânime. O fato, entretanto, é que várias lendas insistem em uma suposta semelhança física entre Jesus e o apóstolo

Tiago Menor. McBirnie, citando o pesquisador Ashbury Smith, nos apresenta uma delas (*op. cit.*, p. 192):

> Uma tradição ainda mais interessante e, talvez mais plausível, é preservada nas *Lendas douradas*, uma compilação de sete volumes sobre a vida dos santos, elaborada por Voragine, bispo de Gênova, em 1275 d.C. Ali, relata-se que Tiago, filho de Alfeu, de tal sorte assemelhava-se a Jesus, no corpo, no semblante e na conduta, que era trabalhoso distinguir-se um do outro. O beijo de Judas no Jardim do Getsêmane, de acordo com essa tradição, tornou-se necessário para se certificar que Jesus e não Tiago, seria feito prisioneiro.

Tiago Menor é representado pela arte cristã primitiva e medieval como, talvez, o mais belo dos apóstolos. A singeleza e a harmonia de seus traços, com freqüência, destacam-no da imagem dos demais discípulos. Essa tendência estética deu-se possivelmente em função das lendas que procuraram assemelhar o aspecto físico de Tiago ao de seu Mestre, fundamentadas – como vimos – na alegação de que ambas as personagens de nome Maria – a mãe de Jesus e a mãe de Tiago – seriam primas. Se essa relação de parentesco pudesse ser comprovada, talvez a sugerida semelhança entre o discípulo e o Mestre fosse aceitável. De qualquer modo, essa proposta da tradição nos leva a inferir que Jesus era um homem fisicamente belo. Contudo, não há qualquer indício neotestamentário que sustente tal argumento. Antes, ao contrário, vemos na anunciação profética que Isaías retratou o Messias:

> Não tinha formosura nem beleza; e quando olhávamos para ele, nenhuma beleza víamos, para que o desejássemos (Is 53.2b).

Se as lendas sobre a beleza ímpar de Tiago, filho de Alfeu, ainda carecem de bases convincentes, a passagem de Marcos 15.40 nos acrescenta um detalhe interessante quanto ao seu aspecto físico. Marcos associa ao nome do apóstolo o adjetivo grego *mikros*, que, circunstancialmente, sugere alguém já em idade adulta, mas de composição física diminuta.

Tiago Menor seria também um zelote?

Alguns pesquisadores de biografia apostólica, como William Barclay em sua obra *The Master's Men* [*Os homens do Mestre*], sugerem que a última parte da lista dos doze apresentados nos sinópticos, na qual estão contidos os nomes de Tiago, filho de Alfeu, Judas Tadeu, Simão Zelote e Judas Iscariotes, agrupa aqueles dentre os discípulos que apresentavam algo de comum em suas origens: o movimento de resistência zelote. No capítulo dedicado a Simão Zelote, traçamos o perfil desses nacionalistas radicais, responsáveis por momentos de grande bravura, assim como de muita violência na história de Israel.

Para Barclay, a razão do agrupamento desses últimos quatro discípulos nas listas apostólicas era seu envolvimento passado com os zelotes. No entanto, como provar tal suspeita? No caso de Simão, de fato, sua alcunha já sugere a ligação. Quanto a Judas Tadeu, Barclay cita manuscritos antigos, como as *Constituições apostólicas* (*The Master's Men* [*Os homens do Mestre*], p.115), em que o discípulo é mencionado como *"Tadeu, também chamado Lebeu, que tinha por sobrenome Judas, o Zelote"*. No caso do traidor Judas Iscariotes, só um coração impregnado do ardor nacionalista zelote explicaria sua atitude desesperada, que teria sido motivada pelo choque entre o rumo do ministério de Cristo e suas expectativas messiânicas.

Porém, e quanto a Tiago Menor, haveria algum indício sustentável que o ligasse ao movimento zelote? Barclay sugere apenas fracas conjecturas. É relevante o fato de que há também lendas que envolvem Tiago, o Justo, meio-irmão de Jesus, com esse movimento radical. Portanto, não é improvável que os relatos, dos quais Barclay se valeu, tenham igualmente confundido os personagens.

O autor patrístico Eusébio de Cesaréia, citando Hegésipo, historiador cristão do século 2, narra algumas das mais fantasiosas lendas relativas a Tiago Menor. Segundo conta Eusébio, o apóstolo teria sido um devoto nazireu, tanto antes quanto depois de se tornar discípulo de Jesus. Sua austeridade e seus hábitos ascéticos não permitiam que ele fizesse a barba, nem tampouco se banhasse. Mesmo seu vestido de linho, o único que possuía, não podia ser lavado. Tiago não fazia uso de bebidas alcoólicas, nem de carne, exceção feita ao cordeiro pascal. Tão longos e freqüentes eram os períodos nos quais se dedicava à oração e à intercessão que – segundo o historiador – seus joelhos tornaram-se grossos como os de um camelo. Eusébio vai mais longe ao afirmar que Tiago, de tão santo, era venerado igualmente por cristãos e judeus, *sendo o único dentre os crentes a ter acesso ao Santo dos Santos.*

É difícil separar o verdadeiro do fantasioso nessa descrição de Tiago Menor herdada de Hegésipo. Primeiramente, porque os rigores do nazirato e da vida ascética, por ele exaltados aqui, em nada se encaixam ao perfil dos primeiros apóstolos. Em segundo lugar, porque se sabe muito bem que ninguém, a não ser o sumo sacerdote – no dia da expiação, conforme os ditames mosaicos, tinha permissão para adentrar o Santo dos Santos – não importando quão santa fosse a vida do suposto pretendente. Por último, a menção aos "joelhos de camelo", resultado de longas e freqüentes orações, assim como ao voto de nazireu, refletem mais uma vez a sempre presente confusão da tradição com as biografias de Tiago Menor e Tiago, o Justo, irmão de Jesus, a quem essas designações parecem se encaixar com maior propriedade, segundo a maior parte da história apostólica.

Infelizmente, todo esse amálgama biográfico resultante das narrativas sobre Tiago, filho de Alfeu, chamado o Menor, e Tiago, irmão de Jesus, não apenas dificulta a pesquisa de seus passos no apostolado, como também as circunstâncias de seu martírio – se é que aconteceu – e o traslado de seus restos mortais.

Segundo McBirnie, o respeitado autor Aziz Atiya também se mostrou influenciado por essa confusão de informações, ao atribuir, em sua obra *A History of Eastern Christianity* [*A história do cristianismo oriental*] (p. 239), a semente da igreja síria a Tiago Menor, apresentando-o como seu primeiro bispo.

Nada mais se pode precisar acerca das ações missionárias de Tiago Menor. Os escassos relatos históricos de que dispomos deixam ao estudioso do assunto a clara sensação de estar, invariavelmente, diante de mais uma lenda ligada ao ministério do destacado Tiago, o Justo.

A SEMELHANÇA ENTRE O MARTÍRIO DE TIAGO MENOR E O DE TIAGO, O JUSTO

Segundo a tradição, assim como sucedeu a Tiago, irmão de Jesus, Tiago Menor, por recusar-se a negar publicamente o senhorio de Jesus, também teria sido apedrejado até a morte pelos fariseus. Dentre os que traçaram detalhes acerca das circunstâncias dessa suposta tragédia, destaca-se Dorman Newman que, embora associe erroneamente os dois Tiagos citados – como de resto grande parte da tradição medieval – propõe, em sua obra *The Lives and Deaths of the Holy Apostles* [*A vida e a morte dos santos apóstolos*], de 1685, alguns desdobramentos interessantes sobre o martírio do apóstolo:

> Os inimigos de Tiago, durante o tempo do procurador Alvinus, o sucessor de Festus, decidiram eliminá-lo. Para tanto, um conselho foi rapidamente convocado, em cujas deliberações os escribas e fariseus foram escalados para lhe preparar uma armadilha. Os líderes judeus, dizendo-se grandemente confiantes em Tiago, pediram-lhe que corrigisse o povo acerca da noção incorreta que tinham de Jesus. Para isso, o apóstolo deveria subir ao cimo do templo, de onde poderia, em sua preleção, ser ouvido por todos. A seguir, os fariseus e escribas instaram-lhe: 'Conte-nos acerca do que instituiu Jesus, o Crucificado!'. Contudo a população presente, ouvindo o que era dito, começou a glorificar e a bendizer a Jesus. Por sua vez, os fariseus, percebendo que se excederam e que, em vez de instruir o povo, acabaram confirmando-o em seu suposto desvio, decidiram que não havia outra coisa a fazer senão executar a Tiago ali mesmo, de maneira que isso pudesse servir de exemplo a tantos quantos cressem em Jesus. Assim, bradando que Tiago, o Justo, tornara-se um impostor, os fariseus precipitaram-no de onde se encontrava. Embora ferido pela queda, o apóstolo não morreu, mas recobrou tanta energia quanto a necessária para por-se de joelhos e clamar aos céus por seus oponentes. Começaram, depois, a cobri-lo com uma chuva de pedras, até que alguém, em sua cruel misericórdia, resolvesse esmagar seu crânio com um bastão de pisoeiro. Dessa forma, aquele bondoso homem expirou, aos noventa anos de idade, cerca de 24 anos após a ascensão de Cristo. Foi sepultado no Monte das Oliveiras, em uma tumba que construíra para si.

Uma curiosidade arqueológica que talvez possa endossar essa narrativa de Newman é o fato de ter-se descoberto, em escavações junto ao muro sudoeste da cidade velha de Jerusalém, vestígios de lavadouros usados pelos pisoeiros daquela época. Ao contrário do que se imagina, as "lavanderias" da época não eram freqüentadas por mulheres, mas por lavadeiros profissionais que, usualmente, lavavam as roupas pisando sobre elas ou batendo fortemente com bastões apropriados sobre uma tina de potassa, usada como produto de limpeza. Considerando-se que o local do achado arqueológico não é distante de onde teria ocorrido a queda e o espancamento de Tiago, é possível que Newman, em sua descrição, tenha se aproximado daquilo que se sucedeu, ao citar o golpe de misericórdia de um desses pisoeiros sobre o apóstolo.

Embora seja provável que o apóstolo Tiago Menor também tenha enfrentado uma oposição fatal dos fariseus e dos sacerdotes em seu ministério, aparentemente, o que temos aqui é mais uma menção da tradição cristã sobre a morte de Tiago, o Justo, e não do discípulo de Cristo. A semelhança entre as narrativas do martírio desses dois apóstolos é indiscutível. De qualquer modo, se Dorman Newman estiver correto em atribuir essa lenda a Tiago Menor, a idade que o apóstolo aparece martirizado em seu relato o tornaria, sem dúvida, um dos mais velhos dos discípulos.

OS RESTOS MORTAIS DE TIAGO MENOR SERIAM DE TIAGO, IRMÃO DE JESUS?

No tocante às relíquias de Tiago Menor, as lendas sobre os personagens também se mesclam, impossibilitando ao pesquisador uma dedução mais precisa sobre o assunto.

Tiago, o Justo, parece realmente ter sido sepultado nas imediações do vale do Cedrom, próximo ao Monte das Oliveiras, após a violenta morte por apedrejamento (ou espancamento) promovida pelos líderes religiosos de Israel. O túmulo, hoje chamado de Gruta de São Tiago, segundo McBirnie, foi originalmente destinado aos membros da família de linhagem sacerdotal herodiana de Hezir. Segundo a tradição armênia, o túmulo dos filhos de Hezir localizava-se quase em frente ao pináculo do templo de Herodes, lugar de onde Tiago, o Justo, teria sido precipitado e executado. Para McBirnie, é provável que algum membro da nobre família judaica, tendo presenciado a brutalidade contra o apóstolo, compadeceu-se a ponto de ceder parte do jazigo da família para abrigá-lo.

Em meados do século 4, monges que viviam nas cercanias do túmulo, descobriram ali alguns ossos atribuídos a certo Tiago. Passaram, a seguir, a identificá-los erroneamente como pertencentes a Tiago Menor.

O imperador romano Justiniano, dois séculos mais tarde, em seu afã de reconstruir a igreja dos Santos Apóstolos (erigida em 332 d.C. por Constantino), teria mandado trazer de Jerusalém as relíquias, consideradas pela igreja armênia como pertencentes ao apóstolo Tiago Menor. A época era tremendamente propícia para isso, pois se vivia o frenesi da busca pelas relíquias dos santos – especialmente dos apóstolos – e o começo da rivalidade entre a Igreja Oriental, com sede em Constantinopla, e a Ocidental, com sede em Roma. Talvez alguma aliança política com o Ocidente justifique o fato de Justiniano ter enviado parte dos ossos atribuídos a Tiago Menor para Roma, em 572 d.C. Ali foram solenemente sepultados pelo papa João III, na igreja dos Apóstolos Filipe e Tiago Menor, cujo santuário foi dedicado em primeiro de maio de 560 d.C. Talvez nem tudo aquilo que se supõe serem os ossos de Tiago Menor tenha sido transportado para Constantinopla, já que os cristãos armênios de Jerusalém asseveram que ainda possuem parte das relíquias do apóstolo, conservadas no Mosteiro de São Tiago no Monte Sião.

O Mosteiro Ortodoxo Armênio de São Tiago cobre quase todo o Monte Sião, em uma área que compreende aproximadamente um sexto da cidade velha de Jerusalém. Ali, segundo o *Tesouro do Patriarcado Armênio de Jerusalém*, encontram-se relicários contendo os ossos de um dos braços de Tiago Menor e os dedos de Tiago, irmão de Jesus. Para pesquisadores como McBirnie, entretanto, o mais provável é que esses restos mortais pertençam – assim como a maior parte das lendas atribuídas a Tiago Menor – a Tiago, irmão de Jesus e bispo de Jerusalém.

Tiago Maior, o filho de Zebedeu

Se a carreira de Tiago Menor foi grandemente comprometida pela tradição, o mesmo felizmente não se repete com seu homônimo e condiscípulo, Tiago, filho de Zebedeu, também chamado Tiago Maior. O interessado em biografia apostólica por certo encontrará em sua pesquisa sobre esse apóstolo uma gama de informação consideravelmente superior àquela atribuída ao filho de Alfeu. Essa generosidade da tradição para com Tiago Maior nos possibilita traçar algumas considerações sobre esse que foi um dos mais íntimos seguidores de Jesus.

Com efeito, dos três discípulos mais próximos de Cristo, Tiago Maior é aquele sobre quem menos sabemos. De todas as informações bíblicas a seu respeito, destaca-se a narrativa de seu martírio, que será foco de nossa atenção mais adiante. É interessante observar que apenas dois dos doze apóstolos tiveram suas mortes descritas biblicamente: Judas Iscariotes e Tiago Maior, sendo este último, portanto, o primeiro mártir dos apóstolos, segundo as Escrituras.

Conforme já mencionamos no capítulo que trata da biografia de seu irmão, o apóstolo João, Tiago Maior era filho de Zebedeu, um próspero pescador galileu (Mt 4.21), e de Salomé, uma das piedosas mulheres que se devotaram a seguir Jesus (Mc 15.40,41), identificada por alguns como a irmã de Maria, citada em João 19.25. Deve-se abordar, portanto, a vida de Tiago Maior levando-se em consideração a possibilidade de uma relação de parentesco entre o apóstolo e o Senhor Jesus, o que, de certa forma, poderia explicar sua presença no rol dos discípulos mais íntimos do Mestre.

Deduz-se, biblicamente, que Tiago era o irmão mais velho de João, já que seu nome – excetuando-se as passagens de Lucas 8.51 e Lucas 9.28 – sempre precede o do discípulo amado nos versículos em que aparecem juntos (Mt 4.21; 10.2; 17.1; Mc 1.19,29; 3.17; 5.37; 9.2; 10.35; 13.3; 14.33; Lc 6.14; 9.54; At 1.13). Ao contrário de seu irmão mais novo, não há qualquer indício bíblico de que Tiago Maior, nos anos que antecederam sua vocação apostólica, tenha seguido os passos do profeta João Batista.

McBirnie retrata assim os primeiros momentos da vida discipular de Tiago Maior (*op. cit.*, p. 87-8).

Após certo período de companheirismo e noviciado ao lado de Jesus, Tiago é descrito como presente no momento da cura da sogra de Pedro em Cafarnaum. Logo a seguir, é ordenado como um dos doze discípulos de Cristo, vindo a ocupar um lugar de proeminência entre os apóstolos. Ao lado de Pedro e de João, tornou-se parte do círculo mais íntimo dos que seguiam a Jesus. Esses três, à parte dos demais, presenciaram a ressurreição da filha de Jairo, a transfiguração e a agonia no Jardim do Getsêmane.

Parece que Tiago e João tinham temperamento muito semelhante, pelo menos no que diz respeito à irascibilidade. Ambos receberam do Mestre a alcunha aramaica de *Boanerges*, ou filhos do trovão (Mc 3.17), por sua inclinação tempestuosa, como a verificada diante da hostilidade dos samaritanos (Lc 9.51-56).

John D. Jones, em seu comentário biográfico sobre Tiago Maior, sugere algumas ilações acerca das características temperamentais do apóstolo (*op. cit.*, p. 36):

O zelo era a característica mais saliente de Tiago. Ele era o mais ardoroso e de espírito mais apaixonado da companhia apostólica. Havia outros dentre aqueles doze santos que se tornaram conspícuos por características variadas. Pedro, por exemplo, era conhecido por seus inopinados discursos, João, por sua contemplatividade mística, Filipe, por seu senso pragmático, André, por sua atividade missionária e Tomé, por sua mente filosófica.

Entretanto não havia ninguém que, pelo fervor, entusiasmo e zelo quase irrepreensível, se comparasse a Tiago, o filho mais velho de Zebedeu. Essa paixão ardente e entusiástica elevou-o a posição de segundo dentre os doze apóstolos.

Os filhos de Zebedeu apresentavam semelhanças não apenas no temperamento apaixonado, mas também na ânsia pelo poder. A idéia de que Jesus estava prestes a estabelecer um reino messiânico terreno, do qual a magnificência salomônica seria apenas sombra, fê-los se apressarem em rogar ao Mestre uma posição politicamente proeminente para si (Mc 10.35-41; Mt 20.20-28). Essa ambição imprópria custou a Tiago e a João a indignação de seus condiscípulos e uma dura repreensão da parte do Mestre que, a despeito disso, não os afastou de seu círculo mais íntimo.

Tiago Maior é mencionado – embora não explicitamente – pela última vez nos evangelhos em João 21.2, quando o Cristo ressurreto apareceu aos discípulos no mar da Galiléia. Aliás, a razão por que João, seu irmão, nunca o cita nominalmente em seu evangelho ainda constitui uma grande incógnita para os biblicistas.

Não se sabe, biblicamente, se Tiago Maior era casado ou se teve filhos. Entretanto, como comentamos ao tratarmos da biografia de Judas Tadeu, reconhecemos a possibilidade de que a expressão "Judas, filho de Tiago" – como Lucas o chamou (Lc 6.16; At 1.13) – signifique uma filiação desse apóstolo para com Tiago Maior.

COMO SE EXPLICA A AUSÊNCIA DE TIAGO MAIOR EM ATOS?

Tiago Maior, conquanto presente no cenáculo em Jerusalém durante o Pentecostes (At 1.13), não é mais encontrado no texto de Atos, exceto na ocasião de sua execução, sob Herodes Agripa, em cerca de 44 d.C. (At 12.2). Diante disso, a pergunta que incomoda muitos pesquisadores cristãos é: se Pedro, Tiago e João formavam um trio inseparável nos evangelhos, e Pedro e João continuavam ministrando juntos nos primeiros capítulos de Atos, por que razão não temos Tiago Maior presente entre eles como de costume? Ou, ainda, por que Tiago só volta à cena bíblica, anos depois, durante seu martírio?

Com efeito, muitos eruditos têm visto nesse silêncio um respaldo bíblico para a suspeita de que Tiago Maior já se ausentara de Jerusalém por ocasião dos primeiros acontecimentos descritos em Atos, rumo às missões internacionais. Essa teoria, bem ou mal alicerçada, tem a seu favor o fato de que seria pouco provável que Lucas, o autor de Atos, omitisse o nome de Tiago Maior se este estivesse cooperando com seus mais próximos condiscípulos em Jerusalém ou em suas cercanias. Existe, portanto, a possibilidade de nosso apóstolo ter deixado Jerusalém no início de seu ministério. Se isso realmente se sucedeu, Tiago Maior pode estar entre os primeiros discípulos a romper com as barreiras culturais típicas da tradição judaica. Como se pode atestar no próprio livro de Atos, os apóstolos, de modo geral, não se curvaram facilmente à necessidade de partir e proclamar o evangelho em terras estrangeiras, nem mesmo durante a perseguição que resultou na morte de Estêvão e na dispersão de outras figuras destacadas da igreja de Jerusalém (At 8.1). Em Atos 15, vemos os apóstolos, durante o Concílio de Jerusalém (49-50 d.C.), ainda enredados em questões básicas acerca da evangelização dos gentios, e isso cerca de cinco anos após a morte de Tiago Maior! Isso apenas confirma a suspeita de vários pesquisadores de biografia apostólica, os quais crêem que muitos dos doze permaneceram em Jerusalém, ou nos limites de Israel, *até vinte anos* após a ascensão de Cristo.

Se Tiago Maior, de fato, compreendeu antes dos demais o real sentido de *ir e fazer discípulos em todas as nações* (Mt 28.19,20), quais seriam as localidades mais prováveis de suas missões? Ou, ainda, quais os fundamentos históricos que alicerçam tais suposições?

Algumas lendas de somenos importância – como o apócrifo *Atos de São Tiago na Índia* – falam de uma viagem missionária de Pedro e Tiago à Índia, onde teriam presenciado a aparição de Jesus sob a forma de um belíssimo jovem. A mesma lenda descreve alguns milagres realizados por ambos os apóstolos naquele lugar, como a cura de um cego, assim como o aprisionamento e a espetacular libertação daqueles missionários, seguida da conversão de muitos dentre o povo. Outras narrativas, como *O martírio de São Tiago*, falam de uma missão voltada às doze tribos da dispersão, para as quais o apóstolo teria suplicado, em suas preleções, que destinassem seus dízimos à igreja de Cristo, e não a Herodes.

Tão fantasioso quanto interessante é o texto lendário atribuído a certo Abdias, que retrata Tiago Maior ministrando a dois magos descritos como Hermógenes e Fileto. Segundo a lenda, Fileto teria se rendido aos ensinos do santo, tencionando com isso abandonar suas práticas execráveis. Entretanto, sabendo-o, resistiu-lhe Hermógenes, lançando sobre seu parceiro tal feitiço, que fê-lo buscar socorro imediato em Tiago. O apóstolo, por sua vez, livrou-o miraculosamente da maldição que o assolava, com o simples envio de seu lenço. Hermógenes, irado, ordenou que seus demônios se lançassem ao encalço de Tiago. No entanto, o apóstolo, submeteu-os poderosamente e remeteu-os de volta ao feiticeiro, procurando com isso deter sua iniqüidade, o que – segundo a lenda – teria ocorrido. A seguir, Hermógenes, ao ver-se livre – pela intervenção de Tiago – dos espíritos que queria dominar, entregara sua vida a Jesus, vindo a dedicar-se à prática da caridade e à operação de milagres em benefício dos necessitados e dos oprimidos que o cercavam.

À parte as fantasias, encontramos no estudo da biografia de Tiago Maior, um dos mais antigos conjuntos de lendas ligando um dos doze apóstolos a uma região em particular. Salvo as lendas sobre o ministério de Pedro em Roma, de João na Ásia Menor e de Tomé na Índia, talvez nenhum outro personagem apostólico esteja tão vinculado a determinado lugar quanto Tiago Maior à Espanha.

A seguir, veremos – por meio de alguns relatos da tradição cristã – as possibilidades de nosso apóstolo ter realizado, anteriormente a seu martírio em 44 d.C., a famosa missão à Espanha e à Sardenha, cuja plausibilidade é foco de grande controvérsia entre os eruditos.

A MISSÃO DE TIAGO À ESPANHA REALMENTE OCORREU?

A Península Ibérica, em função de sua estratégica localização e de suas riquezas minerais, atraiu, desde a mais remota Antiguidade, diversas colonizações. A região é implicitamente citada nas Escrituras no livro do profeta Jonas (Jn 1.3), quando este, ao tentar fugir do chamado de Deus, decidiu refugiar-se em Társis (Tartessus), um importante empório fenício no Sul da atual Espanha, próximo a Gibraltar. Pelo que parece, uma importante rota comercial fora estabelecida pelos fenícios, nos tempos de Hirão I, desde Tiro, na Palestina, até aquela distante região já no século 10 a.C. Os grandes navios de Társis, que cruzavam o Mediterrâneo abarrotados de marfim, ouro, prata, ferro e estanho, são lembrados nas Escrituras pelo seu aspecto portentoso (1Rs 10.22; Sl 48.7; Is 2.16; Jr 10.9).

Após o estabelecimento dos celtiberos, a região passou às mãos dos cartagineses, oriundos do norte da África. Logo após a Segunda Guerra Púnica (c.200 a.C.), Cartago perdeu o domínio da região, agora controlada pelos romanos, muito embora esse poder só tenha se consolidado em 19 d.C., em função da forte resistência das tribos celtas que habitavam o Norte do país.

A conquista romana, ao unificar sob um mesmo poder político toda a bacia do Mediterrâneo, assim como a região ao sul do Reno-Danúbio, criou um vasto império que envolvia sociedades e regiões com diferentes estágios culturais e condições naturais diversificadas. Nessa ampla construção política, o aproveitamento e a distribuição dos recursos naturais das províncias constituía um dos problemas fundamentais do império, especialmente no que diz respeito aos produtos alimentícios. É justamente aí que entra em cena a participação que elevou a Hispânia à categoria de um dos celeiros do vasto Império Romano.

A Hispânia dos tempos apostólicos.

A populosa Roma, com cerca de um milhão de habitantes, importava da Hispânia desde minérios metalíferos – como chumbo, prata e ferro – até azeite de oliva, vinho e molho de peixe (*garum*). Com estes últimos, os ibéricos abarrotavam suas belas ânforas, símbolo da desenvolvida indústria cerâmica que existia na região, herança dos mercadores fenícios que marcaram presença ali séculos antes.

Em terras espanholas, o império viu florescer três de seus imperadores: Marcus Ulpius Trajanus (Trajano), Publius Elius Adrianus (Adriano) – que, embora natural de Roma, passou a infância na cidade espanhola de Itálica – e Flavius Teodosius, chamado Teodósio I, o Grande, responsável pela elevação do cristianismo à posição de religião oficial do império, no final do século 4.

O desenvolvimento da Hispânia nos dias de Tiago Maior pode ser também medido pelas maravilhosas construções romanas desvendadas pela arqueologia moderna – como aquedutos, pórticos, templos, pontes, anfiteatros e termas – com as quais os romanos embelezaram cidades como *Emerita Augusta* (Mérida), *Tolentum* (Toledo), *Corduva* (Córdoba) e *Cesaraugusta* (Zaragoza), entre outras.

Uma população razoavelmente numerosa e uma cultura predominantemente romana, além da presença de colônias judaicas na região, tornavam o sul da Hispânia uma região muito atraente para as missões apostólicas. Essa importância é confirmada por um dos mais expressivos vultos missionários do cristianismo primitivo, o apóstolo Paulo. Em sua Epístola aos Romanos (15.24,28), ele expressa, de maneira incisiva, seu projeto de evangelizar a região, muito embora não se possa afirmar que tenha efetivamente realizado esse intento, haja vista sua execução quase dez anos após esse registro, entre 63 e 67 d.C., sob Nero.

Ao contrário do que afirmam alguns historiadores, que datam a chegada do cristianismo à Espanha entre o século 2 e 3, a tradição apresenta várias lendas que sugerem a presença apostólica ali antes da metade do século 1. Pedro também é lembrado pela tradição medieval como responsável por ações evangelizadoras na Espanha. Conta-se que o apóstolo teria enviado àquela nação sete varões missionários. Estes, ao se apresentarem na cidade romana de Acci (hoje, Guadi), foram de tal sorte mal recebidos pelos habitantes locais que se viram obrigados a fugir apressadamente. A mesma lenda conta que os furiosos nativos, ao perseguirem os apóstolos, acabaram perecendo ao despencarem de uma ponte pela qual os missionários haviam escapado. Diante de tal milagre, os habitantes de Acci teriam se voltado para o evangelho e acolhido os missionários que foram para lá enviados. Como essa narrativa pode ser posterior ao século 5, muitos pesquisadores insistem em não recebê-la como historicamente fidedigna ou isenta de acréscimos.

Nosso principal objetivo ao ressaltarmos os aspectos histórico-geográficos típicos da província romana da Hispânia foi o de defender a plausibilidade de uma missão apostólica àquela região durante o século 1, de modo que, ao depararmos com lendas como a citada, que falam de missões apostólicas à região, não cuidemos estar diante de uma impropriedade histórica, mas de uma possibilidade que deve ser analisada com todo cuidado.

De qualquer modo, assim como outras tradições que associam determinado apóstolo a uma região em particular, a missão de Tiago Maior à Espanha continuará limitada à especulação, até que se descubram documentos históricos contundentes que emprestem contornos mais precisos a essa que se tornou uma das mais decantadas lendas da Idade Média.

A hipótese da viagem de Tiago Maior à Espanha, embora remota para muitos eruditos, encontra em J. W. Taylor um de seus mais dedicados defensores. Ele, em seu livro *The Coming of the Saints* [*A vinda dos santos*], traz à luz um acontecimento histórico ocorrido na vizinha ilha da Sardenha que, segundo ele, pode ter contribuído para a vinda de missionários da Palestina à região oeste do império (p. 57-8):

> Em cerca de 19 d.C., Tácito nos informa que quatro mil jovens 'afetados pelas superstições judaicas e egípcias' foram transportados da Itália para a Sardenha (*Anais*, vol. II, c.85). Josefo refere-se a eles como 'os quatro mil judeus' (*Antiguidades*, livro XVIII, c.3), evidenciando que seu banimento e alistamento forçoso (já que foram usados como soldados na Sardenha) causou profunda consternação nos judeus da Palestina.

Alguns supõem que esses judeus deportados já eram crentes em Jesus ou seguidores dos ensinos de João Batista, o que é muito pouco provável. Entretanto, é possível que muitos deles tenham sido velhos seguidores de Judas, o Galileu (At 5.37), e agora viviam como prisioneiros em Roma. Se assim for, alguns daqueles homens – ou famílias às quais pertenciam – poderiam ser particularmente conhecidos de Tiago e João.

Se Tiago Maior – ou algum de seus discípulos – sentiu-se compelido a evangelizar os judeus deportados para a Sardenha e, em função da proximidade desta com a Hispânia, tenha para lá estendido sua missão apostólica, não se sabe com certeza. No entanto, a facilidade e a segurança do trânsito naval através do Mediterrâneo, estabelecidas pelos romanos, certamente teriam colaborado para a viabilização desse intento missionário. O fato é que regiões com relevante presença judaica, por exemplo, o sul da Hispânia representavam os principais alvos dos apóstolos que se serviam do ambiente cultural e da estrutura das sinagogas para apresentarem sua preleção messiânica, como se pode ver nas primeiras incursões de Paulo em Atos.

McBirnie analisa assim as possibilidades da realização da lendária viagem de Tiago Maior à Espanha (*op. cit.*, p. 104):

> Considerando-se a facilidade que os habitantes da bacia do Mediterrâneo podiam transitar de uma à outra extremidade do mar, desde os dias de Haníbal de Cartago, facilidade essa incrementada a partir dos tempos de Júlio César (60 a.C.) – o qual visitou a Espanha pelo menos três vezes – não vemos nenhuma razão relevante que não se aceite a possibilidade de Tiago ter visitado as colônias judaicas na Espanha. Não é, contudo, aceitável que o apóstolo tenha se dirigido para lá visando a pregar aos gentios, exceto no caso dos que teriam se tornado prosélitos nas sinagogas judaicas espanholas. Um importante ramo do judaísmo, os sefarditas, tornaram-se mais intimamente identificados com a Espanha que com qualquer outro país europeu.

376 DOZE HOMENS, UMA MISSÃO

Tiago, dificilmente, teria assumido a responsabilidade missionária de pregar a Palavra aos gentios – se é que ele realmente chegou à Espanha – uma vez que a brevidade de sua carreira pastoral (14 anos) não o teria levado muito além das distantes colônias judaicas espanholas.

As lendas ligando Tiago Maior à evangelização da Espanha são católicas, em sua grande maioria. Em algumas delas, pode-se perceber um forte apelo ao culto mariolátrico, praticado de forma intensa naquele país desde a Antiguidade. Segundo esses textos tradicionais, Tiago teria levado a fé cristã a Zaragoza (à época *Cesaraugusta*) e à região da Galácia, no noroeste da Espanha, onde encontra-se a tradicional cidade de Santiago de Compostela, local de infindáveis peregrinações medievais. Se pudéssemos confirmar a presença de Tiago tanto em Zaragoza quanto na Galácia, teríamos de reconhecer como provável a travessia de todo o norte do território hispânico pelo valoroso apóstolo!

Em um dos textos católicos aos quais nos referimos, encontramos o relato da missão de Tiago à região de Zaragoza onde, profundamente entristecido pelos resultados negativos de seu labor missionário naquele distante país, decide retornar a Jerusalém. Ao iniciar seu regresso, aparece-lhe a Virgem que lhe dirige palavras de ânimo. Foi esse, segundo alguns historiadores, o início da veneração da "Virgem do Pilar", devotadamente praticada e exportada pelos espanhóis para muitas de suas antigas colônias. Um pouco mais sobre essa tradição católica – com seus desdobramentos mariolátricos – é-nos contado por Anna Jamerson, em seu *Sacred and Legendary Art* [*Arte sacra e legendária*] (p. 238):

Após a ascensão de Cristo, Tiago pregou o evangelho na Judéia e, tendo viajado por todo o mundo, finalmente chegou à Espanha, em cujas terras não fez senão uns poucos convertidos em função das densas trevas e da ignorância que acometia aquela população.

Certo dia, enquanto repousava com seus discípulos às margens do Ebro, a bendita Virgem apareceu-lhe assentada no topo de uma coluna de jaspe, cercada de um coral de anjos, diante de cuja cena o apóstolo prostra-se, com rosto em terra. Ordenando-lhe que edificasse naquele lugar uma capela para sua adoração, a Virgem assegura-lhe que toda a região de Zaragoza, à época imersa nas trevas do paganismo, seria distinguida, em tempos futuros, por sua veneração.

O apóstolo, procedendo conforme lhe ordenara a santa Virgem, dá início a capela que mais tarde seria conhecida como Igreja de Nossa Senhora do Pilar. Assim, após propagar a fé cristã na Espanha, São Tiago retorna à Judéia, onde continua a pregar o evangelho por muitos anos, realizando milagres e maravilhas às vistas do povo.

No caso especial da missão de Tiago a Zaragoza e à Galácia, os acréscimos da tradição romana, sedimentados pelos séculos de cristandade naquele país, acabaram contribuindo para um distanciamento ainda maior entre a lenda e a realidade. O registro da suposta aparição etérea de Maria ao apóstolo em Zaragoza soa, no mínimo, incongruente, já que naquele tempo (por volta de 40 d.C.), a mãe de Jesus é tida pelos eruditos como ainda viva e, possivelmente, habitando a Judéia ou Éfeso, na Ásia Menor, ao lado do apóstolo João.

O dr. Justo González comenta a influência política e religiosa que as lendas católicas sobre São Tiago na Espanha exerceram através dos séculos (*op. cit.*, vol. I, p. 44):

> A tradição referente a São Tiago na Espanha teve grande importância para os espanhóis através de sua história, pois São Tiago é o patrono do país, bem como o grito de guerra na reconquista contra os mouros: 'São Tiago e avante Espanha!'. Durante a Idade Média, as peregrinações a São Tiago de Compostela tiveram um papel importantíssimo na religiosidade européia e também na unificação da Espanha. A ordem de São Tiago [...] foi de grande importância histórica. Por todas essas razões, há ainda esforços de alguns autores – em sua maioria espanhóis e católicos – de sustentar a veracidade histórica da

visita de São Tiago à Espanha. Contudo, essa tradição, não aparece em nenhum escrito anterior ao século 8 e, portanto, a maioria dos historiadores se inclina a rejeitá-la.

A opinião de González, de que a tradição sobre a presença de Tiago na Espanha não é anterior ao século 8 e que, portanto, não merece credibilidade histórica, não é partilhada por outros autores de biografia apostólica. De fato, a maior parte das lendas sobre a suposta missão data do século 9 (c. 820 d.C.), quando supõe-se terem sido descobertos os restos mortais do apóstolo na região da Galácia. Ao redor do achado, surgiram, respectivamente, o santuário, a catedral e, finalmente, a cidade de Santiago de Compostela, para a qual multidões freneticamente fluíram, transformando-a em um dos mais importantes centros de peregrinação de toda Europa durante a Idade Média. Não obstante, pesquisadores sérios como J. W. Taylor, por exemplo, confiam na historicidade da missão de Tiago à Hispânia, citando fontes que remontam ao século 5 (*op. cit.*,p. 58):

... muito antes da alegada descoberta – ou redescoberta – do corpo de São Tiago, temos evidências de que a essência dessa tradição já era sustentada pelos habitantes da Espanha, assim como por seus escritores. Desde tempos imemoriais, ou pelo menos desde 400 d.C., encontramos referências a essa tradição em antigos ofícios espanhóis. Na segunda metade do século seguinte, ou princípio do século 6 (c. 600 d.C.), aparecem três menções distintas confirmando a pregação de São Tiago na Espanha nos escritos de Isidorus Hispalensis (VII, 390, 392 e V. 183), embora esse autor relate o sepultamento do apóstolo em Marmarica, na Acaia.

A tradição é novamente confirmada por São Juliano, que dirigiu a igreja de Toledo no século 7 (*Acta Sanctorum*, vol. 33, p. 86) e por Freculfo, que escreveu em cerca de 850 d.C. (livro II, cap. IV). O compêndio dos bolandistas na *Acta Sanctorum* parece decididamente favorável à tese que tem como fidedigna e histórica a missão espanhola de São Tiago.

De modo geral, as mesmas tradições que narram a ação missionária de Tiago na Espanha relatam também seu retorno à Judéia, onde, não muito tempo depois, encontraria o martírio, durante uma severa perseguição lançada contra a Igreja. As circunstâncias e as tradições que envolveram sua execução em Jerusalém serão o alvo de nossa atenção a seguir.

TIAGO MAIOR, O PRIMEIRO MÁRTIR DOS DOZE

Ao solicitar, de maneira ousada, um posto de proeminência para si e para seu irmão no Reino de Cristo, Tiago Maior é surpreendido com uma indagação da parte de Jesus (Mc 10.38,39):

> ... podeis beber o cálice que eu bebo, e ser batizado no batismo em que sou batizado? E [Tiago e João] lhe responderam: Podemos.

A contra-resposta do Mestre tornou-se para Tiago uma profecia sobre como o discípulo selaria seu futuro ministério apostólico:

> Mas Jesus lhes disse: O cálice que eu bebo, *haveis de bebê-lo*, e *no batismo em que eu sou batizado, haveis de ser batizado...* (Mc 10.39; grifos do autor).

Tiago estava diante de duas metáforas cujo significado não podia ser, naquele momento, compreendido em sua plenitude. A expressão "beber o cálice que eu bebo" era usada pelos judeus para significar a ação de compartilhar o destino de alguém. Na ingenuidade de Tiago, o destino de seu Senhor, sem sombra de dúvida, era herdar o trono de Davi e reinar gloriosamente sobre toda a nação de Israel. A expectativa dos discípulos, como seguidores daquele cujo cetro em breve regeria o país era, portanto, desfrutar as bênçãos advindas desse reino. Daí a razão pela qual Tiago e seu irmão não hesitam em responder positivamente à pergunta de Jesus. No entanto, o que os filhos de Zebedeu não podiam vislumbrar é que Jesus falava não do prestígio de um reino secular, mas do destino sacrifical que marcaria o apostolado daqueles discípulos e, em especial, o de Tiago Maior.

Semelhantemente, a palavra "batismo" aparece aqui como referência a imersão nos sofrimentos de Sua morte sacrifical, experiência sobre a qual Jesus já vaticinara aos Seus discípulos em ocasião anterior:

> Há um *batismo* em que hei de ser *batizado*; e como me angustio até que venha a cumprir-se! (Lc 12.50; grifos do autor).

Tiago e João, portanto, nem imaginavam o que realmente estavam dizendo ao responderem: *Podemos*, àquela indagação do Mestre.

Alguns autores propõem que João, irmão de Tiago, também viu cumprir-se em sua vida o "batismo na morte", sobre o qual Jesus profetizou. Contudo, são tradições de origem duvidosa, como as de Jorge, o Pecador (séc. 7), e de Filipe de Side (séc. 4). Ambos sustentam – supostamente baseados em Papias – que João sofrera o martírio ao lado do irmão, em Jerusalém. Entretanto, seria impensável que a execução de João passasse despercebida por Lucas. Ademais, se João tivesse sido, de fato, martirizado em 44 d.C. junto a seu irmão, quem seria o autor das obras neotestamentárias que levam seu nome e que foram produzidas bem depois dessa data? Como sabemos, a tradição mais aceita é a de que João tenha realmente morrido de forma natural, em idade avançada, nos arredores de Éfeso, mas não sem antes ter sofrido diversas provações em Roma e amargado o exílio na ilha de Patmos.

No caso de Tiago, entretanto, não há necessidade de buscarmos a tradição cristã para sabermos sobre seu fim. O livro de Atos dos Apóstolos é claro ao registrar o momento em que o discípulo viu se cumprir a profecia que ele mesmo confirmara sem o saber. Tiago Maior tornou-se, pois, o primeiro dos doze a perecer pela causa do evangelho, como comenta McBirnie (*op. cit.*, p. 88):

> É interessante observar que esses três discípulos (Pedro, Tiago e João), que viriam a sofrer tanto pela causa de Cristo,

testemunharam a ressurreição de mortos, de maneira que se lhes incutisse a coragem de sacrificar suas próprias vidas, a transfiguração de Cristo, para que pudessem contemplar a realidade do mundo espiritual, e a agonia do Jardim (do Getsêmane) de maneira que eles, semelhantemente, pudessem entender que deveriam agonizar por Cristo.

Observe que Pedro, levando adiante de modo tão proeminente a causa do evangelho, tornou-se o primeiro líder dentre os apóstolos. João, por sua vez, sobrepujando em dias seus condiscípulos, veio a morrer de morte natural, após ter completado cinco livros do Novo Testamento e consolidado grande ministério na Ásia Menor, como a voz de liderança do cristianismo em todo o mundo, até meados de 100 d.C.

Ao contrário desses dois que se tornaram grandes líderes dentre os apóstolos, Tiago aparece como aquele cuja vida foi precocemente ceifada enquanto a Igreja vivia ainda seu florescimento. Como o primeiro dentre os apóstolos a sofrer o martírio, é relevante o fato de Cristo tê-lo permitido compartilhar os íntimos segredos de Sua agonia no Jardim (do Getsêmane) e de Sua transfiguração.

Segundo o relato de Lucas, Tiago Maior foi executado sob ordens de Herodes Agripa I, durante o terceiro levante contra a Igreja na cidade de Jerusalém, em cerca de 44 d.C. Agripa I era filho de Aristobulus, que morrera pelas mãos de seu próprio pai, Herodes, o Grande, em 7 d.C. Criado em Roma, em meio a pompa da nobreza local, o futuro déspota conheceu algum sofrimento durante o reinado de Tibério, que, ao lançá-lo na prisão, fê-lo amargar dias de privação até a ascensão do imperador seguinte. Assim como seu avô, Agripa I tornou-se conhecido por suas adulações, por meio das quais aproximou-se intimamente de homens sanguinários como Calígula (37-41 d.C.), a quem auxiliou em suas ambições ao trono de Roma, após a morte de Tibério. Calígula, ao se tornar César, recompensou-o com o título de soberano sobre a tetrarquia de Filipe e de Lisânias.

382 Doze homens, uma missão

Depois, fê-lo tetrarca de Galiléia e da Peréia, às quais se somaram, a seguir, a Samária e a Judéia, presenteadas pelo imperador Cláudio (41-54 d.C.), a quem Agripa também apoiara, com suas bajulações, para a sucessão de Calígula.

No afã de conquistar a simpatia dos judeus, Agripa I – que era idumeu – lançou severa perseguição contra a Igreja, açoitando e matando alguns de seus líderes mais destacados, entre os quais Tiago Maior:

> "Por aquele mesmo tempo o rei Herodes [Agripa I] estendeu as mãos sobre alguns da igreja, para os maltratar; e matou à espada Tiago, irmão de João. Vendo que isso agradava aos judeus, continuou, mandando prender também a Pedro" (At 12.1-3).

Algumas lendas interessantes também descrevem as circunstâncias da execução de Tiago em Jerusalém. O historiador Eusébio, por exemplo, baseando-se na *Hypotyposes*, a obra perdida de Clemente de Alexandria, conta-nos acerca da existência de um delator, responsável pelo aprisionamento e pelo julgamento que levaria Tiago à sentença capital. Ao conscientizar-se, enfim, do destino que aguardava o apóstolo, o incógnito traidor teria de tal sorte se arrependido, que – conta Eusébio – apresentou-se aos mesmos magistrados confessando-se também ser cristão. Tendo rogado e recebido o perdão de Tiago, o delator arrependido encontrou honrosamente o martírio, sendo decapitado ao lado do apóstolo.

Anna Jamerson, em seu *Sacred and Legendary Art* [*Arte sacra e legendária*], narrou assim a mesma lenda acerca do martírio de Tiago (p. 239):

> Entretanto, os maldosos judeus, cada vez mais enfurecidos, tomaram consigo a Tiago e, amarrando-o trouxeram-no ante o tribunal de Herodes Agripa. Um daqueles que o arrastaram até ali, ao ser tocado pela singeleza do apóstolo, assim como por seus milagres de misericórdia, converteu-se e suplicou-lhe que o permitisse morrer ao seu lado. O apóstolo, dando-lhe o ósculo da paz, disse-lhe: 'Pax Vobis'. O beijo e as palavras, conjuntamente, permanecem até o dia de hoje como expressão

da bênção eclesiástica. Assim, foram ambos decapitados e morreram.

O livro de Atos não silencia quanto ao agonizante fim de Agripa I, no mesmo ano da execução de Tiago Maior:

> Num dia designado, Herodes, vestido de trajes reais, sentou-se no trono e dirigia-lhes a palavra. E o povo exclamava: É a voz de um deus, e não de um homem! No mesmo instante o anjo do Senhor o feriu, porque não deu glória a Deus; e, comido de vermes, expirou (At 12.21-23).

Flavius Josefo, em sua obra *Antiguidades Judaicas* (XIX, 8, 2), complementa a narrativa de Lucas com alguns detalhes dignos de nota. O *dia designado* sobre o qual Lucas fala era, na verdade, um festival em honra ao imperador Cláudio, celebrado em Cesaréia Marítima, o lar dos procuradores romanos na Judéia. Agripa I causou grande impressão no público ao apresentar-se com seus trajes feitos de prata, dos quais emanavam fulgurantes reflexos solares. Ao ser aclamado como deus, Agripa viu-se subitamente acometido de dores insuportáveis que, segundo narra o historiador judeu, levaram o déspota a expirar, após cinco dias de horríveis sofrimentos.

Contudo, voltemos ao martírio de Tiago. Tornou-se um desafio sabermos por que o apóstolo teve um destino diferente do de outros líderes cristãos perseguidos pelas autoridades de Agripa. Pedro, por exemplo, sofreu apenas o aprisionamento durante a perseguição infligida pelo infame soberano. Por que a Tiago caberia a pena capital, enquanto aos outros apóstolos apenas a prisão e meras advertências? Talvez Agripa tenha tentado exterminar a todos igualmente, mas não tenha tido tempo para realizar tal façanha. De qualquer modo, o fato de Tiago estar entre os que se tornaram alvo daquela cruel perseguição indica que o apóstolo, assim como vemos no relato dos evangelhos, representava uma personalidade de grande notoriedade no meio eclesiástico da primeira metade do século 1.

É interessante conferirmos a proposta apresentada por McBirnie com respeito às razões que determinaram o aprisionamento e execução de nosso apóstolo na Judéia (*op. cit.*, p. 105/6):

Tiago pode realmente ter se dirigido à Espanha a fim de anunciar o evangelho aos colonos e escravos judeus daquele lugar. Não sabemos, contudo, por que o apóstolo teria escolhido justamente os judeus da Espanha para esse intento.

Ao retornar a Jerusalém, é provável que Tiago tenha sido acusado por Herodes Agripa I de espalhar a sedição entre os judeus escravos na Espanha. Sem dúvida, Herodes tornara-se impopular na Judéia por ter enviado aqueles cativos judeus para a escravidão ou, pelo menos, por não ter feito suficiente oposição a Roma nesse particular. Certo é, no entanto, que os judeus escravos da Espanha eram inimigos tanto de Herodes quanto de Roma.

Assim, qualquer habitante da Judéia que se aventurasse na longa jornada à Espanha e fosse visto falando acerca dos prisioneiros seria, em seu retorno, considerado por Herodes como um inimigo potencial de seu trono.

Com o rápido crescimento do movimento cristão na própria Jerusalém, Herodes pode ter encarado todos os muitos de seus líderes como insurretos potenciais. Assim, poderia ter acusado a Tiago de deflagrar uma sedição e o ter mandado decapitar como inimigo manifesto do Estado. Nesse ato contra Tiago, Herodes não teria ficado sem o apoio dos simpatizantes dentre os membros do sacerdócio ou dos grupos dominantes judaicos. Em 44 d.C., os religiosos judeus, bem como sua liderança política, já não mais demonstravam ser tolerantes para com o cristianismo, mesmo o considerando – em seus primeiros anos – pequeno demais para ser potencialmente perigoso.

Este autor não vê, portanto, nenhuma razão pela qual Tiago não tenha realmente tombado vítima da ira de Herodes, sob a acusação de insurreição. Se o magistrado estava realmente determinado a extinguir o cristianismo ou, pelo menos, imobilizá-lo, a fim de agradar os círculos dominantes judaicos, não seria atípico de sua parte subornar diversas 'testemunhas' para esse fim. Ademais, é possível que a pregação acerca do Messias que 'veio e que retornaria' tenha rendido a Tiago muito seguidores dentre os judeus escravizados na Espanha. Dessa forma, poderia ter-se iniciado uma situação que acarretaria muitos problemas envolvendo os romanos e esses escravos judeus, cabendo ao apóstolo a responsabilidade por esses distúrbios...

Não podemos, por certo, comprovar essa teoria. Entretanto, é realmente possível que um grande número de escravos judeus na Espanha tenha se convertido a Cristo com a pregação de Tiago, dando início às lendárias narrativas acerca da viagem do apóstolo, as quais poderiam ter fundamentado a futura associação do ministério de Tiago a Espanha. Tal viagem está em plena harmonia com aquilo que conhecemos sobre a personalidade de Tiago. Como um zeloso judeu, ele pode ter se enchido de compaixão quanto à salvação desses compatriotas duplamente desafortunados e entregues à escravidão na Espanha, tendo desejado-os para Cristo ao sentir intensamente sua separação do corpo de Israel.

O LENDÁRIO TRASLADO DOS RESTOS MORTAIS DE TIAGO PARA A HISPÂNIA

Tão marcantes quanto as tradições do ministério de Tiago em terras espanholas são as lendas que falam da transferência de seu corpo, logo após seu martírio em Jerusalém, para a região da Galícia, no norte daquele país.

Anna Jamerson apresenta uma tradição que, embora impregnada de componentes imaginários, dá-nos alguma idéia sobre como poderia ter sido o suposto traslado do corpo do apóstolo para a Hispânia (*op. cit.*, p. 239):

> E, vindo os discípulos de Tiago, tomaram consigo seu corpo e, não ousando sepultá-lo por medo dos judeus, levaram-no até Jope

386 Doze homens, uma missão

e o colocaram a bordo de um navio. Alguns dizem que o navio era todo de mármore, embora isso não possa ser autenticado. Entretanto, é certo que os anjos conduziram miraculosamente a embarcação até a costa da Espanha, onde chegaram após sete dias. Navegaram através do estreito conhecido como Pilares de Hércules e, por fim, chegaram à Galícia, em um porto à época chamado Iria Flavia, hoje Padron.

Outros episódios fantásticos, como o citado por Jamerson, procuraram cobrir de glória a chegada e a permanência do corpo no norte da Espanha. Em uma dessas narrativas, conta-se que os discípulos de Tiago, logo ao desembarcarem no litoral da Galícia, deitaram o corpo do santo em uma grande pedra que, ao recebê-lo, tornou-se pastosa como cera, envolvendo o corpo do apóstolo, em um miraculoso sinal de que o homem de Deus desejava ser ali depositado perpetuamente.

Entretanto, certa rainha ímpia de nome Lupa, que reinava na região, mostrando seu desafeto com a permanência dos restos do santo naquele lugar, teria ordenado a seus súditos que atrelassem touros selvagens a um carro e sobre ele pusessem o corpo de Tiago, a fim de levá-lo para um lugar distante. A lenda conta que os touros tornaram-se, como que por milagre, dóceis como cordeirinhos e acabaram conduzindo vagarosamente o túmulo para os átrios palacianos da rainha. Lupa, ao contemplar aquela maravilha, teria não apenas se convertido ao cristianismo, como também incentivado todos seus súditos a seguirem sua decisão, mandando erigir um magnífico templo em memória de Tiago Maior.

À parte os acréscimos da imaginação popular, o fato é que, se o corpo de Tiago Maior foi realmente transportado para a Galácia, pouco depois de seu martírio na Judéia, deve ter ali permanecido oculto por quase oito séculos, até sua descoberta em meados do século 9, como vemos em diversos textos antigos.

Acerca das implicações políticas da descoberta dos restos de Tiago na Espanha comenta Sir Thomas Kendrick, na introdução da obra de Helmutt Nell, *Great Pilgrimages of the Middle Ages* [*Grandes pperegrinações da Idade Média*] (p. 13):

No princípio do século 9, talvez em torno do ano 810 d.C., três corpos – atribuídos a São Tiago Maior e dois de seus discípulos – foram descobertos no extremo noroeste da Espanha por Teodomiro, bispo de Iria Flavia (Padron). Os corpos repousavam em uma tumba, há muito esquecida, em uma região agreste, distante cerca de vinte quilômetros do trono episcopal.

No período da descoberta, a reconquista da Espanha das mãos dos mouros havia iniciado, e o Reino das Astúrias, em cujas terras deu-se o achado, tornara-se um baluarte da cristandade, passando bravamente ao resto da Europa a esperança de que o avanço do Islão fora barrado com sucesso ao sul dos Pirineus.

Veio, a seguir, a anunciação, levada a cabo primeiramente pelo bispo e, depois, pelo rei das Astúrias, Alfonso II (791-842 d.C.). Ambos deixaram claro que a descoberta se deu como resultado de uma direção celestial.

Em outras palavras, naquele período, quando grande perigo ameaçava o oeste da Europa, São Tiago ofereceu, repentinamente, o encorajamento, por meio de seus ossos [...], para sustentar a bravura dos cristãos que lutavam na linha de frente contra o Islão.

Diz-se que o próprio Alfonso II, rei das Astúrias, notificou o papa Leão III sobre aquele maravilhoso achado em suas terras. Não demorou, portanto, para que a necrópole onde supostamente se acharam os corpos de Tiago Maior e dois de seus discípulos se transformasse na cidade de Santiago de Compostela, que viria a se firmar como um dos três maiores centros de peregrinação cristã da Idade Média.

AS ALTERNATIVAS AO ACHADO DAS RELÍQUIAS DE TIAGO NA ESPANHA

Não obstante a missão de Tiago Maior à Espanha nos anos que precederam sua morte, em 44 d.C., seja vista com desconfiança por

388 DOZE HOMENS, UMA MISSÃO

muitos autores de biografia apostólica, o achado de seus ossos na região da Galícia continua a dividir as opiniões mais competentes. Em função disso, alguns pesquisadores se viram na necessidade de encontrar alternativas que explicassem o aparecimento dos restos de Tiago na Espanha, desconsiderando sua passagem ministerial naquele país. Dentre os tais, destaca-se Helmutt Nell, que apresenta algumas sugestões históricas relevantes para justificar o precioso achado em terras espanholas (*op. cit.*, p. 31,34,35).

> Podemos aceitar com razoável segurança que São Tiago morreu no ano 44, sendo executado durante o reinado de Herodes Agripa I (At 12.2). Assim, sua tumba devia estar originalmente situada em algum lugar nos arredores de Jerusalém. Entretanto, no ano 614, com a ocupação persa dos territórios bizantinos da Síria e da Palestina, alguns eruditos (Tillemont) crêem que o corpo de Tiago foi trazido, naquele mesmo período, para a Galícia. Outra sugestão (Gams) propõe ainda que o corpo tenha sido transportado em um período anterior, no século 6, durante o tempo do imperador Justiniano, que teria apresentado com as relíquias o monastério de Raithiu, localizado na península do Sinai.

Outra alternativa é o que dizem alguns cronistas entre os séculos 8 e 12 (e.g. *Breviarium Apostolorum*). Segundo eles, Tiago fora sepultado em 'Achaia Marmorica' [...]. Até agora, contudo, esse nome não foi plenamente identificado com nenhum lugar nem com qualquer cidade conhecida.

> A miraculosa descoberta das relíquias do apóstolo em Santiago ocorreu no primeiro quarto do século 9 (durante o reino de Alfonso II, 791-842 d.C., mas anteriormente ao ano 842), isto é, antes da primeira destruição do santuário de São Menas [...]. Assim, pode-se aceitar que os restos do apóstolo tenham sido transportados para a Galícia, quando muito, nos primórdios do século 9. É igualmente possível que essa transferência tenha se dado antes de 711 (data da invasão árabe na Espanha), sendo,

no entanto, pouco provável que tenha ocorrido durante a ocupação árabe na península ibérica. Foi no princípio do século 9 que o reino das Astúrias, no Norte da Espanha, conquistou suficiente estabilidade para almejar a reconquista do restante da nação. [...] Se essas conjecturas estiverem corretas, então é possível que a rota percorrida pelas relíquias desde Jerusalém até Santiago [de Compostela] tenha passado pelo Sinai e pela cidade de Menas. Nesse caso, o período mais plausível da travessia até a Espanha é o princípio do século 9, ou seja, um pouco antes da construção da igreja em Santiago, sob o reino de Alfonso II.

Propostas históricas como essas apresentadas por Nell, em última instância, visam a estabelecer que a viagem missionária de Tiago à Espanha é fruto de lendas que ornaram a descoberta das relíquias do apóstolo – estas sim, provavelmente verdadeiras – ocorrida, conforme crêem alguns, no começo do século 9.

McBirnie sugere um caminho intermediário, segundo o qual parte da ossada do apóstolo teria permanecido em Jerusalém – como insistem os ortodoxos americanos – enquanto o restante teria sido transportado, por razões de segurança, para outras regiões, por exemplo, a Galícia, na Espanha, conforme sugerem as lendas (*op. cit.*, p. 106/7):

> Com respeito à morte de Tiago, é certo que seus amigos e condiscípulos sepultaram seu corpo em algum lugar da cidade de Jerusalém. Um túmulo de família, próximo à atual localização do Patriarcado Armênio, pode ter sido o abrigo de seu corpo, assim como de sua cabeça decapitada. É provável, portanto, que o crânio tenha permanecido naquela localidade, sendo enterrado ali quando da construção, mais tarde, de uma igreja naquele lugar.

> Não é de todo impossível que, com o incremento da veneração das relíquias apostólicas, no princípio dos tempos medievais, alguns dos ossos de Tiago – talvez pertencentes ao seu corpo – tenham sido transportados para a Espanha a fim de serem

390 DOZE HOMENS, UMA MISSÃO

> protegidos da invasão persa. A cabeça, contudo, talvez tenha permanecido em Jerusalém, uma vez que o relicário que a contém seria facilmente escondido dos invasores e saqueadores persas. [...] Podemos, facilmente, imaginar os cristãos armênios daqueles distantes dias deliberando prudentemente acerca da separação das relíquias do apóstolo Tiago, de sorte que algumas delas pudessem ser preservadas, mesmo que outras eventualmente viessem a se perder no processo...
>
> A fragmentação de relíquias era prática quase universal nos tempos medievais, não havendo, portanto, nenhuma razão consistente para negarmos a hipótese de que boa parte dos restos do apóstolo esteja repousando atualmente em Santiago de Compostela, na Espanha.
>
> Como temos enfatizado, tal possibilidade deve ser encarada como uma pressuposição, já que não dispomos de qualquer fato que a confirme ou a refute seriamente.

Embora esse não tenha sido nosso objetivo no capítulo dedicado aos dois Tiagos, não há como deixarmos de registrar o profundo contraste que as Escrituras e a tradição erigiu sobre a carreira desses dois seguidores de Jesus.

Tiago Maior, como vimos, desponta com grande notoriedade nas páginas dos evangelhos, como um dos três mais íntimos discípulos de Cristo, tornando-se testemunha ocular, ao lado de Pedro e de João, de várias maravilhas não presenciadas pela maioria de seus companheiros. Seu destacado empenho no período apostólico tornou-o alvo especial da tradição cristã que, ao longo dos séculos, construiu sobre sua figura diversos relatos, muitos dos quais de natureza notadamente fantasiosa. A relevância atribuída ao seu ministério pode ser mensurada pela transformação de seu suposto túmulo em um dos locais de peregrinação católica mais visitados nos tempos medievais. Embora precocemente interrompida, sua carreira missionária é retratada pela história eclesiástica como uma das mais laboriosas e atuantes dentre os doze. Uma vez confirmada historicamente, a viagem missionária de Tiago Maior à Espanha faria dele um dos pioneiros dentre os apóstolos a romper os limites da Palestina em uma jornada evangelística de longa distância. Sua destacada posição como um dos líderes da igreja em Jerusalém explica, em parte, seu aprisionamento e martírio por Herodes Agripa, durante a perseguição lançada pelo soberano contra os cristãos da capital judaica.

Em contraposição à notoriedade do filho de Zebedeu, temos Tiago, filho de Alfeu, também chamado o Menor. Tão pálidos foram os rastros deixados pela história da igreja apostólica.

Se a carreira de Tiago Maior nos ensina muito acerca de uma atitude missionária arrojada e de uma postura de liderança destemida e visionária, o esquecido ministério de Tiago Menor nos faz lembrar que a triunfante marcha da Igreja foi sustentada não sobre a glória de alguns cristãos renomados, mas sobre o testemunho de miríades de heróis desconhecidos que – tanto quanto aqueles – não se negaram a selar com seu próprio sangue a fé que ostentavam; crentes anônimos que não reputaram por preciosas suas vidas e que não preferiram o galardão desse mundo ante a maravilhosa expectação do Reino de Deus. Como Tiago Menor, esses ilustres desconhecidos, mesmo ignorados pela História, tornaram-se personagens que a transformaram consoante os desígnios divinos.

Se o sucesso apostólico e a conseqüente notoriedade histórica de Tiago Maior nos incentivam a uma vida de audaciosos empreendimentos pela causa do evangelho, a quase absoluta obscuridade de Tiago Menor nos assegura que, mesmo quando ignorados ou desprezados pelos homens em nosso serviço pelo Reino, nosso "Pai, que vê em secreto", certamente nos recompensará (Mt 6.6).

> "Vendo isso Simão Pedro, prostrou-se aos pés de Jesus, dizendo: Retira-te de mim, Senhor, porque sou um homem pecador."
>
> *Lucas 5.8*

SIMÃO PEDRO

Nenhum outro personagem neotestamentário causa tão profunda impressão no coração do leitor bíblico quanto esse impulsivo pescador galileu, cuja fervorosa devoção em servir seu Mestre o fez tornar-se um dos mais destacados e celebrados obreiros do evangelho em todos os tempos.

A relevância de Pedro para a história da Igreja se faz sentir na própria ordem da lista dos apóstolos. Embora a seqüência desses nomes varie conforme as citações dos evangelistas, dois dos discípulos são sempre apresentados na mesma ordem: o primeiro e o último. Se, para os autores sinópticos, o lugar de ignomínia e de vergonha pertence ao abjeto

Judas Iscariotes, por outro lado, a proeminência dentre os doze cabe a Simão, chamado Pedro (Mt 10.2; Mc 3.16; Lc 6.14).

O impacto causado pela figura de Pedro ao leitor do Novo Testamento obedece à razão direta de sua semelhança com cada um de nós, na complexidade de nossas contradições e ambigüidades. A natureza de Pedro assemelha-se a um turbulento redemoinho onde pululam as mais louváveis virtudes e as mais repreensíveis fraquezas. Desse vigoroso pescador podia-se esperar qualquer coisa, exceto um comportamento previsível diante dos desafios do cotidiano. Por isso, suas reações a eles variavam desde a mais expressiva coragem, como andar sobre as águas tempestuosas do mar da Galiléia (Mt 14.28-31), até posições covardes, como a da noite em que, aos impropérios, negou seu Mestre (Mt 26.69-75). McBirnie vê assim as características gerais do líder dos discípulos (*op. cit.*, p. 50-51):

> Muito se tem dito sobre o temperamento de Pedro. Ele não era particularmente modesto, mas era, com freqüência, impositivo. Por vezes, ele, durante os primeiros dias da Igreja, pôs-se na vanguarda dos apóstolos, falando como seu porta-voz. Embora mais tarde eclipsado em notoriedade por Paulo, Pedro permaneceu firme na afeição da Igreja primitiva como o primeiro dentre os mais notáveis cristãos...

> Ele, com uma rara combinação de coragem e de covardia, alternava momentos de grande força com lamentável instabilidade. Jesus dirigiu-se mais a ele que a qualquer outro de seus seguidores, tanto em louvor quanto em repreensão. Nenhum outro discípulo foi tão diretamente admoestado por nosso Senhor, e nenhum deles jamais ousou advertir seu próprio Mestre como Pedro! Contudo, sob os ensinos, os exemplos e o treinamento de Cristo, o caráter impulsivo desse galileu foi sendo gradativamente subjugado até, finalmente, após o Pentecostes, tornar-se a própria personificação da fidelidade a Cristo.

> Havia, entretanto, um fator remidor no caráter de Pedro: sua aguda sensibilidade ao pecado. Em seu espírito, ele se mostrou

extremamente sensível e melindroso nesse particular. Foi ele quem disse: 'Retira-te de mim, Senhor, porque sou um homem pecador' (Lc 5.8). Pedro pecou tão gravemente quanto Judas. Se este vendeu Jesus, aquele imprecou contra seu Senhor. Não há, pois, diferença essencial nisso, exceto pelo fato de que Pedro se arrependeu, e Judas não.

De fato, os elementos conflitantes que compunham o caráter do apóstolo foram sendo, paulatinamente, adestrados e moldados por seu Rabi que, qual domador que habilmente submete o cavalo selvagem, transformou aquela personalidade paradoxal em um líder que, séculos mais tarde, ainda é honrosamente lembrado como um dos grandes campeões da cristandade.

Dentre todos os apóstolos apresentados no Novo Testamento, Pedro é – ao lado de Paulo – aquele sobre quem mais relatos dispomos. Embora parte dessas informações seja também procedente da história pós-bíblica, é nas páginas dos evangelhos que obtemos os elementos fundamentais para o traçado de uma silhueta aproximada de sua personalidade como discípulo de Jesus Cristo.

O CHAMADO DE PEDRO

Pedro, em toda a sua vitalidade e demasiada franqueza, espelhava bem o típico temperamento do homem da Galiléia, região onde nascera e prosperara como pescador, nas imediações de Betsaida, às margens do Lago de Genesaré (Jo 1.44). O futuro apóstolo, assim como tantos outros judeus contemporâneos seus, aguardava ansiosamente a manifestação redentora do Messias. Essa é, pelo menos, a impressão que se tem a partir de alguns detalhes que cercam sua conversão, como veremos a seguir.

Nada se sabe sobre seu pai, João, mencionado apenas pelo nome nas Escrituras (Mt 16.17; Jo 1.42), embora alguns eruditos sugiram que este, à semelhança de Zebedeu, também exercia o ofício de pescador, influenciando a profissão de seus filhos Pedro e André.

É necessário identificarmos dois momentos distintos no chamado de Simão Pedro ao discipulado cristão. Primeiramente, temos o impacto causado pela ação de André, seu irmão, à época discípulo de João Batista. André, que mais adiante também se tornaria um dos doze, não apenas ouvira o testemunho do profeta acerca de Jesus na margem oriental do Jordão (Jo 1.29-37), como também conhecera pessoalmente seu futuro mestre (Jo 1.35-42). Tão convincente fora aquele primeiro encontro que André viu-se na impreterível tarefa de retornar à Galiléia e reportar o ocorrido a seu irmão, no afã de persuadi-lo a encontrar-se com Aquele que seria o Prometido de Israel, conforme João 1.41,42:

> Ele achou primeiro a seu irmão Simão, e disse-lhe: Havemos achado o Messias (que, traduzido, quer dizer Cristo). E o levou a Jesus. Jesus, fixando nele o olhar, disse: Tu és Simão, filho de João, tu serás chamado Cefas (que quer dizer Pedro).

Pelo que se deduz do cruzamento das narrativas bíblicas, Pedro e André, após esse primeiro contato com Jesus, retornaram às suas atividades cotidianas nas cercanias do mar da Galiléia. Ali, algum tempo depois, tornariam a encontrar seu futuro Mestre; dessa vez, em caráter definitivo:

> E, andando junto do mar da Galiléia, viu a Simão, e a André, irmão de Simão, os quais lançavam a rede ao mar, pois eram pescadores.

> Disse-lhes Jesus: Vinde após mim, e eu farei que vos torneis pescadores de homens.

> Então eles, deixando imediatamente as suas redes, o seguiram. (Mc 1.16-18).

O evangelista Lucas, complementando a descrição de Mateus e de Marcos, apresenta os detalhes que envolveram a célebre vocação de Pedro e de seus colegas de ofício, conforme observamos em Lucas 5.1-11.

Certa vez, quando a multidão apertava Jesus para ouvir a palavra de Deus, ele estava junto ao lago de Genesaré;

e viu dois barcos junto à praia do lago; mas os pescadores haviam descido deles, e estavam lavando as redes.

Entrando ele num dos barcos, que era o de Simão, pediu-lhe que o afastasse um pouco da terra; e, sentando-se, ensinava do barco as multidões.

Quando acabou de falar, disse a Simão: Faze-te ao largo e lançai as vossas redes para a pesca.

Ao que disse Simão: Mestre, trabalhamos a noite toda, e nada apanhamos; mas, sobre tua palavra, lançarei as redes.

Feito isto, apanharam uma grande quantidade de peixes, de modo que as redes se rompiam.

Acenaram então aos companheiros que estavam no outro barco, para virem ajudá-los. Eles, pois, vieram, e encheram ambos os barcos, de maneira tal que quase iam a pique.

Vendo isso Simão Pedro, prostrou-se aos pés de Jesus, dizendo: Retira-te de mim, Senhor, porque sou um homem pecador.

Pois, à vista da pesca que haviam feito, o espanto se apoderara dele e de todos os que com ele estavam, bem como de Tiago e João, filhos de Zebedeu, que eram sócios de Simão. Disse Jesus a Simão: Não temas; de agora em diante serás pescador de homens.

E, levando eles os barcos para a terra, deixaram tudo e o seguiram.

Se, no primeiro contato com Jesus, às margens do rio Jordão, a mensagem daquele jovem ainda desconhecido sensibilizou Pedro, seu súbito reencontro com Ele, ao fim de um dia de trabalho exaustivamente improdutivo, o fez reconhecer que ali havia algo mais sublime que um mero discurso espiritual.

Nem o próprio Simão, pescador experimentado e conhecedor como poucos do lago de Genesaré, podia explicar a facilidade que fora convencido a aventurar-se novamente em uma empreitada que se demonstrara absolutamente infrutífera naquele dia. A autoridade Daquele que disse: *Faze-te ao largo e lançai as vossas redes para a pesca*, tornara-se de tal sorte imperativa que, ao atônito pescador, só restava reconhecer: *sobre tua palavra, lançarei as redes*.

Pedro e seus amigos presenciaram, pois, algo nunca visto até aquele momento. Era como se aquele jovem varão, de aspecto sereno e de olhar contemplativo, tivesse, de alguma maneira, submetido as próprias forças da natureza, ordenando aos cardumes que se precipitassem sobejamente em suas redes. A contemplação daquele sinal, longe de fazê-los regozijar pelos dividendos que poderia trazer-lhes, encheu-os de um assombro jamais experimentado.

Se, para Pedro, as palavras que ouvira de Jesus às margens do Jordão – ou mesmo minutos antes em seu barco – não o demoveram de seu ceticismo quanto às pretensões Daquele pregador, o milagre da pesca imprimira imediatamente sobre ele a convicção de que estava diante de alguém cuja autoridade demandava toda reverência. Como primeiro indício bíblico de seu temperamento impulsivo, o vemos – em uma atitude atípica para um judeu – atirar-se *incontinenti* aos pés de Jesus, confessando-se indigno de aproximar-se de alguém agraciado por tão bendita santidade e sabedoria.

Pedro, ao retornar à praia, ainda tomado de grande perplexidade pelo ocorrido, é surpreendido por um convite que doravante mudaria radicalmente sua vida:

Disse Jesus a Simão: Não temas; de agora em diante serás pescador de homens. E, levando eles os barcos para a terra, deixaram tudo e o seguiram.

A farta pescaria que precedeu sua vocação discipular na Galiléia tornou-se como que uma profecia do futuro ministério desse que seria um dos mais célebres pescadores de almas de todos os tempos!

Poucos anos depois, no Pentecostes, ante um público cosmopolita que se apertava pelas ruas de Jerusalém, Pedro pôde experimentar de maneira gloriosa o cumprimento dessa profecia. Nessa *pesca* excepcional, cerca de três mil almas compungidas renderam-se à mensagem da Cruz (At 2.14-41).

Foi a partir do ocorrido naquela manhã de pescaria no mar da Galiléia que Pedro tornou-se definitivamente um discípulo de Cristo. Começava ali uma jornada repleta de situações por meio das quais o futuro apóstolo conheceria, de maneira íntima, as maravilhas do poder de Deus, manifesto em Jesus Cristo, tornando-se um de seus mais chegados discípulos e, posteriormente, uma das colunas da Igreja por Ele estabelecida.

AS PERIPÉCIAS DE UM DISCÍPULO TEMPESTUOSO

A despeito de todo seu vigor físico é provável que Pedro, quando de sua vocação discipular, estivesse no apogeu da meia-idade – algo entre trinta e quarenta anos. Por inferência bíblica, sabemos que já se encontrava casado ao iniciar sua carreira cristã. Sua casa em Cafarnaum, na Galiléia, foi palco de um dos primeiros milagres por ele presenciado como discípulo: a cura de sua sogra:

> Ora, tendo Jesus entrado na casa de Pedro, viu a sogra deste de cama, e com febre. E [Jesus] tocou-lhe a mão, e a febre a deixou; então ela se levantou, e o servia (Mt 8.14,15).

Durante o extenso ministério de Jesus no norte da Galiléia, Pedro foi privilegiado com a oportunidade de presenciar muitos sinais

400 Doze homens, uma missão

realizados pelo Mestre naquela região. Ele, ao lado dos irmãos Tiago e João, testemunhou a ressurreição da filha do líder da sinagoga, Jairo (Mc 5.35-43) e o fenômeno da transfiguração (Mt 17.1-5), cuja magnificência tão profunda impressão lhe causara que, muitos anos depois, a ele se refere em sua segunda epístola, como chancela de sua autoridade ministerial:

> Porque não seguimos fábulas engenhosas quando vos fizemos conhecer o poder e a vinda de nosso Senhor Jesus Cristo, pois *fôramos testemunhas oculares da sua majestade.*
>
> Porquanto ele recebeu de Deus Pai honra e glória, quando pela Glória Magnífica lhe foi dirigida a seguinte voz: Este é o meu Filho amado, em quem me comprazo; *e essa voz, dirigida do céu, ouvimo-la nós mesmos, estando com ele no monte santo* (2Pe 1.16-18; grifos do autor).

Esses prodígios, que enchiam os olhos do apóstolo, não eram sublimes apenas quando desafiavam as leis da natureza ou os grandes dramas da existência humana, mas também quando se circunscreviam às pequenas questões do cotidiano. Um deles sucedeu-se quando Pedro e seu Mestre foram abordados em Cafarnaum acerca do pagamento do tributo eclesiástico, geralmente realizado na primavera, e que visava ao sustento do templo (Mt 17.24-27). O milagre, presenciado naquele momento por Pedro – a predição sobre o estáter a ser achado na boca do peixe e que cobriria o imposto por ambos – talvez tenha sido de todos o mais curioso. Não obstante, foi por meio da singularidade de sinais como esse que o apóstolo convenceu-se dos atributos divinos de Cristo. Pois, quem mais poderia antever, meio às miríades de peixes, precisamente aquele entalado com a moeda? Ou ainda, quem teria o formidável poder de atraí-lo ao anzol do discípulo?

Com efeito, Pedro, em sua característica impulsividade, não permanecia passivo diante dos milagres de Jesus. Certa madrugada, açoitados por violentas ondas no centro do mar da Galiléia, Pedro e seus condiscípulos cuidaram estar diante daquilo que, segundo a superstição local, significava o mais temido dos presságios para os pescadores: um fantasma vindo-lhes ao encontro em meio a uma borrasca:

> À quarta vigília da noite, foi Jesus ter com eles, andando sobre o mar. Os discípulos, porém, ao vê-lo andando sobre o mar, assustaram-se e disseram: É um fantasma! E gritaram de medo (Mt 14.25,26).

Diante da aterradora crendice, o pânico se assenhoreou daqueles galileus. Contudo, Pedro, que já presenciara a ação determinante de Jesus sobre as forças da natureza (Mt 8.23-28), resolve, em um rompante de coragem, atestar a procedência Daquele que, andando sobre as águas, lhes dizia:

> *Sou eu; não temais.*

Em uma inimaginável prova de fé, o pescador desafiou:

> Senhor! Se és tu, manda-me ir ter contigo sobre as águas.

Que discípulo, senão Pedro, ousaria semelhante atitude nesse cenário desesperador? Talvez nenhum outro momento do evangelho resuma tão perfeitamente a inconstância de Pedro quanto esse incidente no mar da Galiléia. A mesma impulsividade, que valentemente o impeliu a desafiar a gravidade – calcando as agitadas águas como se fossem solo firme – tornou-se um pavor insustentável, ante o qual o apóstolo, naufragando, fatalmente sucumbiria não fosse o auxílio de seu Senhor (Mt 14.30,31)!

Pedro, embora contraditório em várias ocasiões, era sobretudo um entusiasta de sua vocação cristã. Após um duro discurso de Jesus (narrado em Jo 6), grande parte de seus setenta discípulos, escandalizados com o conteúdo teológico de Suas palavras, O abandonaram. Quando os doze restantes foram indagados se seguiriam os demais em sua dissuasão, Pedro, consciente da autoridade Daquele que o vocacionou, assim como da sublimidade

402 DOZE HOMENS, UMA MISSÃO

de seu discipulado, adiantou-se aos demais e respondeu: "Senhor, para quem iremos nós? Tu tens as *palavras da vida eterna*" (Jo 6.68; grifos do autor).

Da mesma sorte que a maioria de seus conterrâneos, Pedro ansiava por um Messias vitorioso sobre os inimigos políticos de Israel. Essa concepção messiânica era de alguém cujo poder resgataria a Israel os gloriosos tempos do passado. Em função dessa expectativa, Pedro não pode conter-se ao ouvir seu Mestre falar acerca dos dias difíceis que o porvir Lhe reservava:

> Desde então começou Jesus Cristo a mostrar aos seus discípulos que era necessário que ele fosse a Jerusalém, que padecesse muitas coisas dos anciãos, dos principais sacerdotes, e dos escribas, que fosse morto, e que ao terceiro dia ressuscitasse.

> E Pedro, tomando-o à parte, começou a repreendê-lo, dizendo: Tenha Deus compaixão de ti, Senhor; isso de modo nenhum te acontecerá (Mt 16.21,22).

O apóstolo, que, pouco antes, falara pelo Espírito declarando ser Jesus *o Cristo, o Filho do Deus Vivo* (Mt 16.16; Mc 8.29; Lc 9.20), servia agora – em seu zelo humano – de instrumento satânico, ao proferir palavras que furtivamente se opunham aos planos de Deus para Seu Unigênito. O protesto de Pedro era, na verdade, apenas a fachada da sutil reinvestida do inimigo contra Jesus, prometida ao fim da tentação no deserto, para uma *ocasião oportuna* no futuro (Lc 4.13). Assim, Pedro foi trazido diante de todos seus condiscípulos para receber de seu Mestre, talvez, a mais dura repreensão de sua carreira discipular:

> Para trás de mim, Satanás; porque não cuidas das coisas que são de Deus, mas sim das que são dos homens (Mc 8.33).

O verbo aqui traduzido por *cogitar* pode também significar no contexto, segundo Cranfield, *tomar o partido de alguém*. Assim, Jesus poderia estar repreendendo seu precipitado discípulo por opor-se aos planos de Deus, devido a sua concepção nacionalista de messianismo, segundo a qual apenas a mais gloriosa e triunfante das jornadas se prestaria ao Cristo de Deus.

É provável que a estrutura emocionalmente instável de Pedro tenha se transformado em um campo apropriado para algumas investidas do tentador. Na noite em que foi traído, por exemplo, Jesus advertiu-o acerca da estratégia que as potestades espirituais intentavam contra ele:

> Simão, Simão, eis que Satanás vos pediu para vos cirandar como trigo; mas eu roguei por ti, para que a tua fé não desfaleça (Lc 22.31,32a).

Naquele momento, todos os discípulos estavam prestes a ser grandemente provados. Todavia, Pedro, em particular, demandava cuidados especiais da parte do Mestre. De fato, Jesus podia vê-lo interiormente, para além daquele "invólucro" rústico que o apresentava como um homem valente, decidido e sempre adiantado a seus condiscípulos nas decisões mais importantes. Sobre esse momento na vida do apóstolo, Everett Harrison registra (*Comentário bíblico Moody*, Vol. 4, p. 168):

> O pronome singular indica que o Senhor se preocupava de maneira especial com Pedro. Ele sabia do fracasso iminente por causa do excesso de confiança que Pedro tinha; mas Ele não o destituiria nem o privaria de sua posição de liderança.

A fé operosa de Pedro, que a todos impressionara em diversas ocasiões, era a mesma que agora necessitava uma intercessão particular para não esmorecer! Como observa Arndt, o verbo grego traduzido por *rogar* em Lucas 22.32 significa literalmente *a expressão de uma petição baseada em uma necessidade real (Chave lingüística do Novo Testamento*, p. 153). Com efeito, as horas que se seguiram àquele discurso, provaram o quanto Pedro verdadeiramente careceu de tal intercessão.

Contudo, as experiências de Pedro com as astutas artimanhas do Maligno, ao longo de seu ministério apostólico, acabaram contribuindo de modo positivo para inspirá-lo em uma de suas admoestações pastorais encontradas em sua primeira epístola:

> Sede sóbrios, vigiai. O vosso adversário, o Diabo, anda em derredor, rugindo como leão, e procurando alguém a quem possa tragar (1Pe 5.8).

Sobriedade e vigilância, virtudes que o experiente Pedro exalta em sua carta, eram exatamente aquelas que lhe faltaram na noite do aprisionamento de seu Mestre. Mesmo advertido por Jesus acerca da iminente investida do Diabo, Pedro, estribando-se em suas próprias forças, declara de maneira precipitada:

> Senhor, estou pronto a ir contigo tanto para a prisão como para a morte (Lc 22.33).

Na noite da traição, estando todos reunidos à volta do Mestre, este começa a falar-lhes repetidamente acerca de coisas estranhas, sobre as quais poucos deles ousavam questioná-Lo. Era como se algo inesperado estivesse prestes a se suceder.

Após a ceia, Pedro assiste inconformado Aquele, diante de quem outrora se prostrara, cingir-Se com uma toalha e, aos pés dos discípulos, iniciar uma cerimônia cuja finalidade não podia compreender (Jo 13.4-15). Como o Mestre ousava, em uma atitude típica de escravo, sentar-se diante de seus aprendizes e humildemente lavar-lhe os pés? Qualquer que fosse a razão, Pedro, ao contrário de seus amigos, não estava disposto a consentir com tal disparate:

> Tornou-lhe Pedro: Nunca me lavarás os pés (Jo 13.8).

Antes que pudesse apresentar suas razões, o rústico galileu é interrompido pela réplica do Senhor, na qual se torna evidente que aquele ato servil escondia, na verdade, um significado sumamente espiritual e, portanto, relevante para todos os presentes. Para Pedro, a vergonha de ser servido daquela maneira por seu Senhor não era pior que estar privado da comunhão com Ele! Daí sua imediata retratação:

Senhor, não somente os meus pés, mas também as mãos e a cabeça (Jo 13.9).

Mais adiante, naquela mesma noite, Pedro, em sua perspicácia, pôde captar a estranha atmosfera que impregnara o cenáculo onde ele e seus amigos se reuniam. Sua suspeita confirmou-se diante da inimaginável declaração de um Jesus turbado em Seu íntimo:

Em verdade vos digo que um de vós, que comigo come, há de trair-me (Mc 14.18).

Enquanto os atônitos discípulos se entreolhavam confusos com tão terrível vaticínio, Pedro, em sua agitação peculiar, mais uma vez adiantou-se aos demais, agora na tentativa de esclarecer aquilo que a todos deixara em suspenso:

Ora, achava-se reclinado sobre o peito de Jesus um de seus discípulos, aquele a quem Jesus amava. A esse, pois, fez Simão Pedro sinal, e lhe pediu: Pergunta-lhe de quem é que fala (Jo 13.23,24).

Como nenhum dos presentes – incluindo Pedro – pôde perceber que a resposta para a indagação estava no bocado de pão entregue a Judas Iscariotes (Jo 13.26-29), a expectativa deflagrada por aquela notícia permanecia aterradora entre os discípulos.

Talvez, naquele instante, o precipitado galileu, em uma rápida auto-avaliação, tenha se conscientizado – para seu próprio desespero – que seu comportamento como discípulo foi por vezes inconstante e paradoxal. Seria esse o indício de um traidor? Que outro discípulo havia oscilado tantas vezes entre os limites extremos da coragem e da covardia, da fé e da incredulidade?

Qual deles, senão Pedro, fora repreendido outrora como instrumento satânico, na tentativa de dissuadir o Mestre de Seus propósitos vicários? Quem além desse aprendiz careceu de especial atenção de Cristo, em Sua intercessão a respeito do eminente ataque do inimigo? Não teria ele o perfil do, até aquele momento, misterioso traidor?

Inseguro e agitado em seu interior, Pedro abruptamente interrompe o Mestre, em uma busca frenética por respostas para aquilo que parecia ser o raiar de um pesadelo:

> Senhor, para onde vais? [...] Por que não posso seguir-te agora? Por ti darei a minha vida (Jo 13.36a,37a).

Ele a achava que, ainda que todos se escandalizassem, ele jamais reagiria assim! Conquanto sincero em suas palavras, Pedro sente seu peito palpitar aceleradamente quando, atônito, ouve de Jesus a profecia sobre algo que nunca pensara se suceder em sua carreira discipular:

> Em verdade te digo que hoje, nesta noite, antes que o galo cante duas vezes, três vezes tu me negarás (Mc 14.30).

Não é difícil imaginar o que se passou no coração de Pedro após essa revelação. Embora tentasse desesperadamente provar a si mesmo e aos demais uma ousada fidelidade, insistindo com maior veemência que nem a morte o separaria do Mestre (Mc 14.31), esse apóstolo estava, na verdade, abalado em razão de sua grande insegurança. Ciente de que fora, ao longo daqueles três anos, o protagonista de tantas atitudes impensadas, Pedro debatia-se em seu íntimo com a pavorosa possibilidade de tornar-se aquele por quem a medonha profecia se cumpriria. Afinal, alguém capaz de uma tríplice negação de seu Senhor, não estaria igualmente apto para traí-lo?

Seguindo o Mestre, Pedro e seus amigos, silenciados por uma atroz expectativa, deixaram o cenáculo e, atravessando o vale do Cedrom, chegaram ao Monte das Oliveiras, onde costumeiramente se reuniam. Nem mesmo a serenidade daquele jardim, cenário de tantos ensinamentos preciosos aos pés de Jesus, foi suficiente para relaxar a tensão que se apoderara do coração daqueles homens. Para os discípulos e, particularmente para Pedro, aquela se transformaria na mais longa e aflitiva das noites.

PEDRO NEGA A JESUS

Estressados pela tensão que marcara aquelas últimas horas, Pedro e os filhos de Zebedeu, mesmo a pedido de um Jesus profundamente entristecido, não conseguem atender a necessidade de vigiar e desfalecem diante do cansaço que deles se apoderara (Mt 26.36-46). Ao encontrar aqueles que necessitavam manter empunhadas suas armas espirituais arrebatados pelo sono, Jesus exorta particularmente a Pedro, em uma malograda tentativa de prepará-lo para os graves acontecimentos que se seguiriam:

> Voltando para os discípulos, achou-os dormindo; e disse a Pedro: Assim nem por uma hora pudestes vigiar comigo? Vigiai e orai, para que não entreis em tentação (v. 40,41).

Ainda entorpecido pelo sono que submetera sua continência, Pedro e seus companheiros são subitamente despertados pelo Mestre, com palavras que traziam à realidade a profecia de que tanto temiam:

> Levantai-vos, vamo-nos; eis que é chegado aquele que trai (v. 46).

Com os olhos ainda pesados e sem entender exatamente o que se passava, Pedro vê se aproximar uma turba liderada pelo, até ali, insuspeito Judas Iscariotes. O carinhoso beijo do traidor em seu Mestre contrastava com a truculência dos guardas que o acompanhavam e que procuravam por Jesus. A suspeita imediatamente surgida no coração de Pedro se confirma com a palavra de Jesus a Judas:

> Judas, com um beijo trais o Filho do homem? (Lc 22.48).

Ao se dar conta das circunstâncias, o rude pescador, em novo repente de coragem, despreza o conselho de Jesus – que já havia rejeitado uma ação defensiva sugerida pelos discípulos – e, lançando mão de uma espada, golpeia um dos servos que rendiam a Jesus. Everett Harrisson faz um comentário sobre (*Comentário bíblico Moody*, p. 67) um detalhe interessante acerca dessa intervenção do apóstolo:

A atitude impetuosa de Pedro, ainda que bem-intencionada, comprometia seriamente a posição de nosso Senhor e tornou necessário uma cura milagrosa para desfazer os desastrosos efeitos que aquilo provocaria no tribunal (cf. Jo 18.36). E tão completo foi o milagre que o caso da mutilação nunca foi levantado pelos acusadores de Cristo.

Jesus, com as mãos amarradas, é brutalmente arrastado pela multidão em direção à cidade. Diante da possibilidade de serem igualmente capturados, todos os discípulos o abandonaram. Pedro e João, ao contrário dos demais, afastaram-se dali apenas o suficiente para seguirem o Mestre sem serem percebidos pelos que o rendiam. Esses dois discípulos, ao percorrerem ofegantemente as ruas de Jerusalém seguindo a turba a distância, percebem que seu destino inicial era a casa do sumo sacerdote. A ligação de João com essa família (Jo 18.15) possibilitou-o a introduzir Pedro no pátio da casa, de onde os dois discípulos poderiam acompanhar o que se sucederia ao Mestre.

Pedro sendo despertado e advertido por Cristo (Mc 14.37). Afresco, século 13, igreja de Nossa Senhora Peribleptos, Ocrida, Albânia.

No afã de acompanhar os desdobramentos da prisão de Jesus, Pedro não contava, entretanto, que sua figura como discípulo já se tornara familiar para muitos moradores de Jerusalém. Seu comportamento impetuoso – como o manifestado momentos antes no Getsêmane – o destacava dos demais seguidores de Cristo. É curioso observar, por exemplo, que nenhum dos circunstantes na casa do sumo sacerdote reconheceu a João como um dos doze, embora o discípulo tivesse com aquela família certa proximidade. Simão Pedro, ao contrário, fora imediatamente identificado pela criada ao adentrar o pátio:

> Saiu, então, o outro discípulo que era conhecido do sumo sacerdote, falou à porteira, e levou Pedro para dentro. Então a porteira perguntou a Pedro: Não és tu também um dos discípulos deste homem? Respondeu ele: Não sou (Jo 18.16b,17).

Apreensivo e já sentindo o frio das noites de primavera, Pedro dispôs-se junto a uma fogueira acesa no pátio da casa do magistrado, onde alguns servos do sumo sacerdote e guardas do templo também se aqueciam. Enquanto ouvia ao fundo as palavras imprecatórias que os escribas e os príncipes dos sacerdotes dirigiam a seu Mestre, o amedrontado discípulo é surpreendido por outra serviçal que o reconhece. Na tentativa de desmascará-lo, esta proclama diante dos presentes sua suspeita:

> Este também estava com Jesus, o nazareno (Mt 26.70-72).

A segunda identificação de Pedro como cúmplice de Jesus, de fato, causa alguma dúvida ao leitor dos evangelhos. Enquanto Mateus cita o ocorrido como efetuado por *outra criada* (Mt 26.71), Marcos diz que a ação deu-se por parte da *mesma criada* que o reconhecera a princípio (Mc 14.69). O evangelista Lucas, por sua vez, escreve que o discípulo fora reconhecido por outro homem dentre os que ali se aquentavam (Lc 22.58). O evangelista João acrescenta a isso o fato de ser o tal delator *um dos servos* do magistrado (Jo 18.26). A aparente contradição dessas narrativas pode ser explicada pelo fato de que a presença do discípulo naquele lugar suscitou tal desconfiança que não um, mas diversos circunstantes, em um breve lapso de tempo, o reconheceram como alguém ligado a Cristo. Coube, assim, aos evangelistas que pormenorizaram o acontecimento, enfatizar esse ou aquele dentre os vários que o identificaram.

Lucas comenta que passada *quase uma hora* da segunda identificação, Pedro é novamente associado a Jesus, em razão de seu sotaque galileu:

> Certamente este também estava com ele, *pois é galileu* (Lc 22.59; grifos do autor).

É provável que nesse intervalo de tempo, afoito, o apóstolo tenha começado a fazer perguntas com o intuito de saber o que, diante do ocorrido, poderia sobrevir a Jesus. Ao expor-se dessa maneira, Pedro acabou evidenciando o acento gutural inconfundível dos galileus, tornando-se novamente alvo de suspeita.

Como agravante, o galileu é reconhecido por um dos servos do sumo sacerdote que estivera presente no Getsêmane e que o vira ferir a espada seu parente de nome Malco (Jo 18.26). O discípulo, prestes a ser reconhecido em definitivo como um dos coadjuvantes Daquele que Se declarava Messias, corria o risco de ser detido e imediatamente entregue aos principais dos sacerdotes. Em Mateus e Marcos, encontramos registrado o expediente de que Pedro se valeu para safar-se dessa iminente possibilidade:

> Ele, porém, começou a praguejar e a jurar: Não conheço esse homem de quem falais (Mc 14.71).

A presença do verbo grego *anatematizo* sugere que Pedro colocou-se sob juramento diante dos presentes, rogando sobre si maldição caso não estivesse dizendo a verdade!

O cantar do galo, que rasgou o silêncio da alta madrugada, trouxe ao apóstolo a esmagadora consciência de que a profecia acerca de sua infidelidade se cumprira naquele momento. Lucas acrescenta um detalhe importante no relato dessa triste experiência de Pedro:

> Virando-se o Senhor, olhou para Pedro; e Pedro lembrou-se da palavra do Senhor, como lhe havia dito. [...] E, havendo saído, chorou amargamente (Lc 22.61,62)

Pedro, absolutamente arrasado pelo peso de seu pecado, não suportou fitar prolongadamente Aquele por quem havia jurado, naquela noite, perseverar até a morte. Uma profunda angústia apoderou-se do discípulo e, a fim de não externar suas emoções diante dos presentes, ele retirou-se prontamente dali. Em algum lugar ermo, sozinho e tentando compreender as contradições que cercavam sua personalidade, o apóstolo derrama-se em lágrimas cujo amargor traduzia a expressão perfeita de sua alma.

Pedro, que durante seu discipulado questionara o Mestre sobre os limites da misericórdia (Mt 18.21,22), estava tão consumido pelo fantasma de sua transgressão que nem mesmo a memória do perdão que alcança *setenta vezes sete* pôde confortá-lo naquela ocasião. Afinal, haveria clemência para essa ignóbil atitude? Que grande diferença separaria a traição cabal empreendida por Judas e os juramentos mentirosos e imprecatórios que o pescador acabara de proferir diante de tantas testemunhas?

Pedro havia novamente naufragado nas ondas impetuosas que contra ele se levantaram. Agora, tanto quanto naquela madrugada de tormenta no mar da Galiléia, somente as mãos do Mestre poderiam trazê-lo à tona e salvá-lo da destruição iminente.

A RESSURREIÇÃO DE CRISTO: UM RECOMEÇO PARA PEDRO

Não sabemos onde Pedro esteve durante as horas de opróbrio que marcaram o julgamento e a crucificação de Cristo. A passagem de Lucas 23.27 nos diz que *grande multidão* seguia a Jesus em direção ao monte Calvário. Pedro, pois, como os demais discípulos que haviam se dispersado desde aquela madrugada, poderia estar entre os milhares que se comprimiam para testemunhar o fim Daquele que muitos acreditavam ser o Ungido de Deus.

412 DOZE HOMENS, UMA MISSÃO

Mesmo que a forte emoção não o tenha permitido assistir ao desenrolar da execução, é certo que Pedro não se distanciou de Jerusalém naquele dia, pois as Escrituras o apresentam refugiando-se junto aos seus condiscípulos, em uma dada casa nos limites da cidade.

Não se sabe como Pedro e os demais, uma vez dispersos, conseguiram novamente se reunir naquele refúgio. A casa, que, à época, servia-lhes de abrigo contra uma possível investida dos judeus (Jo 20.19), era provavelmente um local onde Jesus, quando em Jerusalém, costumava reunir seus seguidores. Se João, como próspero pescador e conhecido da família do sumo sacerdote dispusesse – como sugerem alguns – de uma residência em Jerusalém, talvez essa fosse a casa em questão.

Naquela noite, ao contrário do que lhe era peculiar, Pedro assentou-se junto a seus companheiros, tristemente calado e absorto em seu drama pessoal. Havia nele um amargo sentimento que superava a angústia vivida pelos demais: a dor de ter não somente perdido seu Mestre, mas também repetidamente O negado diante de tantas testemunhas.

Ao amanhecer, as piedosas mulheres que havia pouco testemunharam a ressurreição, invadiram pasmadas o refúgio dos discípulos na intenção de trazer-lhes as boas-novas. Notoriamente assombradas, as devotas atropelavam as narrativas umas das outras ao tentar ordenar a história da qual se diziam testemunhas. O evangelista Marcos registra um pequeno – porém importante – detalhe na recomendação do anjo àquelas fiéis diante do túmulo vazio:

> "Mas ide, dizei a seus discípulos, *e a Pedro*, que ele vai adiante de vós para a Galiléia; ali o vereis, como ele vos disse (Mc 16.7; grifos do autor).

Alvo particular daquelas insistentes mulheres, Pedro, embora a princípio tenha feito coro com os demais que, céticos, as receberam como delirantes (Lc 24.11), não resiste à curiosidade e, em companhia de João, decide investigar a razão de tamanha euforia.

Se o sepulcro vazio não incutiu em Pedro a imediata certeza de que o Mestre havia ressurgido, isso o fez sentir que aqueles estranhos acontecimentos demandavam explicações convincentes. Como e com que objetivo alguém ousaria submeter a competente guarda pretoriana e, após mover a pedra que lacrava a tumba, seqüestrar um cadáver? Estariam os príncipes dos sacerdotes e os escribas envolvidos nessa suposta fraude? Até que ponto esse fato ainda inexplicável poderia colocá-los, como discípulos, em uma situação ainda mais perigosa?

O cair da tarde daquele domingo trouxe para os apóstolos uma ansiedade que crescia à medida que o tempo passava. Pedro, que visitara o sepulcro pessoalmente naquela manhã, não conseguia propor aos seus companheiros uma explicação que satisfizesse todas as perguntas inerentes àquele mistério. Todavia, enquanto os discípulos – longe que estavam de um consenso – tentavam sem êxito equacionar o assunto, eis que são surpreendidos pela visão esplendorosa do Mestre ressurreto. Nem mesmo a conhecida saudação: *Paz seja convosco*, com que foram abordados, garantiu-lhes que não estavam sendo vítimas de alguma alucinação (Lc 24.36-40).

Ao tocarem avidamente o Mestre, Pedro e seus amigos foram invadidos por um júbilo que encontrou seu ápice momentos depois, quando Jesus lhes interpretou as Escrituras, abrindo-lhes o entendimento acerca da necessidade daqueles sofrimentos pelos quais passara (Lc 24.44-49). Aquela palavra causou tal impressão no coração de Pedro que, anos mais tarde, em sua primeira epístola, o ex-pescador enfatizou, logo de início, o conteúdo profético do sofrimento vicário de seu Mestre, sobre o qual fora esclarecido naquele domingo:

> Desta salvação inquiriram e indagaram diligentemente os profetas que profetizaram da graça que para vós era destinada, indagando qual o tempo ou qual a ocasião que o Espírito de Cristo *que estava neles indicava, ao predizer os sofrimentos que a Cristo* haviam de vir, e a glória que se lhes havia de seguir (1Pe 1.10,11; grifos do autor).

Após as aparições de Jesus aos discípulos em Jerusalém, Pedro e alguns de seus amigos dirigiram-se à Galiléia, onde ansiavam revê-lo, conforme lhes fora prometido. No entanto, aquelas primeiras

414 Doze homens, uma missão

teofanias, embora tenham respondido às questões ligadas ao sofrimento, morte e ressurreição do Mestre, fazendo raiar novamente a esperança dos discípulos, trouxeram-lhes também alguma insegurança quanto ao porvir. No caso particular de Pedro, suas perspectivas apostólicas, ainda incertas, misturavam-se ao amargo sentimento de culpa não resolvido. Afinal, nas duas vezes em que o Cristo ressurreto Se mostrou aos discípulos em Jerusalém, embora a todos tenha censurado pela incredulidade (Mc 16.14), nada disse particularmente a Pedro com respeito ao seu comportamento na noite da traição. Para o discípulo, a tradução daquele silêncio sobre sua negação ainda não estava muito clara. Haveria perdão para aquele que por três vezes mentiu contra o Filho do homem? Em caso positivo, qual a certeza que ele dispunha de que voltaria a ser o mesmo destacado líder dos doze discípulos?

Sufocado por esse e outros questionamentos e incomodado por uma expectativa, cujo peso aumentava dia a dia, Pedro decide retomar suas atividades profissionais no mar da Galiléia. Sua atitude estimula outros discípulos que também se achavam desorientados quanto ao destino que os aguardava naqueles dias de espera (Jo 21.1-3). À decisão de Pedro juntam-se, Tomé, Natanael (Bartolomeu), Tiago Maior, João e outros dois discípulos.

A primeira noite de retorno ao ofício havia sido frustrante. Fatigados, os pescadores dirigiram-se de volta à praia, onde interromperiam a exaustiva e infrutífera jornada, até que armazenassem forças suficientes para uma nova tentativa. O desânimo de Pedro e seus parceiros foi interrompido por um homem não identificado que, da praia, sugeria uma solução simples demais para ser producente:

> Disse-lhes ele: Lançai a rede à direita do barco, e achareis (Jo 21.6a).

Para Pedro, embora estranho, o palpite daquele desconhecido trouxe à memória o maravilhoso ocorrido que marcou o início de seu discipulado cristão, ali mesmo nas águas do mar da Galiléia. Assim, ao puxar as redes da banda da direita, Pedro e os demais são surpreendidos pelo peso de mais de 153 grandes peixes, pelos quais em vão procuraram durante toda a noite (Jo 21.6,11). Aqueles segundos de

Simão Pedro 415

perplexidade nos quais Pedro imergira foram interrompidos pelo jovem João que, adiantando-se aos demais, atestou jubilosamente: *É o Senhor!* (Jo 21.7). O filho de Zebedeu tirou de Pedro as palavras que já emergiam de seu coração e que, invariavelmente, eclodiriam nos segundos subseqüentes àquele milagre! Tomado, assim, por um entusiasmo irresistível, Pedro veste-se com a túnica e lança-se às águas em direção à praia para encontrar novamente Aquele a quem amava e de quem tanto necessitava ouvir o perdão que lhe resgatasse a esperança para sua caminhada.

Ainda sem saber ao certo como proceder ou o que dizer naquele instante, Pedro apressa-se em atender a solicitação do Mestre por peixes, voltando prontamente ao barco, já abandonado pelos demais nas areias da praia (Jo 21.9-11). Aquela farta refeição se dava sob um silêncio que tentava, sem êxito, represar a alegria daqueles homens em rever o Mestre. Contudo, antes que Pedro expressasse a aflição que o perseguia desde a noite da traição, Cristo surpreende-o com três perguntas semelhantes, cujo conteúdo, mais do que conceder o almejado perdão divino, visavam a confrontar o discípulo com o tipo de sentimento que vinha servindo o Mestre:

> Depois de terem comido, perguntou Jesus a Simão Pedro: Simão, filho de João, amas-me mais do que estes? Respondeu-lhe ele: Sim, Senhor, tu sabes que te amo. Disse lhe ele: Apascenta os meus cordeirinhos.
>
> Tornou a perguntar-lhe: Simão, filho de João, amas-me? Respondeu-lhe: Sim, Senhor; tu sabes que te amo. Disse-lhe: Pastoreia as minhas ovelhas.
>
> Perguntou-lhe terceira vez: Simão, filho de João, amas-me? Entristeceu-se Pedro por lhe ter perguntado pela terceira vez: Amas-me? E respondeu-lhe: Senhor, tu sabes todas as coisas; tu sabes que te amo. Disse-lhe Jesus: Apascenta as minhas ovelhas. (Jo 21.15-17)

Para penetrarmos com mais profundidade naquilo que o Mestre tentava mostrar a Simão Pedro naquele momento, é necessário atentarmos para os termos presentes no grego bíblico, os quais lançam luz sobre essa importante narrativa de João.

Dois verbos gregos distintos são traduzidos nas Escrituras por amar: *agapao* e *phileo* (correspondentes dos respectivos substantivos *agape* e *philos*). O primeiro diz respeito a um sentimento mais profundo e que, por isso, deve ser distinguido do segundo. *Agapao* manifesta, por exemplo, a intensidade do amor de Deus para com seu Filho (Jo 17.26) e para com o homem (Jo 3.16). De modo geral, *agapao* denota a própria essência da natureza divina, como revelado em 1João 4.8. Embora *phileo* também traduza – se bem que em raras passagens – o amor do Pai para com Seu Filho (Jo 3.35; 5.20) e para com os homens (Jo 14.21; 16.27), phileo representa, antes, uma forte amizade ou uma carinhosa afeição. Exceto por 1Coríntios 16.22, *phileo* nunca é usado nas Escrituras para expressar o sentimento que o homem deve nutrir para com seu Deus. *Agapao* é a perfeita tradução desse sentimento como vemos em Mateus 22.37; Lucas 10.27; Romanos 8.28; 1Coríntios 8.3; 1Pedro 1.8 e 1João 4.21.

Posto isto, voltemo-nos à conversa de Pedro com seu Mestre. É interessante observar que Jesus emprega o termo *agapao* para descrever suas duas primeiras perguntas dirigidas a Pedro. Na terceira, entretanto, o verbo utilizado é *phileo*. Pedro responde a todas as três positivamente, porém sempre com o termo *phileo*! Assim, é como se Jesus estivesse perguntando, nas duas primeiras vezes: *Pedro, tu me amas incondicionalmente?*, e o discípulo tivesse respondido: *Sim, Senhor, tu sabes que eu gosto de ti!* A tristeza de Pedro diante da derradeira pergunta de Jesus – feita com o verbo *phileo* (v. 17) – talvez se explique pelo fato de ela revelar ao discípulo o tipo de sentimento que vinha nutrindo para com o Mestre até aquele momento. Muito mais que Seu perdão, Jesus, naquele encontro, mostrou a Pedro que a imensa responsabilidade que o futuro lhe traria como um dos principais apóstolos do evangelho demandava uma devoção assaz profunda que a volubilidade característica de sua postura de discípulo. Doravante, não haveria mais espaço para debilidades, instabilidades e dúvidas na entrega daquele que viria a dar a própria vida pelo testemunho de sua fé, como Jesus mesmo vaticinou naquela manhã:

> Em verdade, em verdade te digo que, quando eras mais moço, te cingias a ti mesmo, e andavas por onde querias; mas, quando fores velho, estenderás as mãos e outro te cingirá, e te levará para onde não queres (Jo 21.18).

Como veremos mais adiante, esse versículo tornou-se o sustentáculo bíblico para diversas tradições ligadas ao martírio do apóstolo em questão, embora o texto não forneça subsídios que apóiem a veracidade dessa ou daquela lenda sobre o assunto.

A preocupação de Pedro com o destino de João, manifestada ao fim daquele encontro (Jo 21.20,21), corrobora aquilo que veremos a seguir em nossa análise de Pedro segundo o texto de Atos dos Apóstolos: esses discípulos eram, ao que parece, amigos muito próximos.

Após o ministério de quarenta dias nos quais apareceu ressurreto a Seus discípulos e, em especial, a Pedro, Jesus reuniu-os no Monte das Oliveiras, em Jerusalém (At 1.12), para as instruções finais e para testemunharem Sua gloriosa partida.

Pedro e seus amigos, ainda extasiados pelo esplendor da ascensão de Cristo aos céus, desceram rumo a Jerusalém tomados por grande júbilo e certos de que algo especial os aguardava nos dias subseqüentes (Lc 24.51-53), embora ainda não pudessem vislumbrar a dimensão nem, tampouco, as conseqüências daquilo que estava prestes a acontecer.

Ao investigarmos, a seguir, o perfil petrino sob a perspectiva de Atos, veremos que uma diferença substancial marca o comportamento do ex-pescador em relação ao que conhecemos dele nos evangelhos.

A OUSADIA DE PEDRO EM ATOS DOS APÓSTOLOS

Se os evangelhos deixam alguma dúvida acerca do senso de liderança apostólica de Pedro, o mesmo não se pode dizer do texto de Atos. Ali, desde os primeiros versículos, ele emerge como um

418 DOZE HOMENS, UMA MISSÃO

dos campeões da causa cristã, destacando-se dos demais líderes da Igreja primitiva, ainda predominantemente judaica. Longe de suas constantes e prejudiciais variações emocionais, o discípulo retratado em Atos apresenta-se, basicamente, como um líder cristão seguro em suas decisões ministeriais, teologicamente bem fundamentado e freqüentemente disposto a sofrer os danos mais penosos pela causa do evangelho de Cristo (como de fato sofreu desde o início de sua atuação apostólica). William Coleman, autor de *Doze cristãos intrépidos*, comenta a nova fase do discípulo (p. 61-62):

> Sejam quais forem os problemas que Pedro tenha enfrentado como discípulo, ele brilha como couraça nova no livro de Atos. No decorrer dos doze primeiros capítulos ele é, indiscutivelmente, o personagem principal na Igreja. Como parteira que atendeu ao nascimento da Igreja, ele é responsável pelo parto seguro do cristianismo, pelo aroma saudável e pelas vestes quentes. Ela chegou com faces robustas e um grito tranqüilizador. O pescador encarregou-se dessa parte.

Após reunir aproximadamente 120 pessoas no cenáculo em Jerusalém, Pedro toma a palavra e, citando o livro de Salmos, interpreta a recente desgraça vivida por Judas à luz das Escrituras Sagradas, concedendo aos circunstantes um entendimento claro acerca do episódio que, na concepção de muitos deles, não poderia sequer constar dos anais da história messiânica:

> Naqueles dias levantou-se Pedro no meio dos irmãos [...], e disse: Irmãos, convinha que se cumprisse a escritura que o Espírito Santo predisse pela boca de Davi, acerca de Judas, que foi o guia daqueles que prenderam a Jesus (At 1.15a,16).

A seguir, Pedro sente-se dirigido a admoestar os presentes sobre a necessidade da reposição da décima segunda dignidade apostólica (At 1.21-26), deixada vaga pelo traidor. O discípulo, apresentando os três critérios básicos para a escolha, lembrou que semelhante posto exigia alguém que houvesse acompanhado Jesus desde o batismo de

João até a ascensão, que fosse testemunha de Sua ressurreição e que contasse com a aprovação do próprio Senhor. Como dois dos presentes preenchiam os requisitos apresentados por Pedro, os discípulos lançaram sortes e obtiveram do Senhor o resultado que apontava para Matias.

Torna-se necessário lembrarmos que, embora Pedro tenha suscitado a questão da substituição de Judas – culminada com a eleição de Matias – não há nenhum traço em suas palavras que sugira a perpetuação do apostolado dos doze por meio de sucessores, como acabou se verificando, mais tarde, nos sistemas hierárquicos erigidos na Igreja ao longo dos séculos. Basta ver que não se encontra nas Escrituras semelhante providência sendo tomada após o martírio do apóstolo Tiago Maior, em 44 d.C. O dispositivo da sucessão apostólica, que visava à defesa da ortodoxia da fé, face aos ataques heréticos que se multiplicavam na Igreja primitiva, em nada pode ser associado a esse expediente verificado no cenáculo.

A contagiante descida do Espírito Santo no Pentecostes superou em glória a expectativa dos discípulos e demais presentes no cenáculo. Era a promessa do Pai (At 1.4) que se havia cumprido. Os desdobramentos sobrenaturais verificados com a manifestação do Espírito divino fizeram que aquela assembléia chamasse a atenção de um grande número de transeuntes – em grande parte peregrinos de distantes regiões do mundo antigo – presentes em Jerusalém para a festividade religiosa (At 2.6-13). Alguns desses espectadores, não podendo compreender aquelas manifestações espirituais, desdenharam os fiéis ali reunidos.

Nesse momento, vemos Pedro mais uma vez empunhar a espada da Palavra e partir em defesa de sua fé. Em uma linguagem estritamente judaica, o apóstolo, nessa ousada homilia, dirigiu-se a uma grande e atenta multidão, estabelecendo o tema da crucificação de Cristo como centro, em torno do qual fez orbitar as demais citações que compuseram seu sermão. Frank Stagg, em sua obra *O livro de Atos*, opina sobre a audácia de Pedro em enfatizar o estigma da cruz naquele primeiro sermão evangelístico (p. 63):

> A primeira e maior tarefa da pregação apostólica era ocupar-se do 'escândalo da cruz'. [...] A crucificação de Jesus era um

escândalo para os judeus e ela, enquanto não fosse compreendida, os impediria de aceitar a Jesus como Cristo. Os judeus haviam sofrido muito sob o jugo estrangeiro, tanto dos assírios, quanto dos babilônios e dos persas (embora estes lhes fossem um jugo suave), dos egípcios, dos sírios e dos romanos. Alguns de seus próprios chefes haviam feito aumentar seu sofrimento. Assim, aguardavam ansiosamente a vinda do Messias, que os libertaria e que restauraria o reino davídico. Tinham já experimentado suficiente sofrimento e muita humilhação, e agora esperavam a reivindicação e a recompensa. Um Messias sofredor, portanto, naquele tempo era coisa inconcebível e indesejável.

Contrariando as expectativas judaicas citadas por Stagg, Pedro começa sua experiência da palavra demonstrando a impropriedade das críticas sarcásticas sofridas por aqueles cristãos:

> Varões judeus e todos os que habitais em Jerusalém, seja-vos isto notório, e escutai as minhas palavras. Pois estes homens não estão embriagados, como vós pensais, visto que é apenas a terceira hora do dia (At 2.14b,15)

Os judeus não comiam antes da quarta hora da manhã, contada a partir do nascer do Sol. Nos dias de sábado, só ingeriam alimentos após o meio-dia. Esse costume, por si só, tornava ridícula a acusação sofrida pelos fiéis no cenáculo.

No entanto, uma coisa é indiscutível quanto à célebre homilia de Pedro no Pentecostes: sua espontaneidade. Aquele certamente não foi um sermão estrategicamente elaborado, tampouco ornado do ponto de vista da homilética ou da retórica. Foi, acima de tudo, uma atitude espontânea em resposta a uma situação específica e que demandava uma urgente apologia.

Cheio do Espírito Santo, Pedro abre sua mensagem evangelística trazendo à memória dos curiosos espectadores as palavras de Joel 2.28-32, sustentando pelas Escrituras – procedimento fundamental diante de uma platéia judaica – o que acabara de se suceder em meio àquela pequena comunidade cristã.

Em um segundo momento, ainda sob uma perspectiva profética, o apóstolo focaliza os aspectos relativos à morte e ressurreição de Cristo. Donald Guthrie, em sua obra *The Apostles* [*Os apóstolos*] (p. 29), comenta esses detalhes:

> A crucificação não foi vista meramente como um ato criminoso das autoridades judaicas, mas antes como parte do propósito divino. É notável que, em apenas poucas semanas, o profundo choque causado pela crucificação sobre os discípulos tenha sido por eles digerido como parte definitiva dos intentos de Deus.

> Na abordagem petrina, há uma importante conexão entre o Jesus histórico, cujos poderosos feitos eram conhecidos da audiência, e o Cristo exaltado. O apóstolo insiste que foi Deus quem O levantou dentre os mortos, sustentando sua afirmação a partir do testemunho de Davi, no Salmo 16.8-11. Para Pedro, portanto, a ressurreição de Cristo era a figura central da fé cristã.

> Outro salmo (110.1) vem à mente do apóstolo quando afirma que Deus fez Senhor e Messias Àquele a quem os espectadores haviam crucificado. A objetividade de sua expressão é provocativa. Pedro não faz distinção entre o público judeu e seus líderes. De fato, ele insiste que o povo como um todo deve assumir a responsabilidade por aquilo que praticaram seus líderes. Esse ponto é, particularmente, impressionante, considerando-se que muitos dos que o ouviam provavelmente não estavam presentes durante o episódio da crucificação.

O primeiro sermão apostólico, levado a cabo por Pedro naquele Pentecostes, deixou marcas importantes para a posteridade por sua abordagem cristológica. Nela, o apóstolo estabeleceu uma clara perspectiva tanto histórica quanto teológica sobre a figura de Jesus. Sua objetividade e ênfase sobre os títulos de "Senhor" e "Cristo", atribuídos a Jesus resumiram aquilo que a Igreja estabeleceu e anunciou acerca da natureza do Salvador, como podemos constatar, por exemplo, na teologia paulina.

422 Doze homens, uma missão

No entanto o impacto da mensagem de Pedro deve ser lembrado, sobretudo, pelo resultado provocado na multidão. Lucas é bastante claro quando expõe a reação da audiência ante a responsabilidade espiritual trazida à tona por Pedro e compartilhada por quase toda a multidão presente:

> E, ouvindo eles isto, compungiram-se em seu coração, e perguntaram a Pedro e aos demais apóstolos: Que faremos, irmãos? (At 2.37).

Como conseqüência da profunda comoção causada pela palavra do apóstolo, quase três mil almas renderam-se ao evangelho, obedecendo imediatamente às orientações soteriológicas do próprio Pedro. A preocupação da platéia expressada na pergunta: "Que faremos, irmãos?", traduz a tendência humana de alcançar a salvação por méritos ou obras. A resposta do apóstolo, entretanto, deixa claro aos circunstantes que a fé cristã, a qual abraçavam, estava primeiramente pautada em uma atitude de mudança interior ou arrependimento. Portanto, eles deveriam, antes de tudo, *arrepender-se* (atitude interior), a fim de que posteriormente *fossem batizados* (atitude exterior).

Se esse primeiro sermão, com seus indiscutíveis resultados, já transportara nosso apóstolo do anonimato para a proeminência, a miraculosa cura do coxo mendicante às portas do templo (At 3.1-10) ajudou a projetá-lo ainda mais no panorama religioso da cidade. O milagre, que, por sua notoriedade, atraiu rapidamente grande número de curiosos, proporcionou-lhes mais um ensejo para a proclamação pública da salvação em Cristo Jesus (At 3.11-26).

Pedro, assim como em Pentecostes, estriba sua mensagem na autoridade das Sagradas Escrituras, primeiramente para explicar a origem daquele feito e, em seguida, para enfatizar a idéia de solidariedade da nação de Israel na responsabilidade sobre a morte de Jesus, a quem o apóstolo apresenta como "Justo", "Santo" e "Autor da Vida". A palavra dos profetas é também usada por Pedro como alicerce para a convocação geral ao arrependimento e como esperança escatológica de melhores dias para Israel.

O resultado da combinação entre aquele milagre e a mensagem evangelística que se seguiu a ele foram o crescimento para cinco mil decisões por Cristo (At 4.4). Para os príncipes dos sacerdotes, tratava-se não mais de um bando de galileus indoutos arrebanhando alguns vacilantes aqui e acolá. Sinais e prodígios incontestáveis começavam a se repetir ante os olhos da população, e a autoridade teológica da mensagem dos apóstolos tornava-se cada vez mais clara.

Tal situação mostrava-se embaraçosa para a hierarquia religiosa que maquinara a execução de Cristo. Os discípulos, em vez de se dispersarem em função da morte de seu Mestre, encontraram nela grande motivação para a divulgação de Sua mensagem. Ante o impacto da proclamação da ressurreição, os falsos testemunhos dos líderes judeus, segundo os quais tudo não passava de uma fraude elaborada pelos discípulos, já não mais surtiam efeito. Tornara-se preciso agir com energia na repressão daquele crescente movimento, antes que escapasse definitivamente do controle.

Assim, sem que pudessem alongar-se em sua palavra, Pedro e João foram levados pela guarda do templo e aprisionados a mando dos enciumados saduceus. Estava lançada a primeira perseguição à Igreja, e Pedro era um de seus alvos principais.

Com efeito, o apóstolo, ao ensinar o povo como se fora um rabi, suscitou a ira dessa aristocrática classe sacerdotal, dirigente do templo, em cujos limites Pedro ousadamente desenvolvia sua pregação.

A ênfase do apóstolo sobre a ressurreição e o reino vindouro, bem como sua exposição de Cristo como soberano, deflagraram a perseguição dos sacerdotes. Para os saduceus, profundamente interessados na manutenção de seu *status quo*, semelhante mensagem poderia ser interpretada pelos romanos – com quem mantinham boas relações – como propaganda revolucionária. Pior ainda, o fato de Pedro estar valendo-se dos pátios do templo para anunciá-la poderia sugerir alguma ligação entre essa aristocracia sacerdotal e o discípulo de Cristo. Uma suspeita como essa seria, por certo, desastrosa para a categoria dos saduceus, vivamente interessada em manter sua hegemonia sobre a nação e sobre seu símbolo mais sagrado, o templo. Na verdade, os sacerdotes esforçavam-se ao máximo para agradar aos romanos, mantendo a ordem entre os judeus,

424 DOZE HOMENS, UMA MISSÃO

uma vez que a insubordinação dos povos dominados era tida, por Roma, como um crime imperdoável, como explica Frank Stagg (*op. cit.*, p. 77):

> Roma era quem nomeava o sumo sacerdote. Até as roupagens do sumo sacerdote eram guardadas por um oficial romano e entregues àquele só quando necessárias para os cultos rituais. Todo aquele grupo aristocrático dependia diariamente de Roma. A menor aparência ou vislumbre de sedição atraía logo a ira de Roma, e os saduceus eram logo apontados como responsáveis pelo barulho.

Pedro e João, detidos, desse modo, pela guarda do templo, são lançados na prisão até o dia seguinte, quando são convocados a comparecer diante da mais excelsa corporação judaica, o sinédrio (At 4.3). Para os apóstolos, aquele era um momento especial, em que se cumpria fielmente uma das profecias de Jesus acerca das tribulações do discipulado (Mc 13.9). Certo de que o Espírito Santo concederia tudo o que fosse necessário ser dito naquela ocasião (Mc 13.11), Pedro, mais uma vez, toma a palavra e, com autoridade, expõe o testemunho do evangelho. Quis a sabedoria divina que aquele rude galileu, que por três vezes negara o Mestre na casa de uma daquelas autoridades, fosse o escolhido para dirigir a elas a acusação de terem incitado a população a pedir a crucificação do Ungido de Israel (Mt 27.12,20; At 4.10).

Tudo o que os saduceus e demais membros do sinédrio queriam, naquele momento, era saber com que autoridade, ou em nome de quem, Pedro e seu condiscípulo haviam realizado o sinal que alvoroçara a população nas cercanias do templo, já que ambos não dispunham de atribuições religiosas oficiais. A polêmica acerca da autoridade espiritual, freqüentemente levantada por esses anciões para garantir seu poder religioso, era algo que Pedro já vira se suceder com seu Mestre (Mt 21.23). Contudo, na ocasião, a atenção do apóstolo estava voltada basicamente para a oportunidade de testificar do evangelho. Como a pergunta levantada pelas autoridades aludisse ao poder de Cristo, Pedro responde a ela de maneira arrojada, trazendo à luz a mesma acusação que enfatizara em seus dois primeiros sermões: a responsabilidade de Israel pela execução de Cristo.

Indiferente às reservas teológicas dos saduceus quanto à ressurreição, Pedro ressalta que *Deus*, embora aqueles líderes tenham efetivamente crucificado o Nazareno, *o ressuscitou dentre os mortos*! Igual impacto causou sua menção da metáfora veterotestamentária da *pedra angular rejeitada pelos edificadores* (Sl 118.22,23), bem conhecida dos doutores da Lei e dos sacerdotes. Com ela, Jesus os havia advertido enfaticamente e, por conseguinte, atraído para si a ira mortal desses religiosos (Mt 21.42-46). Essa figura messiânica do Antigo Testamento parece ter encontrado um lugar de destaque no coração do apóstolo, pois o vemos enfatizá-la novamente em sua primeira epístola (1Pe 2.7).

Se a exposição de Pedro já escandalizara os membros do sinédrio por lançar-lhes em rosto – com o devido embasamento – a culpa pela morte de Jesus, aquelas autoridades não puderam se conter em seus assentos ao ouvirem a mais contundente afirmação do galileu:

> E em nenhum outro há salvação; porque debaixo do céu nenhum outro nome há, dado entre os homens, em que devamos ser salvos (At 4.12).

Se a idéia da salvação por intermédio da simples fé em um Nome atingia em cheio o sistema religioso judaico – que exaltava o esforço humano no cumprimento da Lei – o que dizer, portanto, se esse Nome apontasse para alguém tido como impostor e que houvesse sofrido a mais vil de todas as punições capitais?

Basicamente, três coisas impressionaram os anciãos do sinédrio com respeito a Pedro e João: primeiramente, a incômoda certeza de que ambos faziam parte daquele movimento que, em vão, tentaram sufocar ao crucificar Jesus. Em segundo lugar, a farta sabedoria que demonstravam na interpretação das Escrituras, e que não era procedente de suas escolas rabínicas. E, por último, os inegáveis milagres que se seguiam a sua pregação (At 4.13,14).

Assim, sem poderem tolerar qualquer palavra adicional à mensagem de Pedro, os líderes judeus, isolando ambos apóstolos, tomaram

426 Doze homens, uma missão

conselho entre si para buscarem uma solução que colocasse fim àquela doutrina que se tornara definitivamente ameaçadora, quer por seus apelos escriturísticos, quer pelos incontestáveis prodígios que vinham produzindo.

Se, para os líderes religiosos, não era possível desmentir os milagres dos apóstolos, restava-lhes apenas constrangê-los a se calarem, sob pena de futuras punições (4.17,18,21). A resposta de Pedro às autoridades reflete claramente todo o destemor que o marcou até o fim de sua carreira ministerial:

> Julgai vós se é justo diante de Deus ouvir-vos antes a vós que a
> Deus; pois não podemos deixar de falar das coisas que temos
> visto e ouvido (At 4.19,20).

Imediatamente à sua soltura, Pedro e João testemunham a alguns fiéis acerca de seu aprisionamento e da pregação do evangelho aos maiorais do povo. Carregadas de emoção e temor, as palavras dos apóstolos imprimiram grande júbilo naqueles que atentamente os ouviam (At 4.23-31), os quais, inspirados pela experiência dos apóstolos, derramam-se diante de Deus em oração, suplicando por semelhante arrojo e determinação na pregação do evangelho:

> Agora pois, ó Senhor, olha para as suas ameaças, e concede
> aos teus servos que falem com toda a intrepidez a tua palavra,
> enquanto estendes a mão para curar e para que se façam sinais
> e prodígios pelo nome do teu santo Servo Jesus (At 4.29,30).

A partir de Atos 4.32—5.16, vemos que a igreja de Jerusalém – impulsionada pelo destemor de Pedro e de João – experimentou, em meio a seu rápido crescimento, uma espécie de "comunismo espontâneo", originário do amor fraternal e da ardente necessidade de se comungar a nova fé. Aquela experiência nada mais era do que a expressão social da espiritualidade que marcava aqueles primeiros cristãos. Para Stagg, o "comunismo" dos judeus-cristãos de Jerusalém, ao contrário do sistema teorizado por Karl Marx, era sobretudo voluntário e admitia a posse de propriedades. A partilha da renda, fruto da venda de tais propriedades, visava ao socorro das necessidades da comunidade, e não o nivelamento socioeconômico de seus fiéis.

Abruptamente tomados pela guarda sacerdotal e confinados na prisão, para uma audiência no sinédrio pela manhã, Pedro e seus amigos, antes da alvorada, foram divinamente livres do cárcere e enviados pelo anjo de volta ao pátio do templo, visando a finalizarem a mensagem que fora interrompida no dia anterior (5.17-21). Atônitos diante do ocorrido, os saduceus foram informados de que os discípulos de Jesus, liderados por Pedro, novamente ocupavam os limites sagrados do templo para difundir a palavra do Nazareno. Dessa vez, amparados pela simpatia do povo, os apóstolos foram levados pacificamente ao encontro dos sacerdotes para uma nova audiência.

O senso de liderança de Pedro fica mais uma vez claro quando, diante de seus inquisidores, adianta-se aos demais apóstolos na defesa do ministério que, de forma ousada, exerciam. Sua resposta àqueles líderes diante da acusação de desobediência civil constituiu um verdadeiro desafio ao sumo sacerdote, cuja casta, embora corrompida por longos conluios políticos, ainda era considerada a portadora da voz divina em Israel. Aqui, tanto quanto nas ocasiões anteriores, Pedro sustenta seu testemunho sobre quatro pilares teológicos, os quais se firmaram como verdades inseparáveis da fé cristã: a solidariedade da nação israelita na morte do Messias, Sua posterior ressurreição dentre os mortos, Sua condição de soberano divinamente exaltado e o perdão dos pecados mediante Seu sacrifício.

Conforme diz a narrativa lucana, Pedro desempenhou um papel importante na administração dessa comunidade peculiar, cujo crescimento permanecia em curva ascendente já que seus membros eram vistos com grande simpatia pela população de Jerusalém, que a eles recorria em suas diversas necessidades físicas e espirituais. Foi precisamente na direção dessa comunidade que Pedro aparece como instrumento de uma das mais severas punições de que se tem conhecimento no Novo Testamento, o caso de Ananias e Safira (At 5.1-11). A sentença contra o casal, acusado de mentir "ao Espírito Santo", suscita ainda hoje complexas discussões e diversas propostas exegéticas que justificam seu impressionante desfecho, como a apresentada por Stagg (*op. cit.*, p. 84-85):

428 Doze homens, uma missão

O caso acusativo, e não o dativo usual, segue, no infinitivo, ao verbo comumente traduzido por 'mentir'. Portanto, é possível traduzir assim: 'Ananias, como é que Satanás encheu teu coração para falsificar o Espírito Santo?'. A acusação consistia não só em ter mentido ao Espírito Santo, mas em ter falsificado o Espírito, buscando representar a sua fraudulenta ação como, de certa forma, inspirada pelo Espírito. Assim, procurara ele fazer que o Espírito Santo participasse de seu nefando crime.

William Coleman propõe outra alternativa para o trágico desfecho que envolveu o casal cristão (op. cit., p. 67-68):

> De algum modo, Pedro soube de imediato o que havia acontecido. Em sua mente não podia haver concessões aqui. Não se poderia permitir que a Igreja começasse baseada em premissas enganosas como essa.
>
> Pedro confrontou Ananias e certificou-se de que todos entendessem a situação. Ninguém tinha de dar sua propriedade (At 5.4) – competia a eles guardar ou dar. Contudo não tinham o direito de enganar. Procuravam mentir a seus companheiros. Em realidade, haviam mentido a Deus...
>
> Possivelmente, a cena toda pareça cruel e destituída de amor, mas para Pedro a questão era crucial. Ele não podia permitir que a igreja emergente crescesse em corrupção. Se o permitisse, ela estaria em pé de igualdade com as religiões pagãs locais.

Operando sinais e divulgando a mensagem do evangelho nas proximidades do pórtico de Salomão (15.12), na área do templo, Pedro volta a se inserir perigosamente nos limites guardados pelos saduceus. Lucas não deixa explícito (At 5.15) se os muitos enfermos deixados pela multidão sob a sombra de Pedro eram efetivamente curados de suas doenças ou se tudo não passava de mais uma superstição popular. Em todo caso, o quadro narrado pelo autor nos dá uma idéia da alta estima que Pedro estava sendo acolhido pela população de Jerusalém.

O grande alvoroço causado pela presença dos apóstolos, com todo carisma que exerciam sobre a multidão, detonou mais uma represália da parte dos sacerdotes (At 5.17,18). Esta, que se tornou a segunda perseguição contra a Igreja, envolveu não apenas Pedro e João, mas também outros fiéis, cujos nomes não são explicitados por Lucas.

Obviamente, qualquer dos pontos enfatizados por Pedro em seu sermão afetava sensivelmente a autoridade e o interesse dos anciãos do sinédrio. Malogrados os esforços iniciais de calar os discípulos de Jesus, aqueles magistrados decidem, a partir daquele momento, liquidar não só a Pedro, como a todos os demais envolvidos na divulgação do evangelho. A decisão parecia consensual, não fosse a sábia intervenção de Gamaliel, um dos sete maiores rabis de Israel, que, mediante discurso fundamentado em exemplos históricos, apelou para a circunspecção, naquele momento de impasse (At 5.34-39).

Se a retórica de Gamaliel poupou a vida de Pedro e dos demais discípulos da fúria dos anciãos do povo, não pôde livrá-los da dolorosa – mas gratificante – experiência das 39 chibatadas que glorificaram o nome de Cristo. Anos mais tarde, exortando seus fiéis em sua primeira epístola, Pedro notoriamente enfatiza a honra de sofrer por amor do evangelho (1Pe 2.19,21; 3.13-17; 4.12-16).

Embora não produzissem arrefecimento no zelo evangelístico dos apóstolos – que continuaram a usar o templo para suas exposições – as perseguições contra a Igreja cresciam, enquanto esta ganhava adeptos cada vez mais fervorosos e capacitados. Várias conversões entre os membros do sacerdócio judaico – talvez resultado da pregação de Pedro no sinédrio – e os milagres do judeu grego Estêvão começavam a respingar agora nos ardorosos fariseus que não tardaram em levantar oposição ao trabalho missionário dos apóstolos.

Com a execução, pelo sinédrio, do piedoso Estêvão (At 7.54-60), ficou claro para aqueles primeiros cristãos que a tormenta da perseguição se aproximava, cada vez mais ameaçadora. Essa perspectiva fez que grande parte dos crentes que habitavam Jerusalém se dispersassem, levando consigo a semente do evangelho às regiões circunvizinhas, como a Samária (At 8.1,5) e, mais tarde, às terras distantes da Síria, da Fenícia e das ilhas mediterrâneas (At 11.19).

430 DOZE HOMENS, UMA MISSÃO

Pedro, João e outros dentre os doze, conquanto seriamente ameaçados pela intolerância que permeava Jerusalém, relutavam em alargar seu ministério para muito além daquela cidade (At 8.1). Como já frisamos antes, uma concepção messiânica ainda restrita por fortes valores nacionalistas (At 10.28; At 11.1-3) aliada à estreita ligação com o sistema de culto judaico (At 3.1; At 5.42), representado pelo templo e pela própria cidade que o abrigava, colaboraram para a insistente permanência dos apóstolos em Jerusalém.

Contudo, as notícias de numerosas conversões nas regiões adjacentes – atingidas com o evangelho pelos que se dispersaram (At 8.4) – exigiam dos apóstolos uma posição mais dinâmica, que endossasse o fluxo que a Palavra começava a encontrar naqueles lugares. Essa demanda por um envolvimento mais íntimo dos líderes de Jerusalém com o que se sucedia fora da cidade sagrada foi verificada especialmente no ministério do diácono Filipe, em Samária. De fato, foi naquela discriminada região, durante a confirmação do trabalho de Filipe, que Pedro e João – para lá enviados pela igreja de Jerusalém – começaram a perceber que seu apostolado tornara-se incompatível com alguns de seus velhos valores culturais.

Ciente de que o momento era de ruptura com concepções estranhas ao evangelho que pregavam, Pedro supera o tradicional desprezo pelos samaritanos e, impondo as mãos, intercede em favor daqueles novos fiéis, para que recebessem o dom do Espírito.

A ministração petrina em Samária, embora enfatizasse a graça e a misericórdia de Cristo, conheceu também momentos de ação enérgica, como durante a repreensão de certo Simão Mago. Esse personagem, que teólogos como Bengt Hagglund consideram um dos pioneiros do gnosticismo judaico, era um líder esotérico, cuja suposta conversão tornara-se um trunfo à pregação do evangelho na Samária. Perscrutando a alma do declarado impostor – que externara sua torpeza ao tentar comprar dos apóstolos o poder do Espírito que neles abundava – Pedro, após amaldiçoar o intento de Simão, assegura-lhe que não poderia exercer o ministério que desejava, visto que seu coração estava distante da retidão, e sua alma, imersa em fel de amargura e iniqüidade.

Após anunciar a Palavra em várias cidades samaritanas, Pedro retorna a Jerusalém, mas ali já não se detém como antes. Lucas nos informa em Atos 9.31,32 que as comunidades cristãs espalhadas pela Judéia, Samária e Galiléia se fortaleciam em uma atmosfera tranqüila. Como crescessem sobremodo, demandavam norteamento apostólico. A paz que reinava nas igrejas da região devia-se ao fato de os líderes judeus terem desviado sua atenção para a perseguição que seus compatriotas sofriam em Alexandria, no Egito (38 d.C.), e para os distúrbios causados pelo insensato Calígula que exigia sua estátua no templo de Jerusalém (39 d.C.).

Envolvido na assistência às igrejas da região da Judéia, Pedro opera um milagre em Lida, curando o paralítico Enéias e fazendo o evangelho triunfar na cidade, bem como na vizinha Sarona (At 9.32-35). Dali, parte em direção a Jope (atual Yaffa), distante dezoito quilômetros, na costa mediterrânea, em atenção à solicitação dos irmãos que há pouco haviam perdido uma de suas mais piedosas companheiras, Tabita. Lucas não nos deixa claro se o insistente pedido dos cristãos de Jope para o comparecimento de Pedro tinha como objetivo uma operação miraculosa sobre a falecida, ou apenas a mera participação do apóstolo no funeral. De qualquer modo, Pedro, ao ser usado pelo Espírito Santo na ressurreição de Tabita, torna-se conhecido na cidade e estende sua permanência ali por tempo indeterminado.

Em um dado dia, enquanto ainda exercia seu ministério em Jope, hospedado por certo Simão curtidor, Pedro é arrebatado por uma visão que, a princípio, não compreendera (At 10.9-17). Na verdade, o êxtase do apóstolo em Jope era parte de uma intervenção do Espírito que visava a romper suas densas barreiras sectárias, como mais tarde ele próprio reconhece (At 10.34,35). Assim, devidamente alertado pelo Espírito, ele não se opôs a seguir com os três desconhecidos que vieram a seu encontro desde Cesaréia, a pedido do centurião romano Cornélio, que muito desejava vê-lo (At 10.23).

Várias cidades da Palestina certamente estavam nos planos evangelísticos do célebre apóstolo, mas não a 'pequena Roma', como era conhecida a pomposa Cesaréia. Construída por Herodes, o Grande, a partir de 25 a.C., a cidade, cujo nome honrava a César Augusto, tornou-se, desde 12 a.C., a capital romana da Palestina e a residência oficial do procurador para lá destinado. Por seu estilo de vida

432 Doze homens, uma missão

gentílico, Cesaréia, embora próspera, não era bem-vista pelos judeus palestinos mais devotados, como Pedro. Acerca do conflito interior vivido pelo apóstolo nessa que se tornou sua primeira missão aos gentios, Frank Stagg comenta (*op. cit.*, p. 116):

> O profeta Jonas fugira para Jope, buscando escapar da missão para Nínive, cuja destruição ele desejava. Ele não tomou nenhuma iniciativa no sentido de pregar aos gentios, mas foi forçado a fazê-lo. Pedro se achou em Jope quase na mesma situação. Pela atividade missionária de outros e por causa do progresso do movimento cristão, viu-se forçado a dar atenção aos gentios...
>
> Pedro escutou a voz lhe dizer para que 'parasse de chamar de comum' (esta é a força do original grego) aquilo que Deus purificara (At 10.15). Embora a visão se repetisse por três vezes, ele ainda ficou perplexo quanto ao que ela podia significar. Tivera grandes oportunidades como seguidor de Jesus e conhecia a obra pioneira de homens como Estêvão e Filipe. Não obstante, Pedro só se deu por vencido e somente cedeu à luz depois de fortemente premido. Seu progresso foi penosamente vagaroso e lento.

Embora soe um pouco severo em sua análise, Stagg pode estar próximo daquilo que se passou no íntimo do apóstolo naquele momento inusitado.

À medida que a bela silhueta de Cesaréia se desenhava no horizonte, Pedro tornava-se ainda mais inquieto, diante da perspectiva de "manchar-se" em função do contato com os gentios que ali viviam. Mais preocupante ainda era o fato de aquele que o solicitara ser um oficial integrante das odiadas forças de ocupação romanas. Contudo, para Pedro, o desenrolar dos acontecimentos dos últimos dois dias não deixava dúvidas de que a visão que tivera em Jope era, de fato, da parte de Deus, assim como a revelação do tal centurião que o mandara buscar. Essa certeza tornava-se tanto mais inquietante quanto mais confrontava os austeros valores que ele, como judeu, aprendera desde menino.

Ao chegarem à residência de Cornélio, o constrangimento do apóstolo ao ver-se compartilhando o mesmo teto com vários gentios aos quais fora enviado é observado por Stagg (*ibidem*, p. 118):

> A ansiedade de Cornélio e a relutância de Pedro são aqui contrastadas de modo assaz chocante. Cornélio teve sua visão cerca da hora nona (três da tarde) e enviou logo seus mensageiros. Viajaram de Cesaréia a Jope (cerca de 48 quilômetros) até o meio-dia do dia seguinte. Cornélio deixou de lado todos os outros negócios e, por quatro dias, esperou a chegada de Pedro (At 10.30). Estava tão interessado que reuniu em sua casa seus parentes e amigos íntimos (At 10.24). Ao contrário, Pedro parecia movimentar-se como que empurrado por um dever. A demora inicial, até o dia seguinte, pode ser justificada, pois os enviados de Cornélio precisavam repousar, e Pedro precisava aprontar-se para a viagem de Jope a Cesaréia. Enquanto Cornélio ansiosamente buscava congregar outras pessoas para ouvir o evangelho, Pedro ocupava-se em arranjar testemunhas de defesa, a fim de proteger sua reputação, levando-as consigo a Cesaréia e, mais tarde, a Jerusalém.

Após deter-se em justificações que denunciavam seu embaraço (At 10.27-29) e, tomando ciência daquilo que se sucedera dias atrás a Cornélio (At 10.30-33), Pedro expõe o evangelho a sua platéia gentia, sob os olhares observadores dos seis cristãos judeus que o seguiram.

Antes que pudesse concluir sua preleção, o apóstolo e os da circuncisão que o acompanhavam foram tomados de grande espanto ao constatarem que o dom de Deus se manifestara poderosamente naqueles desprezados gentios. Se Deus não recusou-lhes Seu Espírito, como poderia Pedro recusar-lhe a água com a qual deveriam ser batizados?

Reconhecendo a direção divina no sucedido, Pedro cedeu ao convite daqueles novos irmãos para que permanecesse em Cesaréia por alguns dias. A essa altura, não é difícil imaginarmos que uma notória mudança se iniciava na visão do apóstolo em relação aos gentios. Afinal, Pedro passara, ali, dias mantendo íntima comunhão com homens incircuncisos; essa atitude, inimaginável a um judeu, exigia

434 DOZE HOMENS, UMA MISSÃO

sérias explicações do apóstolo aos anciãos da igreja em Jerusalém, ainda zelosos das tradições judaicas. De fato, Lucas dedica mais da metade do capítulo onze de Atos à descrição desse interrogatório enfrentado mais adiante pelo apóstolo.

O testemunho de Pedro acerca do ocorrido em Jope e em Cesaréia abalou as estruturas da enclausurada igreja de Jerusalém, além de revelar àqueles líderes judaizantes uma dimensão do evangelho que não conheciam até aquele momento. Doravante, não mais caberia uma concepção messiânica que adotasse Israel por limite. Afinal, todos ali, concordemente, reconheceram que *Deus concedeu também aos gentios o arrependimento para a vida* (At 11.18).

Decorria o ano 44, quando o inominável Herodes Agripa decidiu lançar-se contra a liderança da igreja em Jerusalém, buscando amenizar a antipatia que sua origem iduméia suscitava na cúpula religiosa judaica. Segundo Stagg, a oportunidade de Agripa fortalecer-se junto aos judeus aconteceu com a aprovação dos líderes cristãos à conduta de Pedro em Cesaréia, já que os apóstolos haviam escapado às perseguições judaicas dos dias de Estêvão justamente por permanecerem fiéis à observância da Lei. Assim, a deferência – pela igreja de Jerusalém – para com o precedente aberto por Pedro em relação aos gentios tornara-se uma postura imperdoável para os líderes judaicos. O impasse gerou a ocasião que Agripa esperava para adular as lideranças rabínicas que, a princípio, não o toleravam. Após passar ao fio da espada Tiago Maior, irmão de João, o tirano – sentindo a boa repercussão entre os religiosos de Israel – encarcerou Pedro que, como se vê, ainda mantinha seu ministério estabelecido em Jerusalém, após todos esses anos (At 12.1-3).

Repleta de peregrinos vindos de vários cantos do mundo antigo, Jerusalém respirava, à época, ameaças contra a Igreja. A violenta ação de Agripa tornara-se conhecida das multidões que lotavam as ruas da cidade. Para autores como Donald Guthrie, o encarceramento de Pedro – ao contrário da execução sumária de Tiago Maior – se explicaria pelos desígnios politiqueiros de Herodes Agripa de apresentá-lo à multidão durante a Páscoa, antes de executá-lo, à semelhança do que ocorrera com Jesus. Ciente da inexplicável libertação de Pedro durante seu encarceramento pelos saduceus (At

5.17-20), Agripa, além de destacar uma guarda mais competente e numerosa, prende o apóstolo em duas correntes, como garantia de que nenhuma surpresa o surpreenderia dessa vez (At 12.4-7).

Demonstrando grande confiança nos propósitos de Deus, Pedro entregou-se a um sono reparador na noite que precedia sua planejada execução. Enquanto a Igreja incessantemente intercedia por ele, o anjo do Senhor, pondo-se no interior da cela, despertou-o do pesado sono e, rompendo as algemas que o prendiam, o fez passar despercebido pelas sentinelas e, por fim, pelo portão de ferro que faceava a rua. Coleman comenta a cena (*op. cit.*, p. 71):

> Nesse incidente da prisão, Pedro dormia tão profundamente que a luz brilhante do anjo nem chegou a despertá-lo. O anjo teve de cutucá-lo. Pedro dormia em paz, muito embora Herodes planejava executá-lo no dia seguinte.

É interessante citarmos que a sombria tradição medieval fez brotar a veneração das algemas de Pedro, aqui citadas por Lucas. Abençoados pelo contato com o corpo do santo prisioneiro, aqueles artefatos foram achados, guardados e passados sucessivamente pelos cristãos primitivos que – segundo a crendice – viam neles propriedades terapêuticas que podiam libertar os cativos dos mais diversos males. A tradição bizantina afirma que, séculos depois, as supostas correntes de Pedro foram levadas a Constantinopla por reis piedosos e expostas à veneração pública.

De volta à narrativa de Lucas, vemos que aquela intervenção fora muito extraordinária aos olhos de Pedro, que custou alguns minutos para que – mesmo acostumado aos milagres divinos – se certificasse de que tudo não se tratava de um delírio, bem como era o resultado de uma ação real de Deus em seu socorro (At 12.9).

Cheio de júbilo, Pedro decide dirigir-se a uma das congregações cristãs de Jerusalém, a casa da mãe de Marcos, a fim de testemunhar sobre como Deus operou graciosamente em seu favor. Como era de esperar, a súbita presença do apóstolo ali causou um misto de espanto e de alegria entre os irmãos que por ele intercediam naquela madrugada.

436 DOZE HOMENS, UMA MISSÃO

Misteriosamente, Lucas relata que, após o encontro com aqueles fiéis, Pedro decide partir *para outro lugar* (At 12.17). Doravante, a atenção do autor de Atos volta-se para as missões de Paulo e seus companheiros, em seu crescente avanço missionário entre os gentios. Pedro sai de cena, tornando a ser mencionado apenas no capítulo 15, quando apresenta seu testemunho no Concílio de Jerusalém. A partir daí, ele não é mais citado no livro de Atos. Esse silêncio de Lucas sobre os efeitos posteriores de Pedro é tanto mais relevante quanto maiores foram os clamores da tradição medieval com respeito a sua primazia na Igreja, como veremos mais adiante, ao tratarmos do tema.

Qual seria, pois, esse *outro lugar* para onde Pedro se dirigiu após aquela miraculosa libertação? Teria o apóstolo, naquele momento de intervenção divina, recebido instruções acerca de alguma missão fora de Jerusalém (ou de Israel)? Por onde teria andado Pedro entre o lapso de tempo entre sua libertação das mãos de Agripa e o Concílio de Jerusalém, ou seja, entre 44 e 50 d.C.? Na tentativa de responder a questões como estas, relevantes para a investigação do ministério do apóstolo, estaremos, a seguir, detendo-nos em alguns relatos tradicionais que enfocam as missões de Pedro, posteriores àquelas descritas por Lucas em Atos. Com efeito, a porção da história eclesiástica sobre as narrativas pós-bíblicas de Pedro, embora permeada pela fantasia em alguns momentos, tem muito a esclarecer sobre seu longo ministério fora de Israel.

AS MISSÕES DE PEDRO NO MUNDO GENTÍLICO

A tradição católica enfatizou o ministério petrino em Roma, para onde diz ter o apóstolo transferido sua autoridade espiritual, e de onde teria dirigido a Igreja primitiva, após cumprir seu tempo em terras palestinas. A impropriedade tanto histórica quanto teológica desse argumento será tratada, com a devida acuidade, mais adiante.

A julgar pelas citações dos Pais da Igreja, não há dúvidas de que Pedro realmente viveu e exerceu um ministério em Roma. Entretanto, a questão mais relevante aqui é saber por onde andou o apóstolo entre sua partida de Jerusalém e sua chegada a Roma, já que, entre esses dois episódios, temos alguns anos dos quais nada foi registrado na Bíblia.

A tradição, tanto primitiva quanto medieval, propõe diversas possibilidades para o episcopado pós-bíblico do apóstolo, como constataremos a seguir. Talvez um bom começo para o rastreamento de seus passos, após sua obscura partida da Palestina, seria considerarmos as adjacências da Ásia Menor, para cujos crentes Pedro endereça sua primeira epístola, escrita – segundo alguns – em Roma, por volta de 64 d.C.:

> Pedro, apóstolo de Jesus Cristo, aos peregrinos da dispersão no *Ponto, Galácia, Capadócia, Ásia* e *Bitínia* (1Pe 1.1; grifos do autor).

Afirma-se que a referência do apóstolo a essas províncias – que hoje compõem o norte da Turquia – seria um indício seguro de sua passagem por ali. De sua passagem talvez, mas de um ministério prolongado, é pouco provável. Por que Pedro as citaria de forma tão destacada em sua epístola? Essa é uma questão difícil de ser resolvida, já que a tradição posterior nada acrescenta sobre um suposto ministério petrino naquelas regiões. Certo é que esses territórios romanos ficavam a meio caminho entre Antioquia da Síria e cidades como Corinto e Roma, locais onde Pedro esteve mais demoradamente. Eram também regiões prósperas, de cultura predominantemente grega, cheias de cidades populosas e muito bem servidas por estradas e portos. Foram, ademais, abrigo de numerosas colônias de judeus da dispersão, alvo dos missionários que priorizavam seus patrícios nas evangelizações, como parece ter sido o caso de Pedro (Gl 2.8,9).

A Ásia Menor e sua circunvizinhança, com todos seus atrativos, hospedaram diversos vultos do cristianismo primitivo. Já citamos anteriormente os casos de João, Filipe, Bartolomeu, Paulo, Papias, Irineu, Policarpo e outros. Por isso, foi uma das regiões do império onde a fé cristã se desenvolveu com maior rapidez. Com tudo isso, não há razões para se descrer da passagem do velho apóstolo por ali.

438 DOZE HOMENS, UMA MISSÃO

No entanto, se tomarmos apenas sua primeira epístola como base para imaginarmos um longo ministério em alguma daquelas províncias, devemos ser cuidadosos. Isso porque logo adiante no texto, o apóstolo lembra seus destinatários acerca daqueles *que vos pregaram o evangelho* sem propriamente se identificar com eles. Deve-se considerar também que, decerto, a notoriedade que Pedro alcançara na Igreja permitia que dirigisse cartas semelhantes a comunidades onde nunca estivera. Esse é presumivelmente o caso das regiões citadas em 1Pedro 1.1. De qualquer modo, deve-se ter em mente que, se Pedro alguma vez rumou para o Ocidente, teria estado invariavelmente em algumas daquelas províncias.

Outra boa razão para crermos em uma passagem – ainda que breve – de Pedro pela Ásia Menor são as tradições que ligam seu ministério a uma cidade próxima dali, se bem que do outro lado do mar Egeu: Corinto. A pujante capital da província romana da Acaia está entre os mais prováveis campos de trabalho pastoral de Pedro antes de sua chegada a Roma.

Corinto, maior e mais próspero porto comercial da Grécia romana, era uma bela cidade de quase quinhentos mil habitantes – também notabilizada por sua licenciosidade – logo transformada em um ponto estratégico para as missões cristãs da época. Floyd Filson, em sua obra *Opening the New Testament* [*Iniciando o Novo Testamento*], descreve as características culturais de Corinto, quando da chegada dos primeiros missionários cristãos (p. 112):

> Nesse ativo centro, encontravam-se não apenas gregos, mas também visitantes de muitos países e de raças diferentes. Alguns se estabeleciam ali, enquanto outros permaneciam apenas por pouco tempo. Os mercadores itinerantes, os caçadores de emoção e os nativos ávidos por dinheiro desempenharam, todos eles, importante papel no rebaixamento moral da cidade.

A forte presença judaica em Corinto – confirmada pela arqueologia moderna – constituiu outro fator que a transformou em um alvo atraente para aqueles missionários judeus-cristãos. Paulo foi um dos que consideraram que a localidade tinha excelentes perspectivas para uma promissora expansão do evangelho na região da Acaia. Ali chegando, em cerca de 52 d.C., o apóstolo – ao lado de Áquila, Priscila, Timóteo e Silas – permaneceu na cidade por dezoito meses ministrando para judeus e gentios (At 18.1-11) e ganhando para Cristo, até mesmo, alguns de seus magistrados como Erastus, o tesoureiro da cidade (Rm 16.23), que escavações recentes descobriram ser este também comissário e administrador local.

Em sua primeira epístola aos coríntios, escrita em Éfeso, por volta de 56 d.C., Paulo nos fornece algumas pistas que ligam o ministério de Pedro à grande cidade de Corinto. Como vemos no texto paulino, com o passar do tempo, alguns cristãos penderam excessivamente para as orientações dos vários pregadores que ali estiveram, a ponto de produzirem grande dissidência na igreja da cidade. Pedro, como se pode deduzir a partir de 1Coríntios 1.12 e 3.22, estava entre aqueles que ali ministraram. Mais ainda, o fato de Pedro estar acompanhado de sua família em Corinto – como lembra Paulo em 1Coríntios 9.5 – sugere que a presença do apóstolo ali não se limitou a uma breve visita pastoral, mas a um ministério mais prolongado.

Corinto nos tempos apostólicos.

440 DOZE HOMENS, UMA MISSÃO

Os escassos fragmentos de certa *Epístola aos Romanos*, escrita no final do século 2 por Dionísio, bispo de Corinto (c. 170 d.C.), embora sem acrescentar muitos detalhes, confirma o ministério petrino naquele lugar (*in*: Eusébio, *História eclesiástica*, II, XXVII):

> Portanto, vós também, por semelhante admoestação, estais ligados em estreita união às igrejas plantadas por Pedro e Paulo, como a dos romanos e a dos coríntios. Porquanto ambos vieram a nossa Corinto e aqui nos ensinaram da mesma forma que vos ensinaram quando estavam na Itália.

A tradição da Igreja, infelizmente, não conservou documentos que permitissem à posteridade elucidar os detalhes da permanência de Pedro em Corinto. Assim, não sabemos exatamente quando o apóstolo chegou ali, tampouco quanto tempo se demorou na cidade. Entretanto, tomando-se como referência a partida de Paulo dali e o posterior envio de sua primeira epístola aos coríntios – em que Pedro é citado –, é provável que o ex-pescador tenha permanecido em Corinto por certo tempo entre 53 e 57 d.C.

Ora, se Pedro desembarcou em solo coríntio para dar prosseguimento ao trabalho de cristianização iniciado por Paulo – como fizera, por exemplo, com o trabalho de Filipe na Samária (At 8.14-25) –, é certo que já se demonstrava aberto, àquela altura, para o envolvimento pastoral com uma congregação heterogênea como a coríntia, conforme podemos deduzir de seu próprio testemunho no concílio de Jerusalém, pouco antes, em 50 d.C.:

> E havendo grande discussão, levantou-se Pedro e disse-lhes: Irmãos, bem sabeis que já há muito tempo Deus me elegeu dentre vós, para que os gentios ouvissem da minha boca a palavra do evangelho e cressem. E Deus, que conhece os corações, testemunhou a favor deles, dando-lhes o Espírito Santo, assim como a nós; e não fez distinção alguma entre eles e nós, purificando os seus corações pela fé (At 15.7-9).

Contudo, o trabalho missionário mais significativo ainda que o de Pedro em Corinto foi aquele que, provavelmente o precedeu, isto é, sua estada na importante cidade de Antioquia da Síria.

Nenhum centro gentílico manteve vínculos tão estreitos com a história da Igreja, em suas primeiras décadas, quanto a Antioquia. Fundada três séculos antes de Cristo pelos reis gregos da Síria, Antioquia foi, desde o princípio, muito povoada por judeus, os quais desfrutavam ali ampla liberdade e os mesmos direitos dos cidadãos gregos. No período apostólico, a cidade – já ampliada e adornada pelos romanos com aquedutos, termas, pontes e um anfiteatro – abrigava cerca de duzentos mil habitantes, tendo se tornado um dos cinco maiores centros urbanos do império e a residência oficial do governador romano na Síria.

Esse conjunto de fatores, adicionado a sua proximidade com Israel, fez de Antioquia uma cidade extremamente importante nas primeiras campanhas missionárias para o mundo gentílico. Sua posição estratégica transformou-a na "igreja mãe" da evangelização da Ásia Menor e da Europa.

Lucas narra, em Atos 11.19-30, detalhes importantes que envolvem o surgimento e o desenvolvimento da congregação cristã de Antioquia. Fundada por judeus cristãos foragidos das primeiras perseguições em Jerusalém, aquela recém implantada Igreja viu o número de seus fiéis florescer vertiginosamente, em parte, porque a evangelização daquele lugar não se restringiu à população judaica. Tal foi a rapidez que o evangelho se espalhou entre judeus e gentios antioquenses que, em pouco tempo, esses crentes foram identificados, pela primeira vez na história, pelo nome que os distinguiria para sempre: cristãos.

Com as notícias da expansão da fé em Antioquia, a liderança da Igreja em Jerusalém decide enviar para lá homens que, por sua maior experiência ministerial, auxiliariam o desenvolvimento da jovem congregação. O piedoso Barnabé foi o primeiro deles, seguido mais tarde por Paulo e alguns profetas de Jerusalém, entre os quais Ágabo, que previu a fome que em alguns anos afetaria toda aquela região.

A intimidade que se estabeleceu, desde o princípio, entre as comunidades de Antioquia e Jerusalém, acabou imprimindo um traço particular na teologia da igreja síria, que a acompanhou ao longo de toda sua longa história. A influência do pensamento judaico-cristão pautado na historicidade do homem Jesus e na relevância das Escrituras veterotestamentárias fez de Antioquia um notável centro de defesa da ortodoxia do evangelho, nos muitos momentos em que novas e perigosas correntes doutrinárias pipocavam pela Igreja.

Segundo alguns autores de biografia apostólica, Pedro esteve entre as autoridades que cuidaram do treinamento e do desenvolvimento da igreja de Antioquia em seus primórdios. Sobre esse tema, a figura de Inácio, bispo de Antioquia, assume grande importância, já que esse famoso autor e mártir patrístico foi contemporâneo dos apóstolos.

Profundamente envolvido com a igreja antioquense, Inácio fora seu bispo ao longo de quase toda a segunda metade do século 1. Sob sua direção, aquela congregação – um dos celeiros do cristianismo primitivo no mundo gentílico – perseverou fielmente nos momentos mais difíceis, como nos dias da perseguição de Domitianus (Domiciano), em 95 d.C. Seu pastorado na cidade só foi interrompido no início do século 2, após seu aprisionamento durante o reinado de Trajano, que mandou executá-lo por volta de 107 d.C., entregando-o às feras durante os saturnais em Roma. Escrevendo acerca do ministério de Inácio em Antioquia, o historiador Eusébio de Cesaréia acabou acrescentando algo interessante sobre a passagem de Pedro na cidade síria (*op. cit.*, p. 120):

> Por esse tempo, floresceu Policarpo na Ásia, um íntimo discípulo dos apóstolos, que recebeu, das mãos de testemunhas e servos do Senhor, o episcopado da igreja que está em Esmirna. Na mesma época, Papias foi reconhecido como bispo da igreja de Hierápolis; homem deveras capacitado em todo conhecimento e muito familiarizado com as Escrituras. Da mesma sorte, Inácio, que é celebrado por muitos até o presente dia como sucessor de Pedro em Antioquia, tornou-se o segundo a exercer o ofício episcopal naquele lugar.

Se o historiador patrístico estiver correto, Pedro foi o primeiro bispo de Antioquia, tendo legado sua primazia para Inácio que conduziu a congregação até o início do século 2 (embora outros autores primitivos mencionem um tal Evodrius (Evódio) como o verdadeiro sucessor petrino). Essa possibilidade histórica que – se confirmada – traria ainda maiores embaraços à doutrina romana da sucessão apostólica, encontra no historiador Jean Danielou outro defensor (*The Christian Centuries* [*Os séculos cristãos*], p. 50):

> Permanece verdadeiro o fato de que a igreja de Antioquia, se não for realmente petrina, tem muitos laços com esse apóstolo. Sabemos que ele lá esteve em uma data muito remota. Os escritos apócrifos petrinos eram muito populares em Antioquia, como informam Teófilo e Serapion. A *Ascensão de Isaías* é o primeiro trabalho a mencionar o martírio de Pedro. Portanto, o cristianismo judaico de Antioquia sempre aparece representando a posição petrina. Percebemos, igualmente, os vínculos dessa comunidade com o setor fenício da igreja, particularmente dependente de Pedro. Os mesmos laços foram encontrados em outras regiões que vieram a estar sob a influência do apóstolo, as quais estavam em comunicação com Antioquia.
>
> Eusébio nos conta que a região do Ponto, e as vizinhas Bitínia, Capadócia e Galácia dependiam diretamente de Pedro. Outros fatos confirmam essa posição. A primeira epístola de Pedro foi endereçada aos cristãos dessa região. [...] O Ponto e a Capadócia constituíam extensões geográficas do norte da Síria e foi exatamente nessa direção que a província se expandiu.

Eruditos católicos, como Hugo Hoever, em seu livro *Lives of the Saints* [*A vida dos santos*], também atestam o ministério do apóstolo Pedro em Antioquia (p. 82):

> Historiadores cristãos afirmam positivamente que São Pedro fundou a sé de Antioquia, antes de dirigir-se a Roma. Antioquia era, à época, a capital do Oriente. São Gregório, o Grande, atesta que o príncipe dos apóstolos foi bispo daquela cidade por sete anos.

444 Doze homens, uma missão

A mesma posição é defendida por historiadores da igreja copta, como Azia Atyia (*A History of Eastern Christianity* [*A história do cristianismo oriental*], p. 172):

> Ademais, Eusébio confirma que a igreja de Antioquia foi fundada por São Pedro, o qual se tornou seu primeiro bispo, antes de sua transferência para a sé romana. De acordo com a tradição, ele presidiu ali por sete anos, de 33 a 40 d.C., quando nomeou São Evódio como seu vigário antes de partir em direção oeste. Enquanto o círculo da pregação do evangelho se expandia no sentido leste, para Edessa, Nisibis e para a distante Malabar, com os apóstolos Tomé e Mar Addai (São Tadeu), a queda de Jerusalém, em 70 d.C., apenas contribuiu para o aumento do número de cristãos que se dirigiam para Antioquia.

Certamente, as datas apresentadas por Aziz Atyia para a presença de Pedro em Antioquia não podem ser consideradas dignas de crédito, já que Lucas deixa bem claro, ao longo dos doze primeiros capítulos de Atos, que Pedro permaneceu ministrando a Palavra nas imediações da Judéia e Samária até a perseguição infligida por Agripa em 44 d.C., após a qual – e só nesse momento – deixou a Palestina buscando outras regiões (At 12.17). Além do que, a origem da igreja antioquense, tratada pelo evangelista em Atos 11.19-30, é por ele atribuída aos judeus *dispersos pela tribulação suscitada por causa de Estêvão*, entre os quais Pedro não se encontrava. Nenhuma menção ao ministério de Pedro em Antioquia antes que lá chegassem Barnabé, Paulo e outros profetas de Jerusalém é, portanto, digna de crédito.

Mesmo que perdida na penumbra da História, a ocasião precisa do estabelecimento de Pedro em Antioquia deve ter se dado ainda no princípio de seu ministério fora de Israel, portanto, a partir de 44 d.C. Paulo, que lá chegou nos primeiros anos daquela congregação (At 11.25,26), evidencia, ao escrever aos gálatas, não apenas o ministério de Pedro naquela cidade, como também a constrangedora – porém necessária – repreensão que teve de exercer sobre o apóstolo:

Quando, porém, Cefas veio a Antioquia, resisti-lhe na cara, porque era repreensível. Pois antes de chegarem alguns da parte de Tiago, ele comia com os gentios; mas quando eles chegaram, se foi retirando, e se apartava deles, temendo os que eram da circuncisão. E os outros judeus também dissimularam com ele, de modo que até Barnabé se deixou levar pela sua dissimulação. Mas, quando vi que não andavam retamente conforme a verdade do evangelho, disse a Cefas perante todos: Se tu, sendo judeu, vives como os gentios, e não como os judeus, como é que obrigas os gentios a viverem como judeus? (Gl 2.11-14).

Levando-se em consideração a possibilidade da Epístola aos Gálatas ter sido escrita pouco antes do Concílio de Jerusalém (49-50 d.C.), podemos sugerir uma data para a presença de Pedro na sé antioquense entre os anos 44 e 50 d.C. Comentando acerca do deslize de Pedro em Antioquia, Everett Harisson completa (*op. cit.*, Vol. 5, p. 147):

> Essa é a terceira ocasião na qual Paulo entrou em contato com Pedro. A primeira vez, ele simplesmente ficou conhecendo Pedro; na outra, ele descobriu a unidade e igualdade que havia entre eles; dessa vez, ele foi levado a discordar dele e repreendê-lo. [...] Pedro *afastou-se* (dos irmãos gentios) gradualmente, conforme sugere o original, talvez se ausentando em uma refeição em um dia, em duas no outro e, finalmente, excluindo-se inteiramente.
>
> O exemplo de Pedro influenciava os outros. O verbo *dissimularam* (disfarçaram), geralmente traduzido por *hipocrisia*, significa uma falta de correspondência entre os atos externos, ou o comportamento, e o estado do coração. [...] No caso de Pedro, suas convicções internas eram perfeitas, pois ele endossava a igualdade dos judeus na Igreja, mas sua conduta não correspondia às suas convicções.

446 Doze homens, uma missão

Pode-se questionar as tradições acerca da fundação da igreja antioquense por Pedro, ou ainda de ter sido ele o primeiro bispo ali, como antecessor de Inácio. Contudo, devemos ter como certa a influente presença do apóstolo naquela comunidade, ainda em seus primórdios. Experiências vividas por Pedro naquela igreja – como a referida oposição de Paulo – possivelmente resultaram no maior amadurecimento de sua posição quanto ao trato com os gentios, influenciando positivamente suas posteriores missões entre eles.

Outra importante tradição relativa à vida pós-bíblica de Pedro diz respeito a sua campanha missionária a Babilônia, na Mesopotâmia. A breve menção à cidade aparece no encerramento de sua primeira epístola, nas saudações finais a seus destinatários (1Pe 5.13).

A controvérsia acerca da viagem de Pedro a Babilônia, onde o apóstolo teria pregado especialmente entre os judeus, merece uma abordagem mais cuidadosa. Muitos eruditos asseveram que o termo *Babilônia,* presente na epístola, não passa de uma figura de linguagem usada pelo apóstolo para referir-se à cidade de Roma, já que a capital imperial ficou assim conhecida entre os cristãos primitivos. Os que pensam isso, citam como confirmação as menções posteriores de João também atribuídas a Roma, em Apocalipse 14.8; 16.19; 17.5; 18.2,10. Em oposição a esse raciocínio, outros dizem que João, como prisioneiro romano durante a escrita de Apocalipse, tinha razões para elaborar sua mensagem de maneira figurada, a fim de que ela passasse despercebida da censura romana. Os defensores do ministério petrino em Babilônia sustentam que, como esse não era o caso de Pedro em Roma durante a composição da epístola, não haveria razões para o autor referir-se figuradamente ao local de origem de sua epístola.

O fato de Babilônia ter se tornado atraente aos apóstolos, por abrigar uma considerável colônia judaica desde 36 d.C., é questionado por aqueles que destacam a intervenção de Calígula em cerca de 41 d.C., quando teriam sido dispersos os judeus babilônios, após hediondo massacre. Como até essa data, Pedro provavelmente não havia deixado a Palestina, argumenta-se que Babilônia teria perdido sua atratividade como alvo evangelístico por ter sua colônia judaica aniquilada. Por outro lado, a não ser que saibamos qual a amplitude da repressão infligida por Calígula em Babilônia ou até que ponto os judeus dispersos não mais retornaram para lá após a morte do déspota (que se deu no mesmo ano), não podemos afirmar que a colônia judaica da cidade tenha realmente sido abolida naquela ocasião.

Outros ainda argumentam que Pedro poderia estar se referindo à comunidade de Babilônia no Egito, uma antiga colônia de refugiados assírios localizada onde se encontra atualmente a grande metrópole do Cairo. Contra essa possibilidade, entretanto, está o fato de que tal localidade, em tempos apostólicos, havia sido reduzida a um pequeno posto militar. Ademais, não há qualquer apoio na tradição cristã de que Pedro algum dia tenha realizado campanhas missionárias por aquela região.

Talvez o mais forte argumento contra a presença de Pedro na Babilônia seja o próprio teor de sua primeira epístola. São muitas as referências do autor às vicissitudes em função das perseguições contra os cristãos. É certo que a situação referida pelo apóstolo não diz respeito aos levantes que os judeus suscitaram contra a Igreja, mas às primeiras perseguições do Estado romano, que começava a ver no cristianismo uma ameaça aos seus interesses. Como as datas da segunda perseguição, sob Domitianus (Domiciano) e da terceira, sob Trajanus (Trajano) – respectivamente em 96 e 111 d.C. – são incompatíveis com a autoria da epístola, resta-nos a oposição suscitada pelo doentio Nero, em 64 d.C. O problema que temos nesse caso é que o autor dirige seu consolo e encorajamento às comunidades cristãs espalhadas pelas regiões da Ásia Menor, Ponto, Capadócia, Bitínia e Galácia (1Pe 1.1), onde a perseguição de Nero – pelo menos oficialmente – não se fez sentir.

Existe ainda a hipótese de Pedro estar se referindo a algum possível levante localizado e de menor porte – sobre o qual a História silenciou – que teria atribulado os cristãos nessas partes do império, anteriormente à perseguição de Nero em Roma. Nesse caso, a presença de Pedro na Babilônia, quando da composição dessa epístola, não seria de todo improvável. De qualquer modo, a tradição das igrejas orientais não deixa dúvidas quanto à presença ministerial do apóstolo na Babilônia à beira do Eufrates.

Embora incomparavelmente mais humilde que a suntuosa cidade dos dias de Nabucodonosor (séc. 7 a.C.), a Babilônia dos tempos apostólicos permanecia como um grande centro urbano em um importante entreposto nas rotas comerciais para o Oriente. A Babilônia era uma das grandes cidades localizadas imediatamente ao oriente de Antioquia, perfeitamente acessível àqueles que seguiam pela rota comercial romana. Esse é um detalhe importante, à medida que Antioquia da Síria pode ter sido a cidade a partir da qual Pedro rumou no sentido leste.

Mesmo que a colônia judaica de Babilônia – suposto alvo de Pedro – tenha sido reduzida durante o massacre de Calígula, esse quadro pode ter sido facilmente revertido, já que outras regiões próximas da cidade, como Elão, Pártia e Média – com as quais a Babilônia mantinha laços comerciais – também possuíam significativa presença de judeus e de prosélitos seus (At 2.9), o que poderia facilitar o repovoamento judaico da cidade. É digno de nota o fato de que ainda hoje existem colônias primitivas de judeus no Iraque, onde se situava a antiga Babilônia.

Portanto, se Pedro orientou seu apostolado para alcançar primeiramente os da circuncisão (Gl 2.9), e as regiões a leste da Palestina estavam povoadas de colônias judaicas, é aceitável que o apóstolo exerceu, por algum tempo, ministério na Babilônia e de lá tenha dirigido sua epístola aos cristãos da Ásia Menor e adjacências. Não seria seguro tentar definir datas para o suposto ministério petrino na Babilônia. Entretanto, as menções que o autor faz às perseguições em sua primeira epístola nos sugerem um período próximo de sua partida para Roma, ou seja, algo em torno de 50-60 d.C.

Antes de focalizarmos o extenso trabalho de Pedro em Roma, devemos considerar, ainda, outro lendário paradeiro do apóstolo em suas jornadas evangelísticas: a Britânia, ou Inglaterra.

Quando tratamos da biografia de Simão Zelote, comentamos as condições vigentes na Britânia dos tempos apostólicos. Embora a narrativa de Júlio César tenha pintado um quadro primitivo dos povos daquela região, sabemos hoje que essa não era senão a visão tendenciosa de seus conquistadores. Afinal, como um povo tão selvagem poderia oferecer a mais longa e tenaz resistência jamais encontrada pelos romanos? Alguns afirmam que as remotas civilizações britânicas já existiam desde os tempos dos fenícios, com os quais, segundo se crê, mantiveram intercâmbio comercial.

Já devidamente colonizada pelos romanos nos dias apostólicos, o sul da Britânia era, sem dúvida, uma região que poderia ter despertado interesse por parte de muitos missionários cristãos, entre os quais os próprios apóstolos. Os muitos relatos tradicionais sobre as missões de Simão Zelote e José de Arimatéia são prova disso.

George Jowett, em sua obra *The Drama of the Lost Disciples* [*O drama dos discípulos desorientados*], sugere que Pedro encontrava-se em Roma durante o édito de Cláudio que expulsou os judeus da capital imperial em 50 d.C. Como outros conterrâneos seus que de lá foram banidos, Pedro teria se refugiado, por algum tempo, na distante Britânia, onde estabelecera seu apostolado. Isso explicaria – segundo Jowett – a omissão de Paulo ao nome do apóstolo em sua Epístola aos Romanos, escrita em mais ou menos 56 d.C.

Para Jowett, Pedro teria evangelizado a Britânia durante o turbulento período das guerras de resistência contra Roma, chefiadas pelo rei bretão Caratacus. Com a derrota para o general romano Ostorius Scapula, em 51 d.C., Caratacus tentou debalde refugiar-se entre os nativos do norte do país, os quais acabaram por entregá-lo aos romanos, por ordem da rainha Cartimandua, aliada dos conquistadores.

Segundo o historiador Tacitus (Tácito), Caratacus, após sua captura, foi conduzido como prisioneiro a Roma, onde acabou atraindo a simpatia do imperador Claudius (Cláudio), que lhe concedeu clemência e lhe permitiu terminar em paz seus dias na capital imperial.

Lembrando a tradição, Jowett afirma que o apóstolo, durante seu suposto período de exílio na Britânia, teria se aproximado da família real de Caratacus. Anos depois, ao retornar a Roma teria tido, assim, livre acesso ao *Palatium Britannicum,* onde a nobre família britânica dos Pudens terminou seus dias. Segundo as mesmas fontes citadas pelo autor, os filhos de Cláudia e Rufus Pudens foram criados aos pés de Pedro e de Paulo em Roma, nos anos anteriores à execução dos apóstolos sob Nero.

Uma possível prova arqueológica da estada de Pedro na Britânia pode ser a pequena lápide de pedra bruta descoberta em Whithorn, que traz a inscrição *Locvs Sancti Petri Apvstoli,* ou seja, *o local de São Pedro, o Apóstolo.* Para comentaristas petrinos, como Dean Stanley, a lápide fora produzida em alusão ao local onde o apóstolo foi divinamente avisado sobre seu iminente martírio, conforme 2Pedro 1.14. A citada revelação teria ocorrido – segundo Stanley – durante a última visita de Pedro à Britânia, pouco antes de seu retorno a Roma, no local onde mais tarde foi erigida a antiga igreja de Lamberd.

De fato, as lendas falam de igrejas britânicas, quase tão antigas quanto o próprio cristianismo, dedicadas ao apóstolo. Diz-se que o primeiro rei bretão a consagrar a Pedro uma igreja foi Lucius (Lúcio), descendente de Arviragus (identificado por alguns com Caratacus), que também teria decretado o cristianismo como religião oficial da região de Winchester em 156 d.C. O santuário teria sido terminado em 176 d.C.

Em suas viagens com destino à Britânia, Pedro, segundo outras lendas, teria também ministrado na antiga Gália (atual França), que se situava a meio caminho. Conta-nos Jowett que, naquela região, Pedro pregou o evangelho no templo rochoso dos druidas gauleses, conhecido como *Le Grotte des Druides*, sobre o qual foi construída posteriormente a mais antiga catedral da França.

No entanto, não são apenas os autores mais recentes que relacionam o apostolado de Pedro às regiões da Britânia e da Gália. O conteúdo da *O ensino dos apóstolos* nos mostra que essa tradição já era cultivada no final do século 2:

> A cidade de Roma, assim como toda a Itália, a Espanha, a Britânia, a Gália e todos os demais locais ao redor delas, receberam a ordenação apostólica do sacerdócio de Simão Cefas, que para lá se dirigiu desde Antioquia, sendo o líder e guia da igreja que fundou naquelas regiões.

Conquanto as versões sobre o apostolado pós-bíblico de Pedro na Gália e na Britânia careçam de maior historicidade, não há – como vimos – razões suficientemente fortes para duvidarmos da presença de algum dos apóstolos como Simão Pedro, Simão Zelote e Filipe nessas localidades, sobretudo em função dos vínculos comerciais e culturais que elas mantinham com o restante do império durante os primórdios da era cristã.

O MINISTÉRIO E A EXECUÇÃO DE PEDRO EM ROMA

Não há dúvida quanto à permanência de Pedro, durante os últimos anos de sua vida, na capital imperial. Embora o Novo Testamento não deixe qualquer indício que prove essa possibilidade, muitos autores da chamada era patrística registram que o apóstolo não apenas passou ali a derradeira etapa de seu ministério, como também ali entregou sua vida em testemunho de sua fé.

Estes são alguns exemplos dos testemunhos históricos que atestam a presença do apóstolo em Roma:

> Mateus, pois, lançou entre os hebreus um evangelho escrito em sua própria língua, enquanto Pedro e Paulo evangelizavam em Roma, estabelecendo os fundamentos da igreja. — Irineu de Lyon (189 d.C.), *Contra heresias* 3,1.1

> Está registrado que Paulo foi decapitado na própria Roma e que Pedro, da mesma sorte, foi crucificado durante o reino [do imperador Nero]. A narrativa é confirmada pela presença dos nomes de Pedro e de Paulo nos cemitérios daquele lugar, os quais permanecem até os dias de hoje. É também confirmada pelo intrépido Gaius (Gaio), que viveu nos dias de Zefirinus (Zeferino), bispo de Roma. — Eusébio de Cesaréia (312 d.C.), *História eclesiástica* 2.25.5

> As circunstâncias que ocasionaram... [a escrita] do evangelho de Marcos são estas: quando Pedro pregou, pelo Espírito, o evangelho publicamente em Roma, muitos dos presentes requisitaram que Marcos, que havia sido por muito tempo seu seguidor e que se recordava de seus dizeres, escrevesse tudo aquilo que o apóstolo havia proclamado. — Clemente de Alexandria (200 d.C. – citado em *História eclesiástica* 6,14.1)

> Pedro, o primeiro escolhido dentre os apóstolos, tendo sido freqüentemente arrestado, lançado em prisões e tratado com

ignomínia, foi, por fim, crucificado em Roma. — Pedro de Alexandria (306 d.C.), *Penitências*, Cânon 9

Poderíamos, ainda, acrescentar a esses relatos nomes como os de Tertuliano de Cartago, Cirilo de Jerusalém, Epifânio de Salamina, Ambrósio de Milão, Jerônimo de Belém, Agostinho de Hipona e outros tantos vultos do cristianismo primitivo. Contudo, essa seria apenas uma longa e cansativa lista de citações.

Se os textos resultantes desses autores patrísticos não respondem a muitas perguntas ligadas ao estabelecimento do episcopado de Pedro em Roma, eles, ao menos, deixam-nos a certeza de que a presença do apóstolo na capital constituía um ponto pacífico entre os teólogos mais expressivos do período pós-apostólico.

Por outro lado, atribuir a Pedro o pioneirismo na evangelização daquela cidade, como fizeram alguns desses Pais da Igreja (dentre os quais Irineu de Lyon) é uma afirmação assaz improvável, tanto histórica quanto biblicamente. Isso porque é impossível precisarmos como o evangelho atingiu Roma e o quanto ali se difundiu. Sabemos apenas que isso aconteceu ainda muito cedo no período apostólico, quando muitos dos doze ainda permaneciam na Judéia.

Para Roma, a capital e maior centro urbano daquela época, fluíam miríades de viajantes e mercadores vindos das mais distantes regiões do império, entre as quais a própria Palestina. Em Atos 2.10, somos informados que *forasteiros romanos* estavam entre aqueles que presenciaram as maravilhas do derramamento do Espírito sobre os apóstolos durante o Pentecostes. Muitos deles, certamente, estavam entre os milhares que receberam a Cristo nas pregações de Pedro e dos demais apóstolos em Jerusalém naquele momento. Portanto, não seria crível que vários desses judeus habitantes de Roma, presentes em Jerusalém no Pentecostes, tenham levado consigo a semente do evangelho ao retornarem à capital, tendo lá imediatamente disseminado a Palavra da Fé?

Caius Suetonius (Suetônio) nos informa que, em cerca de 50 d.C., o imperador Claudius (Cláudio) promulgou um édito que bania os judeus da capital do império. A causa era – segundo o historiador – os crescentes distúrbios entre eles, em função de alguns proclamarem a doutrina de um tal *Chrestos*. Áquila e Priscila, judeus-cristãos banidos de Roma nessa data e que se associaram a Paulo em Corinto (At 18.1,2), são uma evidência de que o historiador não se referia a *Chrestos*, mas sim a *Christus*, e tratava de algum possível tumulto causado pela reação dos judeus tradicionais à pregação de seus conterrâneos cristãos. Pela magnitude da providência tomada pelo imperador, é presumível que o tumulto tenha sido de grande proporção, daí crermos na existência de um bom número de judeus cristãos na cidade já em 50 d.C.

Eusébio de Cesaréia escreveu em sua *História eclesiástica* (II,14,61) que Pedro esteve em Roma entre 44 e 50 d.C., antes da expulsão decretada por Claudius (Cláudio). A data coincide com o silêncio de Atos sobre o apóstolo, após a morte de Tiago Maior em Jerusalém. Entretanto, é pouco provável que Lucas omitisse, em sua narrativa de Atos, a missão petrina na maior cidade do mundo, se ela realmente tivesse ocorrido naquele momento da Igreja. Além disso, como explicar o silêncio de Paulo no tocante a Pedro, em sua epístola aos romanos escrita por volta de 57 d.C.?

A tentativa feita por Eusébio de ligar o nome de Pedro à fundação da sé romana, para historiadores como Justo Gonzaléz, é fruto da capitulação desse erudito – tido por muitos como débil – diante da pompa imperial de Constantino, chamado por ele de *bispo dos bispos*. A conversão do imperador – de quem Eusébio era amigo – foi para o escritor um milagre semelhante aos relatados no livro de Êxodo. Portanto, não é de admirar que o historiador tenha sido tendencioso em sua análise das origens do bispado romano.

Para McBirnie, os anos entre a saída de Pedro de Jerusalém (44 d.C.) e a expulsão dos judeus de Roma (50 d.C.) são a única data provável para o trabalho do apóstolo na Babilônia, se é que ele chegou a acontecer. Devemos considerar ainda esse período de tempo para encaixarmos seu episcopado em Antioquia que, pela proximidade com a Palestina, deve ter sido o primeiro do apóstolo em suas missões fora de Israel. Seria mais razoável, portanto, considerarmos uma data posterior para a chegada de Pedro à capital do império. Talvez algo próximo de 60 d.C. fosse uma boa sugestão. Essa data, pelo menos, deixaria um espaço de tempo razoável para muitas das tradições ligando o apóstolo a lugares distantes como Antioquia, Babilônia, Corinto, Gália e Britânia.

William Smith, em seu *A Dictionary of the Bible* [*Um dicionário da Bíblia*] (p. 504) sugere que Pedro não chegou a Roma senão no último ano de sua vida, ou seja, entre 65 e 67 d.C. Doug Goins, por sua vez, propõe em seu artigo *Salvation and Suffering* [*Salvação e sofrimento*] que o velho apóstolo teria atingido a capital imperial em cerca de 63 d.C., vindo da Ásia Menor. A esses cristãos da Ásia ele, anos depois, dirigiria de Roma sua primeira epístola. A data sugerida por Goins coloca Pedro atingindo Roma praticamente às vésperas da perseguição infligida por Nero.

Não é difícil entender por que Roma foi alvo das missões de Pedro. Como dissemos, a cidade era a capital do mundo ocidental. Segundo William Smith, sua população nos tempos apostólicos passava de um milhão de habitantes, dos quais quase a metade formada por escravos. Parte da outra metade era formada por miseráveis que habitavam os arredores do centro, onde se concentrava a elite local, conhecida por seus hábitos extravagantes e libertinos.

A população judaica de Roma já estava presente na cidade pelo menos desde os tempos da conquista da Palestina por Pompeu, em 63 a.C., quando muitos judeus foram para lá levados como escravos. Pouco depois, Júlio César, em um rompante de misericórdia, tornou livres muitos deles. Semelhante benevolência foi também apresentada pelos imperadores Augusto e Tibério, este especialmente no final de seu reinado.

A tolerância para com os judeus favoreceu o rápido crescimento dessa colônia na cidade. Ao tempo dos apóstolos, a presença judaica na capital imperial já somava cerca de cinqüenta mil pessoas, além de um grande número de prosélitos dentre os gentios. Isso tornava a cidade atraente para Pedro, uma vez que seu apostolado é apresentado no Novo Testamento como orientado particularmente aos da circuncisão (Gl 2.8,9). Da mesma sorte, talvez a maciça presença judaica em Roma explique por que naquela congregação, a princípio, predominava o uso da língua grega, e não da latina, como mostra a literatura da igreja romana primitiva.

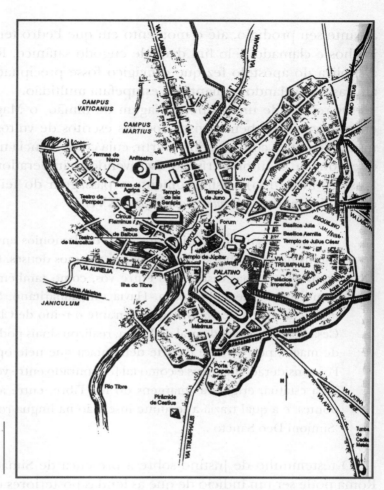

Roma nos tempos apostólicos.

Não se sabe muito sobre o ministério de Pedro em Roma, exceto algumas lendas, muitas das quais fantasiosas. Dentre as mais curiosas, sem dúvida, está a que narra a oposição do apóstolo aos encantos de Simão Mago (At 8.9,13,18-24) que, de acordo com o relato, teria partido da Samária para a capital imperial, onde lograra com seus feitiços a graça dos imperadores Claudius (Cláudio) e Nero. Segundo o relato, Pedro seguiu seu rastro até Roma, onde – junto de Paulo – confrontou o místico em vários desafios públicos diante do imperador. Como última tentativa para reconquistar a graça do soberano, o feiticeiro propôs lançar-se ao espaço e voar diante dos olhos de uma grande multidão. O bruxo teria conseguido levar adiante seu prodígio, até o momento em que Pedro teria caído de joelhos e clamado pelo fim daquele engodo satânico. Respondida, a súplica do apóstolo fez que o mágico fosse precipitado desde as alturas, esfacelando-se diante da estupefata multidão.

Os relatos de uma suposta viagem de Simão, o Mago, a Roma encontram-se também registrados nos escritos de vultos do cristianismo primitivo como Justino Mártir, cuja competência não pode ser questionada. O autor patrístico, escrevendo ao imperador Antoninus Pius (Antônio Pio), assim comenta a passagem do feiticeiro pela capital do império (*Primeira apologia*, XXVI):

> ... após a ascensão de Cristo aos céus, os demônios enviaram alguns homens que se chamavam a si mesmos deuses. Os tais eram não apenas disputados entre vós, como também tidos como dignos de toda honra. Havia um samaritano, Simão, nativo da aldeia de Gitto, o qual durante o reino de Claudius César, em vossa cidade real de Roma, realizou sinais poderosos de magia, pela virtude da arte demoníaca que nele operava. Foi considerado um deus e como tal foi honrado entre vós com uma estátua, erigida às margens do rio Tibre, entre as duas pontes, e a qual trazia a seguinte inscrição na língua romana: 'Simioni Deo Sancto'.

O testemunho de Justino sobre a presença de Simão Mago em Roma pode ser um indício de que as lendas posteriores que relatam as disputas entre Pedro e o mago na cidade são apenas distorções de um episódio verdadeiro que envolveu esses dois personagens bíblicos.

Alguns textos antigos revelam outra possível atividade de Pedro durante seu pastorado em Roma: a preparação e o envio de missionários. Segundo alguns desses relatos, o velho apóstolo exerceu esse importante ministério durante seus últimos anos de vida na capital romana, de onde teria efetivamente enviado discípulos a várias regiões do império, no intuito de disseminar a mensagem do evangelho.

Em uma dessas narrativas encontramos a interessante história de três jovens cristãos – Eucarius (Eucário), Valerius (Valério) e

Maternus (Materno) – pupilos de Pedro em Roma, de onde foram enviados em missão evangelística à Germânia (atual Alemanha). Segundo a lenda, Eucarius (Eucário) foi sagrado bispo, enquanto Valerius (Valério) e Maternus (Materno), seus assistentes. A nota mais curiosa desse relato é o fato de Maternus (Materno) ser apresentado como o filho único da viúva de Naim na Galiléia (Lc 7.11-17), que fora ressuscitado por Cristo. Ele teria se convertido e, mais tarde, seguido para Roma onde amadurecera aos pés do velho apóstolo. A lenda é bem clara ao frisar que, embora tenha tido tão destacada experiência com o Senhor, Maternus (Materno) – como o mancebo era chamado em latim – não desfrutava qualquer privilégio dentre os outros missionários enviados por Pedro àquela região. Os nomes desses santos são ligados ao surgimento das igrejas de *Treverorum Augusta* (Trier) e *Colonia Claudia Ara Agrippinensium* (Colônia), na antiga Germânia, região conquistada por Roma cinco décadas antes de Cristo. Segundo a lenda, Maternus (Materno) decidiu embrenhar-se sozinho território adentro, levando o evangelho até a distante região de Tongern, ao norte da Germânia.

Conquanto enobreça a causa apostólica, a tradição sobre os três enviados de Pedro à Germânia merece uma abordagem mais cuidadosa. Isso porque em 313 d.C., os anais da história eclesiástica registram que um bispo de nome Maternus (Materno) foi enviado pelo imperador Constantino às mesmas cidades germânicas, com o propósito de fundar ali congregações cristãs e combater a idolatria local.

Contudo, se por um lado, a lenda que associa o nome do missionário Maternus (Materno) a Pedro pode representar a corrupção de um evento evangelístico só ocorrido 250 anos após o período apostólico, sob Constantino, é também difícil imaginarmos que o cristianismo tenha sido tão lento em atingir aquela importante região do império. Colônia, por exemplo, já existia como cidade – embora muito pequena – desde pelo menos 38 a.C., quando fora conquistada aos ubiers e rebatizada *Opidum Ubiorum*. Por influência de Agripina, esposa de Claudius César – que ali nascera –, a cidade passou a se chamar *Colonia Claudia Ara Agrippinensium* em 50 d.C. Dezenove anos depois, Colônia tornou-se o centro administrativo das províncias

458 Doze homens, uma missão

imperiais da Germânia, Gália, Hispânia e Britânia, permanecendo assim por quase duzentos anos. *Treverorum Augusta* (Trier), por sua vez, também se destacou, desde os tempos apostólicos, como centro estratégico setentrional do império. Residência oficial do *praefectus pretorio*, a cidade abrigava vários oficiais da corte imperial, com suas respectivas famílias. Em 326 d.C., Constantino mandou construir ali um complexo santuário cristão, sobre o qual mais tarde foi erigida a catedral gótica de Nossa Senhora (*Liebfrauenkirche*). Trier, com sua importante escola teológica imperial, foi o berço do grande líder eclesiástico Ambrósio de Milão e o local onde se refugiaram, por algum tempo, grandes vultos da era patrística, como Atanásio de Alexandria e Jerônimo de Belém.

Essas duas cidades, como importantes centros culturais do império, acabaram celebrizando-se também pela idolatria e pelo culto pagão, tradicionais aos romanos. É pouco provável, portanto, que os apóstolos – ou seus discípulos imediatos – tenham negligenciado, em suas campanhas evangelísticas, uma região de tamanho peso estratégico para o cristianismo. Ademais, sabe-se que a fé cristã – embora proscrita – alcançou grande número de legionários ainda no século 1. Esses soldados serviam em diversas regiões do império, por onde – quais missionários infiltrados no exército romano – espalhavam a semente da fé, muitas vezes sob pena da própria vida. Havia legiões estacionadas na Germânia, da qual Colônia tornara-se o principal posto militar. Por tudo isso, soa um tanto tardio o ano de 210 d.C. – proposto por alguns historiadores – como data da fundação da primeira congregação cristã em Colônia. Talvez o relato sobre o envio, por Pedro, do missionário Maternus (Materno) à Germânia não passe de mera ficção, como insistem alguns. Mesmo assim, é possível que essa lenda represente a corruptela de algum evento envolvendo outros missionários para lá enviados pelo apóstolo, cujos nomes se perderam na História.

Segundo a tradição primitiva, o ministério de Pedro em Roma destacou-se também por sua colaboração literária. Além de suas duas epístolas gerais (a segunda das quais de autoria questionada pelos estudiosos), ele pode ter sido também o mentor do evangelho de Marcos. O argumento mais significativo sobre essa possibilidade vem

Simão Pedro   459

de Papias, bispo de Hierápolis (c. 130 d.C.). Eusébio de Cesaréia, em sua *História eclesiástica* (3.39.15), registra o comentário do autor patrístico quanto à origem do evangelho de Marcos:

> E o presbítero (João) costumava dizer isto: 'Marcos tornou-se intérprete de Pedro e escreveu com exatidão tudo aquilo de que se lembrava sobre as coisas ditas ou feitas pelo Senhor, embora não de modo ordenado. Pois ele não tinha ouvido o Senhor nem o havia seguido. Contudo, mais tarde – como eu disse – seguiu a Pedro, que costumava ensinar os pronunciamentos do Senhor, conforme se tornava necessário. Assim, Marcos nada fez de errado ao colocar por escrito esses fatos isolados à medida que lembrava deles. De uma coisa ele cuidou: não deixar de fora nada do que ouvira e não fazer nenhuma afirmação falsa'.

O registro de Papias assume maior relevância à medida que o apóstolo João é citado como fonte do relato. Irineu de Lyon, por sua vez, afirma que Marcos escreveu seu evangelho logo após o martírio de Pedro em Roma, entre 67 e 69 d.C. Os autores alexandrinos, Clemente e Orígenes, entretanto, dizem que o evangelista produziu o texto enquanto Pedro ainda vivia e com a devida ratificação do apóstolo, talvez entre 64 e 68 d.C. É possível que ambas as narrativas sejam complementares, ou seja, Marcos poderia ter começado seu texto enquanto Pedro ainda vivia e tê-lo terminado após a morte do apóstolo em Roma. Contudo, é difícil crer que o escrito seja posterior a 70 d.C., já que não encontramos nele qualquer indício sobre a destruição de Jerusalém, ocorrida naquele ano. De qualquer modo, faz sentido pensarmos no jovem Marcos, um cristão romano, servindo como tradutor para os sermões de Pedro em Roma, pois o apóstolo – ao contrário de Paulo, não devia dominar o latim, necessário para uma efetiva comunicação do evangelho na cidade.

Outros autores patrísticos também atestam a participação de Pedro na elaboração do evangelho de Marcos. É o caso de Pseudo-Barnabé, Hermas, Justino Mártir, Tertuliano de Cartago, Cirilo de Jerusalém, Jerônimo de Belém e Agostinho de Hipona. Assim

460 DOZE HOMENS, UMA MISSÃO

também comentaristas modernos como Ashbury Smith, que enfatiza o teor petrino do evangelho de Marcos (*The Twelve Christ Chose* [*Os doze que Cristo escolheu*], p. 21,22):

> Crê-se que Marcos serviu como tradutor de Pedro quando este pregou em Roma. Enquanto Pedro repetidamente pregava acerca de suas experiências com Jesus, Marcos interpretava-o, vez após vez, para vários grupos de cristãos. Essa freqüente repetição conferiu a Marcos uma memória literal das reminiscências de Pedro. Após a morte do apóstolo, Marcos, conscientizando-se do valor dos relatos colhidos de Pedro, registrou tudo de que se lembrava, no documento que se tornou conhecido como o primeiro dos evangelhos. Mateus e Lucas, obviamente, serviram-se do evangelho de Marcos em seus escritos sobre a vida de Jesus. Assim, Pedro é a fonte de nosso mais antigo evangelho, tendo largamente suprido o primeiro registro escrito de nosso Senhor. Se essa reconstrução de eventos estiver certa, então o evangelho de Marcos pode ser considerado a lembrança pessoal de Pedro sobre sua vida com Jesus e, como tal, seria uma das maiores contribuições de Pedro à Igreja.

No entanto, o que nos garante que o autor do primeiro evangelho, que Papias diz ser o intérprete (gr. *hermeneutes*) de Pedro é o mesmo João Marcos de Atos (At 12.12-25; 13.5,13; 15.37) e das epístolas (Cl 4.10; 2Tm 4.11; Fm 24; 1Pe 5.13)? Bem, de fato, esse é um tema que suscita outro exaustivo debate histórico, e isso desviaria nossa atenção do tema principal. De qualquer modo, é importante lembrarmos que, se a autoria da obra se devesse a qualquer outro escritor homônimo de Marcos, sua menção na abertura do evangelho não ocorreria sem uma identificação mais detalhada. Além disso, Pedro, ao encerrar sua primeira epístola, também menciona o personagem neotestamentário, chamando-o de filho, o que poderia sugerir inclusive a participação do apóstolo na conversão de Marcos.

Por fim, D. A. Carson, em sua *Introdução ao Novo Testamento* (p. 106), apresenta alguns vestígios literários que poderiam consolidar a suspeita sobre a influência petrina no texto de Marcos:

Por outro lado, existem fatores que apontam para o relacionamento de Pedro com o evangelho [de Marcos]. Afirma-se que as descrições intensas e detalhadas do segundo evangelho são indícios de uma testemunha ocular. Outro aspecto particular desse evangelho é a forma especialmente crítica como os doze são apresentados. Embora seja encontrada em todos os quatro evangelhos, a descrição dos discípulos como covardes, espiritualmente cegos e duros de coração é, particularmente, vívida em Marcos. Sustenta-se que isso indique um ponto de vista eminentemente apostólico, pois apenas um apóstolo teria autoridade para criticar tão duramente os doze. Dois outros fatores sugerem que esse testemunho tenha sido de Pedro. Em primeiro lugar, Pedro aparece com destaque em Marcos, e a maneira mais natural de explicar algumas dessas referências é creditá-las ao próprio Pedro (e.g., as referências a Pedro 'lembrar-se' (Mc 11.21; 14.72]). Em segundo lugar, C. H. Dodd assinala que o evangelho de Marcos segue um esquema muito parecido com o encontrado no querigma apresentado por Pedro, que recordava os acontecimentos principais da vida de Jesus para fins evangelísticos, encontrado em Atos 10.36-41.

Não se sabe com clareza quanto tempo Pedro esteve ministrando em Roma. No entanto, como vimos, é pouco provável que sua chegada ali tenha se dado antes de 55 d.C. Isso, provavelmente, o situaria na cidade durante o caos que se instaurou nos últimos anos do reinado de Nero. A tradição sugere fortemente que, durante o regime daquele imperador, o apóstolo foi vítima de dura perseguição, em Roma, por parte das autoridades locais. Essa perseguição teria se dado, primeiramente, com seu aprisionamento e, algum tempo depois, com sua crucificação, como veremos mais adiante. McBirnie reconhece a procedência da tradição que vê Roma como o local do martírio de Pedro (*op. cit.*, p. 64):

Por fim, é importante registrar que em toda a narrativa da antiga literatura cristã há um completo silêncio acerca da morte de Pedro. Certamente, não dispomos de qualquer referência que aponte outro lugar, além de Roma, que pudesse ser considerado como palco de sua morte. A favor dessa cidade, existem importantes tradições que afirmam que o apóstolo realmente expirou ali. Nos séculos 2 e 3, quando algumas igrejas começaram sua rivalidade com Roma, nunca ocorreu a qualquer uma delas contestar o clamor romano de ter sido o palco do martírio de Pedro.

Durante o período de 64 a 68 d.C., Roma tornou-se um local particularmente difícil para se expressar a fé cristã. Ali, sob as ordens de Nero, estourou a primeira perseguição do Estado romano contra o cristianismo, justamente aquela que, segundo a tradição, ceifaria a vida de Pedro.

Lucius Domitius Nero Claudius, nascido em Antium, em 37 d.C., subiu ao trono em 54 d.C., sucedendo a Claudius César. Filho de Domitius Ahenobarbus (Domício Enobarbo) e Agripina (irmã de Calígula), ele foi adotado pelo imperador Claudius (Cláudio) quando este casou-se com Agripina, sua sobrinha, após eliminar Messalina, sua terceira esposa.

Nero, inteligente e bem instruído, como outros imperadores, marcou seus primeiros anos de reinado com sábias medidas. Reconhecidamente bom administrador, o jovem César tornou-se popular por algumas decisões humanitárias, como as que suavizaram a sorte dos escravos e introduziram mais justiça aos libertos e devedores. No entanto, poucos anos foram necessários para que seus maus instintos – favorecidos por uma personalidade complexa e por um incontrolável sentimento de onipotência – aflorassem na mais abjeta crueldade. Sua extensa lista de assassinatos começa já em 55 d.C., quando o déspota, preocupado com os direitos de seu meio-irmão, Britanicus, envenena-o. Em 59 d.C., farto das intrigas de sua mãe, Agripina II, ele manda executá-la, sendo por isso felicitado pelo débil senado. Burrus, o chefe da guarda pretoriana, é morto em 62 d.C., mesmo ano em que Nero manda executar sua primeira esposa Otávia, filha de Claudius (Cláudio). Seus assassinatos são incrementados a partir de 65 d.C., quando um complô contra seu governo é desbaratado. Nero elimina, induzindo ao suicídio, vários senadores e figuras públicas como o general Gnaeus Corbulo e seu antigo tutor, o pensador Sêneca. A insanidade, que começava a minar seu prestígio, parecia se apoderar definitivamente do jovem monarca, e os cristãos e os judeus de Roma, em breve, pagariam um alto preço por isso.

Em 18 de julho de 64 d.C., a capital do império arde em chamas. O incêndio prolongou-se por quase uma semana, voltando a se acender em alguns pontos da cidade durante três outros dias. Dos quatorze bairros de Roma, dez foram devastados pelo fogo. Aparentemente, o imperador se encontrava em sua residência em Antium, no momento em que a tragédia principiou. Todavia, nem mesmo essa evidência foi suficiente para aplacar a desconfiança da população romana, que via em seu soberano alguém havia muito desprovido da sanidade mental. Diante desse quadro, surgiram rumores de que Nero, enquanto a cidade se consumia pelo fogo, encontrava-se no cimo do Monte Palatino, entoando, com sua lira, o hino da destruição de Tróia. Tal testemunho evoluiu rapidamente para a suspeita de que o próprio imperador engendrara o incêndio, em uma louca tentativa de buscar inspiração para suas medíocres poesias ou, ainda, para a execução de seus planos de reconstrução da área central de Roma, cuja arquitetura considerava artisticamente pobre.

A fim de apaziguar a fúria de uma população que clamava por justiça, Nero astutamente fez recair a culpa da tragédia sobre cristãos e judeus que, curiosamente, habitavam dois dos quatro bairros não atingidos pelas chamas. A calúnia de Nero contra os cristãos, somada aos rumores maliciosos que já havia contra eles, compuseram a atmosfera perfeita para a deflagração de um período de terror para a numerosa igreja da capital romana. É compreensível o fato de cristãos e judeus se associarem em situações como essa. Até aquele momento da História, a maior parte dos pagãos ainda considerava o cristianismo apenas uma variante do judaísmo, e não uma religião em separado.

O historiador romano Tacitus (Tácito), que parecia crer no caráter acidental do incêndio e que, provavelmente, estava em Roma durante o sinistro, comenta a fama dos cristãos e o desenrolar daquela terrível perseguição encabeçada por Nero (*Anais* 15.44):

464 DOZE HOMENS, UMA MISSÃO

... Nero fez aparecer como culpados os cristãos, uma gente odiada por todos por suas abominações, e os castigou com mui refinada crueldade. Cristo, de quem tomam o nome, foi executado por Pôncio Pilatos durante o reinado de Tibério. Essa superstição daninha, detida por um instante, apareceu de novo, não somente na Judéia, onde estava a raiz do mal, mas também em Roma, esse lugar onde se narra e se encontram seguidores de todas as coisas atrozes e abomináveis que chegam de todos os rincões do mundo. Portanto, primeiro foram presos os que confessavam [ser cristãos] e, com base nas provas que eles deram, foi condenada uma grande multidão, ainda que não os condenaram tanto pelo incêndio, mas sim pelo seu ódio à raça humana. [...] Além de matá-los, fê-los servir de diversão para o público. Vestiu-os em peles de animais para que os cachorros os matassem a dentadas. Outros foram crucificados. E a outros, acendeu-lhes fogo ao cair da noite, para que iluminassem a cidade.

É possível, contudo, que Nero não tenha concebido sozinho o plano de supliciar os numerosos cristãos da capital. O professor de Direito e historiador Emanuel de Moraes conta-nos sobre a suposta influência que a segunda esposa do monarca, Popéia Sabina, teria tido nessa decisão que tanto fez sofrer a igreja romana (*A origem e as transformações do Estado*, livro 2, p. 194):

Como se sabe, Nero repudiou-a [Otávia] sob o pretexto de esterilidade, insuflado por Popéia Sabina, a quem – com o apoio do historiador judeu Flavius Josefo, que freqüentou a corte nessa época – alguns apontam como convertida ao judaísmo (sendo também anotado, como um dos prováveis motivos da perseguição que sofriam os cristãos [de Roma], o ódio que Popéia Sabina manifestava por Paulo).

A possibilidade da persuasão de Popéia sobre Nero, no que tange à perseguição aos cristãos de Roma, não deve ser desconsiderada, dado tanto o caráter pusilânime do jovem César quanto a forte influência que ela demonstrava ter sobre ele desde o tempo em que era apenas sua amante. Se Popéia de fato convertera-se ao judaísmo (o que pode ser questionado pela vida dissoluta em que, supostamente, permaneceu até sua morte em 66 d.C.), tinha razões suficientes para desgostar do crescimento vertiginoso que o evangelho alcançava em Roma, fomentado em especial pela pregação de homens como Pedro e Paulo.

Contudo, deixemos de lado as raízes da perseguição à Igreja romana e voltemos ao martírio de Pedro. Por razões que desconhecemos, o apóstolo parece não ter sofrido execução sumária como muitos outros fiéis, sobre cuja aflição escreveu Tacitus (Tácito). Ao contrário, várias tradições dão conta de que o apóstolo foi aprisionado por algum tempo na terrível masmorra de Mamertina, uma das mais abjetas construções concebidas pela bestialidade de Roma. Ali, segundo historiadores, centenas de prisioneiros perderam suas vidas sob as mais desumanas e execráveis condições já imaginadas.

Busto do Imperador Nero, autor da primeira perseguição oficial do Estado romano contra os cristãos. A tradição diz que Pedro e Paulo foram martirizados em Roma durante seu reinado.

A prisão de Mamertina é descrita como uma cela composta de duas câmaras superpostas, cortadas na rocha maciça, nas quais só se podia entrar através de uma abertura no teto. A câmara inferior era chamada "a câmara da morte", por ser absolutamente fétida e imersa na mais intensa escuridão. Diz-se que os gases oriundos dos detritos ali acumulados eram fatais à maior parte dos prisioneiros. Os poucos que a eles resistiam, normalmente, pereciam ante o frio atroz que reinava no calabouço. As profundezas aterradoras de Mamertina não puderam ser suportadas nem mesmo por seus mais valentes prisioneiros, como o chefe gaulês Vercingetórix e o africano Jugurta. Conta a lenda que, nesse poço mortal, onde inúmeros cristãos conheceram o martírio, Pedro sobreviveu miraculosamente por cerca de nove meses. George Jowett acrescenta (*op. cit.*, p. 176):

> Como Pedro pôde sobreviver àqueles nove longos e terríveis meses, é algo que vai além da imaginação humana. Durante todo seu encarceramento, ele esteve algemado em posição vertical e acorrentado a uma coluna, o que o tornava incapaz de deitar-se para repousar. Ainda assim, esse espírito magnífico permaneceu intrépido e cheio de fervor imortal na proclamação da glória de Deus em Seu Filho Jesus Cristo. A história nos conta que, a despeito de todo sofrimento ao qual estava sujeito, Pedro converteu ali seus carcereiros Processus e Martinianus, além de outros 47 prisioneiros.

Escrevendo sua primeira epístola aos Coríntios (cap. 5), em fins do século 1, Clemente de Roma, ao citar o martírio de Pedro, endossa a idéia de que o velho apóstolo foi submetido a um período de sofrimento, antes de sua execução por crucificação:

> Retenhamos os exemplos fornecidos em nossa própria geração. Em função da inveja e do ciúme, os maiores e mais justos pilares [da Igreja] foram perseguidos e sentenciados à morte. [...] Pedro, vítima da inveja iníqua, padeceu não apenas uma ou duas, senão numerosas aflições antes de ser, por fim, martirizado, partindo para o glorioso lugar para ele preparado.

Dentre as mais curiosas lendas sobre seu martírio na capital imperial estão as que narram a visão que o apóstolo teria tido ao partir da cidade, durante o princípio do terror contra os cristãos empreendido por Nero. Pedro, na pressa de fugir da perseguição, teria se encontrado com Jesus, a quem surpreso, perguntara: *Quo vadis, Domine?* ("Onde vais, Senhor?"). Ante a enfática resposta de Jesus, *Venio Romam iterum crucifigi* ("Vou a Roma para ser novamente crucificado"), o apóstolo compreendeu que chegara a hora de pagar com seu sangue o testemunho da fé que proclamara intrepidamente e por tantos anos. Retornou, a seguir, à cidade, foi capturado e, posteriormente, crucificado conforme nos conta a tradição. O local dessa lendária aparição foi eternizado com um pequeno templo em cujo piso se encontra aquilo que a tradição diz serem marcas dos pés do Senhor.

O apóstolo, uma vez capturado e, possivelmente, após o sofrimento em Mamertina, teve um fim não menos doloroso que o de outros tantos mártires cristãos que, naqueles dias trabalhosos, preferiram entregar-se ao martírio a negar o senhorio Daquele que os resgatou. Eusébio de Cesaréia retratou assim o martírio de Pedro em Roma, sob a crueldade de Nero (*op. cit.*, p. 80):

> Assim, Nero, publicamente, apresentando-se como principal inimigo de Deus, prosseguiu em sua fúria para massacrar os apóstolos. Paulo é citado como tendo sido decapitado em Roma, e Pedro crucificado próximo dele. Esse relato é confirmado pelo fato de os nomes de Pedro e Paulo permanecerem no cemitério daquela cidade até os dias de hoje.

Algumas das mais antigas tradições rezam que Pedro foi conduzido ao alto da colina do Vaticano onde, a seu pedido, os executores inverteram a cruz em que estava preso, deixando-o lentamente expirar de cabeça para baixo, por não ser – como ele mesmo teria frisado – digno de morrer como seu mestre. Esse relato é corroborado por Jerônimo de Belém (*Vidas de homens ilustres*, I):

> Pedro foi levado a Roma durante o segundo ano (do reinado) de Cláudio para destronar Simão Mago e para ocupar ali a

cadeira sacerdotal por 25 anos, até o décimo quarto ano de Nero. Das mãos deste, ele recebeu a coroa do martírio, tendo sido cravado em uma cruz com sua cabeça virada para a terra e seus pés levantados para o alto, ao afirmar que era indigno de ser crucificado de forma semelhante ao seu Senhor.

Esse relato, embora tradicional, encontra eco histórico no testemunho do escritor Sêneca, tutor e conselheiro de Nero. Sêneca alega, em uma de suas cartas, ter visto muitos criminosos serem crucificados de cabeça para baixo, durante um período de tempo próximo ao da morte de Pedro. Certamente, a maioria dos tais *criminosos* referidos pelo célebre erudito era composta por cristãos, visto que essa era a exata perspectiva que o pagão romano os via. Diz-se que durante as ocasiões em que se registraram grande número de execuções por crucificação (como na revolta de Espartacus (Espartaco), na guerra dos judeus e nas perseguições aos cristãos), os soldados romanos procuravam escapar da monotonia daquela execução divertindo-se ao variar as posições que os condenados eram cravados à cruz. A atitude de escárnio dos executores romanos para com o condenado à crucificação não constitui novidade, como vemos no próprio caso de Cristo.

Conquanto a maior parte das tradições atribua a execução de Pedro ao inominável Nero, encontramos no apócrifo *Atos de Pedro* uma descrição alternativa do seu martírio. Segundo esse texto, Pedro, difundindo prosperamente a fé cristã em Roma, teria alcançado com o evangelho quatro influentes mulheres da corte imperial: Agripina, Nicária, Eufêmia e Doris, todas concubinas do prefeito Agripa. A mensagem do apóstolo, norteada pela pureza e castidade, teria lhes causado – em face dos pecados que até aquele momento cometiam – tamanha contrição que, conjuntamente, decidiram não mais se corromper com Agripa. O magistrado, descobrindo por intermédio de enviados secretos a origem daquele comportamento, irou-se profundamente contra o apóstolo e contra suas quatro mulheres, as quais mandou castigar com grande furor. O ódio incontido de Agripa juntou-se ao de outro magistrado, Albinus (Albino), certo amigo de César, cuja mulher, Xantipa, também fora influenciada a uma vida de santidade. Tomando conselho entre si, Agripa e Albinus (Albino) decidiram matar Pedro, a fim de reconquistarem a normalidade de suas vidas conjugais.

Tomando ciência da mancomunação contra Pedro, Xantipa alerta os irmãos que, vendo o iminente perigo que corria o ancião, suplicaram-lhe que deixasse imediatamente a cidade, a fim de que escapasse daquela investida. Convencido, o apóstolo teria mudado sua aparência e partido sozinho de Roma em direção a algum lugar seguro. Conta a lenda que, em sua jornada de fuga, Pedro encontrou-se com Jesus e, em função do testemunho Deste, desistiu de sua idéia inicial (aqui, a narrativa de *Atos de Pedro* assemelha-se à já citada lenda *Quo Vadis?*).

De volta a Roma, Pedro apresenta-se a sua congregação e testemunha acerca da visão divina que mudara sua decisão. Enquanto ainda falava aos irmãos, quatro soldados irromperam com truculência, lançando mão do ancião e conduzindo-o até a presença do inexorável Agripa. A lenda termina narrando que a numerosa multidão de fiéis seguiu a Pedro, na expectativa de acompanhar o que se sucederia ao velho apóstolo. Mesmo suplicando com grande insistência, aqueles numerosos cristãos não conseguiram conquistar a clemência do magistrado que, sob a acusação de ateísmo, manda crucificá-lo. Diante do sofrimento que se aproximava, o apóstolo teria serenamente exclamado (*cap. XXXVII*):

> Ó cruz, tu que és mistério oculto! Ó graça inefável que é pronunciada em nome da cruz! Ó natureza humana, que não pode permanecer separada de Deus! Ó doce comunhão, indizível e inseparável, que não pode ser manifestada por lábios impuros! Apodero-me de ti, agora que estou ao fim de minha jornada. Declararei aquilo que tu és, e não manterei silêncio diante do mistério da cruz, o qual desde muito foi coberto e oculto de minh'alma.
>
> Não permitais, ó vós que esperais em Cristo, que a cruz vos seja aquilo que parece. Pois é algo distinto daquilo que aparenta ser; ela é a própria paixão conforme experimentada por Cristo.

470 DOZE HOMENS, UMA MISSÃO

Por fim, a obra apócrifa afirma que Nero, ao contrário do que dizem as demais tradições, não comandou a execução do apóstolo, vindo por isso a indispor-se grandemente com o prefeito Agripa (*cap. XLI*):

Mas Nero, sabendo que Pedro partira dessa vida, culpou o prefeito Agripa por tê-lo feito expirar sem seu consentimento. Pois o soberano ansiava punir o apóstolo com mais severidade e com maior tormento. Isso porque Pedro fizera discípulos a alguns daqueles que serviam ao soberano, impelindo-os a deixarem sua companhia. Em função disto, Nero irou-se profundamente e, por um longo período, não dirigiu a palavra a Agripa. Pelo que, buscava destruir todos aqueles que se tornaram discípulos de Pedro.

O teor gnóstico e fantasioso de grande parte do apócrifo *Atos de Pedro* é facilmente perceptível. Contudo, a menção da participação do *praefectus* Agripa na morte do apóstolo pode ser o indício de que o ministério petrino em Roma despertou a animosidade de outros magistrados além do próprio imperador. Ademais, a possibilidade de Pedro ter convertido muitas mulheres da alta sociedade romana – e, com isso, ter despertado a oposição de seus maridos pagãos – também não é nem um pouco remota. Algumas lendas envolvendo outros nomes apostólicos também narram fatos semelhantes. Lembremos, por exemplo, do caso de Filipe, em Hierápolis, na Frígia, condenado à crucificação pela conversão da esposa do procônsul local. Na Britânia, pouco antes, ou talvez durante a presença do apóstolo Simão Zelote na ilha, houve grande agitação pela suposta conversão da esposa do general romano Aulus Plautius ao cristianismo. A reação enérgica dos pagãos – especialmente daqueles ligados a cargos públicos – cujas mulheres se convertiam à fé cristã, é compreensível pelo caráter proscrito imposto ao cristianismo. Muitos boatos difamatórios relacionavam os cristãos a várias práticas execráveis e ao ateísmo. Para um membro do governo romano, ter uma esposa suspeita de associar-se aos cristãos era algo que poderia gerar terríveis conseqüências. Em Roma, onde Pedro acabou seus dias, sabemos pelos escritos de Paulo que, durante os tempos de sua prisão na cidade, já havia convertidos entre os da corte imperial:

> Todos os santos vos saúdam, especialmente *os que são da casa de César* (Fp 4.22; grifos do autor).

Há razões para crermos que Pedro teve, de fato, acesso aos escalões mais altos da sociedade romana, onde – segundo as lendas – teria conquistado muitos seguidores para Cristo. O fato de ser um remanescente dos discípulos do Senhor tornava Pedro alvo da curiosidade de todo aquele que se interessasse pelo cristianismo na cidade, fosse um simples escravo, fosse um nobre da corte. Uma vez que – segundo Paulo – havia convertidos *na casa de César*, é provável que muitos deles buscassem o contato com Pedro, a fim de ouvirem a experiente ministração do apóstolo.

Como já vimos, o nome de Pedro – assim como o de Paulo – está tradicionalmente ligado à evangelização da família de Cláudia e Rufus Pudens no *Palatium Brittanicum*, onde esses bretões descendentes da família real de Arviragus viveram tranqüilamente seus dias em Roma, após a clemência do imperador Claudius (Cláudio).

Lembremos também que as lendas sobre o confronto de Pedro com o mago Simão em Roma colocam o apóstolo em contato direto com a nobreza da cidade. Diz-se que ali, diante do olhar atônito de muitas autoridades e de ilustres cidadãos, o velho apóstolo teria desmascarado as imposturas de Simão, adorado pelos romanos como mais um de seus vários deuses.

Jean Danielou, em sem livro *The Christian Centuries* [*Os séculos cristãos*], registra um detalhe que confirma a suspeita de que Pedro teve acesso ao topo da pirâmide social romana (p. 166):

> Certo Paron colocou à disposição de São Pedro sua casa, assim como seus jardins internos, que podiam abrigar quinhentas pessoas.

Ademais, a tradição católica, baseada em autores patrísticos como Irineu, Hipólito e Eusébio, afirma que o sucessor de Pedro na direção da igreja romana – se é que o apóstolo algum dia exerceu esse ofício – foi um nobre de nome Linus (Lino), possivelmente o mesmo citado por Paulo em 2Timóteo 4.21. Filho de Herculanus (Herculano), Linus (Lino) era oriundo da região de Toscana e de ascendência etrusca, marca comum a muitos nobres romanos. Não se sabe ao certo se esse ilustre cristão, cujo episcopado diz-se ter durado doze anos e meio, é fruto direto da pregação de Pedro. De qualquer forma, sua amizade com o velho pescador torna evidente o acesso do apóstolo à nobreza romana. Linus (Lino) é, portanto, mais um exemplo de como a pregação apostólica atingiu os altos escalões da estratificada sociedade romana ainda na primeira metade do século 1.

PETRONILA, A LENDÁRIA FILHA DE PEDRO

Sabemos, por dedução bíblica, que Pedro era casado (Mt 8.14,15, 1Co 9.5), embora não haja nas Escrituras qualquer menção sobre sua esposa ou seus possíveis descendentes. A tradição, entretanto, fala acerca da mulher de Pedro e de sua fidelidade à obra missionária, ao lado do apóstolo. Edgar Goodspeed lembra o relato que encerra seu martírio em companhia do marido (*The Twelve* [*Os doze*], p. 157):

> As palavras finais de Pedro a sua mulher, quando esta estava sendo conduzida ao martírio, foram registradas por Clemente de Alexandria em sua obra *Miscelâneas* e repetidas por Eusébio na *História eclesiástica*: 'Diz-se que, quando o bendito Pedro viu sua própria esposa sendo conduzida para a morte, regozijou-se por aquela convocação que a chamava de volta ao lar. Pedro, chamando-a pelo nome, dirigiu-lhe estas palavras de encorajamento e conforto: Ó, tu, lembra-te do Senhor!'.

Mais numerosas e significativas que as tradições sobre a esposa de Pedro são aquelas que enfocam sua filha, sobre a qual o texto bíblico silencia. De fato, muitas lendas primitivas dão conta de que o apóstolo teve uma filha, Petronila, que teria seguido ainda jovem para Roma, em companhia de seus pais. É curioso notarmos que a maior parte das tradições acerca de Petronila relata que a jovem sofria de algum tipo de problema físico. Anna Jamerson resume as narrativas acerca da personagem (*op. cit.*, p. 215):

> O apóstolo Pedro teve uma filha nascida de núpcias lícitas, que o acompanhou em suas jornadas para o oeste. Estando em Roma, junto a ele, foi acometida de aflitiva enfermidade que a privou do uso de seus membros. E sucedeu-se que, estando os discípulos com Pedro à mesa, um deles interpelou-o: 'Mestre, como é isto, que tu, que cura as enfermidades de outros, não curas tua própria filha Petronila?'. E respondeu-lhe Pedro: 'É proveitoso para ela permanecer enferma'. Contudo, para que pudessem atestar o poder da Palavra de Deus, Pedro ordenou à menina que se levantasse e que os servisse à mesa, e ela assim o fez. Após ter assim procedido, Petronila voltou a jazer, impotente como antes.
>
> Muitos anos depois, tendo sido aperfeiçoada por seu sofrimento, e graças as suas orações fervorosas, foi curada. Petronila tornou-se maravilhosamente bela, de sorte que Valerius Flacus, um nobre romano, pagão, enamorou-se de sua formosura, desejando-a por esposa. Sendo ele muito poderoso, Petronila temeu recusá-lo. Pedindo, entretanto, que o jovem retornasse em três dias, ela prometeu-lhe que o levaria para sua casa. Petronila, porém, orou fervorosamente a fim de ser liberta desse perigo e, quando Flacus retornou após os três dias, com grande pompa para celebrar o casamento, encontrou-a morta. A companhia de nobres que o seguia carregou o corpo até o sepulcro no qual a depositaram, coroada por rosas. Assim, Flacus levantou grande lamentação.
>
> A lenda data a morte de Petronila no ano 98, ou seja 34 anos após a morte de São Pedro.

Grande parte das lendas sobre a personagem tem relação com o fragmento copta do apócrifo *Atos de Pedro*, que sugere uma considerável influência gnóstica, especialmente por sua ênfase celibatária. Nessa obra, há uma lenda semelhante à registrada por Anna Jamerson (*cap. I*):

Pedro e Paulo ouvem com serenidade a condenação diante de Nero. A arte paleocristã geralmente retrata Pedro com cabelos espessos e barba curta. Paulo, como uma figura de testa grande, rosto alongado e barba pontuda.

Pedro, eis que em nossa presença tu tens feito muitos cegos verem, muitos surdos ouvirem e muitos paralíticos andarem. Tens socorrido os fracos e dado-lhes força. Contudo, como não socorres tua filha, a virgem, que formosamente cresceu e tem crido no nome de Deus? Pelo que, um de seus lados permanece completamente paralisado e, eis que ela, impotentemente, jaz estendida em um canto. Eis que vemos aqueles aos quais tu curaste, entretanto tua própria filha tu tens negligenciado.

Pedro, entretanto, sorrindo disse-lhe: Meu filho, cabe apenas a Deus a razão por que seu corpo não foi tornado são. Sabe, porém, que Deus não é fraco nem impotente para conceder

Seu dom a minha filha. Portanto, para que tua alma se convença e para que aqueles que aqui estão creiam ainda mais (olhando, a seguir, ele para a menina), disse a sua filha: 'Levante-te onde tu estás, sem ajuda de ninguém, exceto de Jesus, anda perfeitamente diante destes e chega-te a mim'. E ela levantou-se e veio a ele, e a multidão regozijou-se diante do que se sucedera. Alegraram-se todos ainda mais e louvavam a Deus. Entretanto, Pedro disse a sua filha: 'Vai-te para teu lugar, e deita-te novamente em tua enfermidade, pois assim é necessário para mim e para ti'. E a virgem foi e recostou-se como antes. A multidão, entretanto, chorou e suplicou a Pedro que a curasse. O apóstolo, porém, disse-lhes: 'Assim como vive o Senhor, tal é necessário para ela e para mim. Pelo que, no dia em que ela me foi dada por filha, tive uma visão na qual o Senhor me disse: Pedro, neste dia uma grande provação nasce para ti, porquanto tua filha trará dores a muitas almas se seu corpo permanecer são. Eu, porém, pensava comigo que aquela visão me ludibriava. Então, quando a virgem completou seus dez anos, uma pedra de tropeço foi posta diante de muitos por causa dela. Certo homem, excessivamente rico e de nome Ptolomeu, ao vê-la banhar-se ao lado de sua mãe, mandou buscá-la para tê-la como esposa. Entretanto, sua mãe não o permitiu. Ele, porém, freqüentemente mandava-a buscar, pois já não podia mais esperar.

A seqüência do sucedido a Petronila é, momentaneamente, interrompida no texto original pela ausência de alguns de seus fragmentos. Entretanto, Agostinho de Hipona, citando a mesma obra, diz que a virgem foi raptada pelo nobre, diante do que Pedro teria pedido a Deus que a protegesse. A prece do apóstolo – segundo Agostinho – é respondida e metade do corpo da jovem é afetado por uma paralisia que a fez definhar. O texto apócrifo retoma a narrativa mencionando que os servos de Ptolomeu devolveram, assim, a virgem, deitando-a à porta da casa de seus pais. Pedro e sua esposa, ao verem a menina paralisada, com um de seus lados definhados, regozijaram-se por ela não ter sido defraudada pelo raptor pagão.

476 DOZE HOMENS, UMA MISSÃO

Sem dúvida, a narrativa dos *Atos de Pedro* apresenta situações – como essas ligadas a Petronila – que dificilmente seriam aceitáveis mesmo para o mais ingênuo leitor. Entretanto, é surpreendente que outras lendas registrem alguns paralelismos com essa obra apócrifa, no que tange à vida de Petronila, como quanto a sua enfermidade e à proposta de casamento que recebeu por parte de um nobre pagão. Não seria possível que relatos fantasiosos como *Atos de Pedro* fossem o resultado de ampliações e de acréscimos posteriores a fatos realmente ocorridos com a filha de Pedro?

OS RESTOS MORTAIS DE PEDRO

Dorman Newman, em *The Lives and Deaths of the Holy Apostles* [*A vida e a morte dos santos apóstolos*] (p. 20), comenta acerca da tradição segundo a qual, após a execução de Pedro em um local próximo à colina do Vaticano, seu corpo foi tomado pelo presbítero Marcelinus (Marcelino), um de seus discípulos, que o teria preparado de acordo com rituais judaicos e sepultado na mesma colina, próximo à Via Triunfal, onde se erigiu mais tarde um pequeno santuário. O próprio Newman esclarece o que sucedeu ao corpo do apóstolo nos anos seguintes (p. 21):

> O corpo de Pedro foi removido para o cemitério da Via Ápia, a cerca de dois quilômetros de Roma, onde descansou na obscuridade até o reinado de Constantino, o qual reconstruiu e alargou o Vaticano, em honra ao apóstolo.

Sabe-se que uma das principais obras eclesiásticas de Constantino foi a construção da igreja dos Santos Apóstolos, em Constantinopla, inaugurada na Páscoa em 337 d.C. Para esse pomposo santuário, o imperador – alegadamente convertido ao cristianismo – tentou enviar e depositar tantas relíquias apostólicas quantas pudesse encontrar. Teria ele feito o mesmo com os restos mortais de Pedro? McBirnie esclarece (*op. cit.*, p. 18):

Grande empreendimento foi realizado em busca das relíquias dos apóstolos. O imperador Constantino planejou construir em Constantinopla o que ele chamou 'A igreja dos Santos Apóstolos'. Em suas dependências, ele desejava preservar os restos (ossadas ou fragmentos de ossos) dos apóstolos. De fato, ele foi bem-sucedido na preservação das relíquias de Santo André, de São Lucas e de São Timóteo (os dois últimos, conquanto não fizessem parte dos doze, eram próximos deles). Aparentemente, Constantino sentiu que deveria manter os ossos de São Paulo e São Pedro em Roma, embora tivesse seus próprios planos para os restos de São Pedro. De bom grado, o imperador erigiu a Basílica de São Paulo em Roma. Contudo, como se especula, a Igreja romana relutou em permitir a partida dos ossos de Pedro [para Constantinopla]. O imperador, aparentemente, não forçou a questão, mandando construir a seguir uma Igreja sobre o local de repouso de São Pedro, esperando talvez que mais tarde pudesse remover os ossos para Constantinopla.

A referência de Newman à construção, por Constantino, de um santuário dedicado ao apóstolo na colina do Vaticano, foi confirmada pela arqueologia moderna. Em 1971, a renomada *National Geographic Magazine* (Vol. 10, n° 6, p.872) publicou, em sua edição de dezembro, uma extensa reportagem sobre as descobertas arqueológicas relativas aos restos de Pedro, apenas três anos após o anúncio oficial pelo papa Paulo VI. Recentemente, o dr. John Curran, da Queen's University de Belfast, comentou, em seu artigo *The Bones of Saint Peter?* [*Os ossos de São Pedro?*], alguns detalhes importantes de como se processou o achado das relíquias do apóstolo. De acordo com o catedrático irlandês, em 1939, quando, a pedido de Pio XII, fazia-se uma escavação para reestruturar a Gruta do Vaticano, onde estava a tumba de Pio XI – e de outros papas – o pontífice se viu forçado a ordenar o aprofundamento de escavações, em face de algumas descobertas relevantes ali realizadas. A menos de um metro abaixo do piso, encontrou-se algo inesperado: um cercado, cheio de terra, cujo teto havia sido violentamente partido. Intrigados pelo

478 Doze homens, uma missão

achado, os trabalhadores cavaram a terra que enchia a construção até a profundidade de uns quatro metros e meio, onde encontraram a porta daquilo que foi identificado como um antigo mausoléu romano. As quatro inscrições que marcavam os túmulos sugeriam que os achados pertenciam a certa família Caetenii. Contudo, logo se percebeu que aqueles túmulos não eram solitários. Devidamente avisado, o papa Pio XII mudou seus planos originais de construir ali a capela subterrânea e enviou uma equipe de oficiais do Vaticano, composta pelos arqueólogos jesuítas Antonio Ferrua e Engelbert Kirchbaum, pelo arquiteto Bruno Apolloni-Ghetti e pelo professor e inspetor das catacumbas Enrico Josi. A equipe responsável pelos trabalhos de escavação estava sob a autoridade do monsenhor Ludwig Kaas, administrador da Catedral de São Pedro, que respondia pelo próprio papa. Recomeçados em 1941, os trabalhos de escavação logo deixaram patente que um grande achado arqueológico havia sido alcançado: uma rua de quase dez metros de comprimento repleta de tumbas de ambos os lados. Alguns desses sarcófagos eram simples estruturas, privadas de qualquer adorno. Outros, entretanto, formavam suntuosas construções, decoradas com pinturas e mosaicos ricamente detalhados, muitos dos quais traziam os nomes de seus respectivos proprietários. Por intermédio da cuidadosa análise desses nomes descobriu-se que muitos deles pertenciam a libertos romanos e suas famílias, os quais normalmente tomavam emprestados os nomes de seus antigos senhores. Descobriu-se, a seguir, por algumas inscrições e desenhos nas tumbas, que muitos cristãos também haviam sido sepultados naquele lugar.

Segundo Curran, duas coisas intrigaram os escavadores na época. Primeiramente, a maneira como aquela rua de túmulos havia sido destruída. Os tetos dos mausoléus, que se dispunham no sentido leste do Vaticano, haviam sido cortados e muitos outros tinham recebido sobre si paredes estruturais, que percorriam o lugar de norte a sul e que encerravam uma vastidão de terra, calculada em aproximadamente um milhão de pés cúbicos. Investigações posteriores mostraram que tais paredes eram, na verdade, a plataforma de um complexo religioso construído por Constantino sobre a colina do Vaticano por volta de 320 d.C. A rua de tumbas que fora por ele destruída para dar lugar à obra, conduzia exatamente ao subsolo daquilo que seria o altar da catedral.

O segundo detalhe – que impressionou a equipe de pesquisadores e que os convenceu de estarem diante de uma grande descoberta – foi um grafito em carvão encontrado na parede de uma das tumbas e que rezava *Petrus roga Christus Iesus pro sanctis hominibus Chrestianis ad corpus tuum sepultis*, ou seja, *Pedro, rogue a Jesus Cristo pelo santo homem sepultado próximo a você*. Alertado sobre a descoberta e ciente de sua importância, Pio XII mudou o escopo das escavações, permitindo que elas penetrassem pela região imediatamente abaixo do altar da Basílica de São Pedro, o que, até aquela época, não havia sido autorizado. Após três anos de cuidadosa prospecção, os arqueólogos encontraram um átrio contendo quatro tumbas, cuja construção foi datada da segunda metade do século 2. Embora essa evidência indicasse uma data excepcionalmente antiga para os túmulos, ainda representava um achado de pelo menos três gerações posteriores à data atribuída à morte de Pedro. A equipe do Vaticano decidiu, portanto, continuar a escavação sob a laje de mármore do átrio, onde descobriram aquilo que passou a ser conhecido como o verdadeiro local do descanso de São Pedro. Trata-se de uma pequena cova de 74 cm de lado por 1,40 m de profundidade, cujas paredes apresentavam sérias avarias. A presença de inúmeras moedas primitivas espalhadas ao redor da laje e oriundas das mais diversas regiões da Europa indicava que ali havia sido um significativo ponto de peregrinação. Na verdade, as moedas em si não serviam como evidência conclusiva ao achado, já que dentre elas havia algumas cunhadas ao tempo de César Augusto, morto em 14 d.C., quando Pedro era ainda muito jovem. No entanto, a tumba escavada ao lado da cova trazia tijolos com data de manufatura da época do reinado de Vespasianus (Vespasiano), ou seja, algo entre 69 e 79 d.C. Ao redor daquele local, várias ossadas foram encontradas, algumas delas pertencentes – segundo os cientistas – a um homem robusto entre sessenta e setenta anos. Essas relíquias estavam misturadas a restos de um distinto traje púrpura, tecido com fios de ouro.

A ausência do crânio entre os achados não causou espanto entre os arqueólogos, tampouco desapontou o próprio pontífice, pois todos – como fiéis católicos – acreditavam que a cabeça de Pedro estava devidamente guardada na Catedral de São João Latrão, segundo algumas lendas que remontam ao século 9. Estavam, assim, descobertas – segundo John Curran – as relíquias de Pedro, que só viriam a ser oficialmente reveladas ao mundo em 26 de junho de 1968, pelo papa Paulo VI, quase trinta anos após o início das escavações.

Essas importantes descobertas arqueológicas conduzidas pela equipe do Vaticano indicam que o intento do imperador Constantino de conduzir os ossos de Pedro para sua suntuosa igreja em Constantinopla – como sugere McBirnie – foi trocado pela construção de um santuário dedicado ao apóstolo na Colina do Vaticano em Roma.

A possibilidade de os restos mortais de Pedro terem permanecido na capital ocidental do império, a despeito dos planos de Constantino, é também defendida por John Holland Smith, em seu livro *Constantine the Great* [*Constantino, o Grande*] (p. 286):

> Constantino celebrou o trigésimo aniversário de sua ascensão no verão de 335 d.C. Provavelmente, as mais significativas cerimônias realizadas em Roma naquele ano foram as que acompanharam o solene traslado dos ossos venerados como relíquias de São Pedro e São Paulo das catacumbas de São Sebastião, onde eram venerados desde 258 d.C., até as basílicas construídas em sua honra no local tradicional de seus martírios, sobre o Vaticano e a Via Óstia.

Não há, portanto, razões históricas para descrermos que a colina do Vaticano tenha sido – como reza a tradição – o lugar do martírio e do sepultamento de Pedro até os dias de hoje. Além dos vários testemunhos contidos nos anais da igreja antiga, a própria origem do Vaticano corrobora essa possibilidade. O bairro que envolvia a famosa colina ficou assim conhecido – segundo antigos escritores romanos – por abrigar, em tempos remotos, muitos adivinhos ou vaticinadores (lat. *vaticinia*), os quais tornaram-se notórios por suas consultas espirituais aos moradores de Roma. Mais tarde, com a expansão da cidade, os imperadores Calígula e Nero embelezaram o lugar, transformando-o em esplendorosos jardins. Foi justamente sobre essa colina que Nero, amante dos jogos públicos, mandou construir o *Circus Vaticanus*, onde, em meio à solene *pompa circensis* e às várias atividades atléticas que divertiam a população romana, inúmeros cristãos cruelmente perderam a vida, entre os quais – como dizem as lendas – o próprio Pedro.

O biógrafo apostólico Dorman Newman registrou em sua obra *The Lives and Deaths of the Holy Apostles* [*A vida e a morte dos santos apóstolos*], de 1685, uma curiosa descrição do retrato do príncipe dos apóstolos, durante o tempo de seu martírio em Roma (p. 21):

> A aparência de São Pedro era a seguinte: seu corpo era esbelto, de estatura mediana para alta. Sua pele clara ou quase branca. A barba encaracolada e espessa, porém curta. Seus olhos eram negros, mas manchados de vermelho pelos freqüentes choros e as sobrancelhas ralas e quase inexistentes.

A CONTROVERTIDA PRIMAZIA DE PEDRO E SUA SUPOSTA RELAÇÃO COM O PAPADO

Talvez nenhum outro tema relacionado aos apóstolos seja tão polêmico quanto a questão da primazia de Pedro sobre a Igreja. Arduamente defendida por católicos e veementemente repudiada por protestantes, a primazia petrina é um tema que, ao longo dos séculos, vem despertando discussões acaloradas em muitos segmentos do cristianismo.

Uma vez que nosso propósito aqui não é nos embrenharmos nos detalhes teológicos de controvérsias como essa, desejamos traçar apenas algumas considerações que tragam esclarecimento sobre o tema e que nos permitam analisá-lo em suas linhas gerais, porém com a imparcialidade que ele merece.

Olhando para os evangelhos e para o livro de Atos, não temos dúvidas de que Pedro realmente possuía uma inclinação natural para a liderança, e que essa inclinação foi corroborada pelo próprio Senhor Jesus. Como vimos anteriormente, seu nome aparece

482 DOZE HOMENS, UMA MISSÃO

invariavelmente liderando todas as citações que envolvem a lista dos apóstolos. Muitas vezes, o vemos funcionando como uma espécie de porta-voz dos doze. Sua postura no cenáculo nos dias que antecederam o derramar do Espírito e sua ousadia na divulgação da Palavra, logo após o Pentecostes, não deixam dúvidas de que Pedro despontou como um grande líder e um dos que ocuparam a vanguarda do cristianismo em seus primeiros anos.

Entretanto, as mesmas Escrituras que evidenciam sua liderança, mostram também que ela não era absoluta nem universal, como se pretende nos meios teológicos católicos. Após seu primeiro contato evangelístico com gentios em Cesaréia, por exemplo, Pedro teve de explicar-se diante dos anciãos da igreja de Jerusalém, sobre seu relacionamento com incircuncisos (At 11.1-18). O fato de Pedro e João terem sido *enviados* por esses mesmos anciãos em missão à Samária (At 8.14), para orientar os trabalhos de Filipe, demonstra que ambos os apóstolos estavam sujeitos às deliberações desse conselho. Não somente a Bíblia, mas também a tradição eclesiástica sugere que o líder da igreja de Jerusalém – a primeira a se organizar – foi Tiago, chamado o Justo, meio-irmão de Jesus, e não Pedro. É a esse Tiago que Pedro manda satisfações sobre sua partida de Jerusalém em 44 d.C. (At 12.17). O mesmo Tiago é quem dirige o primeiro concílio da igreja, em Jerusalém, e dá a palavra final sobre ele (At 15.6-22). Rui Barbosa, em sua versão da obra de Janus *O papa e o concílio* (p. 53-54), comenta o tema:

> Os que buscam vincular a Pedro a soberania do papa começam esquecendo a primeira manifestação coletiva da Igreja, o concílio de Jerusalém, tipo necessário de todos os outros, no qual a preponderância na definição do ponto controvertido coube, não ao apelidado 'príncipe dos apóstolos', mas a Tiago, bispo da cidade, irmão do Senhor...

> Essa primeira decisão conciliar da cristandade transmitiu-se às igrejas da Síria, Antioquia e Cilícia em nome dos 'apóstolos, anciãos e irmãos (*apostoli, seniores, frates*), sem

que a individualidade particular de Pedro fosse ao menos mencionada ali.

Ademais, mais adiante nas Escrituras, vemos que a incoerência da postura de Pedro em relação aos gentios de Antioquia deu-se imediatamente à chegada de *alguns da parte de Tiago* (Gl 2.12-14), o que sugere que o apóstolo nutria, até aquela época, receios sobre como sua posição repercutiria diante dos anciãos de Jerusalém, dos quais Tiago era o líder. Além disso, é importante observar que, ao comentar sobre o desconcertante episódio de Antioquia, o apóstolo Paulo menciona o nome de Tiago, como coluna da Igreja, anteriormente ao de Pedro e João em Gálatas 2.9. Para escritores de mente oriental como Paulo, a ordem na menção de nomes geralmente obedece à relação direta do grau de importância ou representatividade de cada um deles.

Outro ponto relevante que não pode ser esquecido na análise da primazia de Pedro é que, em nenhum momento nas Escrituras, vemos a supremacia da autoridade petrina sobre o trabalho de Paulo. Muito ao contrário, Paulo deixa claro que sua autoridade apostólica também emana da mesma fonte de onde a de Pedro procede:

> Porque aquele que operou a favor de Pedro para o apostolado da circuncisão, operou também a meu favor para com os gentios (Gl 2.8).

Paulo, ao escrever aos crentes coríntios que, àquela altura, encontravam-se imersos em grande divisão, não faz qualquer alusão diferenciada ao grupo que tomara a posição petrina, em detrimento dos demais, como vemos claramente em 1Coríntios 10—13. Rui Barbosa acrescenta (*op. cit.*, p. 54):

> As epístolas de Paulo testemunham que esse principado (o petrino) nunca teve realidade entre os primeiros seguidores de Cristo, e que a fé do apóstolo dos judeus não era menos frágil que a dos outros pregadores da boa-nova.

Basicamente, a autoridade bíblica para a doutrina da primazia de Pedro decorre, segundo a teologia romanista, das passagens de Mateus 16.13-19 e paralelas, dentre as quais se destaca o episódio narrado por Mateus, em que, após as palavras de Pedro que confessam Jesus como o *Cristo, Filho do Deus Vivo*, Este replicou:

> Bem-aventurado és tu, Simão Barjonas, porque não foi carne e sangue que to revelou, mas meu Pai, que está nos céus.

> Pois também eu te digo que tu és Pedro, e sobre esta pedra edificarei a minha igreja, e as portas do hades não prevalecerão contra ela;

> dar-te-ei as chaves do reino dos céus; o que ligares, pois, na terra será ligado nos céus; e o que desligares na terra será desligado nos céus.

A interpretação católica desse texto insiste que a pedra sobre a qual Jesus edifica Sua Igreja é o próprio Pedro, o que o tornaria o primaz dos apóstolos e, portanto, bispo monárquico de toda a Igreja. Os teólogos romanistas, entretanto, esquecem-se que há aqui um evidente jogo de palavras no grego original. Jesus chama a Simão *petros*, ou seja, um "pedregulho" ou uma "pedrinha". Diz, porém, que sobre uma *petra*, isto é, um "rochedo" ou uma "penha", edificaria Sua Igreja. É mais razoável entendermos, a partir desse texto (e considerando-se todo o contexto bíblico), que a *petra* ou o "rochedo" sobre o qual Cristo constrói Sua Igreja é a fé ou certeza divinamente revelada de que Jesus é o Cristo, o Filho de Deus, certeza que, aliás, foi naquele momento revelada ao apóstolo em questão. Pedro, em sua primeira epístola, após chamar a suas ovelhas de *pedras vivas* (1Pe 2.5), deixa bem claro quem é Aquele sobre o qual o edifício da Igreja está fundamentado:

> Por isso, na Escritura se diz: Eis que ponho em Sião uma principal pedra angular, eleita e preciosa; e quem nela crer não será confundido.

SIMÃO PEDRO 485

E assim para vós, os que credes, é a preciosidade; mas para os descrentes, a pedra que os edificadores rejeitaram, *esta foi posta como a principal da esquina*" (1Pe 2.6,7; grifos de autor).

A mesma idéia aparece também nos ensinos epistolares de Paulo, como vemos em 1Coríntios 3.11:

> Porque ninguém pode lançar outro fundamento, além do que já está posto, *o qual é Jesus Cristo* (grifos do autor).

Da mesma sorte, podemos imaginar que *as chaves do reino dos céus*, prometidas por Cristo a Pedro (Mt 16.19), referem-se especificamente ao sinal de poder ou autoridade para "abrir" ou iniciar a propagação da mensagem salvífica entre as nações. Por sinal, vemos o cumprimento desse vaticínio durante o Pentecostes quando Pedro, cheio do Espírito, abriu a porta de ingresso no Reino de Deus, ao ministrar com sucesso a Palavra para as multidões que se comprimiam nas ruas de Jerusalém. De fato, após o estabelecimento da Igreja, a honra de ser o primeiro a apregoar a mensagem do evangelho – abrindo as portas do reino dos céus – coube àquele que, dentre os doze apóstolos, foi o primeiro a reconhecer Jesus como o Filho do Deus Vivo.

A primazia de Pedro, como alicerce da estrutura religiosa do papado, representa a personificação do próprio sistema eclesiástico católico e remonta a tempos imemoriais do cristianismo. Firmada como doutrina pelo Concílio de Florença em 1439, a primazia de Pedro tornou-se artigo de fé durante o Concílio Vaticano I, em 1870, vindo a ser confirmada pela segunda edição do mesmo concílio, em 1964. Embora não expressasse claramente a supremacia petrina, foi o mestre patrístico Cipriano de Cartago (200-258 d.C.) quem primeiro formulou a doutrina da sucessão apostólica, naquilo em que se aplica a primazia do bispo romano.

Embora a primazia petrina seja alvo de muitas tradições (e contradições) da igreja pós-apostólica, algumas perguntas importantes devem ser consideradas quando se tem em mente uma análise acurada do assunto. Por exemplo: haveria alguma base bíblica ou

486 Doze homens, uma missão

histórica realmente sustentável para crer-se que Simão Pedro foi o primeiro papa? Teria ele recebido ou reclamado para si o título de bispo universal, ou *Pontificex Maximus*, exercendo assim a autoridade eclesiástica suprema sobre todo o planeta? Ou ainda, teriam os bispos da sé romana – dele sucessores – desfrutado de autoridade superior aos líderes das demais comunidades cristãs espalhadas pelo mundo? E o que dizer da própria Roma, teria sua congregação sido fundada por Pedro, ou ainda, teria o apóstolo para lá transferido seu trono, estabelecendo naquela cidade sua primazia sobre a igreja universal (ou católica)? Respostas adequadas e desapaixonadas para questões como essas são cruciais para a abordagem equilibrada da controvérsia sobre a primazia petrina e sua relação com o papado.

Petrus Apostili Potstatem Accipiens, isto é, *aquele que recebe autoridade do apóstolo Pedro*, é o significado atribuído pelos católicos, ao termo "papa", assim como também *Pater Pastor*, ou seja, o *pai dos pastores*. À luz da hermenêutica católica de Mateus 16.18,19, ambos significados fazem, realmente, muito sentido. Entretanto, documentos históricos primitivos tornam claro que o termo "papa", inicialmente, não possuía qualquer relação com os significados mencionados. "Papa" (ou "papai") era apenas uma expressão carinhosa e reverente dirigida a diversos bispos da Igreja primitiva – e não apenas ao líder romano – celebrizados por sua piedade, devoção e genialidade. É possível encontrar em alguns escritos antigos o termo "papa" dirigido, por exemplo, a Cipriano, bispo de Cartago, ou a Atanásio de Alexandria. Com o passar do tempo, o termo ganhou exclusividade no Ocidente, passando a ser empregado apenas para o líder eclesiástico romano, ao contrário do Oriente, onde os bispos de várias comunidades cristãs continuaram, por algum tempo, a ser chamados por esse afável tratamento. Emanuel de Moraes acrescenta com muita procedência (*op. cit.*, p. 240):

> Aproximadamente em dez séculos de cristianismo, tomando-se como marco final o concílio de Roma, promovido por Gregório VII, em 1081, o título de papa – que não se distinguia do nome de bispo – podia ser empregado com relação a todos os chefes das províncias eclesiásticas; só nesse momento passou a ser de

uso exclusivo do pontífice da sé romana, mas depois adquiriu o significado de bispo universal, politicamente equivalente ao do monarca absoluto.

Até a ascensão do imperador Constantino, em 313 d.C., a Igreja primitiva era representada por bispos iguais entre si, tanto em autoridade quanto em função. A partir dessa data, entretanto, em razão de várias circunstâncias políticas, o bispo (ou papa) de Roma começou a ser considerado o primeiro entre iguais. Com a transferência da capital para Constantinopla em 330 d.C., Roma, que sempre fora o centro da autoridade do império, viu seu líder episcopal crescer não apenas em poder espiritual, mas também em influência temporal. Isso aconteceu particularmente em função das invasões bárbaras que começavam a assolar e a enfraquecer a autoridade do imperador do Ocidente, que permanecia na cidade. Justo González comenta um dos primeiros fatos que marcaram o surgimento do bispo romano como importante mediador de assuntos seculares (*op. cit.*, Vol. III, p. 64):

> Enquanto, porém, que, no Oriente, se duvidava de sua autoridade, em Roma e vizinhanças, essa autoridade se estendia até além dos assuntos tradicionalmente religiosos. Em 452, os hunos, sob o comando de Átila, invadiram a Itália, tomaram e saquearam Aquilea. Depois dessa vitória, o caminho para Roma estava aberto, pois em toda a Itália não existia nenhum exército capaz de barrar-lhes o caminho até a velha capital. O imperador do Ocidente era um personagem débil e sem recursos, e o Oriente [Constantinopla] tinha dado a entender que não prestaria nenhum socorro. Nessas circunstâncias, [o papa] Leão partiu de Roma e foi até o acampamento de Átila, para falar com o chefe bárbaro que todos temiam como 'o flagelo de Deus'. Não sabemos o que Leão disse a Átila. Conta a lenda que, quando o papa se aproximou, junto dele apareceram São Pedro e São Paulo, ameaçando Átila com uma espada. Em todo caso, fato é que Átila, depois desse encontro com Leão, abandonou sua intenção de atacar Roma e rumou com seus exércitos para o norte, onde morreu pouco depois.

488 DOZE HOMENS, UMA MISSÃO

O papa Leão I volta a intervir em favor de Roma em 455 d.C., tentando salvar a cidade da invasão vândala. Embora não tenha efetivamente conseguido impedi-la, foi ele que, intercedendo junto ao líder vândalo Genserico, obteve uma considerável amenização da violência na tomada da velha capital. O precedente aberto por Leão I de interferir em assuntos de caráter político foi seguido por seus sucessores que, freqüentemente, encontravam-se solitários na condução de uma região tomada pelo caos das invasões bárbaras e pela ausência de um poder político forte, como explica González (*ibidem*, p. 63):

> Quando os bárbaros invadiram o império, a igreja do Ocidente começou a seguir um rumo bem diferente da do Oriente. No Oriente, o império continuou existindo, e os patriarcas continuaram subordinados a ele. [...] No Ocidente, entretanto, o império desapareceu, e a Igreja veio a ser a guardiã do que restava da velha civilização. Por isso, o patriarca de Roma, o papa, chegou a ter grande prestígio e autoridade.

Com Leão I (440 d.C.) começava o discurso de supremacia universal do bispo romano. Para ele, a autoridade absoluta do líder romano não advinha apenas do fato de Roma ser a antiga capital do império, mas era parte do plano divino para o avanço do evangelho no mundo. Esse poder com tentáculos temporais principiou-se com Leão I e, gradativamente, firmou-se com seus sucessores, até encontrar seu apogeu no notável Gregório I (590 d.C.). Gregório I estendeu ainda mais os limites do poder do bispado romano, ao qual enriquecera sensivelmente por meio de seus hábeis dotes administrativos. Conquanto não reivindicasse explicitamente para si o título de bispo universal, Gregório I deu prosseguimento a expansão do domínio eclesiástico exercido por seus antecessores no trono de Roma.

Algumas importantes questões ligadas à plausibilidade da supremacia do bispo de Roma permanecem sem o devido esclarecimento da parte daqueles que o defendem. Primeiramente, se a sé romana era de fato o centro do cristianismo desde os tempos de Pedro, por que não se sabe quase nada sobre ela até os fins do século 1? Por que a historicidade das sés de Antioquia, Alexandria e até mesmo Cartago suplantam a da velha capital romana? Se Pedro outorgou suas prerrogativas de líder da Igreja a seus sucessores em Roma, por que as listas dos primeiros bispos locais não são coincidentes ou não são tão fidedignas quanto as de outras igrejas contemporâneas? Se o bispo romano era realmente o líder absoluto da Igreja desde os primórdios, por que sua opinião não era decisiva nas controvérsias teológicas que marcaram o cristianismo a partir do século 4?

O BISPO DE ROMA E O TÍTULO DE "PONTÍFICE MÁXIMO"

Com efeito, o fortalecimento temporal dos bispos romanos, a partir do século 4, fê-los arrogarem para si o título de *Pontificex Maximus* da Igreja. Essa prerrogativa, estranha às Escrituras – tanto quanto o próprio título de papa – não apresenta qualquer relação com a postura ministerial do humilde pescador galileu, mesmo que este tenha exercido – como reza a tradição – o importante bispado de Roma. Embora a Vulgata, a tradução latina de Jerônimo (388 d.C.), tenha tentado "cristianizar" o termo ao empregá-lo, por exemplo, em Hebreus 9.11 em referência a Cristo, tal título continua associado às suas origens pagãs, como reconhece a própria *Catholic Encyclopedia* [*Enciclopédia católica*] (p. 549):

> Esse termo, emprestado do vocabulário da religião pagã romana, ainda cedo encontrou seu caminho no discurso cristão. Lexicógrafos o derivam, ainda que com claras dúvidas, das palavras latinas *pons* (ponte) e *facere* (fazer, construir). Se essa derivação for aceita, é fácil vê-la como prontamente aplicável àqueles que fazem uma ponte ou um caminho dos homens a Deus. De qualquer modo, o termo designava, para a religião romana, os membros do concílio de sacerdotes que formavam o Colégio Pontifício, considerado a mais alta organização sacerdotal de Roma, presidida pelo *Pontificex Maximus*.

Pedro recebendo as chaves do reino dos céus, conforme a interpretação católica de Mateus 16.15-19. Esmalte francês da Idade Média.

Não se sabe ao certo quando se estabeleceu essa presunçosa aspiração do bispo de Roma. Entretanto, já em 220 d.C., Tertuliano em sua obra *De Pudicitia*, emprega o termo de maneira sarcástica – como era seu estilo – ao referir-se a vários bispos da Igreja primitiva, com a qual rompera anos antes.

Entretanto, o título de *Pontificex Maximus* não foi invenção de líderes episcopais sedentos pela ampliação de seu poder. Na verdade, essa era a prerrogativa do chefe da antiga religião pagã romana, desde os tempos da velha república. Os pontífices eram os sacerdotes que supervisionavam o culto, fixavam o calendário e interpretavam a vontade dos deuses por meio da observação dos acontecimentos diários. Dentre eles, destacava-se o *Pontificex Maximus*, o verdadeiro líder da religião pagã. Dentre outras funções, o *Pontificex Maximus* era o responsável pela escolha das virgens vestais, sacerdotisas escolhidas dentre nobres donzelas, filhas de importantes famílias romanas. As vestais eram responsáveis pela importante tarefa de manter constantemente acesa a chama sagrada no templo.

É curioso observar que o título de *Pontificex Maximus* era também mais uma das várias honras oficiais concedidas aos imperadores romanos. Júlio César, em 45 a.C., foi assim declarado. Sua estátua foi colocada nos templos, e ele passou, a seguir, a ser honrado como um deus, Júpiter Julius. Logo depois, em 27 a.C., seu sobrinho, Caius Otavius (César Augusto), ao iniciar o império, não se satisfez apenas com as distinções tradicionais dadas pelo senado romano; além de *Pontificex Maximus*, foi também declarado "Augusto", ou seja, uma personalidade divina, inaugurando assim o culto ao imperador, muito comum nos dias apostólicos, especialmente na Ásia Menor.

A ligação entre essa prerrogativa pagã herdada pelos imperadores e os futuros bispos de Roma aconteceu com a subida ao trono de Flavius Valerius Constantinus (também conhecido como Constantino I, Constantino Magno ou apenas Constantino, o Grande). Muitos historiadores protestantes crêem que Constantino I foi o primeiro a contextualizar o antigo título de *Pontificex Maximus*, fazendo-se supremo líder, não do decadente paganismo romano, mas da crescente Igreja. Abriu-se, assim, um precedente aos bispos romanos que o sucederam, especialmente quando, mais tarde, o poder do imperador do Ocidente enfraqueceu, e o bispo da velha capital ocupou seu lugar nas ações político-administrativas.

Contudo, vejamos o que a história desse audacioso imperador do século 4 tem a elucidar sobre a origem do papado.

Dotado de rara visão e grande arrojo político, Constantino I viu no cristianismo uma oportunidade de aglutinação do império, que já demonstrava sérios sinais de decadência no princípio do século 4. Nascido em Naísso (ou Nissa, atual Nis), em cerca de 280 d.C., Constantino era filho de Constantius I (Constâncio Cloro), que se tornara César em 293 d.C., na tetrarquia estabelecida pelo imperador Diocleciano, um dos maiores perseguidores do cristianismo em todos os tempos.

Segundo conta a lenda, Constantino converteu-se à fé cristã durante a batalha em que liquidou seu oponente ao trono, Maxêncio, que a si mesmo se fizera César, controlando a África e a Itália. O imperador, dirigindo-se com suas legiões a Roma, teria vislumbrado nos céus uma cruz com os dizeres *in hoc signus vinces*, ou seja, "sob este signo vencerás". Constantino teria, a seguir, tecido uma cruz com alguns gravetos (o *labarum*) e o colocado em sua armadura. Saiu vencedor da peleja que travara contra seu rival naquele dia 28 de outubro de 312 d.C. na ponte sobre o rio Mílvio, tornando-se César do Ocidente ao lado de Licinius. Com a morte de Galerius, soberano no Oriente (311 d.C.) e de seu sucessor Maximinus Daza (313 d.C.), Constantino e Licinius viram-se sozinhos no domínio do império. Logo, ambos soberanos travaram nova guerra na tentativa de herdar a totalidade do império. Constantino venceu Licinius em Crisópolis, no ano 324 d.C., em uma guerra tida por muitos como a cruzada do cristianismo – ostentado por Constantino – contra o paganismo de Licinius. A partir dessa época, Constantino, como senhor abso-luto do império, passou a envolver-se mais profundamente com os assuntos ligados à fé cristã – da qual se dizia seguidor – convocando e custeando, já no ano seguinte, o famoso Concílio de Nicéia.

Ao longo da História, muito se tem discutido e questionado acerca da conversão desse controvertido soberano. É interessante observamos que, enquanto alguns de seus contemporâneos – como o historiador Eusébio de Cesaréia – exaltaram sua experiência cristã, considerando-a o ponto culminante de toda a história da Igreja, outros a limitaram ao plano da mera manobra política. Mesmo que ambas as posições reflitam extremos inverídicos, devemos reconhecer que, se o imperador algum dia de fato tornou-se cristão, é provável que o tenha feito entendendo pouco ou quase nada acerca daquilo que professava crer. Pelo menos é o que sugere o fato de ele nunca ter se submetido a uma doutrinação sistemática na fé cristã ou, ainda, ter mantido a observância de alguns rituais pagãos.

Em uma carta de sua mãe Helena – a qual parece ter realmente se convertido – vemos que o imperador manteve algumas práticas idolátricas como o culto ao Sol Invicto, mesmo após sua suposta con-versão. Outros costumes nada comuns à vida piedosa, porém típicos do paganismo romano, como as sanguinolentas lutas de gladiadores, também foram mantidas pelo imperador dito cristão, vindo a ser extintas apenas no século seguinte.

Outra posição de Constantino que dificilmente se adequaria a um cristão autêntico foi sua recusa em se submeter ao batismo. Na verdade, o imperador chegou a ser batizado, mas apenas em seu leito de morte, pelas mãos de Eusébio de Nicomédia, um herege ariano, a quem Constantino perseguiu por vários anos. Talvez por sua posição politicamente confortável de não estar "oficialmente" unido à Igreja pelo batismo, Constantino tenha sido visto por muitos crentes da época apenas como um simpatizante do cristianismo, de quem não se podia exigir uma postura de maior compromisso com o evangelho. Assim, seus deslizes éticos podiam ser tolerados – como de fato o foram – por muitos dos líderes eclesiásticos de seu tempo, aos quais, aliás, o soberano nunca se submeteu.

Paradoxalmente, se quanto à prática e ao compromisso Constantino demonstrava não estar muito próximo do cristianismo verdadeiro, quanto ao exercício do poder eclesiástico, o imperador tornou-se um exemplo a ser copiado por muitos futuros líderes episcopais de Roma, já havia algum tempo ávidos em absolutizar sua autoridade.

Constantino, o imperador dito cristão, mas não batizado, declarou-se o "bispo dos bispos", ou o *Ponfiticex Maximus* da Igreja! Sob essa ousada prerrogativa, convocou e custeou o Concílio de Nicéia, em 325 d.C., a fim de equalizar as posições da Igreja diante da controvérsia suscitada pelo herege Ário de Alexandria, que conturbava os meios teológicos da época. Constantino, como *Pontificex Maximus*, não apenas presidiu aquele encontro, como também impôs a decisão acerca da cristologia considerada ortodoxa, defendida pelo célebre Atanásio. Pela primeira vez na história, o cristianismo via o poder secular deliberar sobre suas questões internas. Contudo, seus líderes episcopais estavam demasiadamente preocupados em agradar o imperador supostamente convertido para perceberem as conseqüências negativas que isso mais adiante traria para a fé cristã. Rui Barbosa acrescenta (*op. cit.*, p. 24):

> Estreou-se aí o sacrifício do cristianismo ao engrandecimento da hierarquia. O imperador não batizado recebe o título de 'bispo exterior'; julga e depõe bispos; convoca e preside concílios; resolve sobre dogmas. Já não era mais esta, certo, a Igreja dos primeiros cristãos. Estes repeliriam como sacrilégio

494 Doze homens, uma missão

as monstruosas concessões ao odioso absolutismo dos imperadores, as homenagens ao déspota que se ensangüentou com a morte de dois sobrinhos, do cunhado, do filho e da mulher, e que, enquanto recebia reverência nas basílicas cristãs, aceitava adoração como Deus nos templos do paganismo. Adquiriu a Igreja a influência temporal; mas sua autoridade moral decresceu na mesma proporção; de perseguida tornou-se perseguidora; buscou riquezas, e corrompeu-se; derramou sangue para impor silêncio à heterodoxia.

A noção de um líder universal divinamente levantado para reger a Igreja em todo o mundo, na época, contagiou grande parte dos cristãos e encontrou no sagaz Constantino sua primeira grande expressão. Seu exemplo inspirou profundamente os futuros bispos de Roma que, à semelhança do imperador, também se declaram *Pontificex Maximus* da igreja e passaram a ingerir-se cada vez mais no poder temporal.

De fato, a subida de um imperador dito cristão ao trono romano mudou muita coisa nos rumos da igreja. Um dos primeiros efeitos foi a interrupção das terríveis perseguições que o Estado vinha esporadicamente lançando contra os cristãos. Agora, sob Constantino, podia-se confessar a fé sem se ter a vida ameaçada por isso. Outra importante conseqüência se fez sentir na própria capital do império, onde o bispo local teve, em função da importância política – e agora religiosa – da cidade, seu prestígio elevado. Por toda a parte a igreja começou a se estruturar segundo os padrões estabelecidos pelo Estado romano. As cidades que tinham jurisdição política sobre outras, logo começaram a ter também jurisdição eclesiástica.

Enquanto a Igreja se romanizava, Constantino colhia os dividendos da religião da qual se fizera líder universal. Como dissemos, o imperador mandou construir em sua nova capital, Constantinopla, a igreja dos Santos Apóstolos, onde esperava reunir as relíquias dos doze discípulos do Senhor. Vale dizer que esse intento gerou uma busca frenética por restos apostólicos, que estimulou – pelas fantasias que produziu – o misticismo medieval e prejudicou enormemente a abordagem científica do paradeiro dos doze discípulos, com a miscelânea de informações que propagou. Curiosamente, Constantino mandou erigir nessa catedral os túmulos dos doze santos dispostos em um semicírculo, ao redor do seu próprio jazigo, em um modo soberano de passar para a história como o décimo terceiro apóstolo da cristandade!

Muitas manifestações artísticas da época, por exemplo, os mosaicos, passaram a celebrizar a obra de Constantino, identificando-a com a labuta de grandes apóstolos, especialmente Pedro, cujo ministério esteve – de algum modo – ligado à velha capital.

Em um desses antigos mosaicos, pode-se ver Jesus Cristo entregando as chaves do reino a Pedro e o estandarte imperial a Constantino! A relação religiosa entre ambos os personagens foi gradativamente se consolidando. Daí ao estabelecimento de Pedro como fundador do pontificado de Constantino – já adotado pelos bispos de Roma – seria uma mera questão de tempo.

O título de *Pontificex Maximus*, de fato, adequou-se às pretensões político-eclesiásticas de Constantino e ao desejo de supremacia nutrido pelos bispos romanos que lhe seguiram. Contudo, estabelecer qualquer relação entre essa dignidade e o ministério exercido por Pedro é ignorar um processo histórico irrefutável.

A abordagem sobre o papado, além da análise sobre as conseqüências da ascensão de Constantino, exige ainda outra reflexão histórica importante: a origem da sucessão apostólica, uma antiga doutrina que, há muito, é usada para sustentar as aspirações dos bispos romanos.

Para a teologia católica, a sucessão apostólica é a doutrina segundo a qual o apóstolo Pedro, como detentor das chaves do Reino e fundador da sé romana, passou adiante sua autoridade universal sobre a Igreja para os bispos (ou papas) que o sucederam naquela cidade, já que ali – segundo a tradição – teria findado seus dias, morrendo como testemunha do evangelho. Entretanto, o desenvolvimento da sucessão apostólica – levado a cabo pelo bispo Cipriano de Cartago (200-258 d.C.) – não corresponde às origens dessa importante prática adotada pela Igreja primitiva. O que exatamente pretendiam os primeiros cristãos ao pregarem a sucessão apostólica?

Nos primeiros três séculos as ameaças externas à Igreja, como as perseguições infligidas pelo Estado, estavam sendo fielmente

496 Doze homens, uma missão

respondidas pelos crentes com o sangue de seus mártires, vertido nas arenas dos estádios romanos. No entanto, as crescentes ameaças internas, especialmente as heresias, eram assaz difíceis de serem solucionadas, pois se tratava de um inimigo sutil, infiltrado no interior das comunidades cristãs. Uma dessas heresias, o gnosticismo, por sua complexidade doutrinária, esteve – segundo alguns historiadores – muito próxima de prevalecer sobre a ortodoxia cristã.

Não se sabe precisamente quando o gnosticismo infiltrou-se nos meios cristãos, entretanto, é certo que o tenha feito antes mesmo da entrada do século 2. As epístolas de João, Judas e do próprio Pedro (especialmente o segundo capítulo de sua segunda epístola), refletem passagens nitidamente *anti-gnósticas*, e constituem prova de que ainda cedo a igreja teve de lidar com essa doutrina sincretista. Ao tratarmos da biografia de João, comentamos sobre aquilo que pensavam e pregavam os gnósticos. Aqui, importa apenas trazermos à luz o fato de que esses hereges clamavam possuir a *gnosis* ou o conhecimento espiritual, secretamente passado por Jesus a algum discípulo, do qual diziam derivar. Assim, ao se outorgarem o título de verdadeiros depositários dos segredos de Jesus, os gnósticos questionavam a própria autoridade da Igreja estabelecida. Foi justamente contra essa posição teológica que a sucessão apostólica foi implementada. Por meio dela procurou-se assegurar que, se Jesus tinha realmente algum ensinamento secreto, o mais razoável seria crer que o confiaria aos próprios apóstolos, aos quais entregou a direção da igreja. Os apóstolos, por sua vez, se possuíssem quaisquer doutrinas secretas, também as entregariam àqueles aos quais treinaram para lhes suceder nas comunidades que iam fundando em suas missões, semelhantemente ao que vemos nos escritos de Paulo a Timóteo (2Tm 2.1,2).

Para provar a inexistência desses ensinos secretos que os gnósticos clamavam ter recebido dos apóstolos e desmascará-los em suas pretensões, a liderança cristã daquele período tratou de estabelecer uma cadeia sucessória que ligasse seus bispos aos discípulos de Cristo e aos seus sucessores. Isso não foi, de todo, uma tarefa muito difícil, já que várias igrejas primitivas, entre as quais Éfeso, Antioquia e Roma, possuíam suas próprias listas episcopais. Embora muitas delas não fossem historicamente exatas em sua descrição, conseguiam – *grosso modo* – provar a conexão de seus respectivos bispos com o passado apostólico, conferindo a eles a necessária autoridade para se oporem às investidas dos gnósticos que, subitamente, surgiam trazendo sua novidade nas igrejas. Tal foi a origem da chamada sucessão apostólica.

No século 3, entretanto, por razões basicamente políticas, esse importante mecanismo de defesa da ortodoxia cristã começou a ser transformado em meio de se garantir a supremacia do bispo romano sobre os demais, por meio de uma ligação documental deste com o apóstolo Pedro, supostamente fundador da Igreja romana e – conforme diziam – detentor do poder universal sobre a Igreja.

Além de corromper a origem da sucessão apostólica, a teologia romana esquece-se de que mesmo suas listas episcopais – sagradas para a manutenção da sucessão da cátedra petrina – apresentam notórias contradições. Enquanto algumas delas afirmam que Clemente sucedeu a Pedro, outras o apontam como o terceiro da lista, seguindo os nomes dos bispos Linus e Anacletus. Embora isso pareça um detalhe de pouca importância, Justo Gonzaléz acrescenta, de modo pertinente, que *isto é tanto mais digno de nota por termos listas relativamente fidedignas de outras igrejas* (op. cit., Vol. III, p. 62). Além de denotar uma séria fissura na doutrina da sucessão petrina, essa contradição pode ainda significar o indício de que a igreja de Roma, em seus primórdios, era regida não apenas por um bispo, mas por uma liderança plural ou um colegiado de anciãos, como acontecia em outras igrejas primitivas. Essa possibilidade nos parece tanto mais convidativa quanto mais atentamente consideramos a população de Roma que, com seus mais de um milhão de habitantes, por certo abrigou desde cedo numerosas congregações.

Outra questão a ser considerada quando avaliamos a sucessão apostólica como base para a supremacia do bispo romano é a fundação da igreja de Antioquia da Síria, a primeira fora das terras palestinas. Em Atos 11.19-26, vemos que a congregação cristã daquela cidade foi iniciada por judeus convertidos foragidos de Jerusalém, em função da perseguição que martirizou Estêvão. Barnabé e Paulo estabeleceram-se em Antioquia ainda cedo e ministraram ali pelo espaço de um ano. Antioquia tornou-se, se não o principal, um dos

498 Doze homens, uma missão

principais centros do cristianismo no século 1, sendo a cidade onde os cristãos foram assim denominados pela primeira vez.

Como já vimos, Pedro deve ter partido para lá logo depois de sua saída de Israel, em 44 d.C. Conquanto não haja qualquer prova que garanta a origem petrina dessa comunidade – como querem as igrejas orientais – são muito antigas as tradições que apontam o apóstolo como o primeiro bispo de Antioquia. Antes de deixar a cidade, Pedro teria – segundo as mesmas lendas – entregue o encargo episcopal ao célebre Inácio de Antioquia. Essa possibilidade nos convida às seguintes perguntas: Por que, então, a cadeia sucessória de Pedro não se estabeleceu nesse grande pólo do cristianismo primitivo, onde o apóstolo tradicionalmente exerceu seu bispado, anos antes de aportar em Roma? Se Pedro realmente tivesse a autoridade universal sobre a Igreja, a sucessão apostólica não deveria valer também para os descendentes de seu episcopado em Antioquia, bem mais antigo que o de Roma? Essas questões tornam-se relevantes à medida que tanto o ministério petrino de Roma quanto de Antioquia não podem ser provados biblicamente, tendo apenas a tradição cristã como base de sustentação.

Se a doutrina da sucessão apostólica que acabamos de ver não credencia as atribuições papais, muito menos o histórico da evangelização de Roma, cujo bispado sagrado pela presença de Pedro teria se tornado preponderante ao das demais cidades. Já vimos as incoerências das tradições que atribuem a Pedro o surgimento da sé romana. Na verdade, ao receber a visita do velho apóstolo – em cerca de 60 d.C. –, Roma já contava com uma congregação bem desenvolvida e, presumivelmente, liderada por um colegiado de anciãos, e não por um bispo único. Portanto, o ministério de Pedro na capital imperial não diz respeito à fundação de sua sé, mas ao seu desenvolvimento e aperfeiçoamento, conforme o apóstolo antes fizera em outras cidades, como Jerusalém, Antioquia e Corinto.

Ademais, quase nada se sabe acerca da igreja romana até a virada do século 1, quando Clemente, bispo local, escreveu sua Epístola aos Coríntios. Se a liderança eclesiástica romana fosse, de fato, dotada da tão propalada primazia universal, a história de suas primeiras décadas certamente não seria marcada por tão grande silêncio. Essa relativa indiferença da história eclesiástica com os primórdios da sé romana explica-se pelo fato de que o centro do cristianismo primitivo estava no Oriente, em cidades como Jerusalém, Antioquia e Alexandria, e não na parte ocidental do império. Mesmo no Ocidente, de fala latina, o bispado de maior importância não era Roma, embora fosse a cidade mais importante do mundo, mas Cartago, na África, sua rival histórica.

A estranheza de que o possível martírio de Pedro em Roma tornasse essa cidade – marcadamente pagã – o centro do cristianismo no mundo, é comentado por Rui Barbosa (*op. cit.*, p. 55):

> Roma nem pela Antiguidade, sequer, podia prevalecer sobre as outras sés. Antecedem-na as de Jerusalém, Éfeso, Antioquia e Corinto. O título de apostólica, reservado hoje exclusivamente à daquela cidade, Tertuliano atesta-nos que se aplicava a todas as igrejas, quer instituídas pelos apóstolos, quer ramificações dessas. Pode-se até dizer que chegou a tocar indistintamente a todas as metrópoles episcopais; e, ainda no século 4, os bispos orientais denominavam a igreja de Jerusalém 'mãe de todas as igrejas'.

De fato, se a Igreja, como um todo, necessitasse de uma capital terrena, seria biblicamente lógico se supor que esse título se atribuiria a Jerusalém, onde se cumpriram os oráculos do Senhor e de onde a fé cristã irradiou para todo o mundo, como mostram as Escrituras:

> [...] porque de Sião sairá a lei, e de Jerusalém, a palavra do Senhor (Is 2.3b).

Rui Barbosa continua sua demolição da tese de que a igreja de Roma reinava soberana sobre a cristandade, nos primórdios do cristianismo (*op. cit.*, p. 55,57):

> Sob a unidade moral de uma adesão comum à fé cristã, cada igreja nacional vivia e desenvolvia-se com autonomia completa. A par de Roma, floresciam, com uma exuberância de seiva, com uma abundância de personalidades notáveis, com uma

influência moral e real incomparavelmente maiores, as igrejas do Oriente, a da África, a das Gálias, a de Espanha. Nenhuma tributava preito de vassalagem aos bispos romanos. O título de 'papa', simples honraria à época, dirigia-se indiferentemente a todos os diocesanos, como ainda no século 3, o endereçou o clero romano mesmo a São Cipriano, bispo de Cartago.

Nenhuma preeminência, portanto, de jurisdição, quanto mais de doutrina, lograva a capital da Itália; porque todos os distritos eclesiásticos eram membros independentes e iguais de uma comunhão superior, em que todos os chefes espirituais desvaneciam-se de 'vigários de Cristo'...

Não só Roma não exercia à época superioridade alguma, como, em mais de um sucesso, a vemos em manifesta inferioridade para com as outras igrejas, nomeadamente as de África. Haja vista a escandalosa competência entre Cornélio e Novaciano, em meados do século 3. Nessa luta, que dividiu o mundo cristão entre dois rivais, ambos pontífices em Roma, a resolução do sínodo romano, que deliberara em favor de Cornélio, excomungando o outro, não teve aceitação definitiva na cristandade, enquanto o sínodo cartaginês, mediante demorado exame e audiência dos bispos africanos testemunhas e co-participantes na eleição do papa, não a apurou nem terminantemente admitiu. Pela mesma época, mais ou menos em 253, os dois bispos espanhóis de Mérida e Leão, Marcial e Basilídio, depostos por um sínodo provincial, sob a imputação de haverem traído a fé durante a perseguição de Gallo, tinham sido reintegrados pelo papa Estêvão, para quem apelaram. Contudo, um sínodo, reunido por Cipriano na metrópole de África, anulou o ato de Estêvão, confirmando o sínodo espanhol.

Como se vê, claro está que a alegada primazia de Pedro e a conseqüente preeminência do episcopado de Roma nada tem de genuinamente histórico e muito menos de apostólico. Trata-se de uma aspiração estranha aos princípios neotestamentários, e que acabou por perpetuar a ânsia de dominação universal dos césares romanos, agora sob uma roupagem cristã. Com efeito, a doutrina da supremacia petrina, com as circunstâncias propiciadas pela ascensão de Constantino, tornou-se um trunfo nas mãos de uma cúpula religiosa que, favorecida por sua localização geopolítica, tomou emprestado o nome de um dos mais importantes apóstolos da cristandade para chancelar seus planos temporais de hegemonia.

PEDRO, O PRÍNCIPE DOS APÓSTOLOS

É necessário ressaltar que a impropriedade histórica da primazia de Pedro – e de seus sucessores em Roma – em nada diminuiu o mérito desse galileu que, sem dúvida alguma, foi o mais destacado dos doze apóstolos.

Talvez Pedro não tivesse o preparo intelectual do contabilista Mateus, nem o ímpeto revolucionário do valente Simão Zelote; é provável que lhe faltasse também a capacidade reflexiva de João Zebedeu, o arrojo de Tiago Maior e a perspicácia de Tomé. Contudo, por certo, sobejava-lhe um desejo incontido de investir sua vida na causa de Cristo, ainda que isso custasse seu próprio sangue. Como, de fato, custou.

Pedro não foi, nem jamais pretendeu ser, o *Pontificex Maximus* da Igreja; mas pode-se dizer seguramente que ele foi o primeiro dentre os apóstolos. Ninguém que tenha diante de si as páginas do Novo Testamento pode negar isso, pois os evangelhos e Atos estão repletos da presença desse ex-pescador, assim como de suas afirmações, suas contradições, seu entusiasmo e sua paixão pelo Senhor.

Por vezes, encontramos nele o perfil de alguém forte, inspirado, um visionário sensível à voz de Deus. Diante do milagre da multiplicação dos peixes, nenhum dos presentes foi tão tocado pelo senso de majestade e de santidade de Cristo, senão aquele que, prostrado diante do Mestre, confessou: *Retira-te de mim, Senhor, porque sou um homem pecador* (Lc 5.8). Quando, após duro sermão, muitos se escandalizaram e se afastaram de Jesus, Pedro foi quem traduziu em palavras o sentimento dos remanescentes: *Senhor, para quem iremos nós? Tu tens as palavras da vida eterna* (Jo 6.68). Qual dos doze, senão

502 DOZE HOMENS, UMA MISSÃO

Pedro, reuniria coragem e fé suficiente para propor Àquele que se aproximava caminhando sobre o mar tempestuoso: *Senhor! Se és tu, manda-me ir ter contigo sobre as águas* (Mt 14.28)? Quando, certa vez, os doze foram inquiridos sobre o que pensavam de seu Mestre, foi a Pedro que o Pai revelou aquilo que a mente humana não pode alcançar: *Tu és o Cristo, o Filho do Deus Vivo* (Mt 16.16). Haveria dentre os discípulos alguém mais autoconfiante e impulsivo que aquele que garantiu: *Senhor, estou pronto a ir contigo tanto para a prisão como para a morte* (Lc 22.33)? Quem, senão o rude galileu, seria o primeiro a romper com o medo e o silêncio de várias semanas para bradar aos judeus durante a celebração do Pentecostes: "Arrependei-vos..." (At 2.38)? Como não nos impressionarmos com o destemor que ele retrucou às autoridades religiosas que, pouco antes, levaram seu Mestre à cruz: "Importa antes obedecer a Deus que aos homens" (At 5.29)?

Contudo, qualquer perfil que tentemos traçar de Pedro, por certo, não estaria completo sem considerarmos suas fraquezas e suas contradições. Pouco depois da maravilhosa confissão em Cesaréia de Filipe, lá estava ele recebendo do Mestre dura reprimenda por deixar-se ser usado pelo diabo (Mt 16.23). No jardim do Getsêmane, tomado pelo sono, não consegue sequer compartilhar os momentos de aflição com Aquele por quem garantia seguir até a morte (Mt 26.40). Por fim, lançado em grande vitupério por sua própria fraqueza, nega repetidamente seu Senhor diante de várias testemunhas (Mt 26.74).

Quantos contrastes estão presentes em Pedro! Em nenhum outro personagem neotestamentário há tanto o que se admirar e, ao mesmo tempo, tanto o que se repudiar. Nenhum outro reúne tantas virtudes e tantos defeitos, tanta valentia e tanto temor; a nenhum deles Cristo dirigiu tantos louvores, nem tantas palavras de repreensão.

Talvez a razão maior de nossa atração por esse ex-pescador não seja tanto sua inegável capacidade de liderança e sua iniciativa, atestadas nos evangelhos. Tampouco seus feitos e conquistas para a Igreja, também registradas na tradição posterior. Tudo isso é, obviamente, assaz admirável em Pedro. Contudo, talvez o que mais nos apaixone nele seja o fato de sua personalidade ambígua, contrastante e – por vezes – chocante retratar fielmente as oscilações da natureza humana. Cada um de nós encontra muito de si mesmo em Simão Pedro.

Às vezes – é verdade – nós nos assemelhamos ao Pedro das águas tempestuosas; ante o menor sinal do Mestre, aceitamos desafiar até mesmo o impossível pelo Reino de Deus! Outras vezes, submetidos por nossas faltas e nossos pecados, somos como o medroso e perjuro galileu nos átrios de Caifás. Pedro, pois, antes de tudo, é um retrato fiel de todo cristão.

Há, por certo, muito o que aprender com a experiência desse apóstolo. Poder-se-ia escrever muitos livros sobre ela sem jamais esgotá-la, tal sua riqueza e profundidade. Contudo, para concluir a abordagem desse campeão da cristandade, vale a pena destacar três de seus aspectos. Primeiramente, vemos em Pedro como Deus realmente *[...] escolheu as coisas loucas do mundo para confundir os sábios; e [...] as coisas fracas do mundo para confundir as fortes* (1Co 1.27). Pois, quem jamais pensaria que esse rude pescador seria um dos principais ministros de uma fé que nem a poderosa Roma conteria? Quem imaginaria que seus feitos e seus ensinos ecoariam por todo o mundo, transformando mentes e corações quase dois milênios após sua morte?

Em segundo lugar, a vida do discípulo Pedro ensina-nos o quanto erramos quando nos estribamos em nossa própria virtude ou coragem para tentar servir ao Senhor. Os altos e baixos de sua vida discipular são prova disso. Por mais virtuosos que sejamos ou por mais dispostos e sinceros que estejamos em nossa devoção, não iremos muito longe sem a unção celestial, sem a capacitação que vem do alto. Quando, após a ressurreição de Cristo, o velho apóstolo certificou-se dessa realidade, ele tornou-se irresistível na obra do Senhor!

No entanto, acima de tudo, Pedro nos ensina sobre as riquezas da misericórdia de Deus para conosco e sobre a possibilidade de sermos plenamente restaurados, quando arrependidos de nossas falhas. As lágrimas amargas que derramou após a tríplice negação de seu Mestre na casa de Caifás expressaram justamente seu desespero por temer jamais ser recuperado para o serviço de Cristo. Afinal, qual é a diferença essencial entre o delator e o perjuro? Pedro sabia sobre o fim de Judas e temia que semelhante amargura o vencesse. Contudo, ele estava enganado, afinal *[...] se o coração nos condena, maior é Deus do que o nosso coração, e conhece todas as coisas* (1Jo 3.20). A imensurável clemência de Deus encontrou no coração despedaçado de Pedro aquilo que não encontrara em Judas Iscariotes.

504 Doze homens, uma missão

Um dos aspectos que marcaram o ministério do apóstolo foi, sem dúvida, a questão dos convertidos dentre os gentios. Essa era uma controvérsia muito séria para um judeu quanto Pedro. Pode-se ver sinais desse conflito interior tanto em Atos quanto nas epístolas paulinas. Coleman explica a dimensão do problema para o velho apóstolo (*op. cit.*, p. 71-72):

> Pedro, longe de ser um cristão inconstante, sofreu grandes tormentos de consciência. No decorrer da vida, ele meditou continuamente no problema dos convertidos gentios. Perante o concílio de Jerusalém (At 15), o apóstolo defendeu o pleno direito deles. No entanto, outras vezes ele tinha pensamentos diferentes que o faziam sofrer.

> As faces sorridentes dos cristãos gentios faziam-no disposto a aceitá-los. Por certo, a visão que recebeu de Deus o impulsionava (At 10.9-16). Não obstante, seus fortes escrúpulos continuavam a remorder.

> Em algum ponto, ao longo do ministério de Pedro, ele e Paulo desavieram-se por causa do problema. O pescador havia regressado e agora rejeitava a aceitação plena dos gentios. Paulo diz-nos que lhe resistiu na cara em virtude do problema (Gl 2.11-14).

A despeito desse conflito, Pedro prosseguiu vigoroso em toda sua vida como mensageiro do evangelho, exercendo uma das lideranças mais pujantes da história da Igreja. Os relatos que a tradição preservou de suas jornadas missionárias por certo não refletem senão uma ínfima parcela de seus empreendimentos pelo Reino de Deus. Provavelmente, nunca saberemos se Pedro, de fato, realizou a tradicional missão à Britânia, se evangelizou os judeus da Babilônia ou se enviou missionários à Germânia. Talvez nunca cheguemos a conhecer a extensão de seu trabalho em Antioquia e em Corinto nem se participou da evangelização da Ásia Menor, onde outros apóstolos já trabalhavam. Será que ele teve, realmente, acesso às autoridades romanas durante seu ministério na capital imperial? Ou, ainda, teria o apóstolo alcançado outras regiões mais distantes, ignoradas pela tradição? Talvez os esforços arqueológicos venham, um dia, responder algumas dessas perguntas. Enquanto isso, nós nos confortamos em saber – quer pelas Escrituras, quer pela tradição cristã – que esse pescador tornou-se certamente um dos maiores exemplos a serem seguidos por aqueles que professam o nome de Cristo.

A Deus – e somente a Ele – seja toda a glória!

BIBLIOGRAFIA

ABRAHAM, Rev. T. P., *The Mar Thoma Church: An Historical Sketch.*

ANTRESSIAN, Assadour. *Jerusalem and the Armenians.* Jerusalém: St. James Press, 1969.

ARCHER, Gleason L. *Encyclopedia of Bible Difficulties.* Grand Rapids: Zondervan Publishing House, 1982.

ARRUDA, José Jobson de A. *História antiga e medieval.* São Paulo: Editora Ática.

ATYIA, Azis S. *A History of Eastern Christianity.* Londres: Mathuen & Co. Ltd., 1968.

Atlas da história do mundo. São Paulo: Empresa Folha da Manhã, 1995.

BARCLAY, William. *The Master's Men*. Londres: SCM Press Ltd., 1970.

Bíblia Anotada por Scofield, A, Sociedade Bíblica do Brasil e Imprensa Batista Regular do Brasil.

Brief Notes on the Armenian Patriarchate of Jerusalem. Patriarcado Armênio de Jerusalém, Jerusalém: St. James Press, 1971.

BUCKLAND, A. R. *Dicionário Bíblico Universal*. Miami: Editora Vida, 1987, 2ª edição.

CASELLI, Giovanni. *O Império Romano e a Idade Média*. São Paulo: Ed. Melhoramentos, 1992.

CAIRNS, Earle E. *O cristianismo através dos séculos*. São Paulo: Ed. Vida Nova, 1988, 2ª edição.

CARSON, D. A./MOO, D. J./Morris, Leon. *Introdução ao Novo Testamento*. São Paulo: Edições Vida Nova, 1992.

COLEMAN, William L. *Doze cristãos intrépidos*. Deerfield: Editora Vida, 1991, 3ª edição.

COLEMAN, William L. *Manual dos tempos e costumes bíblicos*. Venda Nova: Editora Betânia, 1991.

CONDE, Emílio. *Tesouro de conhecimentos bíblicos*. Rio de Janeiro: Casa Publicadora das Assembléias de Deus, 1987.

COTTRELL, Leonard. *Seeing Roman Britain*. Londres: Pan Books Ltd., 1967.

CURRAN, John. *The Bones of Sanit Peter?* Belfast.

DANIEL ou, Jean/MARROU, Henri. *The Christian Centuries*. Londres: Datton, Longman & Todd, 1964.

Encyclopedia e Diccionario Internacional. Rio de Janeiro-Nova York:, W. M. Jackson, Inc. Editors.

EUSÉBIO. *Eusebiu's Ecclesiastical History*. Grand Rapids: Baker Books House, 1962.

FILSON, Floyd V. *Opening the New Testament*. Philadelphia: The Westminster Press.

FRANK, Harris Thomas. *Atlas of the Bible Lands*. Maplewood: Hammond Inc., 1984.

GHIBERTTI, Giuseppe/LÀCONI, Mauro/MAGGIONI, Bruno/ SEGALLA, Giuseppe. *Jesus*. Rio de Janeiro: Sistema Jornal do Brasil, 1986, vol.I, II e III.

BIBLIOGRAFIA 509

GOODSPEED, Edgard J. *The Twelve*. Philadelphia: The John C. Wiston Co., 1967.

GONZÁLEZ, Justo L. *Uma história ilustrada do cristianismo*. São Paulo: Edições Vida Nova, 1986, 3ª edição, Vol. I, II e III.

GUNDRY, Robert H. *Panorama do Novo Testamento*. São Paulo: Edições Vida Nova, 1985, 3ª edição.

GUTHRIE, Donald. *The Apostles*. Grand Rapids: Zondervan Publishing House, 1992.

HELL, Vera e Hellmut. *The Great Pilgrimage of the Middle Ages*. Nova York: Clarkson N. Potter, Inc., 1964.

HOEVER, Hugo. *Lifes of the Saints*. Nova York: Catholic Book Publishing Co., 1967.

HOPHAN, Otto, *The Apostles*. Londres: Sands & Co., 1962.

JAMERSON, Anna. *Sacred and Legendary Art*. Boston e Nova York: Houghton, Mifflin & Co., 1967, terceira edição, Volume I.

JANUS. *O papa e o concílio*. Rio de Janeiro: Elos, 3ª edição.

JONES, John D. *The Apostles of Jesus*. Grand Rapids: Kregel Publications, 1992.

JOWETT, George F. *The Drama of the Lost Disciples*. Londres: Covenant Publishing Co., Ltd., 1970.

KESKIN, Naci. *Ephesus*. Istambul: Keskin Color Ltd. Co. Printing House.

KNIGHT, A./ANGLIN, W. *História do cristianismo*. Rio de Janeiro: Casa Publicadora das Assembléias de Deus, 1983, 2ª edição.

LOCKYER, Herbert. *All Men of the Bible*. Grand Rapids: Zondervan Publishing House, 1995.

McBIRNIE, William S. *What Became of the Twelve Apostles*. Upland: 1963.

McBIRNIE, William S. *The Search of the Twelve Apostles*. Wheaton: Living Books, 1973, 9ª edição.

MOO, Douglas J. *Tiago – introdução e comentário*. São Paulo: Edições Vida Nova e Editora Mundo Cristão, 1990.

MORAES, Emanuel de. *A origem e as transformações do Estado*. Rio de Janeiro: Imago Ed., 1996, vol. II.

MUNDADAN, A. Mathias. *Sixteenth Century Traditions of St. Thomas Christians*. Bangalore: Dharmaram College, 1970.

510 Doze homens, uma missão

Newman, Dorman. *The Lives and Deaths of the Holy Apostles*. Londres: Kings Arms in the Poultry, 1685.

The NVI Study Bible. Grand Rapids: Zondervan Bible Publishers, 1985.

Papadoulos, S. *Patmos*. Atenas: Mosteiro de São João Teólogo, 1962.

Pfeiffer, Charles F./Harrison, Everett F. *Comentário bíblico Moody*. São Paulo: Imprensa Batista Regular: 1983, vol. IV e V.

Pneumatikakis, Hariton. *The First-Called Apostle Andrew*. Atenas: Alexander Marsoukis, Inc., 1971.

Rienecker, Fritz/Rogers, Cleon. *Chave lingüística do Novo Testamento grego*. São Paulo: Edições Vida Nova, 1985.

Scott, Benjamin. *As catacumbas de Roma*. Rio de Janeiro: Casa Publicadora das Assembléias de Deus, 1982, 4ª edição.

Sharp, Mary. *Traveller's Guide to Saints in Europe*. Londres: The Trinity Press, 1964.

Shedd, Russell P. *O mundo, a carne e o Diabo*. São Paulo: Edições Vida Nova, 1995, 2ª edição.

Smith, Ashbury. *The Twelve Christ Chose*. Nova York: Harper & Bros, 1958.

Smith, William. *A Dictionary of the Bible*. Nashville: Thomas Nelson Publishers.

Stagg, Frank. *O livro de Atos*. Rio de Janeiro: JUERP, 1982.

Tasker, R. V. G. *Mateus – introdução e comentário*. São Paulo: Edições Vida Nova e Editora Mundo Cristão, 1990.

Taylor, J. W. *The Coming of the Saints*. Londres: The Covenant Publishing Co., Ltd., 1969.

Tenney, Merril C./Packer, J. I./White Jr., William. *Vida cotidiana nos tempos bíblicos*. Deerfield: Editora Vida, 1990, 4ª edição.

Theodoret, Jerome/Gennadius, Pufinus. *The Nicene and Post-Nicene Fathers*. Wm. B. Grand Rapids: Eerdmans Publishing Co., 1969, Volume III.

The Thompson Chain-Reference Bible. Indianapolis: B. B. Kirkbride Bible Co., 1964.

Toksoz, Cemil. *The Glories of Ephesus*. Istambul: Basildigi Tarih: Nisan, Apa Ofset Basimevi, 1967.

Reflexão:
Os doze de Cristo e as
insondáveis escolhas
de Deus

APÊNDICE À EDIÇÃO AMPLIADA

" Deus não chama os capacitados, mas capacita os chamados." O velho jargão, embora alvo de freqüente menção nos meios cristãos – particularmente dos evangélicos mais devotos – permanece a demolir a razão humana no que se refere aos mecanismos eternos que regem os rumos e as escolhas do Altíssimo. Ele traduz um conceito muito bem conheci do, porém mal compreendido em sua essência. Diante dele, é oportuno perguntar: será que Deus realmente não chama os capacitados? A vocação dos grandes Moisés e Paulo, por exemplo, pode parecer, a princípio, um indício flagrante de como as Escrituras desdizem esse mote ecle-siástico. Justifica-se. Moisés, antes do chamado que o faria libertador e

512 DOZE HOMENS, UMA MISSÃO

legislador sobre Israel, fora amplamente instruído em toda a ciência do – à época, hegemônico – povo egípcio, fato que cunhou nele o perfil de um varão "[...] poderoso em palavras e obras" (At 7.22). Paulo, por sua vez, crescera respirando os ares acadêmicos da erudita cidade de Tarso, na Cilícia, um dos três maiores centros do saber no mundo greco-romano. Ali, seu zelo inconteste pela observância da Torá, seus estudos aprofundados sobre os textos clássicos e suas reflexões sobre as minúcias do pensamento rabínico, o qualificaram para graduar-se aos pés do incomparável Gamaliel (At 22.13). Paulo chamava-se a si mesmo de judeu dos judeus e "[...]fariseu, filho de fariseu" (At 23.6), reconhecendo seu próprio zelo devocional, sua competência filosófico-religiosa e sua fidelidade à tradição espiritual de Israel. Assim – conclui-se –, Moisés e Paulo são exemplos bíblicos de varões humanamente capacitados e divinamente chamados. Que grande equívoco pensar assim! Refletindo com maior atenção sobre a Palavra, ver-se-á que ambos personagens só foram, de fato, espiritualmente qualificados para o chamado, quando, enfim, tratados por Deus a ponto de serem esvaziados da capacitação humana que tanto os consagrou e da qual se orgulhavam. Moisés, que passara o primeiro terço de sua vida saboreando a glória palaciana e a cultura científica dos faraós, passaria os quarenta anos subseqüentes vivendo e aprendendo em local que ficava "para trás do deserto", qual um rústico fazendeiro beduíno, sem fortuna, sem prestígio, sem glória e em quase completa obscuridade. Ao cabo desse período e às portas daquele momento em que seria transformado no líder de Israel, já não era mais o homem "poderoso em palavras" de outrora, mas, pela singeleza apreendida em sua árida peregrinação, meramente alguém despreparado, sem eloqüência, "[...]pesado de língua" (Êx 4.10) e "[...]incircunciso de lábios" (6.30). Aprendera penosamente a ser o mais manso e humilde de todos os homens (Nm 12.3), condição divinamente concedida que, desse modo, o qualificou para a missão. Paulo, por sua vez, cuja arrogância de guardião farisaico lhe arvorava o direito de assolar a Igreja de Deus, adentrando as casas e arrastando cristãos como se fossem animais (At 8.4), também experimentou o duro preço de recalcitrar contra os aguilhões do Senhor (9.5,16). Após o fulgurante encontro no caminho de Damasco, por três dias derramou-se integralmente diante de Deus, nada comendo nem bebendo e esvaziando-se de si mesmo (9.8,9). Estava rendido, fraco, sem visão e na completa dependência de que o Senhor lhe enviasse a restauração, o que acabou acontecendo pelas mãos de um daqueles humildes que ele fora perseguir. Assim, para ser transformado de maior opressor em maior teólogo da Igreja teve de abdicar por completo de sua afamada posição entre os judeus, tanto quanto de sua presunção acadêmica, aceitando, enfim, que não deveria ostentar nenhuma outra ciência entre os mortais "senão a Jesus Cristo, e este crucificado" (1Co 2.2). O Paulo escolhido não foi o erudito de Tarso, poderoso entre os escribas e respaldado pelos sacerdotes, mas o humilde e sofrido mensageiro que carregava consigo o escândalo e a loucura inerentes à pregação da cruz (1.23), que ele fez ressoar em tantos lugares e entre gregos e judeus. Teve de reconhecer, assim, entre suas queridas ovelhas, que Deus não prefere os humanamente capazes, mas os fracos e rejeitados dentre os homens, aqueles que Ele mesmo, por sua sabedoria e meios, torna aptos para a obra: "Ora, vede, irmãos, a vossa vocação, que não são muitos os sábios segundo a carne, nem muitos os poderosos, nem muitos os nobres que são chamados" (1.26).

Parece claro ao adepto das Escrituras, mesmo àquele mais neófito, que as escolhas divinas se relacionam intrinsecamente com a tão popular e propalada, mas sempre inquietante, "vontade de Deus". De fato, a vontade de Deus é um tema ao qual a Bíblia comumente se refere e para o qual, através dos séculos, a teologia cristã, por via de muitos brilhantes expoentes, tem voltado seus olhos com atenção e cuidado inquiridor. Reconhecendo, entretanto, sua incompetência para esquadrinhá-la nos detalhes, os eruditos preferiram chamar parte dela de 'vontade decretada ou vontade oculta de Deus', descansando na idéia de que o Todo-Poderoso simplesmente Se reserva o direito de não prestar contas aos mortais de tudo aquilo que realiza, tampouco das escolhas ou decisões que toma (Dt 29.29; Jó 9.10).

Paulo, como não podia deixar de ser, reputava sua experiência de vida – assim como seu frutuoso apostolado – como produtos incontestáveis da vontade de Deus (Cl 1.1). Contudo, apesar de reconhecer que o Senhor descortina os mistérios dela aos crentes em Cristo (Ef

1.9,10), continuava considerando-a, para todos os efeitos, inescrutável em seus caminhos, inesgotável em sua sabedoria, e insondável em seus juízos (Rm 11.33)! Ao longo de quase todo o primeiro capítulo de sua epístola aos Efésios, o apóstolo deixa claro que conceitos bíblicos profundíssimos, como eleição, propósito, determinação, beneplácito e conselho divinos, constituem elementos indissociáveis da vontade de Deus (Ef 1.3-11) e são responsáveis pelos contornos de Suas intricadas escolhas.

Talvez um bom começo para se tentar compreender como funciona o chamamento divino seja considerar atentamente os elementos que envolvem as próprias escolhas humanas. Entretanto, é bom frisar, o que mais interessa observar aqui não é a ampla gama de escolhas e decisões às quais o homem (especialmente o pós-moderno) está exposto em sua rotina diária; mas antes, como ele mesmo se apresenta ou se comporta, quando se torna, ocasionalmente, uma das opções de escolha de outrem. Um quadro comum, e que ilustra bem tal situação, é o do candidato a uma oportunidade de emprego. Em uma sociedade dinâmica e extremamente competitiva, as exigências profissionais são cada vez maiores e mais abrangentes e os processos de seleção mais rigorosos. Como agravante, a oferta de emprego em si é substancialmente inferior ao número de candidatos, pressionando o interessado a se esmerar tanto no preparo quanto na apresentação de suas qualidades pessoais, a fim de que possa enfrentar a concorrência com alguma perspectiva de sucesso. Ao candidato, não basta apenas conhecer tecnicamente bem o que se dispõe a fazer. É necessário apresentar experiência profissional longa e comprovada, dominar outros idiomas, estar familiarizado com vários *softwares*, apresentar cursos múltiplos de treinamento, aperfeiçoamento ou especialização, deter qualidades relacionais e emocionais que lhe permitam enfrentar e vencer – com o mínimo de perdas – a costumeira pressão de uma rotina profissional intensa e, às vezes, por isso mesmo, terrivelmente sufocante. Seria, portanto, uma obviedade dizer que, quando se busca despontar como alvo da escolha de terceiros (como nesse caso), tem-se tanto mais chances de conquistá-la quanto mais o candidato conseguir impressionar – com um misto de qualidades desenvolvidas e aptidões inatas

APÊNDICE À EDIÇÃO AMPLIADA   515

– aquele que tomará a decisão. Em outras palavras, os chamados e as oportunidades para os quais o interessado se apresenta, são os que ele procura responder com o máximo de suas capacidades pessoais, confiando, assim, que nelas reside suas únicas chances de êxito. Pode estar aqui a chave para se progredir no entendimento sobre o chamado divino! Imagine que esse candidato fictício, por deter todas as qualidades pessoais e profissionais supracitadas, tenha sido, enfim, o escolhido para a vaga. Portanto, há que se perguntar: onde ou em quem reside a glória dessa escolha, no escolhido ou em quem o escolheu? Alguém alegará que reside em quem escolheu, pois – pode-se dizer – não fosse a acuidade e a experiência do selecionador, não seria fácil identificar o melhor dentre tantos ótimos candidatos. Contudo, e se as qualidades pessoais e profissionais do escolhido fossem tão claramente superiores às de seus concorrentes, de sorte que fosse perda de tempo qualquer comparação? Não há dúvida: a glória das escolhas humanas, em geral, reside naquele que foi escolhido e não em quem o escolheu. Afinal, o candidato foi chamado simplesmente porque *ele* é, sem sombra de dúvida, o mais capacitado, o mais experiente, o mais versátil, o mais atualizado e o que mescla o maior conjunto de qualidades intelectuais, técnicas e emocionais. O escolhido pode comemorar e se vangloriar, afinal, é fato incontestável: a glória é unicamente dele! Seus amigos mais próximos, com tapinhas nas costas, abraços e sorrisos largos vão dizer-lhe em alto e bom som: "*Você* conseguiu!".

Por outro lado, histórias bíblicas, como o episódio da unção de Davi pelo profeta Samuel (1Sm 16.1-13), mostram que, quando Deus é o autor da escolha, a decisão se processa de forma completamente distinta. Na perspectiva divina, o que está em questão, consoante a Sua escolha, não são, em absoluto, as capacidades ou qualificações pessoais do homem. Deus não Se deixa impressionar ou persuadir por seu perfil arrojado, por sua intelectualidade ímpar e por sua determinação irrefreável ou por seu vigor invencível. Foi acerca desse misterioso critério, diametralmente oposto ao humano, que Samuel ouviu do Senhor, no momento em que estava prestes a ungir o novo rei de Israel, enquanto ainda se iludia com as qualidades dos sete filhos de Jessé que, um a um, desfilavam ante seus olhos: "Não

516 DOZE HOMENS, UMA MISSÃO

atentes para a sua aparência, nem para a grandeza da sua estatura, porque eu o rejeitei; porque o Senhor não vê como vê o homem, pois o homem olha para o que está diante dos olhos, porém o Senhor olha para o coração" (1Sm 16.7b).

Exemplo maior da sabedoria divina em Suas escolhas é, sem dúvida, a Pessoa do 'Supremo Escolhido de Deus', nosso Senhor Jesus Cristo. Rejeitado pelos homens, mas preciosamente eleito por Deus (1 Pe 2.4). Ele, por amor dos Seus, resolveu deixar a Sua magnificência celestial e humilhar-Se, assumindo "a forma de servo, tornando-se semelhante aos homens", com todas as suas limitações, exceto o pecado (Fp 2.5-7). Adentrou nossa conturbada História, qual um de nós, padecendo dor e desprezo para revelar a face do Pai eterno aos mortais. Não havia Nele nada de humanamente especial, nenhum atrativo aparente, nenhuma formosura que o recomendasse, nenhum título acadêmico, nenhuma influência político-partidária, nenhum poder financeiro, nada que, portanto, o tornasse alvo especial de uma escolha humana (Is 53.2). Quando esteve diante dos magistrados, para ser julgado por crimes que não cometeu, soberanos como Herodes e Pilatos riram-se Dele e o desprezaram, tal a discrepância entre a Sua simplíssima figura e as altas pretensões de que era acusado (Lc 23.11).

Cristo, o próprio Verbo divino em forma humana é, portanto, o referencial maior para nos mostrar que, ao contrário dos homens, Deus não exerce Suas escolhas em função daquilo que o Seu escolhido aparentemente é ou ostenta diante dos homens. As escolhas divinas nos ensinam, como já foi lembrado, que o Senhor não se deixa impressionar ou persuadir pelas mirabolantes façanhas dos filhos dos homens. Antes, Deus escolhe os Seus eleitos em função daquilo que Ele é, e – em função dessa essência que tudo pode – das transformações que Ele potencialmente realizará, por Sua própria iniciativa e intervenção, na vida de Seus escolhidos, mesmo que eles sejam (e geralmente são!) aqueles desprezados e humildes dentre nós. Caso não sejam, aliás, terão necessariamente de aprender a ser, como ocorreu, ao cabo de quarenta anos, com Moisés e, em bem menos tempo, com Paulo. Este último, oportunamente testificou a esse respeito: "Deus escolheu as coisas loucas do mundo para confundir os sábios; e Deus escolheu as coisas fracas do mundo para confundir as fortes; e Deus escolheu as coisas ignóbeis do mundo, e as desprezadas, e as que não são, para reduzir a nada as que são; para que nenhum mortal se glorie na presença de Deus" (1Co 1.27-29).

A essa altura, portanto, vale trazer de volta a pergunta levantada após a escolha do fictício candidato a emprego, só que agora focada em Deus: Sobre quem repousa a glória das escolhas divinas, sobre o escolhido de Deus ou sobre o Deus que o escolheu? A frase que Paulo termina a citação decerto responde a pergunta. Nenhuma qualidade humana, por mais excelsa, justificará as escolhas de Deus sobre os Seus, e tampouco permitirá que estes se vangloriem diante delas, como se fora obrigação divina escolhê-los. Aqui, o centro de tudo é Quem escolhe e não quem foi escolhido. Contudo, diante disso, perguntar-se-á com razão: acaso não há qualidades perceptíveis na vida daquele a quem Deus vocacionou? Por certo que há. Aliás, muitas. No entanto, todas as que realmente se aproveitam foram nele infundidas pelo próprio Senhor, ao longo de uma jornada de vida em comunhão íntima com Seu Espírito, quando o escolhido, uma vez tratado e experimentado, aprende – como lembrou João Batista – que é mister que ele (o escolhido) diminua, e que Cristo (que o escolheu) cresça (Jo 3.30). Em outras palavras, é necessário ao agraciado aprender com o Deus que o escolheu a reduzir a nada suas efêmeras qualidades humanas, a fim de que despontem nele as eternas de Cristo. Ao contrário do competente candidato a emprego, vencedor por justa escolha humana e aprovado por mérito de suas próprias qualidades, nenhum dos divinamente escolhidos, em si mesmos, se gloriará diante de Deus e dos seus semelhantes.

Seguindo a mecânica das escolhas humanas, essencialmente pautada na qualidade dos escolhidos, quem seriam, afinal, os doze chamados para apóstolos de Cristo, isto é, os agentes lançadores dos fundamentos da Igreja? A opção humanamente lógica poderia recair sobre muitos homens da época, mas decerto sobre nenhum dos indivíduos que, de fato, vieram a se tornar os primeiros propagandistas do evangelho. Afinal, que sapiência humana convocaria, para estabelecer as bases da milenar instituição cristã, a indivíduos inaptos como Pedro, João, Tomé e seus demais companheiros? Porquanto, se o

518 DOZE HOMENS, UMA MISSÃO

alvo, com a escolha dos apóstolos, era a proclamação do Messias primeiramente à casa de Israel (a qual já fora havia muito prometido), por que não selecionar, desse modo, legítimos e fiéis judeus da Judéia, em vez daqueles galileus suspeitos de "contaminação espiritual" por sua proximidade com os gentios? Se haveria tanto arrazoamento espiritual envolvido nessa proclamação, por que não convocar, pois, os mais competentes teólogos e os mais proeminentes escribas da época (ambos abundantes em Israel), em vez daqueles pescadores de alma simples, de cultura rasa e de hábitos matutos? Como eles seriam capazes de enfrentar embates teológicos com os eruditos fariseus e a elite sacerdotal? Mais: se o objetivo era formar com os primeiros apóstolos um grupo coeso e unido, por que escolher personalidades tão conflitantes e antagônicas como, Mateus e Simão Zelote, prováveis inimigos por razões ideológicas? Finalmente, se lhes esperava violenta oposição dos reinos e dos poderosos, por que não optar, antes, por valentes e robustos guerreiros que enfrentassem o inimigo com a fibra típica dos revoltosos judeus, os quais tantas baixas causavam aos seus opressores? Por que vocacionar homens tão frágeis, instáveis, indecisos, despreparados e emocionalmente vulneráveis?

Na escolha dos doze apóstolos, não apenas o perfil individual impressiona, pela sua contundente improbabilidade, mas também a total ausência de uma metodologia de seleção humanamente compreensível, que consolidasse o chamado de cada um deles. Há nessa eleição, portanto, uma incômoda aparência de algo fortuito, uma terrível sensação de casualidade e precariedade. Qualquer executivo cético, dirigente de qualquer modesta empresa atual, reparando na eleição dos doze, poderia facilmente se gabar de que pode sobrepujar em muito ao próprio Jesus no que se refere a escolher subordinados. Ele mencionaria que há em sua firma um setor especificamente criado para esse fim, o departamento de recrutamento e seleção, ocupado por competentes psicólogos e outros profissionais de recursos humanos que, encabeçando procedimentos-padrão metodologicamente elaborados, são capazes de realizar a escolha adequada dos que se candidatam às vagas mais diversas e específicas. Como as escolhas, quando apontadas por Jesus, foram insólitas e inesperadas! Como bem se sabe, nenhum procedimento padrão de seleção pautou, em momento algum, a ação do Mestre na escolha dos discípulos. Pelo menos, nenhum procedimento ou método que pudesse ser humanamente detectável. A exemplo disso, repare-se que alguns foram recrutados diretamente do seio de outros mestres, junto aos quais já exercitavam e amadureciam sua espiritualidade messiânica, como André e João (Jo 1.40). Outros, muito ao contrário, foram chamados em pleno exercício de sua rotina profissional diária, às vezes execrável e indigna, como no caso do publicano Mateus (Mt 9.9). Alguns, ainda, ouviram o: "Segue-me", de Cristo, de um modo aparentemente casual, como parece ter acontecido com Filipe (Jo 1.43), enquanto outros, o fizeram com o devido respaldo de uma palavra profética, como ocorreu com Natanael (Jo 1.47-51). Outros, enfim – e para complicar ainda mais as coisas –, pareceram privilegiados ao presenciarem sinais miraculosos no ato do chamado, como Pedro e os filhos de Zebedeu (Lc 5.1-11). Cada um deles de um modo específico, em um momento oportuno, de uma forma particular e essencialmente relacional. Nenhum método, nenhuma fórmula peestabelecida. Apenas o apelo categórico à renúncia e ao discipulado.

No entanto, há ainda nessa eleição – como vimos na biografia de cada um – uma didática profunda, uma sabedoria ímpar para todo homem que porventura almeja a Deus em seu íntimo. Por meio do exemplo dos doze, pode-se perceber que o chamamento de Deus é um fenômeno espiritual muito mais simples e próximo da rotina de vida do homem comum do que ele próprio costuma imaginar, pelas concepções religiosas que costuma construir. A voz de Deus, conquanto gloriosa, entra, em geral, sorrateiramente na história do indivíduo, atraindo-o e cativando-o com laços de amor. Nada de holofotes hollywoodianos, nada de *glamour* religioso, nada de trombetas, nada de pompa eclesiástica. O mesmo: "Segue-me", que há dois mil anos ecoou nos tímpanos daqueles galileus, ainda alcança hoje, com o mesmo ímpeto transformador, as categorias de pessoas mais diversas e de formas mais inesperadas. De novo, homens dedicadamente religiosos, como no exemplo de André e de João, fiéis discípulos de João Batista (Jo 1.35-37). Atinge outros, mais interiormente íntegros do que externamente religiosos, como Natanael, cuja espiritualidade valeu elogios do próprio Senhor (Jo 1.47). Mas pode também atrair indivíduos iníquos, levianos e corruptos, pessoas rejeitadas pela hipocrisia social, mas não por Deus, como Mateus e seus amigos publicanos (Mt 9.9-11). Pode seduzir aqueles enamorados pelas mais variadas causas ideológicas – às vezes, não tão pacíficas – como o valoroso Simão Zelote. Pode afetar, enfim, homens sem nada de especial, trabalhadores medianos, desempregados, gente do povo, despretensiosa e – diga-se de passagem – sem qualquer preparo nem treinamento prévio para os encargos que esse mesmo chamado lhes trará.

A vocação dos doze de Cristo se explica parcialmente (e apenas parcialmente!) por tudo aquilo que foi tratado ao longo dessa reflexão inicial. Se algo há de verdadeiramente seguro a ser dito sobre ela, é que ela sempre dirá respeito à glória de Deus, e não do homem. A escolha humanamente incompreensível, que envolveu o chamado dos apóstolos, é um dos exemplos mais cristalinos de quão insondáveis são os desígnios do Altíssimo e inescrutáveis Seus caminhos. Naqueles indivíduos e em todos quantos foram posteriormente chamados, o improvável humano tornou-se a certeza divina, e o impossível, possível. Nessa louca opção em forma humana, há sabedoria divina, e nessa fraqueza, força.

Talvez a teologia nunca consiga esquadrinhar completamente a mecânica divina na vocação dos Seus, desde o momento em que ocorreu com os apóstolos, ou mesmo antes deles, com Abrão, Moisés, Davi e outros tantos. Todavia, mais importante ainda do que tentar racionalizá-la segundo a falível lógica humana é fazer exatamente como fizeram aqueles doze, ou seja, abraçar, com o preço da própria vida, o propósito eterno que se faz pesar sobre o peito dos escolhidos: "Vós não me escolhestes a mim, mas eu vos escolhi a vós, **e vos designei, para que vades e deis fruto, e o vosso fruto permaneça**, a fim de que tudo quanto pedirdes ao Pai em meu nome, ele vo-lo conceda" (Jo 15.16; grifo do autor).

A Deus seja sempre toda a glória!
São José dos Campos, SP, 13 de fevereiro de 2006.

Sobre o autor

Aramis C. DeBarros é natural de Porto Alegre, RS. Formado e pós-graduado em Comunicação Social, atua como profissional da área de Comunicação e Marketing da Associação *Lifewords*, antiga Missão SGM no Brasil, organização centenária fundada na Inglaterra e voltada para a produção de literatura evangelística.

Aramis dedica-se, como autodidata, a pesquisas nas áreas de História Geral e História Eclesiástica. Desde 1998 atua como membro do corpo docente do Centro de Estudos Teológicos do Vale do Paraíba (CETEVAP), em São José dos Campos, SP, onde reside desde 1988. Nesse centro acadêmico, foi professor de Meios de Comunicação de Massa e, desde 2001, ocupa a cátedra de História e Teologia da Igreja Antiga e Medieval.

É membro atuante e integrante da liderança da Igreja Batista Nova Vida em Guaratinguetá, SP

Aramis tem atuado como preletor bíblico itinerante em igrejas evangélicas das mais diversas denominações.

Sua opinião é importante para nós. Por gentileza envie seus comentários pelo e-mail editorial@hagnos.com.br

Visite nosso site: www.hagnos.com.br

Esta obra foi impressa na Imprensa da Fé.
São Paulo, Brasil.
Verão de 2020.